ABHANDLUNGEN DES GEOGRAPHISCHEN INSTITUTS

ANTHROPOGEOGRAPHIE

BAND 37

HERAUSGEBER:

F. BADER, G. BRAUN, U. FREITAG, G. KLUCZKA, A. KÜHN,
K. LENZ, G. MIELITZ, W. SCHARFE, F. SCHOLZ

SCHRIFTLEITUNG:

H. LEONHARDY

VERANTWORTLICH FÜR DIESEN BAND:

G. KLUCZKA

ABHANDLUNGEN DES GEOGRAPHISCHEN INSTITUTS
ANTHROPOGEOGRAPHIE

BAND 37

GERD KÜHN

**Instrumentelle Möglichkeiten des Staates
zur Steuerung der Raumentwicklung -**
dargestellt am Beispiel des
Bundeslandes Hessen

BERLIN 1984

DIETRICH REIMER VERLAG BERLIN

CIP-Kurztitelaufnahme der Deutschen Bibliothek

Kühn, Gerd:
Instrumentelle Möglichkeiten des Staates zur
Steuerung der Raumentwicklung : dargest. am
Beispiel d. Bundeslandes Hessen / Gerd Kühn. -
Berlin : Reimer, 1984.
  (Abhandlungen des Geographischen Instituts
  Anthropogeographie ; Bd. 37)
  ISBN 3-496-00314-6

NE: Institut für Anthropogeographie, Angewandte
Geographie und Kartographie ⟨Berlin, West⟩ :
Abhandlungen des Geographischen ...

          Gedruckt mit Unterstützung des Geographischen
          Instituts - Anthropogeographie

D 188

Vorwort

Die Anregung zur Ausführung der vorliegenden Arbeit erhielt ich während
meiner Mitarbeit im Arbeitsbereich Angewandte Geographie des Instituts
für Anthropogeographie, Angewandte Geographie und Kartographie der
Freien Universität Berlin. Mein Dank geht vor allem an den Betreuer der
Dissertation Herrn Professor Dr. Kluczka, den Leiter des Arbeitsbereiches.
Er trug durch seine Anstöße und seine Kritik entscheidend zum Gelingen
der Arbeit bei. Gleichzeitig gilt mein Dank auch Herrn Professor Dr.
Moewes in Tübingen für seine gutachterliche Tätigkeit.

Für die Bereitstellung des notwendigen Datenmaterials sowie entsprechender Unterlagen und für die ständige Gesprächsbereitschaft zur Klärung
vielfältiger Fragen und Probleme bin ich den Mitarbeitern hessischer
Dienststellen in Wiesbaden, Darmstadt, Frankfurt a. M., Gießen und Kassel
sehr verbunden. Namentlich möchte ich an dieser Stelle besonders die
Herren Brüschke (HLT), Dr. Ehret (Hessisches Ministerium für Landesentwicklung, Umwelt, Landwirtschaft und Forsten), Dr. Möller und Nitz
(beide Hessisches Ministerium für Wirtschaft und Technik) sowie Herrn
Krauß (Abteilung Regionalplanung beim Regierungspräsident in Gießen)
nennen.

Dank schulde ich auch meinen Berliner Kollegen, die mir in Diskussionen
wertvolle Hinweise gaben, wobei sich vornehmlich Herr Betz hervortat.
Gleiches gilt für die studentischen Mitarbeiter des oben genannten Arbeitsbereiches, ohne deren Engagement eine fristgerechte Fertigstellung unmöglich
gewesen wäre. Dem Kartographen Herrn Engel danke ich für die Reinzeichnung
der Karten und Abbildungen.

G. Kühn

INHALTSVERZEICHNIS

IV

Verzeichnis der Karten

Verzeichnis der Abbildungen

Verzeichnis der Tabellen im Text

Seite

Verzeichnis der Tabellen im Anhang

Zusammenfassung

Aus dem Prozeß der bisherigen Raumentwicklung in Deutschland sind im wesentlichen zwei Arten von Problemgebieten hervorgegangen: einerseits solche urbanen Räume, die durch negative Verdichtungserscheinungen geprägt werden, andererseits bestimmte ländliche Gebiete, die sich vor allem durch einen Mangel an außerlandwirtschaftlichen Erwerbsmöglichkeiten auszeichnen. Daher setzte sich zu Beginn dieses Jahrhunderts staatlicherseits die Erkenntnis durch, daß ein steuerndes Eingreifen in räumliche Entwicklungsprozesse notwendig ist.

Das Ziel der vorliegenden Arbeit ist, anhand des Beispielraumes Hessen instrumentellen Möglichkeiten des Staates nachzugehen, die eine Reduzierung der aufgetretenen räumlichen Probleme herbeiführen können. Dabei steht die Überlegung im Vordergrund, daß öffentliche Planung allein nicht genügt. Vielmehr bleibt sie ohne Folge, wenn sie nicht mit Instrumenten verbunden wird, welche die geplanten Maßnahmen umsetzen.

Dieser Gedankengang führt zu folgendem Aufbau der Untersuchung: Zu Beginn wird eine Begriffsdiskussion vorgenommen, anschließend werden die staatlichen Aufgabenfelder genannt, die mit Hilfe von entsprechenden Instrumenten bewältigt werden sollen.

Danach folgt ein historischer Überblick staatlicher Steuerungsmaßnahmen in Deutschland bis zum Jahre 1970, wobei Entwicklungen in Hessen - als dem gewählten Untersuchungsraum - besonders berücksichtigt werden.

Bevor daraufhin relevante staatliche Instrumente beispielraumbezogen erläutert werden, wird das Bundesland Hessen mit seinen Raumstrukturen und räumlichen Problemen vorgestellt.

Die Diskussion des zur Verfügung stehenden Instrumentariums unterscheidet in dieser Arbeit Planungs- und Durchführungsinstrumente. Zuerst werden Planungsinstrumente erläutert, die seit dem Jahre 1970 im damals neu aufgebauten hessischen Planungssystem von Bedeutung sind: Es handelt sich um den Landesentwicklungsplan Hessen '80 als zentralen Rahmenplan sowie um die regionalen Raumordnungspläne und

Fachplanungen der Ressorts, welche den landesweiten Rahmenplan räumlich und sachlich verfeinern.

Die hessische Raumordnungskonzeption - als ein wichtiger Bestandteil des Planungsinstrumentariums - wird gesondert diskutiert. Dies geschieht aus zwei Gründen:
- Hier werden die kommunalen Standorte und Teilräume planerisch festgelegt, in denen öffentliche Maßnahmen vorrangig durchzuführen sind, um vorhandenen räumlichen Problemen gegenzusteuern.
- Wesentliche konzeptionelle Bausteine werden in eine empirische Überprüfung bereits durchgeführter Maßnahmen einbezogen.

Im Anschluß an die Planungsinstrumente werden Durchführungsinstrumente vorgestellt, deren Einsatz zu einer Verwirklichung der Planungen beitragen soll. Dabei erfolgt eine Auswahl unter den verfügbaren Instrumenten:
Im Mittelpunkt der Erörterungen stehen die Gemeinschaftsaufgabe "Verbesserung der regionalen Wirtschaftsstruktur" und landesinterne Instrumente, welche gemeinsam zur Förderung der gewerblichen Wirtschaft in Hessen herangezogen werden.

In einer Vollzugskontrolle erfolgt danach eine Überprüfung des Einsatzes dieser Instrumente. Dabei wird dem regionalen Fluß öffentlicher Finanzmittel in Verbindung mit privatwirtschaftlichen Investitionen im Zeitraum zwischen 1975 und 1982 nachgegangen. Den monetären Strömen werden regionale Beschäftigtenentwicklungen gegenübergestellt.

Im Rahmen einer zusammenfassenden Bewertung des Einsatzes der Förderinstrumente wird abschließend erörtert, ob deren Durchführung "weisungsgerecht" - d.h. im Sinne der Planung - vorgenommen worden ist. Gleichzeitig wird nach Zusammenhängen zwischen dem regionalen Finanzmittelfluß und regionalen Beschäftigtenentwicklungen gesucht. Den Abschluß bilden Darlegungen zur Realisierung der hessischen Raumordnungskonzeption.

Die wesentlichen Untersuchungsergebnisse konnten durch eine Auswertung unveröffentlichten Datenmaterials (1) gewonnen werden. Sie finden sich nachstehend in komprimierter Darstellung.

Bei der Durchführung der Gemeinschaftsaufgabe "Verbesserung der regionalen Wirtschaftsstruktur" und der landesinternen Zuschußförderung außerhalb der Fördergebiete dieser Gemeinschaftsaufgabe wurden in Hessen im untersuchten Zeitraum 1975 bis 1982 für die Vorbereitung von Industriegelände sowie für betriebliche Errichtungs-, Erweiterungs- und Rationalisierungs- bzw. Umstellungsmaßnahmen staatliche Zuschüsse in einem Gesamtumfang von rd. 293 Mio.DM vergeben.
Der mit diesen indirekten sowie direkten Finanzhilfen verbundene investive Gesamtaufwand belief sich auf rd. 3 Mrd.DM.
Die bereitgestellten staatlichen Fördermittel wurden in ganz überwiegendem Maße von Betrieben des Verarbeitenden Gewerbes abgerufen.

Im ersten überprüften Zeitabschnitt 1975 bis 1978 gelangten 56,7 Mio.DM an Bundesmitteln und 73,8 Mio.DM an Landesmitteln zum Einsatz. Im zweiten analysierten Zeitabschnitt 1979 bis 1982 steigerte sich das Volumen der staatlichen Unterstützungsmaßnahmen für private Investitionsaktivitäten: Der Bund vergab 71,1 Mio.DM, das Land Hessen 91,3 Mio.DM.

Als ein wesentliches Ergebnis ist folgendes festzuhalten: Beim Einsatz der Durchführungsinstrumente Gemeinschaftsaufgabe "Verbesserung der regionalen Wirtschaftsstruktur" und landesinterne Zuschußförderung wurde der Mittelfluß vorrangig in die planerischerseits zur Förderung ausgewiesenen kommunalen Standorte und Teilräume gesteuert:

- Der Anteil der kommunalen Förderstandorte in und außerhalb der Fördergebiete am landesweiten investiven Gesamtaufwand betrug zwischen 1975 und 1978 66,4 vH = 883,3 Mio.DM (1979 bis 1982: 7o,3 vH = rd. 1,2 Mrd.DM).

(1) Das Datenmaterial wurde freundlicherweise von der Abteilung Landesentwicklung des Hessischen Ministeriums für Landesentwicklung, Umwelt, Landwirtschaft und Forsten sowie der Hessischen Landesentwicklungs- und Treuhandgesellschaft in Wiesbaden zur Verfügung gestellt.

- Von den Bundeszuschüssen gelangten 78,3 vH = 42,6 Mio.DM (79,5 vH = 56,5 Mio.DM) in die Schwerpunktorte der Gemeinschaftsaufgabe.

- An den geleisteten Zuschüssen des Landes Hessen waren alle gemeindlichen Förderstandorte mit 71,9 vH = 53,1 Mio.DM (74,5 vH = 68 Mio.DM) beteiligt.

- Vom Gesamtumfang der staatlichen Unterstützungsmittel in Höhe von etwa 293 Mio.DM flossen lediglich 11,4 Mio.DM entsprechend 4 vH an den zu fördernden gemeindlichen Standorten und Teilräumen vorbei.

Das insgesamt positive Bild schmälern indessen teilräumliche "Durchführungsverfehlungen", indem bei der Förderung von Maßnahmen zur Vorbereitung von Industriegelände sowie bei betrieblichen Errichtungsmaßnahmen in Gebieten Mittel- und Nordhessens beträchtliche Abweichungen vom verlangten Schwerpunktprinzip erfolgten.

Gleichwohl läßt sich aus den referierten Ergebnissen als erste zusammenfassende These ableiten:
Es besteht eine befriedigende Verbindung zwischen der Anweisung des Planungsinstrumentariums "Vorrangiger Mitteleinsatz in den kommunalen Förderstandorten sowie in den zu fördernden Teilräumen" und den Durchführungsinstrumenten.

Das sachliche Schwergewicht der investiven Aktivitäten lag im gesamten Untersuchungszeitraum bei den betrieblichen Erweiterungsmaßnahmen. Landesweit betrug deren sachlicher Anteil 1975 bis 1978 65,6 vH = 872,2 Mio.DM (65,1 vH = rd. 1,1 Mrd.DM).
Die Bestandspflege der bereits ansässigen Betriebe partizipierte am Gesamtaufwand der Maßnahmen mit 79 vH (69,8 vH).
Der sachliche Anteil der Errichtungsinvestitionen stieg von 14,7 vH = 195,8 Mio.DM im ersten Zeitabschnitt auf 24,8 vH = 427,7 Mio.DM im zweiten überprüften Zeitraum.
Die Vorbereitung von Industriegelände - als Standortfaktor von bislang bedeutendem Gewicht für Ansiedlungs- und Bestandspflegevorhaben - war am Gesamtaufwand in Hessen mit 6,3 vH = 83,5 Mio.DM (5,4 vH = 92,6 Mio.DM) beteiligt.

Neben diesen Maßnahmen vergab das Land Hessen zusätzlich Kapitaldiensthilfen im Zusammenhang mit zinsgünstigen ERP-Kreditprogrammen in Höhe von 57,1 Mio.DM. Diese Mittel stehen allerdings auch solchen Betrieben zur Verfügung, welche die Anforderungen des Primäreffektes nicht erfüllen. Somit ist eine Vergleichbarkeit mit den anderen beiden Instrumenten nur bedingt möglich.

Eine Auswertung von Daten zur Beschäftigtenentwicklung im Verarbeitenden Gewerbe (2) - als dem hauptsächlichen Nutznießer der Durchführung der Gemeinschaftsaufgabe und der landesinternen Zuschußförderung - führt zu nachstehenden Ergebnissen (3):
14 der 24 Schwerpunktorte des regionalen Aktionsprogrammes "Hessisches Fördergebiet" verzeichneten zwischen 1970 und 1980 eine positive Beschäftigtenentwicklung. Hinzu kommen sieben kommunale Förderstandorte außerhalb der Fördergebiete der Gemeinschaftsaufgabe, teils als gewerbliche Entwicklungsschwerpunkte, teils als Entlastungsorte im Randgebiet des Verdichtungsraumes Rhein-Main.
20 dieser 21 gemeindlichen Förderstandorte sind durch Ortsgrößen gekennzeichnet, die unter 20 000 Einwohnern liegen. Demzufolge unterschreiten sie die geforderte Mindestgröße eines Arbeitsmarktzentrums von 30 000 bis 40 000 Einwohnern in erheblichem Maße.

Mit Hilfe des zur Verfügung gestellten Datenmaterials läßt sich ein kausaler Zusammenhang zwischen geförderten investiven Aktivitäten und der Beschäftigtenentwicklung nicht herstellen. Dennoch ist als zweite zusammenfassende These folgendes festzuhalten:
Die gewonnenen Ergebnisse widersprechen zumindest für den untersuchten Raum der Auffassung, daß positive Entwicklungen in gemeindlichen Standorten dieser Größenordnung abseits der Ordnungsräume nicht zu erwarten sind.

Abschließend werden die Ergebnisse zu einer Einschätzung der Verwirklichung der hessischen Raumordnungskonzeption herangezogen:
14 der 26 Schwerpunktorte in den Fördergebieten der Gemeinschaftsaufgabe

---

(2) Nebst Energie- und Wasserversorgung, Bergbau.
(3) Trotz einer zeitlichen Verzerrung - das zur Verfügung gestellte Datenmaterial gestattet lediglich eine Überprüfung der Entwicklung 1970 bis 1980 - erscheint es berechtigt, generelle Aussagen zu treffen.

haben ihre Funktion erfüllt, das vorhandene Arbeitsplatzpotential zu erhöhen.

In den gewerblichen Entwicklungsschwerpunkten Mittelhessens ist der Trendverlauf ungünstiger. Nur drei Gemeinden sind hier durch einen positiven Beschäftigtensaldo gekennzeichnet (Grünberg, Haiger und Hungen).

Die Entlastungsorte in Nord- und Südhessen ließen - abgesehen von Biebesheim - bedeutendere Errichtungsinvestitionen vermissen. Demzufolge wurden sie ihrer Funktion "Entlastung der Verdichtungsräume" offensichtlich nicht gerecht.

Aufgrund der Befunde wird als dritte zusammenfassende These formuliert: Die in die Untersuchung einbezogenen Bestandteile der Raumordnungskonzeption sind den in sie gesetzten Erwartungen nur eingeschränkt gerecht geworden.

Erstes Kapitel: Staatliche Steuerung der Raumentwicklung - Begriffsdis-
                kussion und Aufgabenabgrenzung

1. Begriffsdiskussion

Das Laissez-faire-Konzept des vorigen Jahrhunderts enthielt die Grund-
überlegung, daß vom Staat weitestgehend unbeeinflußte Aktivitäten der privaten Wirtschaftssubjekte und der Markt-Preis-Mechanismus zu einem opti-
malen Produktionsgefüge und gleichzeitig zu einer idealen Raumnutzung ten-
dieren. "Im Idealfall führt der Eigennutz der Wirtschaftssubjekte dazu,
daß die zentralen Fragen in einer Volkswirtschaft, nämlich was wo wie für
wen produziert werden soll, hervorragend gelöst werden" (1).
Aber bereits vor dem ersten Weltkrieg mußte diese Auffassung fallengelas-
sen werden (2). Der bis dahin abgelaufene Prozeß der Raumentwicklung hatte
zum einen die bereits im Mittelalter in Deutschland angelegte räumliche
Ordnung verfestigt, zum anderen aber - hauptsächlich durch Herausbildung
rohstoffabhängiger Schwerindustrien - eine überformende Veränderung der
Siedlungsstruktur bewirkt (3).
Räumliche Ordnung wird hier definiert als Verteilung von Wohn- und Arbeitsstätten sowie dem Verkehrsnetz im Raum. Unter Raumentwicklung ist die Veränderung der räumlichen Ordnung (4) im Zeitablauf zu verstehen.

Aus der bisherigen Raumentwicklung sind als Resultat zwei Arten von Problemgebieten hervorgegangen: Zum einen verdichtete urbane Räume, gekennzeichnet durch ökonomische Wachstums- und Konzentrationstendenzen sowie durch
ein qualitativ und quantitativ umfassendes Infrastrukturangebot und einem
daraus resultierenden jeweils relativ hohen Anteil am Bruttoinlandsprodukt, aber auch charakterisiert durch zunehmende ökologische Probleme und
nicht gewollte demographische Wanderungsprozesse.
Diesem einen Haupttyp stehen zum anderen ländliche Räume gegenüber, die
sich bislang durch einen Mangel an außerlandwirtschaftlichen Erwerbsmöglichkeiten, ein partiell geringes Infrastrukturpotential und teilweise

(1) H.-F. ECKEY 1978, S. 32.
(2) Vgl. H.-U. EVERS 1973, S. 15 ff.
(3) Vgl. F. BUTTLER, K. GERLACH, P. LIEPMANN 1977, S. 31 ff.
(4) Räumliche Ordnung also vergleichbar mit dem Begriff Siedlungs-
    struktur von H.-W. v. BORRIES 1969, S. 1.

starke großräumige Wanderungsverluste, aber auch durch genügend Freiflächen und relativ intakte Umweltbedingungen ebenfalls sowohl negativ
als auch positiv auszeichnen.
Somit ist also die Herausbildung und Verfestigung räumlicher Ungleichgewichte in der Vergangenheit zu konstatieren.

Bereits zu Beginn dieses Jahrhunderts erkannten die verantwortlichen
Akteure in Deutschland, daß ein steuerndes Eingreifen des Staates in räumliche Entwicklungsprozesse unabdingbar wurde und leiteten entsprechende
erste Schritte ein. Nach dem zweiten Weltkrieg fanden, wenn auch anfänglich unter ganz anderen Vorzeichen als im Zeitablauf zuvor, in der Bundesrepublik Deutschland öffentliche Aktivitäten in verstärktem Maße statt
(5).

Im folgenden ist der bisher in der Literatur verwendete Begriffsapparat,
mit dem steuernde staatliche Aktivitäten umschrieben werden, vorzustellen
und - daraus resultierend - eine eigene Begriffsbestimmung vorzunehmen,
wobei dieser begriffliche Rahmen für den Fortgang der Arbeit unerläßlich
erscheint.
Allgemein anerkannte Definitionen bzw. Abgrenzungen so gebräuchlicher
Termini wie Raumordnungspolitik, regionale Wirtschaftspolitik oder regionale Strukturpolitik liegen zum einen bisher noch nicht vor, zum anderen
erfolgten in der Begriffsdiskussion im Zeitablauf definitorische Verschiebungen (6).

Folgt man einer ersten Auffassung, so befaßt sich Raumordnungspolitik
" mit der 'laufenden, praktischen Handhabung der von der Raumplanung
konzipierten Maßnahmen', d.h. mit den 'Maßnahmen der Raumgestaltung',
die schließlich der Verwirklichung raumplanerischer Konzepte dienen soll"
(7). Die an sich gleiche Auffassung vertritt U. BRÖSSE mit nachstehenden
Überlegungen: " Raumordnungspolitik besteht in der bewußten Handhabung

---

(5) Eine ausführliche Darstellung bereits historischer staatlicher Raum-
    beeinflussung in den genannten Staatsgebieten erfolgt im zweiten Ka-
    pitel.
(6) Siehe hierzu E. LAUSCHMANN 1973, S. 1, J.H. MÜLLER 1973, S. 1 sowie
    D. STORBECK 197o, Sp. 2622.
(7) G. FISCHER 1973, S. 8.

geeigneter Instrumente durch den Staat oder dem Staat nahestehende Institutionen, um eine zielbezogene Gestaltung, Entwicklung und Nutzung von Räumen oder Regionen zu erreichen " (8).

In dieser umfassenden Betrachtung des Begriffs Raumordnungspolitik, der sowohl Maßnahmevorbereitung (Raumplanung) als auch die eigentliche Durchführung der geplanten Maßnahmen (inklusive der Erfolgskontrolle) umspannt, werden ökonomische und nichtökonomische Bereiche nicht getrennt (9), demzufolge ist aus dieser Sicht die regionale Wirtschaftspolitik integraler Bestandteil der Raumordnungspolitik (1o).

Eine grundsätzlich andere, zweite Auffassung geht davon aus, daß die regionale Wirtschaftspolitik als Bestandteil der allgemeinen Wirtschaftspolitik keine Teilmenge der Raumordnungspolitik darstellt, sondern ihr lediglich nebengeordnet ist. E. LAUSCHMANN setzt in diesem Zusammenhang Regionalpolitik mit regionaler Wirtschaftspolitik gleich und kommt zu folgender Aussage: "Sie (die regionale Wirtschaftspolitik - Anm. d. Verf.) umfaßt neben bzw. ergänzend zu der globalen (nationalen) Wirtschaftspolitik alle Bestrebungen und Maßnahmen, die bewußt im Hinblick auf ihre räumlichen Auswirkungen ergriffen werden..." (11).

Wirtschaftliche Aktivitäten werden demzufolge von entsprechenden außerwirtschaftlichen Vorgehensweisen getrennt, indem "die Gesamtheit wirtschaftspolitischer Grundsätze und Maßnahmen, die staatliche Instanzen in dem Bestreben setzen bzw. ergreifen, das Standortgefüge von Regionen zu ordnen, mittelbar zu beeinflussen und unmittelbar zu gestalten..." (12) betrachtet wird. Es bleibt noch hinzuzufügen, daß eine allgemeine Übereinstimmung zumindest soweit vorhanden ist, daß regionale Wirtschaftspolitik und regionale Strukturpolitik synonym zu verwenden sind, so daß der letztere Begriff hier nicht weiter zu diskutieren ist (13).

(8) U. BRÖSSE 1982, S. 22.
(9) G. FISCHER 1973 S. 1o sieht eine solche Trennung als sehr
    problematisch an.
(1o) Vgl. auch D. FÜRST, P. KLEMMER, K. ZIMMERMANN 1976, S. 5, des weiteren H.-F. ECKEY 1978, S. 52 f.
(11) E. LAUSCHMANN 1973, S.1. Eine ähnliche Argumentation, die diese
    Trennung zusätzlich zeitlich begründet, ist bei J.H. MÜLLER 1973,
    S. 1 zu finden.
    Vgl. noch 9. Rahmenplan der Gemeinschaftsaufgabe "Verbesserung der
    regionalen Wirtschaftsstruktur" 1980, S. 5.
(12) H.R. PETERS 1971, S. 3.
(13) Vgl. beispielsweise J.H. MÜLLER 1973, S. 1 sowie H.F. ECKEY 1978,
    S. 52.

Ich schließe mich mit folgenden Argumenten der ersten Auffassung an:

Eine Differenzierung in ökonomische und nichtökonomische "staatliche Aktivitätsblöcke" erscheint nicht nur unzweckmäßig, sondern auch kaum durchführbar. Dies sei an einem Beispiel illustriert: Im Rahmen der Gemeinschaftsaufgabe "Verbesserung der regionalen Wirtschaftsstruktur" erfolgt eine Mittelvergabe vorrangig an Kommunen, um einen Ausbau der Infrastruktur vorzunehmen, soweit dies für die Entwicklung der gewerblichen Wirtschaft von Nutzen ist. Als infrastrukturelle Einrichtungen (wirtschaftsnahe Infrastruktur) werden unter anderem der Ausbau der Verkehrsverbindungen und die Errichtung oder der Ausbau von Ausbildungs-, Fortbildungs- und Umschulungsstätten aufgeführt. Neben den Wachstumseffekten, die diese Einrichtungen im Bereich der gewerblichen Unternehmungen auslösen (können) (14), werden gleichzeitig zwangsläufig Versorgungseffekte, die den privaten Haushalten zugute kommen, zu beobachten sein. Die Verkehrswege ermöglichen der ansässigen Bevölkerung eine bessere Realisierung sozialer und kultureller Aktivitäten. Vorhandene Ausbildungsstätten etc. dienen einer Selbstverwirklichung der aktiven Nutzer durch Weiterqualifikation oder Umschulung. Wie anhand dieses Beispiels zu sehen ist, bestehen engste Verflechtungen zwischen wirtschaftlichen und nichtwirtschaftlichen Lebensbereichen, die sich einer exakten Trennung widersetzen und diese auch fragwürdig erscheinen lassen (15).

Die zweifelsfrei vorhandene ressortmäßige Trennung zwischen der Erstellung von räumlichen Konzeptionen im Rahmen des Planungsinstrumentariums und dem eigentlichen Durchführungsinstrumentarium (16), darin unter anderem die genannte Gemeinschaftsaufgabe, darf nicht die Grundlage einer begrifflichen Aufsplittung sein. Eine Reduzierung räumlicher Ungleichgewichte,

---

(14) Vgl. R.L. FREY 1972, S. 48 ff.
(15) Vgl. hierzu noch einmal G. FISCHER 1973, S. 1o.
(16) Im fachlichen Sprachgebrauch findet man neben dem Terminus "Instrument" häufig die Begriffe "Mittel" sowie "Maßnahme". Alle drei Begriffe haben die gleiche Bedeutung. Zusätzlich wird hier in teilweiser Anlehnung an den Raumordnungsbericht der Bundesregierung 1974, S. 1o5 ff in "Planungsinstrumentarium" und "Durchführungsinstrumentarium" unterschieden.

also eine positive Entwicklung der räumlichen Ordnung (17) ist nur dann zu
realisieren, wenn ein instrumenteller Verbund zwischen der Vorbereitung
rationalen Handelns und dem Handeln selbst (Plan-, bzw. Programmerstellung
und eigentlicher Vollzug) besteht. Ein definitorisches "Vorab-Splitting"
ist diesbezüglich nicht hilfreich.

Da demgemäß Raumordnungspolitik mehr sein muß als lediglich Raumplanung,
das notwendige gesamte Instrumentarium aber nach Ressorts aufgefächert
ist, soll eine umfassende, eine Integration zulassende Begriffsabgrenzung
gewählt werden: Raumordnungspolitik ist eine Tätigkeit des Staates, bei
der hiermit betraute Politikbereiche in horizontaler und vertikaler Zusammenarbeit eine positive Steuerung der Raumentwicklung vorzunehmen
suchen. Der Reduzierung räumlicher Ungleichgewichte wird bei diesen öffentlichen Aktivitäten die entscheidende Bedeutung beigemessen.

2. Aufgabenabgrenzung

Raumordnungspolitik als eine Integration von Politikbereichen hat sich gemäß
der bisher formulierten Aussagen mit folgendem Aufgabenkatalog auseinander-
zusetzen:
- Ordnungsaufgaben
- Koordinierungsaufgaben
- Durchführungsaufgaben

2.1 Ordnungsaufgaben

Im Rahmen der Raumplanung als "Teil einer rationalen Raumordnungspolitik"
(18) werden Konzeptionen für eine anzustrebende räumliche Ordnung ent-
worfen. Die Planungsbereiche können sowohl territorial als auch sektoral
aufgegliedert werden, wobei in der Bundesrepublik Deutschland folgende

(17) Als Auftrag bereits im Grundgesetz vom 23.5.1949 (BGBl. S. 1) in
     Art. 72, Abs.2, Nr. 3 verankert.
(18) G. FISCHER 1973, S. 8.

administrative Planungsstrukturen vorzufinden sind:
- Bundesplanung
- Landes- und Regionalplanung
- Ortsplanung
jeweils in Verknüpfung bzw. Abhängigkeit von der Fachplanung (19).

In den jeweils zu erstellenden räumlichen und sektoralen Konzeptionen
sind in einem ersten Schritt Zielvorstellungen zu erarbeiten, deren spätere Verwirklichung die vorhandenen, zum Teil als unerwünscht geltenden
Raumstrukturen verändert und negativen räumlichen Prozeßabläufen gegen-
steuert. Dies geschieht auf der Grundlage von Analysen der bisherigen
Entwicklung im ökonomischen, demographischen und infrastrukturellen Bereich sowie auf der Basis entsprechender Prognosen, die die Unsicherheit
über die wahrscheinlichen zukünftigen Entwicklungslinien reduzieren sollen. Aus einem Soll-Ist-Vergleich können dann eben Zielvorstellungen
induktiv abgeleitet werden.
In einem weiteren Arbeitsschritt ist ein Katalog notwendiger Maßnahmen
zu entwickeln, der als Mittler zwischen Zielen und Durchführungsinstrumenten fungiert.

2.2 Koordinierungsaufgaben

Die räumlichen und sektoralen Handlungskonzepte erstellen die jeweils zuständigen Behörden der staatlichen Verwaltung. Aus den bisherigen Ausführungen ist zu folgern, daß zwischen den einzelnen öffentlichen Bereichen Probleme auftreten (können), die durch unterschiedliche Planungs-
kompetenzen ausgelöst werden.
So sind für die Ebene der Landesplanung in den Bundesländern die obersten Landesplanungsbehörden verantwortlich. Ihre Planungsresultate
firmieren unter Termini wie "Landesraumordnungsprogramme" oder "Landes-

(19) Vgl. G. MÜLLER 1970, Sp. 2542 ff.

entwicklungspläne" (2o).

Parallel hierzu erarbeiten aber auch Fachressorts eigene, primär sektorale Konzeptionen (Beispiele: Rahmenpläne der Gemeinschaftsaufgabe "Verbesserung der regionalen Wirtschaftsstruktur", Krankenhausbedarfspläne, Generalverkehrspläne).
Den obersten Landesplanungsbehörden fällt hierbei die problembefrachtete Funktion zu, im Rahmen ihrer Planwerke eine horizontale Koordinierung mit und zwischen den einzelnen Fachressorts herzustellen.
Des weiteren ist eine vertikale Koordination mit den nachgeordneten Planungsbehörden vorzunehmen, die neben den "fachlichen Vertiefungen und Ergänzungen ... räumliche Verfeinerungen und Ergänzungen" (21) bereitstellen müssen.

2.3 Durchführungsaufgaben

Mit den raumplanerisch konzipierten "gedachten Ordnungen" (22) sind Durchführungsinstrumente zu verknüpfen, deren Einsatz Handeln selbst bedeutet (23), so daß dann die gedachten Ordnungen in reale Ordnungen transformiert werden. Erst durch diesen weiteren Arbeitsschritt wird eine Zielverwirklichung bzw. - im Anspruchsniveau reduziert - eine Zielannäherung möglich.

(2o) Diese Teile des Verwaltungsapparates befinden sich in den Flächenstaaten der Bundesrepublik bei den Ministerpräsidenten (Rheinland-Pfalz, Schleswig-Holstein), bei den Innenministerien (Baden-Württemberg, Niedersachsen) oder aber sie ressortieren separat (Bayern, Hessen, Nordrhein-Westfalen, Saarland). Vgl. diesbezüglich auch H.-U. EVERS 1973, S. 124 ff sowie D. FÜRST, P. KLEMMER, K. ZIMMERMANN 1976, S. 139. (Gegenüber den dortigen Darstellungen erfolgte allerdings in Hessen zu Beginn der neunten Legislaturperiode 1978 eine organisatorische Änderung: Die Landesplanung wechselte vom Ministerpräsidenten zum Ministerium für Landesentwicklung, Umwelt, Landwirtschaft und Forsten.
(21) O.V. 198o Landesentwicklungsbericht für die Jahre 197o - 1978, S. 34.
(22) U. BRÖSSE 1975, S. 18.
(23) Relevante Durchführungsinstrumente im Bereich öffentlicher Ausgaben sind Infrastrukturinvestitionen und Transferzahlungen an private Unternehmungen, um Anreize für Investitionsmaßnahmen zu schaffen.

In diesem Zusammenhang werden weitere Probleme auftreten (können), die wiederum auf der Landesebene zu erläutern sind: Die obersten Landesplanungsbehörden haben in der Regel nämlich keine direkte Verfügungsgewalt über das Durchführungsinstrumentarium. Der Unterschied zu dem im Bereich der Koordinierungsaufgaben angesprochenen Problem der Kompetenzzersplitterung besteht in diesem Aufgabensektor für die Behörden der Landesplanung in dem zweifelsohne noch ungünstigeren Umstand, daß der eigentliche Handlungsapparat sich ihrem Zugriff entzieht und ganz allein den Kompetenzen der Fachressorts zugeordnet ist.

Zwar bestehen planungsrechtliche Absicherungen (die Bindungscharakter für die Fachplanungen haben) sowohl auf Landes- als auch auf Bundesebene (24), diese finden allerdings häufig keine Berücksichtigung.
Dazu ein Beispiel: Ein wesentliches Durchführungsinstrument, die Wirtschaftsförderung durch die Gemeinschaftsaufgabe "Verbesserung der regionalen Wirtschaftsstruktur", ist sachlich eingebunden in die jeweiligen Rahmenpläne, welche mit der Finanzplanung verknüpft sind und vom Planungsausschuß aufgestellt werden. "Ihm gehören der Bundesminister für Wirtschaft als Vorsitzender sowie der Bundesminister der Finanzen und ein Minister (Senator) jedes Landes an" (25). Der Bundesminister für Raumordnung, Bauwesen und Städtebau, in dessen Zuständigkeit wichtige Teile der bisher referierten Aufgabenblöcke fallen, fehlt. Desgleichen vermißt man die entsprechenden Minister (Senatoren) der Bundesländer.
Zum Bereich der Durchführungsaufgaben gehört nicht zuletzt als ein wesentlicher Bestandteil die Vollzugskontrolle. Mit ihrer Hilfe wird überprüft, ob der Instrumenteneinsatz (zumindest annähernd) die erwartete Wirkung zeigt (26).

(24) So im Raumordnungsgesetz vom 8.4.1965 (BGBl. I S. 3o6), § 3, Abs.1.
(25) Gesetz über die Gemeinschaftsaufgabe "Verbesserung der regionalen Wirtschaftsstruktur" i.d.F. vom 6.1o.1969 (BGBl. I S. 1861), zuletzt geändert am 23.12.1971 (BGBl. I S. 214o), vgl. dazu auch H.-U. EVERS 1973, S. 97.
(26) Zum Beispiel die regionale Zunahme qualifizierter außerlandwirtschaftlicher Arbeitsplätze.

Zweites Kapitel: Historischer Abriß staatlicher Steuerung der Raument-
            wicklung in Deutschland unter besonderer Berücksich-
            tigung von Hessen bis zum Jahre 1970

Im folgenden soll ein historischer Überblick über raumordnungspolitische
Staatsaktivitäten gegeben werden.
Der Überblick setzt im räumlichen Rahmen des Deutschen Reiches zeitlich
ab 1910 mit dem Entstehen der ersten Planungsverbände ein und endet
1970 an der Schwelle einer zweifachen Zäsur:
- Seit dem Jahre 1970 wurde der oben vorgestellte raumordnungspolitische
  Aufgabenkatalog in Hessen mit neuen, erweiterten Inhalten versehen.
  Auf der Basis des novellierten Landesplanungsgesetzes und ausgehend
  von den Arbeiten am Landesraumordnungsprogramm und am Landesent-
  wicklungsplan Hessen '80 entwickelten dort die verantwortlichen öffent-
  lichen Akteure ein neues Planungsinstrumentarium.
- Mit seinem Inkrafttreten am 1.1.1970 beendete das am 6.10.1969 vom
  Deutschen Bundestag verabschiedete Gesetz über die Gemeinschaftsauf-
  gabe "Verbesserung der regionalen Wirtschaftsstruktur"" den fast zwei
  Jahrzehnte währenden Zustand der verfassungsmäßig nicht geregelten
  Regionalförderung des Bundes" (27). Die damit einhergehende stärkere
  Vereinheitlichung der Förderaktivitäten von Bund und Ländern stellte
  eine neue Qualitätsstufe im Bereich des Durchführungsinstrumentariums
  dar.

Ein zeitlich so abgesteckter Rückblick erscheint aus folgendem Grund
sinnvoll:
Es ist aufzuzeigen, daß sich eine relative Kontinuität in den Aufgabenblöcken (hauptsächlich in den Bereichen der Ordnungs- und Koordinierungsaufgaben, aber auch, obwohl weniger stark ausgeprägt, im Bereich der
Durchführungsaufgaben) seit Anfang dieses Jahrhunderts, also weit
vor der Gründung der Bundesrepublik Deutschland, nachweisen läßt.
In diesem historischen Abriß werden für Hessen relevante Entwicklungslinien eingebunden.

(27) W. ALBERT ab 1971, A II, S. 12.

1. Entwicklung bis 1945 (28)

Wie bereits dargelegt, zwangen die negativen Resultate des ablaufenden räumlichen Entwicklungsprozesses den Staat zu einem Umdenken in Richtung eines steuernden Eingreifens, welches eine umfassende Planung und auch einen Planvollzug zum Gegenstand haben mußte. Das "oberste Prinzip des Liberalismus ... (das einem - Einfügung d.Verf.) 'freien Spiel der Kräfte' " (29) absolute Priorität einräumte, schloß entsprechende staatliche Aktivitäten aus.

Vorrangig die verdichteten Räume, die planlos ins Umland ausuferten, machten ein Vakuum in sämtlichen Aufgabenbereichen der öffentlichen Hand deutlich. Die Kommunen besaßen zwar inzwischen erste Grundlagen für eine Ortsplanung (beispielsweise in den bereits im 19. Jahrhundert entstandenen Fluchtliniengesetzen). Des weiteren hatte man versucht, anstehende Probleme durch Eingemeindungen zu lösen, aber eine wirkliche Abkehr von der krisenhaften Entwicklung war nur von neuen, überörtlichen Strategien zu erwarten.

1.1 Die Phase der ersten Planungsverbände (191o bis 1932)

Da rechtliche Absicherungen nicht vorhanden waren, kam es vorläufig zu freiwilligen Zusammenschlüssen von Kommunen und Landkreisen, um den dringlichsten Problemen (beispielsweise die Organisation des öffentlichen Verkehrswesens, Offenhalten von Freiflächen, Trennung von Nutzungen wie Wohnen und Arbeiten) entgegenzutreten (3o).

191o entstand mit der Grünflächenkommission für den rechtsrheinischen Teil des Regierungsbezirkes Düsseldorf die erste institutionelle Grund-

---

(28) Knappe Darstellungen für diesen Zeitraum findet man bei H.-U. EVERS 1973, S. 15 ff, bei D. MOLTER 1975, S. 21 ff sowie bei R. WAHL 1978, Bd. 1, S. 171 ff für den Bereich des Planungsinstrumentariums.
(29) J. UMLAUF 1967, S. 3.
(3o) Vgl. hierzu und zu den folgenden Ausführungen: J. UMLAUF 1958, S. 15 ff.

lage für den späteren Siedlungsverband Ruhrkohlenbezirk (SVR). Die bereits
1912 getroffenen planerischen Überlegungen, hauptsächlich getragen von
dem technischen Beigeordneten der Stadt Essen R. Schmidt, gingen über den
Inhalt eines General-Bebauungsplanes weit hinaus.

1925 wurde der Siedlungsverband für den Engeren Mitteldeutschen Industrie-
bezirk in Merseburg gegründet. Die Entstehung dieses Verbandes geschah
auf Veranlassung der oberen Verwaltungsinstitutionen. Er umfaßte "in seiner
Gesamtheit (...) große Teile der preußischen Provinz Sachsen und der Frei-
staaten Sachsen, Anhalt und Thüringen " (31). Das Gesamtgebiet wies im
Gegensatz zum SVR heterogene wirtschaftliche Strukturen auf. Hauptaugen-
merk wurde sowohl auf die Erstellung von Flächennutzungsplänen als auch
auf die Vorlage von überörtlichen Plänen gelegt, an deren Rahmensetzungen
sich die einzelnen Mitglieder halten sollten (32).

Abseits der großen Zentren entstanden auch in ländlichen Räumen entsprechende Organisationen, da sich die Erkenntnis durchsetzte, daß auch
dort auf bestimmte Entwicklungsprozesse administrativ eingewirkt werden
müßte (33).
Wesentliches Merkmal dieser auf dem Prinzip der Freiwilligkeit basierenden Verbände war aber, daß "die übergemeindlichen Pläne und Programme,
(also der Sektor der Ordnungsaufgaben - Anm. d.Verf.) ... keine rechtlich bindende Kraft hatten" (34).

Dieses Defizit wurde beseitigt, als 192o aufgrund von Initiativen der
Kommunen und der Wirtschaft der SVR auf rechtlicher Basis entstand (35).
Um bei gleichzeitigem Vorantreiben der gesamten wirtschaftlichen Ent-
wicklung die Bedingungen des Versailler Vertrages von 1919 erfüllen zu

---

(31) J. UMLAUF 1958, S. 46.
(32) Hierzu noch eine interessante Aussage: "Eine Beteiligung der Landes-
     planung an Durchführungsmaßnahmen war bei ihrer lockeren Organi-
     sation in diesem Gebiet von vornherein nicht möglich. Sie wurde
     auch nicht angestrebt, sondern die Aufgabe der Landesplanung wurde
     hier von Anfang an ausschließlich in ihrer Ordnungsfunktion gesehen."
     (J. UMLAUF 1958, S. 53).
(33) So z.B. im Münsterland und in Ostpreußen. Vgl. D. MOLTER 1975, S. 25
     sowie J. UMLAUF 1967, S. 5.
(34) H.-U. EVERS 1973, S. 18 f.
(35) Preußisches Gesetz vom 5.5.192o.

können, mußte die Kohleförderung im Ruhrgebiet entscheidend gesteigert werden. In kurzer Zeit siedelte man 15o ooo Bergarbeiter mit ihren Familien an, insgesamt etwa 6oo ooo Menschen (36). Hieraus resultierende Probleme gaben den Anlaß, "die Ideen von Dr.R. Schmidt in die Wirklichkeit umzusetzen" (37). Es entstand eine rechtlich abgesicherte Verbandsordnung für ein Gebiet mit 17 Städten und 11 Landkreisen zur Zeit der Gründung (38). Dem Verband oblagen sowohl Ordnungs- und Koordinierungsaufgaben (beispielsweise Verkehrs- und Grünflächenplanung, Aufstellung von Bebauungsplänen) als auch Durchführungsaufgaben ("Förderung der Siedlungstätigkeit und des Verkehrswesens durch wirtschaftliche Maßnahmen" (39)).

Ähnliche Bestrebungen gab es trotz territorialer Zersplitterung und kommunaler Aktivitäten in den 2oer und 3oer Jahren auch im Rhein-Main-Gebiet. Vorreiterin der Idee, einen Planungsverband etwa in Form des SVR zu bilden, war die Stadt Frankfurt. Bereits 1924 wurde ein "erster Raumordnungsplan für das Untermaingebiet" (4o) entwickelt, der Gewerbe-, Wohn- und auch Freiflächen aufwies. Aber trotz weiterer Vorarbeiten scheiterte im Jahre 1929 der Versuch der Städte Frankfurt, Darmstadt, Friedberg, Bad Homburg, Hanau, Bad Nauheim, Offenbach, Wiesbaden, Mainz und Aschaffenburg, einen kommunalen Planungsverband ("rhein-mainischer Regionalplanungsverband" (41)) unter Vorsitz des Frankfurter Oberbürgermeisters zu gründen, an der Ablehnung Preußens (42). Die Kommunen verabschiedeten vorher aber noch eine Satzung, "die als Aufgabe des Verbandes festlegte, durch Aufstellung eines Flächenaufteilungsplanes für das Verbandsgebiet die Grundlage einer zweckmäßigen Verteilung von Verkehrs-, Grün-, Industrie- und Wohnflächen zu schaffen, die Mitglieder wegen der Einpassung ihrer Einzelpläne in den Gesamtplan zu beraten und, soweit

(36) Vgl. hierzu erneut J. UMLAUF 1958, S. 3o.
(37) J. UMLAUF 1958, S. 31.
(38) Vgl. J. UMLAUF 1958, S. 35.
(39) H.-U. EVERS 1973, S. 2o.
(4o) J. SCHULZ z. WIESCH 1977, S. 73.
(41) D. REBENTISCH 1975, S. 325.
(42) Vgl. hierzu ausführlich D. REBENTISCH 1975, S. 324 ff.

solche noch nicht bearbeitet sind, in der Bearbeitung zu unterstützen"
(43). Die preußischen Behörden stellten diesen kommunalen Bestrebungen
Entwürfe einer Landesplanung unter ihrer administrativen Führung gegenüber (44), eine Konzeption, die nun wiederum bei den betreffenden
Kommunen auf Ablehnung stieß. Mit dem Ende der Weimarer Republik
wurde im Jahre 1933 dieser Konflikt zwischen den verschiedenen administrativen   Ebenen durch einen "Reichsstatthalter" als neue für die Planung
verantwortliche Institution "gelöst" (45).

Im Bereich der Durchführungsaufgaben erfolgten etwa zur gleichen Zeit
im Osten Deutschlands wirtschaftliche Hilfsmaßnahmen, vorrangig für landwirtschaftliche Betriebe (46). Bereits bestehende agrarische Produktionsstätten wurden durch Entschuldungsaktionen entlastet. Um Neuansiedlungen
zu fördern, vergab man Darlehen und Zuschüsse.
Außerlandwirtschaftliche Sektoren bedachte man allerdings nur nachrangig
durch Darlehen und Zinssenkungen (47).

"Moderne" Durchführungsinstrumente blieben in den 2oer Jahren im Rhein-
Main-Gebiet in ihrem Planungsstadium stecken:
Unter der Führung von Dezernent L. Landmann, dem späteren Frankfurter
Oberbürgermeister, hatte das Wirtschaftsamt der Stadt Frankfurt die Auf-
gabe erhalten, "Unterlagen für den Einsatz öffentlicher und zur Lenkung
privatwirtschaftlicher Investitionen zu erarbeiten" (48).
Im Gegensatz zum Instrumentarium des Osthilfegesetzes ging es hier nicht
darum, in Notstandsgebieten abwehrende, gegensteuernde Instrumente ein-
zusetzen, sondern, etwa analog zum instrumentellen Umbruch in der zweiten
Hälfte der 5oer Jahre in der Bundesrepublik Deutschland, offensiv in die
Raumentwicklung einzugreifen.

(43) D. REBENTISCH 1975, S. 325.
(44) So beabsichtigte zum Beispiel der preußische Regierungspräsident
     in Kassel, eine Kreisplanungsstelle in Hanau einzurichten.
(45) Vgl. J. SCHULZ z. WIESCH 1977, S. 74 f.
(46) Auf der Grundlage des Reichsgesetzes über Hilfsmaßnahmen für die
     notleidenden Gebiete des Ostens vom 31.3.1931 (RGBl. I S. 117)-
     (Fundstelle: H.H. EBERSTEIN ab 1972, A III, S. 6.).
(47) Vgl. hierzu H.H. EBERSTEIN ab 1972, A III, S. 6 f. sowie
     E. SCHEU 1966, S. 11.
(48) D. REBENTISCH 1975, S. 318.

1929 fand der Zusammenschluß der bereits bestehenden Planungsinstitutionen zur Arbeitsgemeinschaft der Landesplanungsstellen statt (49). Im Jahre 1932 umfaßten freiwillige bzw. rechtlich abgesicherte Planungsverbände ungefähr 58 vH der Bevölkerung und 3o vH der Fläche Deutschlands (5o).

1.2 Raumordnungspolitik im staatlichen Eigeninteresse (1933 bis 1945)

In der Zeit der nationalsozialistischen Diktatur spielte sich seitens des Staates der Versuch ab, umfassende öffentliche Planungsaktivitäten zu entfalten. Statt der inselartigen, teils freiwillig entstandenen, teils rechtlich fundierten Planungsverbände sollte das gesamte Staatsgebiet in die planerische Einflußsphäre des autoritären Regimes einbezogen werden.

Sowohl für den Ausbau der Infrastruktur (zum Beispiel Bau der Reichsautobahnen), als auch für den Aufbau der Wehrmacht, und damit eng verflochten, der schnellen Errichtung der Rüstungsindustrie, war ein immenser Flächenbedarf zu decken. In relativ rascher Folge entstanden rechtliche Grundlagen zur Verwirklichung dieser Vorhaben:

- Gesetz über die Regelung des Landbedarfs der öffentlichen Hand vom 29.3.1935 (RGBl. I S. 468) (51). § 1 dieses Gesetzes schuf die Voraussetzung für die Schaffung einer gleichnamigen Reichsstelle. Deren primäre Aufgabe war die Flächenbeschaffung für die genannten Zwecke.

(49) Vgl. D. MOLTER 1975, S. 26.
(5o) Vgl. H.-U. EVERS 1973, S. 2o. Eine umfassendere Vorstellung der seinerzeit bestehenden Einrichtungen ist nicht beabsichtigt und würde zudem den Rahmen dieser Arbeit sprengen. Namentlich genannt seien aber noch der 1911 gegründete Zweckverband Groß-Berlin sowie der 1928 entstandene Hamburgisch-Preußische Landesplanungsausschuß. (Verwiesen sei auf J. UMLAUF 1958, S.2o ff und S. 54 ff).
(51) Siehe hierzu und zu den folgenden gesetzlichen Grundlagen J. UMLAUF 1958, S. 83 ff.

- Erlasse "über die Reichsstelle für Raumordnung" vom 26.6.1935
  (RGBl. I S. 793 bzw. S. 1515) und vom 18.12.1935. Der Begriff
  "Raumordnung" wurde 1934 geprägt, wie aber bereits dargelegt, fan-
  den öffentliche Aktivitäten mit der Intention der steuernden
  Beeinflussung der räumlichen Entwicklung - wenn auch in kleineren
  gebietlichen Bezugsfeldern - weit eher statt. Die raumordnerische
  Aufgabe dieser Reichsstelle war jetzt "die zusammenfassende, über-
  geordnete Planung und Ordnung des deutschen Raumes für das gesamte
  Reichsgebiet" (52).
- Am 15.2.1936 folgte die "Erste Verordnung zur Durchführung der
  Reichs- und Landesplanung" (RGBl. I S. 1o4). Diese stellte die
  gesetzliche Grundlage zur Schaffung der Landesplanungsgemeinschaften
  dar.

Insgesamt war nun eine das deutsche Staatsgebiet vollends erfassende
Organisation der Raumordnung geschaffen.

Mit Ausnahme des SVR gingen alle bereits vor 1933 bestehenden Planungsverbände im Netz der neuen Institutionen auf, deren Funktionen vorrangig darin bestanden, "die Planungsvorarbeiten für die Reichs- und
Landesplanung zu leisten, 'eine vorausschauende gestaltende Gesamtplanung des Raumes' auszuarbeiten und die Planungsbehörde (gemeint
ist die Reichsstelle für Raumordnung - Anm. d. Verf.) zu beraten" (53).
Die Zuständigkeit dieser Reichsstelle war zwar vertikal nicht begrenzt,
horizontal stieß sie aber an die (sektoralen) Ressortgrenzen. Die Arbeit
der Fachressorts wurde zumindest im Bereich des Planvollzugs nicht tan-
giert: "Die Reichsstelle hatte keine Durchführungsaufgaben " (54).

Zwar war nun tatsächlich ein umfassender rechtlicher und organisatorischer Rahmen geschaffen, aber seit Beginn des zweiten Weltkrieges
wurden entsprechende Tätigkeiten stark behindert. Mit dem Zusammenbruch des Dritten Reiches ging dann auch der Zerfall der Planungs-

(52) Aus dem Erlaß vom 26.6.1935 (zitiert nach J. UMLAUF 1958, S. 84).
(53) H.-U. EVERS 1973, S. 22.
(54) J. UMLAUF 1958, S. 96.

institutionen einher. Ende des Jahres 1944 wurden die Landesplanungsgemeinschaften stillgelegt. Davon ausgenommen war lediglich der SVR.
1945 löste man die Reichsstelle für Raumordnung auf.

2. Entwicklung nach 1945 bis 197o (55)

Nach dem militärischen und politischen Zusammenbruch sah sich die
allmählich wieder entstehende demokratische Verwaltung in den West-
zonen mit außerordentlichen sozialen und wirtschaftlichen Problem-
feldern konfrontiert, die ein Resultat des zweiten Weltkrieges bzw.
der unmittelbaren politischen Nachkriegsentwicklung waren:
- Einen hohen Anteil der ansässigen Bevölkerung hatte man aus den
  stark zerstörten Städten evakuiert.
- Aus den ehemaligen Ostgebieten und aus der Sowjetischen Besatzungs-
  zone wanderten Millionen von Vertriebenen und Flüchtlingen zu (56).
- Viele Produktionsstätten waren zerstört oder teilweise in die
  Demontage durch die Alliierten einbezogen - damit einher ging eine
  hohe Arbeitslosigkeit.
- Die gewachsenen Verflechtungen mit den mitteldeutschen Wirtschafts-
  räumen wurden zunehmend abgebaut (57).
Dieses Problembündel hätte an sich verstärkter öffentlicher Aktivi-
täten, auch im Bereich der Planung, bedurft.
Aber bedingt durch die undemokratische, dirigistische Entwicklung des
Zeitraumes von 1933 bis 1945 waren die Bereiche der Ordnungs- und
Koordinierungsaufgaben in Mißkredit geraten (58). Entsprechende Aver-
sionen konnten nur langsam abgebaut werden.

(55) Knappe Darstellungen legen u.a.H.H. EBERSTEIN ab 1972, A III,
     S. 7 ff, J.H. MÜLLER 1973, S. 3 ff, F.W. SCHARPF, B. REISSERT,
     F. SCHNABEL 1976, S. 76 ff sowie D. MOLTER 1975, S. 29 ff vor.
(56) J. SCHULZ z. WIESCH 1977, S. 29 nennt allein für Hessen einen
     Zustrom von etwa 68o ooo Menschen zwischen 1945 und 195o.
(57) Vgl. J. UMLAUF 1958, S. 115.
(58) Vgl. H.-U. EVERS 1973, S. 22 f sowie D. MOLTER 1975, S. 29.

Den anstehenden Problemen wurden trotz anfänglicher Widerstände sowohl Planungs- als auch Durchführungsinstrumente entgegengestellt, um deren negativen Einfluß auf die räumliche Ordnung abzubauen (59).

2.1 Raumordnungspolitische Aktivitäten in der Phase des Wiederaufbaus (1945 bis 1959)

Mit der Gründung der Bundesrepublik Deutschland im Jahre 1949 schuf das Grundgesetz vom 23.5.1949 lediglich rahmenrechtliche Vorschriften als Basis für raumordnungspolitische Aktivitäten (6o). Hieraus ist zu schließen, "daß Raumordnung und Landesplanung in erster Linie als Landessache angesehen wurden" (61). In mehreren Bundesländern entstanden in der Zeit vor 1949 und kurz danach sogenannte Aufbaugesetze (62), die nur teilweise Bindungswirkungen an die Landesplanung berücksichtigten. (Lediglich Nordrhein-Westfalen schuf sich mit seinem Landesplanungsgesetz vom 11.3.195o eine direkte rechtliche Grundlage).

Das hessische Aufbaugesetz (63) schrieb in § 1 Abs.2 vor: "Die Planung und Ordnung der Bebauung eines Gemeindegebietes muß der Landesplanung entsprechen." Die Landkreise wurden Träger einer "Quasi-Regionalplanung" und nahmen zum Teil "die Vorarbeiten für Kreisentwicklungspläne bzw. Kreisentwicklungsprogramme" (64) auf.

(59) In dem Zusammenhang kann - wie zu zeigen sein wird - dem Gedankengang von J.H. MÜLLER 1973, S. 6, der zeitliche Verwerfungen zwischen den Aufgabenblöcken (Ordnungsaufgaben - Raumordnungspolitik; Durchführungsaufgaben - regionale Strukturpolitik) konstatiert, nicht gefolgt werden.
(6o) So in Art. 75, Nr. 4. Allerdings wird in Art. 72, Abs.2, Nr. 3 des Grundgesetzes unter anderem die "Wahrung der Einheitlichkeit der Lebensverhältnisse über das Gebiet eines Landes hinaus" angesprochen. Die Administration war hiermit in die Pflicht genommen, via bundesweiter gesetzlicher Regelungen tätig zu werden. Nach langen Vorarbeiten trat am 8.4.1965 das Raumordnungsgesetz in Kraft, so daß der Bund erst spät von seinem Recht Gebrauch machte, eine Rahmengesetzgebung auf dem Gebiet der Raumordnung zu schaffen.
(61) D. MOLTER 1975, S. 3o.
(62) So außer in Hessen beispielsweise am 18.8.1948 im ehemaligen Land Württemberg-Baden und am 21.5.1949 in Schleswig-Holstein. Vgl. J. UMLAUF 1958, S. 149 ff.
(63) Aufbaugesetz des Landes Hessen vom 25.1o.1948 (GVBl. I S. 139).
(64) J. SCHULZ z. WIESCH 1977, S. 32.

Zeitlich etwa parallel wurde mit Wirkung vom 1.1.195o beim Hessischen
Ministerpräsidenten eine Landesplanungsstelle eingerichtet. Der Auf-
gabenkreis dieser Institution war sowohl horizontal als auch vertikal
ausgerichtet: "Abstimmung der Fachplanungen der Ressorts, ... Mit-
wirkung bei der Planung und Ordnung der Bebauung der Gemeindegebiete,
die Aufstellung eines Raumordnungsplanes für das Land Hessen" (65).
Bereits in diesem frühen Stadium begann man also mit den Arbeiten an
einem Planungsinstrument, das dem späteren Landesentwicklungsplan
Hessen '8o "vorempfunden" war.
1957 siedelte die hessische Landesplanung ins Innenministerium um
und legte im gleichen Jahr einen "Vorläufigen Raumordnungsplan für
das Land Hessen" vor (66).

Aber bereits 1951 hatte man mit dem ersten Hessenplan die planerische
Basis für die Lösung dringlicher Probleme geschaffen: Umverteilung
von etwa 1oo ooo Vertriebenen und Flüchtlingen aus Landesteilen mit
hohen Arbeitslosenquoten (Nord- und Mittelhessen) in den südhessischen
Raum, in dem tendenziell Arbeitskräfte nachgefragt wurden, Errichtung
von 25 ooo Wohnungen, Bereitstellung von 25 ooo außerlandwirtschaftlichen Arbeitsplätzen sowie die Schaffung von 3ooo landwirtschaftlichen Siedlerstellen (67). Man rechnete mit Kosten in Höhe von etwa
5oo Mio. DM (68).

Die oben skizzierten Krisenerscheinungen der Nachkriegszeit zwangen
den Bund, ebenfalls initiativ zu werden, und zwar dann, wenn "die Länder die speziellen Regionalprobleme ohne Bundeshilfe nicht oder nicht
schnell genug hätten lösen können " (69).
195o gründete man auf Drängen des Bundeswirtschaftsministers den

(65) Staatsanzeiger (1951), S. 461. (Zitiert nach J. SCHULZ z. WIESCH
     1977, S. 33).
(66) Siehe hierzu ausführlich J. SCHULZ z. WIESCH 1977, S. 33 f.
(67) Vgl. W.HÜFNER 1968, S. 214.
(68) Vgl. auch W. HÜFNER 1968, S. 213 f und J. SCHULZ z. WIESCH
     1977, S. 3o f. Letzterer sieht allerdings in diesem admini-
     strativ gewollten Nord-Süd-Wanderungsprozeß bereits die unge-
     wollte Verstärkung eines langfristigen Problems: das Struktur-
     gefälle zwischen den Teilräumen Hessens.
(69) W. ALBERT ab 1971, A II, S. 1. Vgl. auch W. GIEHL 1954, S. 578 f.

"Interministeriellen Ausschuß für Notstandsfragen", dem fast alle
Kabinettsmitglieder angehörten und der folgende Aufgaben zu lösen
hatte:
Festlegung von Fördergebieten (später auch Förderorten) und Klärung
der Modalitäten der Vergabe von Fördermitteln (7o).

Man grenzte 1951 sogenannte Notstandsgebiete ab, wobei drei Gebiets-
kategorien mit nachstehenden Merkmalen festgelegt wurden:
- Gebiete mit allgemeinem wirtschaftlichen Notstand.
  Indikator: Eine Arbeitslosenquote von durchschnittlich 24 vH an fünf
  Stichtagen in einem Gebiet von mindestens 1oo ooo Einwohnern.
- Gebiete mit strukturell bedingtem landwirtschaftlichen Notstand.
  Indikator: Zum Zeitpunkt der letzten Erhebung mußten mehr als 8o
  landwirtschaftliche Berufszugehörige, die keine Nebenerwerbsmög-
  lichkeit hatten, auf je 1oo ooo DM landwirtschaftliches Betriebs-
  vermögen entfallen. Das jeweilige Gebiet sollte mindestens die Größe
  eines Landkreises umfassen.
- Gebiete mit durch Kriegseinwirkungen bedingtem landwirtschaftlichen
  Notstand von der Mindestgröße eines Landkreises.
  Indikator: Anfang 1951 mußten in dem betreffenden Gebiet mindestens
  3o vH des gesamten landwirtschaftlichen Betriebsvermögens aufgrund
  von Kriegszerstörungen vernichtet gewesen sein (71).

Die Abgrenzungsindikatoren wurden in den folgenden Jahren leicht kor-
rigiert (72). Im Rahmen dieses regionalen Förderprogramms des Bundes
vergab man finanzielle Mittel in Form von Krediten (an gewerbliche
und landwirtschaftliche Unternehmungen) und als Darlehen und Zuschüsse
innerhalb der öffentlichen Hand für den Ausbau der Infrastruktur.
Die Finanzierung durch die Bundesregierung, die das Geld mit Hilfe
eines Schlüssels auf die einzelnen Länder verteilte, fand eine Ergänzung in der internen Mittelkoordination der Länder.

(7o) Vgl. W. GIEHL 1954, S. 58o sowie K. DEMAND 197o, Sp. 1234 ff.
(71) Vgl. W. GIEHL 1954, S. 581.
(72) Vgl. ausführlich W. GIEHL 1954, S. 581 f.

1953 setzte man insgesamt 5o Mio. DM ein. 1954 konnte schon eine Besserung der Gesamtsituation konstatiert werden, wobei sich bereits damals die Erkenntnis durchsetzte, daß eine positive Entwicklung nur vor dem Hintergrund eines günstigen konjunkturellen Verlaufs der Wirtschaftsentwicklung möglich war (73).

Aufgrund zunehmender Abgrenzungsmaßnahmen der DDR in den Jahren 1952 und 1953 mußten in einem zweiten Teilprogramm neue Problemräume in die öffentlichen Aktivitäten integriert werden. Im Juli 1953 wurde auf Beschluß der Bundesregierung das Zonenrandgebiet ausgewiesen. Der räumlichen Festlegung lag eine politische Entscheidung zugrunde, die zu nachstehendem Resultat führte: Entlang der gesamten Grenze zur DDR und Tschechoslowakei gehört ein 4o Kilometer tiefer Raum zu diesem Gebiet. Zu ihm zählen alle kreisfreien Städte und Landkreise sofern jeweils mehr als 5o vH der Kreisfläche bzw. der Einwohner weniger als 4o km von der Grenze entfernt liegen oder wohnen. Das Zonenrandgebiet erstreckt sich von Passau bis Flensburg und schließt mithin die gesamte Ostseeküste ein.
Zu den bereits genannten Fördermöglichkeiten kamen (und kommen) unter anderem Frachthilfen und Zinsverbilligungen als Ausgleich für Mehrkosten, die der Wirtschaft durch die Grenzziehung und die daraus resultierenden Folgen erwachsen (74).

1954/55 faßte man die bis dahin parallel laufenden Sanierungsprogramme zusammen. Notstandsgebiete und Zonenrandgebiet wurden in ein Förderprogramm mit gemeinsamen Förderkonditionen integriert.

Mitte der 5oer Jahre traten, verflochten mit der oben aufgezeigten Entwicklung, administrative Säumnisse zutage. Den bereits zum Einsatz gekommenen Instrumenten (Wirtschaftsförderung und Infrastrukturbereitstellung) fehlten entsprechende raumordnungspolitische Zielformulierungen seitens des Bundes. Ein Grundproblem brach auf, welches mit dem

(73) Vgl. W. GIEHL 1954, S. 583.
(74) Vgl. K. GEPPERT, K. HORNSCHILD, W. SCHÖNING 1979, S. 19.

Terminus "Anpassungsinterventionismus" (75) zu umschreiben ist:
Bereits eingesetzten Instrumenten mußten Ziele nachgestellt werden,
es lag ein Planvollzug ohne eine fundierte Planungsgrundlage vor (76).
Diesem Defizit begegnete man 1955 mit der Einrichtung des Interministeriellen Ausschusses für Raumordnung (IMARO) und des Sachverständigenausschusses für Raumordnung (77). Die Institutionen sollten zum
einen Koordinierungsaufgaben wahrnehmen (78), zum anderen Ordnungsaufgaben erfüllen, wobei hier vorrangig bundesweit gültige räumliche Zielsetzungen erarbeitet werden sollten (79).

Ende der 5oer Jahre war der Wiederaufbau der Nachkriegszeit weitgehend abgeschlossen. Damit ging ein Aufschwung der konjunkturellen
Entwicklung einher, so daß insgesamt seitens der verantwortlichen
öffentlichen Akteure eine Reduzierung der durch Krieg und Kriegs-
folgen angestauten Probleme festzustellen war.

2.2 Die Phase der Etablierung wesentlicher Planungs- und Durch-
    führungsinstrumente (196o bis 197o)

Die Kommunen erhielten mit dem Bundesbaugesetz von 196o (8o) eine
wesentliche rechtliche Grundlage für ihre gemeindliche Planung und
deren Vollzug.
Beeinflußt durch dieses Gesetz bekam die Landesplanung der meisten
Bundesländer eine rechtlich abgesicherte Basis. § 1 Abs. 3 des Bundes-
baugesetzes schreibt vor: "Die Bauleitpläne sind den Zielen der Raumordnung und Landesplanung anzupassen." Dies setzte natürlich voraus,
daß solche Ziele auch tatsächlich in rechtlich abgesicherter Form
vorhanden waren.

(75) Vgl. R. STRUFF 1975, S. 1o8.
(76) Siehe hierzu die Überlegungen im ersten Kapitel.
(77) Gemäß eines Beschlusses der Bundesregierung vom 25.11.1955.
(78) Vgl. zum erstgenannten Ausschuß und seinen Aufgaben H. SCHLEICHER
     197o, Sp. 1233 f.
(79) Vgl. bezüglich des Sachverständigenausschusses für Raumordnung
     und seiner Aufgaben F. HALSTENBERG 197o, Sp. 2787 ff. Dieser Aus-
     schuß beendete am 6.5.1961 seine Arbeit und legte das Gutachten
     "Die Raumordnung in der Bundesrepublik Deutschland", das soge-
     nannte "SARO-Gutachten", vor, welches dem IMARO zu seinen Vorar-
     beiten für wesentliche Teile des Raumordnungsgesetzes von 1965
     als Grundlage diente.
(8o) Verabschiedet vom Deutschen Bundestag am 23.6.196o.

Relativ schnell traten entsprechende Gesetze der Länder in Kraft:
So unter anderem am 5.6.1961 in Schleswig-Holstein, am 4.6.1962 in
Hessen und am 19.12.1962 in Baden-Württemberg. Später folgten die
anderen Bundesländer, sofern sie nicht schon ein Landesplanungsgesetz
besaßen (81).

Das Hessische Landesplanungsgesetz von 1962 sah einen dreistufigen
Planungsprozeß vor, in dessen Stadien folgende Planungsinstrumente
entwickelt werden sollten:
- Das Landesraumordnungsprogramm
- die regionalen Raumordnungspläne
- der Landesraumordnungsplan (82)
Im Innenministerium begann man noch im gleichen Jahr mit den Arbeiten
an der ersten Stufe. Das in drei Teile gegliederte Landesraumordnungsprogramm sollte neben langfristigen Zielen und raumpolitischen Grundsätzen die Planungen und Maßnahmen der einzelnen Geschäftsbereiche,
enthalten, welche die Gesamtentwicklung des Landes beeinflußten (83).
Nach Feststellung des Landesraumordnungsprogramms sollten die regionalen Raumordnungspläne erarbeitet werden. Aus deren Verknüpfung wäre
dann der Landesraumordnungsplan hervorgegangen (84). Der Planungsprozeß
stagnierte allerdings bereits auf der ersten Stufe und gelangte nicht
zum Abschluß. 1967 wurde lediglich der Entwurf eines entsprechenden Programms vom hessischen Kabinett vorgelegt (85), das aber letztlich später in modifizierter Form in das neue hessische Planungssystem einfloß.

Im Jahre 1963 hatte man in der Staatskanzlei mit der Erstellung des
Großen Hessenplans begonnen (86). Es existierte zwar ein "zeitlicher
Verbund" zum eben vorgestellten behördlichen Tätigkeitsfeld, aber aufgrund der administrativen Trennung bestanden kaum organisatorische Verflechtungen (87).

(81) Neben Nordrhein-Westfalen, das bereits seit 195o über ein Landes-
     planungsgesetz verfügte, schuf sich Bayern schon am 21.12.1957
     eine gesetzliche Grundlage. Vgl. hierzu H.-U. EVERS 1973, S. 24.
(82) Hessisches Landesplanungsgesetz i.d.F. vom 4.7.1962 (GVBl. I S.311),
     §§ 2, 4 und 7.
(83) Vgl. R. WAHL 1978, Bd. 2, S. 119 f.
(84) Vgl. hierzu W. HÜFNER 1972, S. 49 f.
(85) Vgl. diesbezüglich R. WAHL 1978, Bd. 2, S. 12o.
(86) Eine knappe Darstellung findet sich bei W. HÜFNER 197o, Sp. 12o2 ff.
(87) Vgl. W. HÜFNER 1972, S. 51.

Mit seinem Zehnjahreszeitraum (bis 1974) sollte dieser Plan einen
langfristigen Handlungsrahmen sowohl für die öffentliche Hand als
auch für die privaten Akteure liefern. Verbesserte Planungsgrundlagen und neue Planungsmethoden schufen die Grundlagen für eine so
umfassende Gesamtkonzeption, welche die bisherigen Einzelpläne und
-programme ergänzte bzw. ersetzte.
Die Aufgabe des Großen Hessenplans bestand im wesentlichen darin,
als neues Planungsinstrument die Voraussetzung für einen Abbau der
noch vorhandenen Defizite, vorrangig im Sektor der öffentlichen Infrastruktur, zu ermöglichen (88).

Basierend auf landesweiten demographischen und ökonomischen Analysen
und Prognosen legten die einzelnen Ressorts ihre Zielvorstellungen
vor, die anschließend zu einem Gesamtkatalog verbunden wurden. Daraus
wiederum leitete man Investitionsprogramme für folgende vier Bereichs-
blöcke ab:
- Sozialpolitische Bereiche
- Kulturpolitische Bereiche
- Wirtschaftspolitische Bereiche und
- Verkehrspolitische Bereiche (89)

Im wesentlichen handelte es sich (demzufolge) um Infrastrukturpro-
gramme, somit Bereiche, die dem staatlichen Einfluß in starkem Maße
unterliegen. Zusätzlich waren aber auch umfassende Maßnahmen im Sektor des Wohnungsbaus vorgesehen, unter anderem die Errichtung von
15o ooo Neubauwohnungen (9o). Die Gesamtkosten veranschlagte man im
Rahmen einer Finanzierungsrechnung auf 33 Mrd. DM, basierend auf den
Preisen des Jahres 1964. Von dieser Summe wollte das Land Hessen
21 Mrd. DM selbst tragen (91).
Eine Erfolgskontrolle sollten mehrjährige Ergebnisrechnungen gewährleisten. Zwecks besserer Überschaubarkeit der Durchführung war des

(88) Vgl. ausführlich W. HÜFNER 1968, S. 213 ff.
(89) Vgl. W. HÜFNER 1968, S. 223.
(9o) Vgl. W. HÜFNER 1968, S. 214.
(91) Vgl. D. MOLTER 1975, S. 1o7.

weiteren die zeitliche Aufteilung in mehrjährige Durchführungsabschnitte vorgesehen (92).

Der Große Hessenplan von 1965 "stellte keinen vollzugsverbindlichen
Plan in Gesetzesform dar und erzeugte dadurch auch keine Bindungs-
wirkung für Dritte" (93). Die Durchführungsaufgaben trugen Ressorts,
Kommunen und private Träger, ohne aber gesetzlich an die Planung
gebunden zu sein, so daß zwischen Planung und Planvollzug ein proble-
matisches Vakuum entstand (94). Im Zuge der Entwicklung der zweiten
Hälfte der 6oer Jahre wurde dieses rechtliche Defizit beseitigt, und
als ein wesentliches Ergebnis einer neuen raumordnungspolitischen
Strategie erfolgte die Überführung des Großen Hessenplans in den späteren Landesentwicklungsplan Hessen '8o im Jahre 197o (95). Trotz
der angesprochenen "Schwachstellen" trug der Große Hessenplan dazu
bei, Infrastrukturlücken in Hessen zu schließen.

Nach langen Vorarbeiten zwischen Bund und Ländern (96) wurde mit dem
Inkrafttreten des Raumordnungsgesetzes vom 8.4.1965 eine bundesweite
Rahmengesetzgebung geschaffen, die raumordnungspolitische Aktivitäten der Behörden in überörtlichen Bereichen erleichtern sollte. Die
§§ 1 und 2 setzen mit ihren Zielen und Grundsätzen einen weitge-
steckten Rahmen für entsprechende Ordnungsaufgaben. Die §§ 3, 4 und
5 sind die Basis für eine vertikale und horizontale Koordination. Sie
finden eine Ergänzung in § 8, der die Bildung einer zusätzlichen koordinierenden staatlichen Institution vorschrieb (97): Im Jahre 1967
etablierte sich demzufolge die Ministerkonferenz für Raumordnung, der
seither Vertreter sowohl der Bundesregierung als auch der Länder-

(92) Vgl. W. HÜFNER 1968, S. 227 f.
(93) D. MOLTER 1975, S. 1o8. Den Großen Hessenplan hatte
man als Kabinettsvorlage im Landeskabinett behandelt, ohne ihn
aber dem Landtag zu einer abschließenden Beratung zuzuleiten.
(94) Siehe hierzu W. HÜFNER 1968, S. 217 und S. 225 f.
(95) Ausführlich zum Landesentwicklungsplan Hessen '8o Teil 2 des
vierten Kapitels.
(96) Vgl. H.-U. EVERS 1973, S. 26 f und D. MOLTER 1975, S. 34 ff.
(97) Vgl. Raumordnungsgesetz vom 8.4.1965 (BGBl. I S. 3o6).

regierungen angehören (98).

Im Sektor der Durchführungsinstrumente vollzog sich im zuletzt vorgestellten Zeitraum gleichfalls ein Umbruch. Mit Erreichen der Vollbeschäftigung gegen Ende der 5oer Jahre "erstreckte sich die mit der
weiteren ökonomischen Expansion verbundene Investitionstätigkeit zunehmend auch auf ländliche Gebiete" (99), um der eingetretenen Ver-
knappung im Bereich des Faktors Arbeit in den verdichteten Gebieten
der Bundesrepublik Deutschland räumlich auszuweichen. Staatliche
Steuerung des Produktionsfaktors Kapital in raumordnungspolitisch
erwünschter Form war somit wesentlich erleichtert.
Es ist anzumerken, daß ein Zusammenhang zwischen dem Konjunkturver-
lauf und der administrativen Steuerungsfähigkeit räumlicher Entwicklungsprozesse schon damals deutlich wurde. Schwankungen in der
wirtschaftlichen Entwicklung wirken sich in einer Art "räumlich/
sektoraler Induktion" negativ auf die instrumentellen Eingriffsmög-
lichkeiten der mit der Raumordnungspolitik befaßten Behörden aus.

1959 wurde das regionale Förderungsprogramm um ein drittes Teilprogramm, dem Entwicklungsprogramm für zentrale Orte in ländlichen,
schwach strukturierten Gebieten, ergänzt.
Die Notstandspolitik der frühen 5oer Jahre löste eine raumordnungspolitische Strategie ab, die von der reinen Flächenförderung zu einer
Konzentration der knappen finanziellen Ressourcen in "Kristallisa-
tionskernen zukünftiger Industrialisierungsprozesse"(1oo) führen sollte.
Diese Gemeinden befanden sich nicht in den bisherigen beiden Fördergebieten. Anfänglich wählte man 15 Kommunen vom Zuschnitt eines Mittelzentrums aus, die schon über eine bestimmte infrastrukturelle Mindest-
ausstattung, ein Arbeitskräfteangebot im Einzugsbereich sowie über einen
gewissen industriellen Besatz verfügten (1o1).

(98) Dies geschah auf der Grundlage eines Verwaltungsabkommens über
     gemeinsame Beratungen raumordnungspolitischer Fragen und Pro-
     bleme vom 29.5.1967. Zu dem Gremium zählen seither die auf Bun-
     des-und Landesebene für Landesplanung und Raumordnung verant-
     wortlichen Minister, Senatoren bzw. Verwaltungschefs.
     Vgl. F. MALZ 1974, S. 357 f.
(99) K. GEPPERT, K. HORNSCHILD, W. SCHÖNING 1979, S. 2o.
(1oo) F.W. SCHARPF, B. REISSERT, F. SCHNABEL 1976, S. 76.
(1o1) Vgl. H.H. EBERSTEIN ab 1972, A III, S. 8.

1963 wurden die Notstandsgebiete in Sanierungsgebiete bzw. in Bundesausbaugebiete umbenannt (1o2) und erfuhren gleichzeitig eine neue Abgrenzung (1o3). Auf Betreiben des IMNOS erhielten die ausgewählten
zentralen Orte 1964 die Bezeichnung Bundesausbauorte (1o4). Diese Gemeinden waren die Vorläufer der späteren Schwerpunktorte der regionalen Aktionsprogramme. Ihre Zahl stieg bis 1968 auf 81 an.
Eine Vergabe der Finanzmittel für dieses Teilprogramm erfolgte nicht
durch ein Schlüsselverfahren, sondern durch das sogenannte "Windhund-
verfahren", d.h. die Reihenfolge des Auftragseingangs im Bundeswirt-
schaftsministerium entschied über den finanziellen Anteil entsprechender Orte am Mittelvolumen.
Die zur Verfügung gestellten Geldbeträge (etwa 2o Mio.DM pro Jahr)
dienten wie vorher einer direkten Wirtschaftsförderung (Errichtung oder
Erweiterung von Gewerbebetrieben) bzw. der Bereitstellung wirtschaftsnaher infrastruktureller Einrichtungen als indirekte öffentliche Hilfe
für ansiedlungsbereite Unternehmungen.

1968 wurden die Bundesausbaugebiete noch einmal neu abgegrenzt. Es fand
eine Erweiterung der unterstützten Teilräume statt, die mit dem Anstieg
der Anzahl der Bundesausbauorte einherging. Da man Gebiete, welche die
Förderbedingungen 1968 nicht mehr erfüllten, ebenfalls weiterförderte,
wurde das ursprüngliche Konzentrationsprinzip verwässert (1o5). Im
Jahre 1968 umspannte die gesamte Fördergebietskulisse 43 vH der Fläche
der Bundesrepublik Deutschland, dort lebten 21 vH der Gesamtbevölkerung
(1o6).

Hessen partizipierte mit 26 vH seiner Fläche und 11 vh seiner Einwohner
an den Bundesausbaugebieten, zu denen hier die Landkreise Alsfeld,
Büdingen, Gelnhausen, Hofgeismar, Hünfeld, Melsungen, Oberlahnkreis,

(1o2) Vgl. F.W. SCHARPF, B. REISSERT, F. SCHNABEL 1976, S. 76. Vgl.
      dazu auch K. GEPPERT, K. HORNSCHILD, W. SCHÖNING 1979, S. 2o.
(1o3) Die räumliche Bezugsbasis bildeten die Landkreise. Als Indi-
      katoren verwendete man das Bruttoinlandsprodukt pro Kopf der
      Wirtschaftsbevölkerung, den Industriebesatz und den Wanderungs-
      saldo, wobei bestimmte Schwellenwerte über- oder unterschritten
      werden mußten. Vgl. hierzu J.H. MÜLLER 1973, S. 4.
(1o4) IMNOS-Beschluß vom 13.11.1964. Vgl. hierzu näher W. ALBERT
      ab 1971, A II, S. 4.
(1o5) Vgl. J.H. MÜLLER 1973, S. 5.
(1o6) 1963 lagen die entsprechenden Werte noch bei 4o vH und 19 vH,
      siehe hierzu R. STRUFF 1975, S. 1o7.

Rotenburg, Wolfhagen und Ziegenhain gehörten (1o7).
Im Jahre 1968 waren folgende hessische Gemeinden Bundesausbauorte:
Büdingen, Homberg (Efze), Limburg, Sontra und Witzenhausen (1o8).

Die konjunkturelle Rezession von 1966/67 verdeutlichte erneut den
Zusammenhang zwischen der wirtschaftlichen Gesamtentwicklung und
dem Versuch der staatlichen Raumbeeinflussung in Problemräumen.
Zu den klassischen Fördergebieten (beispielsweise der Bayerische
Wald und das Emsland), die vom konjunkturellen Einbruch besonders
getroffen wurden, gesellten sich nun zusätzlich krisenempfindliche
Gebiete der Schwerindustrie an Ruhr und Saar, die mit schwerwiegen-
den strukturellen Problemen, vorrangig im Steinkohlenbergbau, behaftet waren (1o9).
Die Bundesregierung reagierte zwar sofort mit zwei Konjunkturprogrammen, aber zwangsläufig ergaben sich aus der bevorzugten Behandlung der Montangebiete neue Schwierigkeiten: Die Hinzunahme der genannten Räume erweiterte die Fördergebietskulisse einerseits erneut,
andererseits führte die Bevorzugung der schwerindustriellen Gebiete
zu Verwerfungen innerhalb des geschaffenen Präferenzsystems zuungunsten
der alten Förderräume (11o).
Einen dritten Problemkreis bildete der Umstand, daß parallel, aber unkoordiniert zu den Programmen des Bundes ländereigene Förderpro-

(1o7) Vgl. o.V. 197o Landesentwicklungsplan Hessen '8o, Rahmenplan
      für die Jahre 197o-1985, S. 21.
(1o8) Gemäß Beschluß des IMNOS vom 9.4.1968.
(1o9) Vgl. W. ALBERT ab 1971, A II, S. 5 f.
(11o) Neben ihrem gleichwertigen Anteil an den beiden Konjunkturpro-
      grammen und entsprechenden ERP-Mitteln kamen die Montanreviere
      "vorrangig in den Genuß der Zuschüsse des Bundes und der Kre-
      dite der Bundesanstalt für Arbeit, Nürnberg, die im Rahmen des
      sog. Gemeinsamen Strukturprogrammes für Infrastrukturinvesti-
      tionen in Höhe von 1,5 Mrd.DM gewährt wurden" (W.ALBERT ab 1971,
      A II, S. 6).
      Zusätzlich gewährte man den Revieren im Rahmen des "Gesetzes
      zur Anpassung und Gesundung des deutschen Steinkohlenbergbaus
      und der deutschen Steinkohlenbergbaugebiete" vom 15.5.1968
      (BGBl. I 1968 Nr. 29), § 32, eine steuerfreie Investitions-
      prämie in Höhe von 1o vH (vgl. auch hierzu W. ALBERT ab 1971,
      A II, S. 6 f).
      Während der Jahre 1968 bis 1971 vergab man Prämien in der Größen-
      ordnung von rund zwei Mrd.DM. Diese Summe entspricht etwa dem
      Betrag, der innerhalb von 17 Jahren in die Gebiete des Regionalen
      Förderungsprogramms geflossen war (vgl. F.W. SCHARPF, B. REISSERT,
      F. SCHNABEL 1976, S. 77).

gramme existierten (111).

Aus all dem resultierte die Notwendigkeit, auf Bundes- und Landesebene neue raumordnungspolitische Strategien zu entwerfen. Anfang
1968 begannen die Arbeiten zur Aufstellung der regionalen Aktionsprogramme, einem Instrument, dessen Entwicklung seinen vorläufigen
Abschluß im Jahre 1970 mit der Übernahme in die Gemeinschaftsaufgabe "Verbesserung der regionalen Wirtschaftsstruktur" fand.
Die räumliche Abgrenzung der damaligen Aktionsräume nahm man zunächst auf der Grundlage der Gebiete des vorhergehenden dreitei-
ligen regionalen Förderprogramms vor.
Im Februar 1969 genehmigte der IMNOS (112) mit dem Eifel-Hunsrück-
Gebiet das erste Aktionsprogramm, dem bis Ende 1969 noch elf weitere Aktionsprogramme folgten.
Bereits im Jahre 1970 bewilligte der IMNOS noch einmal acht regionale Aktionsprogramme.
In den Fördergebieten mit nun insgesamt 20 Aktionsprogrammen
lagen fast alle ehemaligen Bundesausbauorte, so daß rund 290 Gemeinden in die Förderung einbezogen wurden. Die Gebietskulisse umspannte in jener Übergangsperiode zum neuen Durchführungsinstrument
Gemeinschaftsaufgabe "Verbesserung der regionalen Wirtschaftsstruktur" etwa 58 vH der Fläche der Bundesrepublik Deutschland. In ihr
lebten rund 31 vH der Bevölkerung (113).

Mit diesem räumlichen Neuaufbau seit dem Jahre 1968 gingen nachstehende sachliche Änderungen der Fördermodalitäten einher (114):
Die staatlichen Finanzhilfen in Verbindung mit Errichtungs- und
Erweiterungsinvestitionen von Gewerbebetrieben wurden von der bisher üblichen Kreditvergabe auf nicht rückzahlbare einmalige Zu-
schußzahlungen umgestellt. Es fand ein Abrücken von der Strategie
parallel und teilweise unkoordiniert laufender Bundes- und Länder-

(111) Vgl. F.W. SCHARPF, B. REISSERT, F. SCHNABEL 1976, S. 78.
(112) Dieser trug seit 1964 den Namen "Interministerieller Aus-
        schuß für regionale Wirtschaftspolitik".
(113) Vgl. J.H. MÜLLER 1973, S. 12.
(114) Vgl. zum folgenden W. ALBERT ab 1971, A II, S 8 ff.

programme statt, indem eine verstärkte Koordination der Planungs-,
Finanzierungs- und Durchführungsfragen zwischen den beiden administrativen Ebenen vorgenommen wurde.

Durch die nun auch rahmenrechtlich abgesicherte Gemeinschaftsaufgabe "Verbesserung der regionalen Wirtschaftsstruktur" erhielten die
verantwortlichen öffentlichen Akteure des Bundes und der Länder ein
neues, im Vergleich zu seinen instrumentellen Vorläufern vervoll-
kommnetes, raumordnungspolitisches Durchführungsinstrument (115).

(115) Dieses Instrument wird im Teil 1 des sechsten Kapitels aus-
      führlich erläutert.

Drittes Kapitel: Raumstrukturen und räumliche Probleme des Bundeslandes Hessen

Bevor die allgemein erläuterten raumordnungspolitischen Aufgaben am
Beispielraum Hessen verdeutlicht werden, erscheint es sinnvoll, die
geographischen Strukturen des Landes und daraus ableitbare räumliche
Probleme darzustellen. Hier bildet sich der Rahmen ab, in dem der
Einsatz staatlicher Planungs- und Durchführungsinstrumente aufge-
zeigt wird.

1. Lage im größeren Raum

Die Gebietsfläche Hessens beträgt 21 113 km^2. Dieses Bundesland nimmt
wegen seiner zentralen Lage innerhalb des Bundesgebietes eine Mittler-
stellung zwischen Nord- und Süddeutschland ein. Der sogenannte Zen-
tralpunkt, an dem die Summe der direkten Entfernungen (Luftlinie)
aller Bewohner der Bundesrepublik Deutschland ein Minimum beträgt,
liegt nordwestlich von Gießen im Lahn-Dill-Kreis (116).
Angrenzende Bundesländer sind Niedersachsen, Nordrhein-Westfalen,
Rheinland-Pfalz, Baden-Württemberg und Bayern. Des weiteren besteht
eine gemeinsame Grenze zur DDR. Allerdings mindert deren räumliche
Wirksamkeit die zentrale Lage Hessens.

2. Oberflächenformen

Drei Bauelemente charakterisieren im wesentlichen die Oberflächenformen in Hessen:
- West- und osthessische Senke sowie das Tiefland am Rhein und Untermain
- waldreiche Mittelgebirgskörper, die sich teilweise trennend
  zwischen die beiden hessischen Senken schieben
- tief eingeschnittene Flußtäler.

(116) Vgl. W. MOEWES, V. SEIFERT 1972, S. 19.

Im Süden des Landes erstreckt sich in Ausweitung des Oberrhein-
grabens das Rhein-Main-Tiefland, das mit seinem Niveau zwischen 8o
und 1oo Meter den niedrigst gelegenen Landesteil darstellt.
Nördlich der Wetterau findet diese naturräumliche Einheit ihre Fortsetzung in der westhessischen Senke, bestehend aus den Becken von
Gießen, Amöneburg, Ziegenhain und Wabern. "Im Norden gabelt sich
die westhessische Senke schließlich in die Becken von Wolfhagen und
Kassel" (117).
In seinem nordöstlichen Bereich grenzt an das Rhein-Main-Tiefland die
osthessische Senke, gebildet durch die Becken von Fulda und Bebra-
Hersfeld (118).

Beide Senkenbereiche werden durch eine Achse von waldreichen Mittel-
gebirgen in Süd-Nord-Richtung getrennt: Vogelsberg, Knüllgebirge,
Meißner und Kaufunger Wald.
Die westliche der beiden Senkenzonen grenzt an das Rheinische Schie-
fergebirge mit dem Taunus und den Ausläufern des Westerwaldes sowie
der Rothaar.
Östlich des Rhein-Main-Tieflandes schließen sich Odenwald und Spessart
an. Diese Mittelgebirge finden nördlich eine Fortsetzung in der Rhön,
mit der Wasserkuppe als Hessens höchstem Berg (95o m), dem Säulings-
wald und dem Ringgau, "eine zweite Gebirgsachse darstellend" (119),
die die osthessische Senke gegen Osten und Südosten flankiert.

3. Siedlungsstrukturelle Gegebenheiten

Die skizzierten Oberflächenformen des Landes determinieren in starkem
Maße die hessischen Siedlungsstrukturen. Dichtbesiedelte Teilräume,
die in der Vergangenheit bereits mehr oder weniger starke Verdichtungstendenzen hinsichtlich Wohnnutzung, Arbeitsstätten und Infrastruktureinrichtungen vorweisen, findet man entweder in den offenen Senkenzonen

(117) H. BLUME 1951, S. 7.
(118) Vgl. H. BLUME 1951, S. 7.
(119) H. BLUME 1951, S. 7.

oder im Rhein-Main-Tiefland.

Dies trifft in besonderer Weise für die Verdichtungsräume Hessens, im wesentlichen Rhein-Main und Kassel, zu (12o), gilt in abgeschwächter Form aber auch für Siedlungen wie Wetzlar, Gießen, Marburg und Fulda.

Im Gegensatz dazu erfuhren hessische Mittelgebirgsräume, die zum Teil durch starke Reliefunterschiede charakterisiert sind, eine wesentlich schwächere Besiedlung.

Auch der Verlauf der Bandinfrastrukturen korreliert mit den gegebenen naturräumlichen Grundlagen, sieht man von der Linienführung der Bundesautobahn Frankfurt-Kassel nordöstlich von Gießen ab (121).

Insgesamt zeigt sich in Hessen ein siedlungsstrukturelles Süd-Nord-Gefälle. Dem hochverdichteten Siedlungskörper im Rhein-Main-Gebiet und anschließenden mittelhessischen Teilräumen mit geringeren Verdichtungserscheinungen (Lahn-Dill-Achse) stehen ost- und vorrangig nordhessische Teilräume gegenüber, deren Besiedlung keine Verdichtungstendenzen aufweist. Ausnahmen bilden dort lediglich die Solitärstandorte Kassel und Fulda.

4. Sozial- und wirtschaftsgeographische Voraussetzungen

4.1 Bevölkerung

Im Zeitraum zwischen 197o und 1981 nahm die Bevölkerung des Landes Hessen von 5 381 7o5 um rd. 23o ooo Bewohner auf 5 611 851 zu (122). Generell treten deutliche Entwicklungsunterschiede zwischen Südhessen auf der einen und den Teilräumen in Mittel-, Ost- und Nordhessen auf der anderen Seite zutage. So konnten die dichtbesiedelten

(12o) Abgrenzung gemäß Entschließung der Ministerkonferenz für Raumordnung vom 21.11.1968: "Zur Frage der Verdichtungsräume".
(121) Diese Linienführung ist noch auf die Vorkriegsplanung mit vorzugsweiser West-Ost-Ausrichtung zurückzuführen (Verbindung nach Thüringen, Sachsen, Berlin).
(122) Vgl. hierzu und zu den anschließenden Ausführungen die Tabellen 1 und 2.

südhessischen Planungsregionen (123) noch in der zweiten Hälfte der
7oer Jahre Bevölkerungsgewinne von insgesamt rund 3o ooo Bewohnern
verzeichnen. Im gleichen Zeitraum mußten die dünnbesiedelten Regionen
Ost- und Nordhessen bereits Bevölkerungsverluste in Höhe von etwa
1o ooo Einwohnern hinnehmen, während Mittelhessen zumindest eine unterdurchschnittliche leichte Zunahme aufwies.

Eine regional tiefer differenzierende Überprüfung der demographischen
Entwicklung führt zu folgenden empirischen Befunden:
Die Kernstädte der Verdichtungsräume registrierten innerhalb der betrachteten elf Jahre teilweise sehr starke Bevölkerungsverluste, so
die beiden Zentren Frankfurt (-1o,6 vH) und Kassel (-9,o vH). Eine
positive Ausnahme stellte lediglich die Landeshauptstadt Wiesbaden
dar, die im Untersuchungszeitraum mit einem Wachstum von 4,8 vH noch
über dem Landesdurchschnitt lag.
Einen hohen Zuwachs erreichten die in den Verdichtungsräumen bzw.
den angrenzenden Randbereichen gelegenen Teilräume. Beispielsweise
nahmen die Landkreise Main-Taunus, Hochtaunus und Rheingau-Taunus um
etwa 2o vH zu. Etwas schwächer lief diese Entwicklung in der Region
um Kassel ab, jedoch wuchs der Landkreis Kassel zwischen 197o und 1981
um rd. 28 ooo Einwohner (entsprechend 14,1 vH).

Gegenläufig stellt sich der demographische Trend in peripheren Teilräumen vorrangig Ost- und Nordhessens dar: Im Vogelsbergkreis und im
Werra-Meißner-Kreis traten Bevölkerungsverluste ein, weitere Teilräume (z.B. der Schwalm-Eder-Kreis) weisen lediglich minimale, weit
unter dem Landesdurchschnitt liegende Gewinne im überprüften Zeitraum aus.

Gliedert man die Untersuchung der Bevölkerungsentwicklung nach den
beiden Komponenten natürliche Bevölkerungsentwicklung und Wanderungen
(124), gelangt man bezüglich der ersten Komponente zu folgenden

---

(123) Hessische Planungsregionen vor Inkrafttreten des Gesetzes zur
       Neuorganisation der Regierungsbezirke und der Landesplanung vom
       15.1o.198o (GVBl. I S. 377) zum 1.1.1981.
(124) Siehe zu den folgenden empirischen Befunden auch Tabelle 3.

Tab. 1 : Wohnbevölkerung 197o und 1981, Bevölkerungsentwicklung 197o bis 1981 in den kreisfreien Städten, Landkreisen und Regierungsbezirken

Kreisfreie Stadt Landkreis Regierungs- bezirk (Rb)	Wohnbevölke- rung am 27.5.197o	Wohnbevölke- rung am 31.12.1981	Zu- bzw. Abnahme 197o-1981 absolut	in vH	Durchschnittliche jährliche Zu- bzw. Abnahme in vH
Darmstadt, St.	143451	138633	- 4818	- 3,4	- o,3
Frankfurt a.M., St.	699297	625352	- 73945	- 1o,6	- 1,o
Offenbach a.M., St.	1173o6	11o512	- 6794	- 5,8	- o,5
Wiesbaden, St.	261864	274449	12585	4,8	o,4
Bergstraße	223775	239422	15647	7,o	o,6
Darmstadt-Dieburg	214212	249662	3545o	16,5	1,5
Groß-Gerau	213589	233358	19769	9,3	o,8
Hochtaunus	172o23	2o6286	34263	19,9	1,8
Main-Kinzig	334o76	366431	32355	9,7	o,9
Main-Taunus	164587	2o2o67	3748o	22,8	2,1
Odenwald	78889	85255	6366	8,1	o,7
Offenbach	261979	296223	34244	13,1	1,2
Rheingau-Taunus	138616	164605	25989	18,7	1,7
Wetterau	232115	253195	21o8o	9,1	o,8
Rb Darmstadt	3255779	344545o	189671	5,8	o,5
Gießen	219oo3	234314	15311	7,o	o,6
Lahn-Dill	239515	239917	4o2	o,2	o,o
Limburg-Weilburg	148411	151444	3o33	2,o	o,2
Marburg-Biedenkopf	221875	239931	18o56	8,1	o,7
Vogelsberg	112ooo	1o9332	- 2668	- 2,3	- o,2
Rb Gießen	94o8o4	974938	34134	3,6	o,3
Kassel, St.	214156	194779	- 19377	- 9,o	- o,8
Fulda	18756o	191o87	3527	1,9	o,2
Hersfeld-Rotenburg	131458	127565	3893	3,o	o,3
Kassel	19567o	223321	27651	14,1	1,3
Schwalm-Eder	181o86	181663	577	o,3	o,o
Waldeck-Frankenberg	15o28o	155112	4832	3,2	o,3
Werra-Meissner	124912	117936	- 6976	- 5,6	- o,5
Rb Kassel	1185122	1191463	14127	1,2	o,1
Hessen	53817o5	5611851	23o146	4,3	o,4

Gebietsstand 1.1.1981 .
Quelle: Statistisches Handbuch für das Land Hessen, Ausgabe 1978/79, Statistische Berichte, Hessisches Statistisches Landesamt, Serien AI- hj 1/81 und AI- hj 2/81, eigene Berechnungen.

Tab. 2 : Bevölkerung 1975 und 1980, Bevölkerungsentwicklung 1975 bis 1980 in den Planungsregionen (1)

Planungsregion	Bevölkerung am 3o.6.1975	Bevölkerung am 3o.6.1980	Zu- bzw. Abnahme 1975 - 1980 absolut	in vH	Durchschnittliche jährliche Zu- bzw. Abnahme in vH
Nordhessen	9267oo	92o9oo	- 58oo	- o,6	- o,12
Mittelhessen	8253oo	829ooo	37oo	o,4	o,08
Osthessen	3177oo	3136oo	- 41oo	- 1,3	- o,26
Rhein-Main-Taunus	55o9oo	5616oo	1o7oo	1,9	o,38
Untermain	2o541oo	2o586oo	45oo	o,2	o,04
Starkenburg	8887oo	9036oo	149oo	1,7	o,34

(1) Gerundete Werte.
Gebietsstand 1.1.1980.
Quelle: Statistische Berichte, Hessisches Statistisches Landesamt, Serien AI1, - hj 1/75, - hj 1/8o.

Aussagen:

Es lassen sich zwar nur geringfügige regionale Unterschiede in der Lebenserwartung feststellen; dem stehen durchaus regional streu- ende Geburtenentwicklungen gegenüber (125).

Gemessen an der durchschnittlichen Nettoreproduktionsrate 1971 bis 1977 fällt die entsprechende Geburtenzahl in den Kernstädten des Verdichtungsraumes Rhein-Main deutlich geringer aus als in den ge- burtenfreudigsten Landkreisen des Landes (z.B. Vogelsbergkreis, Fulda, Waldeck-Frankenberg, Schwalm-Eder).

Einen Geburtenrückgang verzeichneten zwar alle Landkreise, er war allerdings in den Teilräumen mit höchsten Geburtenzahlen stärker als in den verstädterten Gebieten, deren Geburtenzahlen bereits zu Beginn der 7oer Jahre auf einem wesentlich geringeren Niveau lagen. Dieser Trend hielt bis 1981 an, von wenigen Teilräumen abgesehen (stark expandierende Landkreise im Verdichtungsraum Rhein-Main: Darmstadt-Dieburg, Groß-Gerau, Main-Taunus-Kreis und Offenbach), war ein fast durchgängiges Geburtendefizit zwischen 1977 und 1981 zu beobachten. Regelmäßigkeiten bzw. Gesetzmäßigkeiten lassen sich nicht erkennen: "Das regionale Gefälle scheint (deshalb) zum großen Teil von Einflüssen zufälligen Charakters bestimmt zu sein und weniger von kausalen Bedingungskomplexen" (126).

Eine Zunahme der Wohnbevölkerung ist, ableitbar aus den letzten Aus- führungen, also nur auf entsprechende Wanderungsgewinne zurückzu- führen. Hier verdeutlichen sich die bereits angesprochenen räum- lichen Gegensätze: Im Zeitraum 1977 bis 1981 zeichneten sich den Zentren des Verdichtungsraumes Rhein-Main benachbarte Teilräume durch teilweise hohe Wanderungsgewinne aus, wobei allerdings kleinräumlich eine Abflachung des stark positiven Trends seit 1979 eingetreten ist. Ähnlich enorme Zugewinne sind lediglich noch im Verdichtungsgebiets- saum um Kassel zu beobachten.

(125) Vgl. G. SIMON 1979, S. 91 ff.
(126) G. SIMON 1979, S. 92.

Tab. 3 : Ausgewählte Daten zur Bevölkerungsentwicklung 1977 bis 1981: Geburtenüberschuß bzw. -defizit, Wanderungsgewinn bzw. -verlust und Zu- oder Abnahme der Bevölkerung in den kreisfreien Städten und Landkreisen

Kreisfreie Stadt / Landkreis	Geburtenüberschuß bzw. -defizit je 1000 Ew			Wanderungsgewinn bzw. -verlust je 1000 Ew			Zu- bzw. Abnahme der Bevölkerung in vH				
	1977	1979	1981	1977	1979	1981	1977	1979	1981	1977-1979	1979-1981
Darmstadt, St.	-3,6	-3,7	-3,2	-1,5	6,0	6,4	-0,5	0,2	0,3	0,0	0,0
Frankfurt a.M., St.	-3,8	-3,9	-3,7	-9,7	-0,5	-2,7	-1,3	-0,4	-0,6	-0,7	-0,5
Offenbach a.M., St.	-3,3	-3,1	-3,3	-4,1	1,3	-1,1	-0,7	-0,2	-0,4	-0,9	-0,7
Wiesbaden, St.	-3,8	-3,3	-3,5	6,0	10,0	3,4	0,2	0,7	0,0	1,1	0,4
Bergstraße	-1,3	-1,4	-1,7	3,5	3,7	2,4	0,2	0,2	0,0	0,4	0,5
Darmstadt-Dieburg	9,8	0,5	0,9	5,9	8,0	5,2	0,7	0,9	0,6	1,8	1,9
Groß-Gerau	1,3	0,7	0,8	7,5	3,3	0,1	0,9	0,4	0,1	1,2	0,0
Hochtaunus	-2,7	-3,3	-2,9	11,1	14,0	4,4	0,9	1,1	0,1	1,8	1,4
Main-Kinzig	-1,1	-1,0	-1,4	5,2	10,2	12,8	0,4	0,9	1,1	1,5	1,8
Main-Taunus	1,3	1,0	1,3	12,4	5,8	2,0	1,4	0,7	0,3	1,8	0,7
Odenwald	-2,2	-1,2	-1,6	4,6	13,1	8,5	0,2	1,2	0,7	1,7	1,5
Offenbach	0,9	1,1	1,3	2,6	6,9	2,0	0,3	0,8	0,3	1,2	0,9
Rheingau-Taunus	-2,8	-2,2	-1,7	12,3	16,7	9,3	1,0	1,5	0,8	2,5	2,0
Wetterau	-2,1	-2,6	-2,6	5,8	10,9	5,3	0,4	0,8	0,3	1,5	0,7
Gießen	1,2	-1,2	-0,4	0,9	11,4	6,3	–	1,0	0,6	0,8	1,6
Lahn-Dill	1,2	-1,5	-1,4	0,9	4,0	1,0	–	0,3	0,0	0,8	0,1
Limburg-Weilburg	-3,5	-2,6	-3,4	0,2	7,7	5,7	-0,3	0,3	0,2	0,6	0,7
Marburg-Biedenkopf	1,0	0,3	1,0	2,0	4,5	6,5	0,3	0,5	0,8	0,8	1,7
Vogelsberg	-3,0	-2,9	-3,4	-0,2	0,3	0,8	-0,3	-0,3	-0,3	-0,8	-0,2
Kassel, St.	-5,4	-6,3	-5,4	-5,9	-1,1	-0,4	-0,1	-0,7	-0,6	-1,6	-0,7
Fulda	-0,3	-1,1	-0,9	1,4	1,7	2,4	0,1	0,1	0,2	-0,1	0,6
Hersfeld-Rotenburg	-2,7	-3,6	-3,7	-4,9	1,3	2,0	-0,7	-0,2	-0,2	-1,0	-0,1
Kassel	-2,2	-2,8	-2,1	11,3	12,9	8,0	0,9	1,0	0,6	1,8	1,7
Schwalm-Eder	-2,9	-2,9	-2,4	0,3	3,4	4,3	-0,3	0,1	0,2	-0,2	0,4
Waldeck-Frankenberg	-2,7	-2,9	-3,8	4,5	7,4	5,6	0,2	0,5	0,2	0,9	0,6
Werra-Meissner	-3,6	-4,3	-4,8	-1,2	-1,9	1,2	-0,5	-0,6	-0,4	-0,8	-0,6
Hessen	-1,8	-2,0	-1,9	2,2	6,1	3,4	0,0	0,1	0,2	0,6	0,6

Quelle: Statistische Berichte, Hessisches Statistisches Landesamt, Serien AI - j/79, hj 1/81, - hj 2/81; eigene Berechnungen .

Abwanderungs- bzw. Stagnationstendenzen kennzeichneten Teilräume in
Ost- und Nordhessen (so etwa den Werra-Meißner-Kreis und den Landkreis
Hersfeld-Rotenburg). Von diesem Muster hob sich lediglich deutlich
der Raum westlich von Kassel (Landkreis Waldeck-Frankenberg) durch
überdurchschnittliche Wanderungsgewinne ab, deren Ursachen hauptsächlich auf einer Altenwanderung beruhten. Diese Zunahmen dürften ganz
wesentlich auf die reizvolle Landschaft mit ihren Kur- und Fremdenver-
kehrsorten zurückzuführen sein (127).

4.2 Wirtschaft

Die ökonomische Entwicklung Hessens wird entscheidend durch Rahmenbedingungen mit geprägt, denen sowohl nationale als auch internatio-
nale Entwicklungen zugrunde liegen. Sie sollen hier kurz angesprochen
werden (128):
- Bedingt durch weltweit greifende strukturelle Veränderungsprozesse
  ging in der gesamten Bundesrepublik Deutschland in der ersten Hälfte
  der 7oer Jahre die Beschäftigung im sekundären Sektor zurück. Beispielsweise führte die zunehmende Industrialisierung der Dritten Welt
  zu Exporterschwernissen bei deutschen Herstellern relativ einfacher
  Produkte (129).

- Verstärkt wurde dieser Prozeß durch parallel zutage tretende währungs-
  politische Unsicherheitsfaktoren. Ausgelöst durch die Wechselkursfrei-
  gabe im Jahre 1973 sowie mehrere Aufwertungen stieg der Außenwert der
  DM an. Dies führte allgemein zu einer Verteuerung deutscher Export-
  artikel.

(127) Vgl. o.V. 198o Landesentwicklungsbericht für die Jahre 197o-1978,
      S. 18o.
(128) Vgl. o.V. 1976 Landesentwicklungsplan Hessen '8o, Ergebnisbericht
      für die Jahre 197o-1974, S. 1 f, H. EHRET, W. KOCH 1978, S. 6 ff,
      des weiteren o.V. 198o Landesentwicklungsbericht für die Jahre
      197o-1978, S. 13 f.
(129) Vgl.W. RAABE 198o, S. 54.

- Ein drittes relevantes Eckdatum bei der Diskussion veränderter
  Rahmenbedingungen stellen die stark gestiegenen Rohstoffpreise
  seit dem Frühherbst 1973 dar, allem voraus das Erdöl und seine
  Folgeprodukte. Dies zog u.a. eine teilweise starke Verteuerung
  entsprechender Produkte deutscher Hersteller nach sich und senkte
  die Kaufkraft bei gleichzeitigem Anstieg der Inflationsrate. Diese
  in der ersten Hälfte der 7oer Jahre einsetzende Verschlechterung
  ökonomischer Rahmenfaktoren beeinflußte die Entwicklung in Hessen
  und seinen Teilräumen mehr oder weniger stark, wobei jeweilige
  strukturelle Gegebenheiten und regionale Standortbedingungen ge-
  bietlich zu unterschiedlichen Abläufen führten.

Die Überprüfung der wirtschaftlichen Entwicklung des Landes Hessen
und seiner Teilräume wird anhand folgender Komponenten vorgenommen:
Beschäftigtenentwicklung, Entwicklung der Arbeitslosigkeit und Entwicklung des Bruttoinlandsprodukts.

Wenden wir uns zuerst der Beschäftigtenentwicklung zu (13o): Landesweit nahm die Zahl der außerlandwirtschaftlichen Beschäftigten zwischen
197o und 198o um rund 36 2oo (1,6 vH) von rd. 2 277 ooo auf rd.
2 313 ooo zu, wobei starke Abnahmen im Verarbeitenden Gewerbe nebst
Energie- und Wasserversorgung sowie dem Bergbau (- 98 4oo = -1o,3 vH),
im Baugewerbe (- 33 86o = - 17,1 vH) und im Einzelhandel (- 22 3oo
= - 1o,7 vH) durch z.T. hohe Zuwächse in Einzelbereichen des tertiären
Sektors ausgeglichen wurden (Gebietskörperschaften 99 6oo Personen
= 44,6 vH, Organisationen ohne Erwerbscharakter 31 6oo = 56,7 vH sowie
Banken, Versicherungsgewerbe 23 4oo = 3o,2 vH) (131).

(13o) Die Daten beruhen neben der Volkszählung vom 27.5.197o auf einer
      Hochrechnung der Hessischen Landesentwicklungs- und Treuhand-
      gesellschaft für 198o. Die Basis bilden die Entgeltstatistik
      der Bundesanstalt für Arbeit, die Personalstandsstatistik des
      öffentlichen Dienstes und Angaben der Deutschen Bundesbahn und
      Bundespost sowie zusätzliche Berechnungen. Beschäftigte in Land-
      und Forstwirtschaft sind nicht enthalten, sie werden im Text
      aber gesondert genannt.
(131) Vgl. hierzu und zu den weiteren Ergebnissen die Tabellen A 3
      und A 4.

Tab. 4 : Außerlandwirtschaftliche Gesamtbeschäftigung 1970 und 1980 sowie
         deren Entwicklung 1970 bis 1980 in den kreisfreien Städten, Land-
         kreisen und Regierungsbezirken

Kreisfreie Stadt Landkreis Regierungsbezirk (Rb)	Beschäftigungsstand 1970	1980	Zu- bzw. Abnahme 1970-1980 absolut	in vH
Darmstadt, St.	96843	104060	7217	7,5
Frankfurt a.M., St.	544289	524138	- 20151	- 3,7
Offenbach a.M., St.	65867	61448	- 4419	- 6,7
Wiesbaden, St.	134653	135135	482	0,4
Bergstraße	61533	63673	2140	3,5
Darmstadt-Dieburg	57279	58922	1643	2,9
Groß-Gerau	88829	96899	8070	9,1
Hochtaunus	55621	65470	9849	17,7
Main-Kinzig	118817	125298	6481	5,5
Main-Taunus	42948	60956	18008	41,9
Odenwald	29200	28861	- 339	- 1,2
Offenbach	92046	104279	12233	13,3
Rheingau-Taunus	40843	42955	2112	5,2
Wetterau	70083	70503	420	0,6
Rb Darmstadt	1498851	1542597	43746	2,9
Gießen	88295	92317	4022	4,6
Lahn-Dill	99290	91071	- 8219	- 8,3
Limburg-Weilburg	46735	46388	- 347	- 0,7
Marburg-Biedenkopf	77474	77125	- 349	- 0,5
Vogelsberg	33625	33517	- 168	- 0,5
Rb Gießen	345479	340418	- 5061	- 1,5
Kassel, St.	126158	119881	- 6277	- 5,0
Fulda	64616	67827	3211	5,0
Hersfeld-Rotenburg	45834	45298	- 536	- 1,2
Kassel	54072	56329	2257	4,2
Schwalm-Eder	47584	48561	977	2,1
Waldeck-Frankenberg	52696	54264	1558	3,0
Werra-Meissner	41780	38121	- 3659	- 8,8
Rb Kassel	432740	430281	- 2459	- 0,6
Hessen	2277070	2313296	36226	1,6

Gebietsstand 1.1.1981.
Quelle : Datenmaterial der Hessischen Landesentwicklungs- und Treuhand-
         gesellschaft, Wiesbaden.

Insgesamt zeichnete sich die außerlandwirtschaftliche Beschäftigtenentwicklung (132) im untersuchten Zeitraum durch ein Süd-Nord-Gefälle
mit teilräumlichen Besonderheiten aus (133).

Kernstädte der hessischen Verdichtungsräume, nämlich Frankfurt am Main
(- 2o 15o), Offenbach (- 4 4oo) und Kassel (- 8 2oo) erlitten im Gegensatz zu den Städten Darmstadt (7 2oo) und Wiesbaden (48o) empfind-
liche Beschäftigtenverluste.

Abgesehen vom Odenwaldkreis erzielten sämtliche südhessischen Landkreise Zuwächse von teilweise erheblichem Umfang. Die Bandbreite reichte
von 42o Beschäftigten (o,6 vH) im Wetteraukreis bis zu 18 ooo (41,9 vH)
im Main-Taunus-Kreis.

Quer durch Mittel-, Ost- und Nordhessen erstreckt sich ein Schwächeband (134). Südlich und nördlich dieses Teilraumes befanden sich mit
den Landkreisen Gießen, Fulda, Waldeck- Frankenberg, Schwalm-Eder und
Kassel Raumeinheiten, welche durch Zunahme zwischen 2 vH und 5 vH gekennzeichnet waren, womit sie allerdings hinter den im ganzen hohen
Beschäftigtengewinnen des verdichteten Südens zurückblieben.

In der Land- und Forstwirtschaft ist zwischen 197o und 1978 ein Beschäftigtenrückgang von rd. 38 ooo Personen (-25 vH) eingetreten,
wobei sich die Abnahme gegenüber den 6oer Jahren aber verlangsamt hat
(135).

Weitere Indikatoren zur Einschätzung der wirtschaftlichen Entwicklung
sind die Zahl der Arbeitslosen bzw. der Erwerbslosen (136).

(132) Eine Zerlegung dieser Größe unter besonderer Herausstellung des
Verarbeitenden Gewerbes erfolgt im Teil 3 des siebten Kapitels,
um eine direkte Gegenüberstellung mit unten empirisch untersuchten Durchführungsinstrumenten zu ermöglichen.
(133) Siehe auch Karte 1.
(134) Gebildet durch die Landkreise Limburg-Weilburg (- 35o Beschäftigte
= - o,75 vH), Lahn-Dill (- 8 2oo = - 8,3 vH), Marburg-Biedenkopf
(- 35o = - o,5 vH), Vogelsbergkreis (- 35o = - o,5 vH), Hersfeld-
Rotenburg (- 536 = - 1,2 vH) und Werra-Meißner-Kreis (- 3 65o
= - 8,8 vH).
(135) Siehe hierzu o.V. 198o Landesentwicklungsbericht für die Jahre
197o-1978, S. 21.
(136) Die Zahl der Erwerbslosen setzt sich aus bei den Arbeitsämtern
registrierten Arbeitslosen sowie nicht registrierten, trotzdem
beschäftigungssuchenden Personen zusammen.

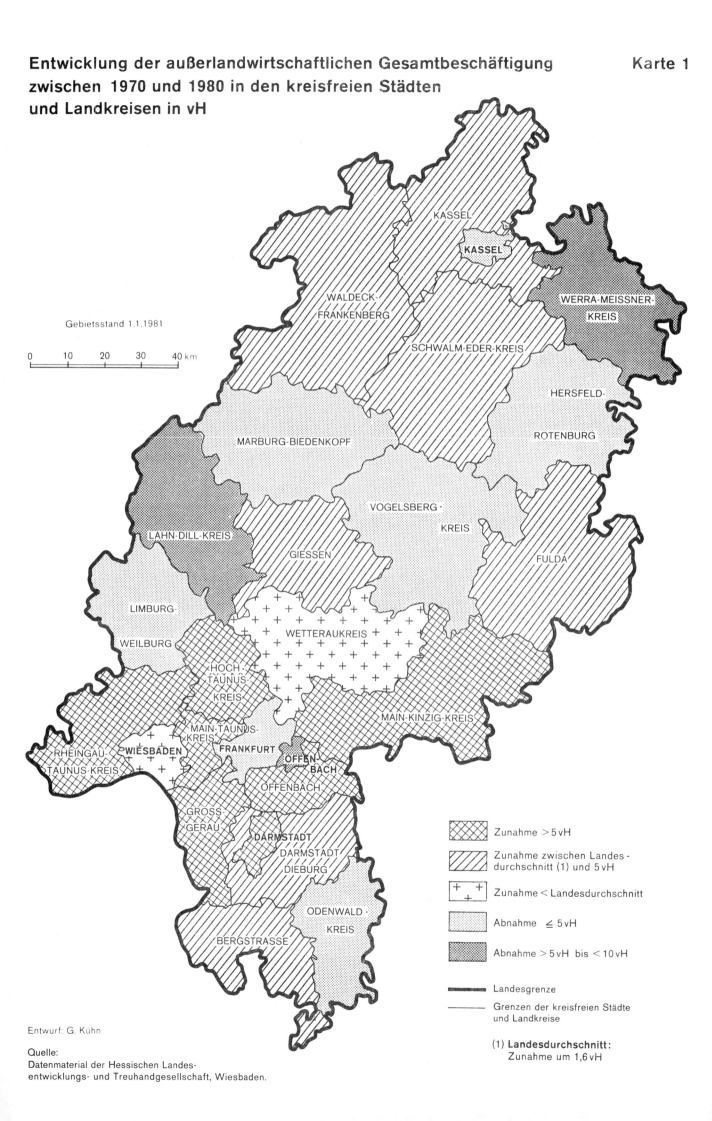

Entwicklung der außerlandwirtschaftlichen Gesamtbeschäftigung zwischen 1970 und 1980 in den kreisfreien Städten und Landkreisen in vH

Karte 1

Gebietsstand 1.1.1981

0   10   20   30   40 km

KASSEL

KASSEL

WALDECK-FRANKENBERG

WERRA-MEISSNER-KREIS

SCHWALM-EDER-KREIS

HERSFELD-ROTENBURG

MARBURG-BIEDENKOPF

VOGELSBERG-KREIS

LAHN-DILL-KREIS

GIESSEN

FULDA

LIMBURG-WEILBURG

WETTERAUKREIS

HOCH-TAUNUS-KREIS

MAIN-KINZIG-KREIS

MAIN-TAUNUS-KREIS

RHEINGAU-TAUNUS-KREIS

WIESBADEN

FRANKFURT

OFFEN-BACH

OFFENBACH

GROSS-GERAU

DARMSTADT

DARMSTADT-DIEBURG

ODENWALD-KREIS

BERGSTRASSE

	Zunahme > 5 vH
	Zunahme zwischen Landesdurchschnitt (1) und 5 vH
	Zunahme < Landesdurchschnitt
	Abnahme ≤ 5 vH
	Abnahme > 5 vH bis < 10 vH
	Landesgrenze
	Grenzen der kreisfreien Städte und Landkreise

(1) **Landesdurchschnitt:**
    Zunahme um 1,6 vH

Entwurf: G. Kühn

Quelle:
Datenmaterial der Hessischen Landesentwicklungs- und Treuhandgesellschaft, Wiesbaden.

Ein zeitlicher Längsschnitt weist für das Land Hessen und seine Teilräume einen starken Anstieg der Arbeitslosigkeit (nach vorheriger Vollbeschäftigung) von 1975 bis 1977 nach. Dies drückt sich auch in der sprunghaften Zunahme der Erwerbslosen von insgesamt rd. 28 ooo Personen im Jahre 1974 auf ein Niveau von rd. 7o ooo im letztgenannten Zeitraum aus (137).

Nach einer Phase leichter konjunktureller Erholung mit jahresdurchschnittlichen landesweiten Arbeitslosenquoten von 2,9 vH (1979) und 2,8 vH (198o) setzte 1981 eine neuerliche konjunkturelle Abschwungbewegung ein: 4,3 vH Arbeitslose im Jahresdurchschnitt für das ganze Bundesland; insgesamt 91 ooo Erwerbslose im Mai des gleichen Jahres. Dieser negative Trend hielt auch 1982 an, in dem die Arbeitslosenquote landesweit sogar auf 6,2 vH anstieg (138).

Eine räumliche Querschnittsanalyse läßt folgende empirische Befunde zu: Es werden ungünstigere Strukturen bzw. Entwicklungen in Mittel-, Ost- und Nordhessen sichtbar, verglichen mit dem Süden des Landes. Sieht man einmal vom Arbeitsamtsbezirk Korbach (139) ab, dessen Arbeitslosenquote zumindest von 1976 bis 1981 unter dem Landesdurchschnitt lag bzw. sich mit ihm deckte (1981), fanden sich die deutlich höchsten Quoten in diesen Landesteilen.

Im Zeitraum 1973 bis 1982 hoben sich vor allem die entsprechend abgegrenzten Teilräume Kassel, Fulda und Bad Hersfeld negativ ab. Die mittelhessischen Arbeitsamtsbezirke Gießen und Wetzlar haben zumindest den letzten wirtschaftlichen Abschwung etwas besser verkraftet. Demgegenüber zeichnen sich die südhessischen Bezirke durch günstigere Trends aus, vorrangig basierend auf Teilentwicklungen in den Arbeitsamtsbezirken Frankfurt, Darmstadt und - abgeschwächt - Wiesbaden. Selbst Offenbach, das 1975 mit 6,1 vH neben Wetzlar die höchste Arbeitslosenquote Hessens hatte, lag 1981 unter dem Landesdurchschnitt und verzeichnete im Jahre 1982 mit 6,2 vH den gleichen Wert wie das Land Hessen.

(137) Vgl. Statistische Berichte des Hessischen Statistischen Landesamtes, Serie A VI 2-j/81, Ergebnisse der 1 % Mikrozensus-Stichprobe.
(138) Siehe zu Einzelergebnissen Tabelle 5.
(139) Vgl. zur gebietlichen Abgrenzung der Arbeitsamtsbezirke in Hessen Karte 2.

Tab. 5 : Arbeitslosenquoten in den einzelnen Jahren 1973 bis 1982 nach Arbeitsamtsbezirken

Arbeitsamtsbezirk	1973	1974	1975	1976	1977	1978	1979	1980	1981	1982
Bad Hersfeld	1,5	3,1	5,4	5,6	5,0	4,4	3,4	3,3	5,9	9,4
Darmstadt	0,5	1,8	3,8	3,3	2,9	2,6	2,4	2,6	4,1	5,4
Frankfurt	0,6	1,4	3,1	3,1	3,0	2,9	2,4	2,5	3,5	4,9
Fulda	1,1	2,7	5,7	5,4	4,8	4,1	3,7	3,7	5,9	8,7
Gießen	1,4	3,0	5,3	5,2	4,7	4,2	3,3	3,2	4,9	7,6
Hanau	1,1	2,3	4,8	4,7	4,3	3,6	2,8	2,7	4,0	6,4
Kassel	2,0	3,3	5,7	5,7	5,5	5,0	4,2	4,1	6,4	9,7
Korbach	1,4	2,7	4,8	3,9	2,9	2,3	2,2	2,3	4,3	8,4
Limburg	0,9	2,6	5,1	4,1	3,6	3,1	2,6	2,6	4,2	6,6
Marburg	1,4	3,0	4,7	5,0	4,0	3,3	2,8	3,0	4,9	7,7
Offenbach	1,0	3,5	6,1	5,2	4,3	4,0	3,0	2,8	4,2	6,2
Wetzlar	1,4	3,2	6,1	5,8	5,0	4,3	3,6	3,3	5,1	7,5
Wiesbaden	0,8	1,8	4,0	4,1	4,1	3,5	2,9	2,6	3,7	5,4
Landesarbeitsamtsbezirk Hessen	1,0	2,4	4,5	4,4	4,0	3,6	2,9	2,8	4,3	6,2

Quelle: Unterlagen des Landesarbeitsamtes Hessen, Frankfurt.

Die hessischen Arbeitsamtsbezirke

Karte 2

Gebietsstand 1.1.1977

0   10   20   30   40 km

KASSEL

KORBACH

BAD HERSFELD

MARBURG

WETZLAR

GIESSEN

FULDA

LIMBURG

FRANKFURT

HANAU

WIESBADEN

OFFENBACH

DARMSTADT

Landesgrenze

Grenzen der Arbeitsamtsbezirke

Quelle:

K. WILLICH, K.-B. NETZBAND 1979, Regionale und sektorale

Strukturprobleme des Arbeitsmarktes in Hessen, Bd. 3.

Eine weitere wichtige Komponente ist das Bruttoinlandsprodukt (BIP), welches zur Messung des Wirtschaftswachstums und der regionalen Wirtschaftskraft herangezogen wird. Eine Auswertung empirischen Materials für den Zeitraum 1970 bis 1978 (140) ist allerdings nur unter vorab hier kurz skizzierten Einschränkungen möglich: Ein Teil der Daten liegt als BIP je Kopf der Wohnbevölkerung vor, demzufolge gilt, daß nur der Teil der entsprechenden Wertschöpfung erfaßt wird, der von der in den administrativen Grenzen lebenden Bevölkerung erarbeitet wird, die Beteiligung gebietsfremder Personen (Pendler)ist demgemäß ausgeklammert (141).Daraus resultiert eine Minderung der ausgewiesenen Daten gerade für den Verdichtungsraum Rhein-Main, an dessen BIP in starkem Maße Einpendler beteiligt sind, die z.T. auch in anderen Bundesländern wohnen (z.B. in Bayern und Rheinland-Pfalz).

Ein Ausgleich, der seinerseits zu starken Verzerrungen tendiert, erfolgt durch den Umstand, daß sämtliche Kosten zur Beseitigung von Schäden durch Produktion und Konsumtion im BIP als Wohlstandssteigerung erfaßt werden. Dies führt "zu einer Überbewertung des Wohlstandsniveaus im Verdichtungsgebiet und zu einer entsprechenden Unterbewertung im ländlichen Raum" (142). Insgesamt stieg das nominale BIP zwischen 1970 und 1978 jährlich um 11,8 vH.

In den hessischen Verdichtungsräumen war das BIP, ausgedrückt sowohl in Mio. DM als auch je Kopf der Wohnbevölkerung (in DM), im untersuchten Zeitabschnitt höher als in den anderen Teilräumen, herausragend hier vor allem Frankfurt a.M. mit einem BIP je Kopf der Wohnbevölkerung von z.B. 52 710 DM im Jahre 1978.

Wie in den bisherigen Analysebereichen zeigt sich wiederum ein Gefälle von den südlichen zu den "restlichen" Landesteilen, vorrangig hervorgerufen durch die deutlich überdurchschnittliche Entwicklung der

(140) Siehe zu den folgenden Ausführungen Tabelle 6.
(141) Vgl. D. CASSEL, H. MÜLLER 1975, S. 49 f.
(142) O.V. 1980 Landesentwicklungsbericht für die Jahre 1970-1978, S. 26, vgl. auch D. CASSEL, H. MÜLLER 1975, S. 88f.

Tab. 6 : Ausgewählte Daten zum Bruttoinlandsprodukt (1) in den Jahren 1970 und 1978 sowie zu dessen Entwicklung 1970 bis 1978 in den kreisfreien Städten und Landkreisen

Kreisfreie Stadt Landkreis	BIP in Mio.DM 1970	BIP in Mio.DM 1978	Jährliche Veränderung 1970-1978 in vH	BIP je Kopf der Wohnbevölkerung in DM 1970	Landeswert = 100	BIP je Kopf der Wohnbevölkerung in DM 1978	Landeswert = 100	Jährliche Veränderung 1970-1978 in vH
Darmstadt, St.	2410	5119	14,1	16570	141,1	37000	167,1	15,4
Frankfurt a.M., St.	18162	33337	10,5	25970	221,2	52710	238,1	12,9
Offenbach a.M., St.	1710	3265	11,4	14580	124,1	29178	131,8	12,5
Wiesbaden, St.	3914	8208	13,7	14950	127,3	30336	137,0	12,9
Bergstraße	1685	3069	10,3	7530	64,1	12913	58,3	8,9
Darmstadt-Dieburg	1534	2930	11,4	7230	61,5	12125	54,8	8,5
Groß-Gerau	2346	7974	30,0	10990	93,6	22680	102,5	13,3
Hochtaunus	1616	4911	25,5	9400	80,1	18354	82,9	11,9
Main-Kinzig	3189	8415	20,5	9550	81,3	15866	71,7	8,3
Main-Taunus	1228	3602	24,2	7450	63,5	18177	82,1	18,0
Odenwald	672	1231	10,4	8520	72,5	14881	67,2	9,3
Offenbach	2434	4875	12,5	9290	79,1	16766	75,7	10,2
Rheingau-Taunus	1184	2194	10,7	8540	72,7	13894	62,8	7,8
Wetterau	1795	3429	11,4	7730	65,9	13817	62,4	9,8
Gießen, Lahn-Dill	4688	9307	12,3	11105	94,6	19949	90,1	10,0
Limburg-Weilburg	1102	1971	9,9	7430	63,3	13185	59,6	9,7
Marburg-Biedenkopf	1949	5078	20,1	8790	74,8	18295	82,6	13,5
Vogelsberg	842	1535	10,3	7520	64,0	13937	63,0	10,7
Kassel, St.	3002	6063	12,8	14020	119,4	30582	138,2	14,8
Fulda	1529	4558	24,8	8150	69,4	15722	71,0	11,6
Hersfeld-Rotenburg	1119	2077	10,7	8510	72,5	16149	73,0	11,2
Kassel	1635	2667	7,9	8360	71,2	12328	55,7	5,9
Schwalm-Eder	1277	2458	11,6	7050	60,1	13563	61,3	11,6
Waldeck-Frankenberg	1248	2473	12,3	8300	70,7	16121	72,8	11,8
Werra-Meissner	923	1657	9,9	7390	62,9	13870	62,7	11,0
Hessen	63191	122765	11,8	11740	100,0	22136	100,0	11,1

(1) In jeweiligen Preisen.

Quelle: Hessische Kreiszahlen, I/1981; Unterlagen des Hessischen Statistischen Landesamtes, Wiesbaden, eigene Berechnungen.

großen südhessischen Städte.

Vergleicht man lediglich die regionalen Trends auf der Basis der Landkreise, reduziert sich das vorhandene Ungleichgewicht auf ein wesentlich niedrigeres Niveau. Eine herausragende Position nehmen dann nur
noch die Landkreise Groß-Gerau und Main-Taunus ein.

Die bisherigen Aussagen werden erhärtet, wenn man zusätzlich die jeweiligen Anteile der Teilräume gemessen am Landeswert überprüft. Die
gewichtigen Beiträge der Kernstädte der Verdichtungsräume treten dann
besonders deutlich hervor, zumal die Zugewinne zwischen 1970 und 1978
dort weit über denen der Landkreise lagen, die diesbezüglich eine
positive Bilanz im untersuchten Zeitabschnitt vorweisen können. Die
überwiegende Zahl der Landkreise, gleichgültig ob zentral oder peri-
pher gelegen, büßte in bezug auf diesen Vergleich in den acht Jahren
an Bedeutung ein.

Der Beitrag der einzelnen Wirtschaftssektoren hat sich im Untersuchungszeitraum zugunsten des tertiären Sektors verlagert. So ging
der Anteil des Produzierenden Gewerbes am BIP von 47,3 vH (1970)
auf 44,3 vH (1978) zurück, während der Anteil des gesamten Dienst-
leistungssektors im gleichen Zeitraum von 49,6 vH auf 53,7 vH anstieg, wobei gerade die privaten Dienstleistungsunternehmen im Verdichtungsraum Rhein-Main an Bedeutung gewonnen haben (143).

5. Räumliche Probleme - Zusammenfassende Bewertung

Mit Hilfe der erläuterten sozioökonomischen Komponenten konnten für
den Zeitraum 1970 bis 1982 regionale raumstrukturelle Entwicklungslinien aufgedeckt werden, die gegenläufige Trends in den dichtbesiedelten südlichen Landesteilen und in den Teilräumen mit einer
wesentlich geringer verdichteten Siedlungsstruktur und schwächerer
Siedlungsdynamik in den mittleren, östlichen und nördlichen Landesteilen signalisieren.

(143) Vgl. o.V. 1980 Landesentwicklungsbericht für die Jahre 1970-1978,
      S. 26 f.

Die beobachteten demographischen und ökonomischen Prozeßabläufe fanden auf der Grundlage bereits vorhandener ungleichgewichtiger Siedlungsstrukturen statt (144).

Hinsichtlich seiner Entwicklungsdynamik profitierte fast der gesamte südliche Teilraum Hessens (145) vom Wachstumspotential des Verdichtungsraumes Rhein-Main. Die positiven Impulse, die auf die großflächige Verdichtung zurückzuführen sind (überdurchschnittliches qualitatives und quantitatives Angebot von Arbeitsmöglichkeiten, Infrastruktureinrichtungen und Fühlungsvorteilen), kamen auch noch in den angrenzenden Randgebieten zum Tragen.

Die an diesen "entwickelten" Süden angelagerten mittel- und osthessischen Teilräume kommen lediglich in geringem Maße in den Genuß der entsprechenden Agglomerationsvorteile. Die dort beobachteten negativen Trends, wie beispielsweise die ungünstige Beschäftigtenentwicklung, die sich riegelartig für die Landkreise Limburg-Weilburg, Lahn-Dill, Marburg-Biedenkopf und den Vogelsberg mit räumlicher Fortsetzung nach Nordosten nachweisen läßt, sind aber nicht allein auf das Nachlassen dieser Effekte zurückzuführen (146).

Im Jahre 1970 bedeckte der Verdichtungsraum Kassel, ergänzt um seine Randgebiete, rd. 14 vH der Landesfläche mit rd. 11 vH der Bevölkerung. Die Werte des südhessischen Ballungsraumes: Er umschließt 21 vH der Fläche Hessens, in ihm lebten 1970 bereits 51 vH der Einwohner des Landes (147). Abgesehen von qualitativen Strukturen (Branchenzusammensetzung etc.) war hier demzufolge ein wesentlich größeres quantitatives Ausgangspotential vorhanden.
Beide Räume entwickelten sich zwischen 1970 und 1981 unterschiedlich. Im Verdichtungsraum Rhein-Main und seinen Randgebieten stellten sich

---

(144) Vgl. W. RAABE 1980, S. 88 ff.
(145) Mit Ausnahme des Odenwaldkreises.
(146) Vgl. dann auch Teil 3 des siebten Kapitels.
(147) Vgl. o.V. 1970 Landesentwicklungsplan Hessen '80, Rahmenplan für die Jahre 1970-1985, S. 20.

innerhalb der elf Jahre enorme Bevölkerungsgewinne ein, im wesentlichen ein Ergebnis der positiven Wanderungsbilanz und von Arbeitsplatzzuwächsen.
Demgegenüber erlitt die Stadt Kassel hohe Bevölkerungseinbußen. Lediglich im umgebenden Randsaum waren Bevölkerungszunahmen zu beobachten.
Die Gesamtbeschäftigung in Kassel selbst erlebte eine problematische Entwicklung, dies trotz bedeutender Fördermaßnahmen (148).

Insgesamt sind beide Teilräume sowohl hinsichtlich der Ausgangsstrukturen als auch der inzwischen stattgefundenen Prozeßabläufe deutlich voneinander abzugrenzen.
Den verdichteten Gebieten gemeinsam sind allerdings problembehaftete Stadt-Rand-Wanderungen und - hier nicht untersucht - zunehmende Umweltbelastungen.

Der an den Verdichtungsraum Kassel und seine Randgebiete angrenzende nordhessische Teilraum blieb im westlichen Teil, vorrangig in den Landkreisen Waldeck-Frankenberg und Schwalm-Eder trotz insgesamt durchaus befriedigender Entwicklung hinter den Trends des südlichen Hessen zurück, der östliche Randsaum (Werra-Meißner-Kreis, Landkreis Hersfeld-Rotenburg) gehört zu dem vorstehend als Schwächeband charakterisierten Gebiet.

(148) Siehe zu diesem Problemkreis ausführlich Teil 2 des siebten Kapitels.

Viertes Kapitel: Das hessische Planungsinstrumentarium im Rahmen
der Landesentwicklungsplanung seit 1970

Die Erläuterung dieses Instrumentenbereiches schließt die beiden
ersten Bestandteile des raumordnungspolitischen Aufgabenkataloges,
also Ordnungs- und Koordinierungsaufgaben, ein. Durch die befriedigende Erfüllung dieser Aufgaben im Zuge der Planung wird der Einsatz von Durchführungsinstrumenten vorbereitet.
Erst die gemeinsame Anwendung von Planungsinstrumentarium und Durchführungsinstrumentarium ermöglicht eine steuernde Einflußnahme des
Staates auf räumliche Strukturen bzw. Entwicklungen.

Basierend auf den Erfahrungen und Arbeiten des vorausgegangenen
Zeitabschnitts (149) baute man Ende der 60er Jahre in Hessen ein
neues Planungssystem auf, das dort seither unter dem Begriff Landesentwicklungsplanung firmiert.
Auf eine straffe Auslegung gebracht handelt es sich um die Zusammenfassung von Aufgaben-, Investitions-, Finanz- und Raumplanung (150).

Eine Verbindung mit der eigenen Definition der Raumordnungspolitik
bietet sich wie folgt an:
Die Beeinflussung der Raumentwicklung durch staatliche Akteure erhielt neue Impulse
- indem räumlichen Ungleichgewichten durch die Planung regionali-
  sierter investiver Maßnahmen (Investitionsplanung) wirksamer
  gegengesteuert werden konnte und
- indem durch eine Verknüpfung mit der Finanzplanung eine Verwirklichung der geplanten Maßnahmen erleichtert wurde.

Bevor die staatlichen Planungsinstrumente dargestellt werden - wobei
das hessische Planungssystem in räumlicher, sachlicher und finanz-
bezogener Hinsicht zu erläutern ist - soll die planende Verwaltung

(149) Siehe Teil 2 des zweiten Kapitels.
(150) Vgl. H. OETTINGER 1978, S. 39.

des Landes unter Berücksichtigung relevanter Entwicklungen im Zeitablauf vorgestellt werden.

1. Die planende Verwaltung in Hessen

Im folgenden sind die wesentlichen Verwaltungsteile kurz zu umreißen, die sich mit der Querschnittsplanung, hier verstanden als die ressortübergreifende und -koordinierende Gesamtplanung, befassen. Auf Verflechtungen zwischen Querschnitts- und Fachplanung ist später einzugehen (151).

Die oberste Landesplanungsbehörde ist im Bereich der obersten Landesbehörden angesiedelt, zu dem der Ministerpräsident, die Staatskanzlei und die Ministerien zählen.
Die Regierungspräsidien werden als Mittelbehörde zwischen Ministerien und den unteren Verwaltungsbehörden eingeordnet.

Die regionalen Planungsgemeinschaften in der institutionellen Form bis zum 31.12.1980 stellten als kommunale Zweckverbände eine Quasi-Ebene als Bindeglied zwischen der kommunalen Selbstverwaltung und der Landesverwaltung dar (152).

1.1 Oberste Landesplanungsbehörde

Im Zeitablauf erfuhr die oberste Landesplanungsbehörde mehrere Verlagerungen zwischen Ressorts und Staatskanzlei.
Im April 1957 wurde der Planungsbereich der Geschäftsführung des Hessischen Ministers des Inneren zugeordnet, nachdem Kontroversen zwischen dem damaligen Ministerpräsidenten Zinn und dem Leiter des Landesplanungsamtes eine Auslagerung aus der Staatskanzlei nahegelegt hatten (153).

(151) Siehe insbesondere Teil 4 dieses Kapitels.
(152) Vgl. B. ELLINGER 1980, S. 38.
(153) Vgl. J. SCHULZ z. WIESCH 1977, S. 33.

Probleme der Koordination von Ressortplanungen (durch ein Ressort)
führten im Januar 1970 zu einer Vereinigung der Abteilung "Landesplanung" des Innenministeriums und der Arbeitsgruppe "Großer Hessenplan" der Staatskanzlei in dieser, dem Regierungschef direkt zugeordneten Behörde (154).

Im Oktober 1963 konstituierte sich als zusätzliche koordinierende
Stelle ein vom Ministerpräsidenten geleiteter Planungsausschuß, dem
die Staatssekretäre und Planungsverantwortlichen der Ressorts angehören (155).

Im Zuge der Koalitionsvereinbarungen zwischen SPD und FDP für die
neunte Legislaturperiode 1978 bis 1982 wurde ein Verwaltungsumbau
vereinbart, der unter anderem eine erneute Auslagerung des Bereiches
der räumlichen Planung aus der Staatskanzlei mit sich brachte: Mit
Wirkung vom 1.1.1981 gehört die oberste Landesplanungsbehörde als
Abteilung "Landesentwicklung" dem Hessischen Ministerium für Landesentwicklung, Umwelt, Landwirtschaft und Forsten an.

Vorteilhaft kann sich diese vorläufig letzte ressortmäßige Verlagerung auf eine angestrebte Verknüpfung von Aufgaben des Umweltschutzes mit Aufgaben der Querschnittsplanung auswirken.
Zu befürchten ist allerdings, daß das erneute organisatorische Abrücken von der Führung der Landesregierung zu einem Gewichtsverlust
der Landesentwicklungsplanung führt (156).

1.2 Regionale Planungsgemeinschaften

Im Zuge der Entwicklung seit 1970 wurden in Hessen sechs regionale
Planungsgemeinschaften gegründet. Regionalplanung als Mittlerin

(154) Vgl. W. HÜFNER 1972, S. 51.
(155) Vgl. W. HÜFNER 1972, S. 57, des weiteren R. WETTMANN 1972, S.74.
(156) Kritisch mit dem Für und Wider setzt sich B. ELLINGER 1980,
      S. 28 und S. 241 ff auseinander, vgl. auch R. TIMMER,
      W. ERBGUTH 1980, S. 143 ff.

zwischen staatlicher und kommunaler Planung betrieb das Personal der
eigens eingerichteten Geschäftsstellen dieser Planungsgemeinschaften,
die ihre Aufgaben nach Weisung der obersten Landesplanungsbehörde zu
erfüllen hatten.
Die Geschäftsstellen wurden durch die Verbandsversammlungen und Ver-
bandsvorstände flankiert, die als Kontroll- und Beschlußgremien fungierten (157).

Bis April 1972 war der Aufbau der regionalen Planungsgemeinschaften
abgeschlossen und Hessen somit in nachstehende Planungsregionen einge-
teilt: Nordhessen, Mittel-Osthessen (bestehend aus den Teilregionen
Mittelhessen und Osthessen), Rhein-Main-Taunus, Untermain und Starkenburg (158).

Die besonderen Strukturen und Probleme des Rhein-Main-Gebietes machten
hier eine sehr intensive verwaltungsmäßige Zusammenarbeit notwendig.
Dies führte zum Aufbau einer zusätzlichen Verwaltungseinrichtung, des
Umlandverbands Frankfurt, der am 1.1.1975 seine Arbeit aufnahm und ab
diesem Zeitpunkt die Funktion der Regionalen Planungsgemeinschaft Untermain weitgehend erfüllte, ohne Träger der Regionalplanung zu sein (159).

Die Regierungspräsidenten in Darmstadt und Kassel nahmen bis zum Jahre
1980 die Rechtsaufsicht für die Planungsregionen Nordhessen sowie Mittel-
und Osthessen wahr (160), wobei allerdings das damalige Entscheidungs-
potential dieser Landesmittelbehörde gering einzuschätzen ist, weil
"das materielle Prüfungsrecht für alle Regionalpläne ... von der Staatskanzlei beansprucht wurde" (161).

(157) Bestehend aus Vertretern der kreisfreien Städte und Landkreise
      der jeweiligen Planungsregionen. Vgl. hierzu B. ELLINGER 1980,
      S. 42 ff.
(158) Siehe hierzu auch Karte 3.
(159) Vgl. ausführlich I.E. SCHÄFER 1979.
(160) Die Planungsregionen Rhein-Main-Taunus und Untermain waren der
      direkten Aufsicht der Staatskanzlei unterstellt.
(161) J. SCHULZ z. WIESCH 1977, S. 144.
      Vgl. zu den bisherigen Aufgaben der Regierungspräsidien auch
      A. BÄSTLEIN 1979, S. 36.

Grenzen der hessischen Planungsregionen und Regierungsbezirke vor dem 1.1.1981

Karte 3

Gebietsstand 31.12.1980

0 10 20 30 40 km

KASSEL

KASSEL

WALDECK-
FRANKENBERG

NORDHESSEN

WERRA-MEISSNER-
KREIS

SCHWALM-EDER-KREIS

REG.-BEZ. KASSEL

HERSFELD-

ROTENBURG

MARBURG-BIEDENKOPF

VOGELSBERG·

MITTELHESSEN

KREIS ·

FULDA

LAHN-DILL-KREIS

GIESSEN

OSTHESSEN

LIMBURG-

WETTERAUKREIS

WEILBURG

REG.·BEZ. DARMSTADT

RHEIN-

HOCH-
TAUNUS-

MAIN-TAUNUS

KREIS

UNTERMAIN

MAIN-KINZIG-KREIS

MAIN-TAUNUS-
KREIS

RHEINGAU-

WIESBADEN **FRANKFURT**

TAUNUS-KREIS

**OFFEN-
BACH**

OFFENBACH

GROSS-
GERAU

DARMSTADT

DARMSTADT-
DIEBURG

ODENWALD·

KREIS

STARKENBURG

BERGSTRASSE

——— Landesgrenze

—··—··— Grenzen der Regierungsbezirke

——— Grenzen der Planungsregionen

——— Grenze des Umlandverbandes Frankfurt

——— Grenzen der kreisfreien Städte
und Landkreise

Quelle:
Landesentwicklungsbericht für die Jahre 1970-1978,
1980, S. 42, Landesentwicklungsplan Hessen '80,
Ergebnisbericht für die Jahre 1971-1974, 1976, S. 22.

1.3 Regierungspräsidien

Im Rahmen der Verwaltungsumorganisation in der neunten Legislaturperiode erfuhr die bisher relativ schwache Position der staatlichen
Mittelinstanz (162) eine institutionelle Aufwertung: Neben den bisherigen Behördenstandorten in Darmstadt und Kassel entstand am 1.1.1981
mit dem Regierungsbezirk Gießen ein dritter Verwaltungsbezirk.
Von dieser Gründung versprach sich die hessische Landesregierung zum
einen belebende Impulse für den Teilraum Mittelhessen, zum anderen
sollte eine Entlastung der Verwaltung des Regierungsbezirkes Darmstadt
erreicht werden: "Der neue Verwaltungsbezirk in Gießen übernimmt aus dem
bisherigen Gebiet des Darmstädter Regierungspräsidenten rund 7oo ooo
Einwohner, aus Kassel nur etwa 2oo ooo Einwohner in seine administrative
Obhut" (163).

Im Zuge dieser Neuorganisation der Mittelinstanz wurden mit Wirkung vom
31.12.198o die sechs bestehenden regionalen Planungsgemeinschaften auf-
gelöst. Sie gingen am 1.1.1981 als die drei neuen Planungsregionen Nordhessen, Mittelhessen und Südhessen in räumlicher Deckung in den drei
Landesmittelbehörden auf.

Der Umlandverband Frankfurt blieb bestehen, ist aber als kommunaler Verband nach wie vor kein Träger der Regionalplanung und erledigt als
wichtigste Aufgabe die vorbereitende Bauleitplanung: Aufstellung,
Änderung und Aufhebung des das gesamte Verbandsgebiet umfassenden
Flächennutzungsplanes (164).

Die Verlagerung der Regionalplanung von der kommunalisierten Mittelinstanz zur staatlichen Mittelinstanz ging zweifellos mit einer

(162) Die Regierungspräsidien genossen in Hessen bedingt durch ihren
historischen Ursprung als 'preußische Behörde' geringes Ansehen.
Dies ging soweit, daß nach 1945 mehrfach Überlegungen ange-
stellt worden sind, diesen Teil der Landesmittelbehörden auf-
zulösen. Vgl. dazu A. BÄSTLEIN 1979, S. 35.
(163) B. ELLINGER 198o, S. 25o.
(164) Vgl. o.V. 198o Landesentwicklungsbericht für die Jahre 197o-1978,
S. 3o.

Grenzen der hessischen Planungsregionen und Regierungsbezirke seit dem 1.1.1981

Gebietsstand 1.1.1981

0   10   20   30   40 km

KASSEL

KASSEL

WALDECK-
FRANKENBERG

WERRA-MEISSNER-
KREIS

PLANUNGSREGION

SCHWALM-EDER-KREIS

REG.-BEZ. KASSEL

NORDHESSEN

HERSFELD-
ROTENBURG

MARBURG-BIEDENKOPF

REG.-BEZ. GIESSEN

VOGELSBERG-
KREIS

PLANUNGSREGION

MITTELHESSEN

LAHN-DILL-KREIS

GIESSEN

FULDA

LIMBURG-

WETTERAUKREIS

WEILBURG

REG.-BEZ. DARMSTADT

HOCH-
TAUNUS-
KREIS

MAIN-KINZIG-KREIS

MAIN-TAUNUS-
KREIS

RHEINGAU-
TAUNUS-KREIS

WIESBADEN

FRANKFURT

**OFFEN-
BACH**

OFFENBACH

PLANUNGSREGION

GROSS-
GERAU

DARMSTADT

DARMSTADT-
DIEBURG

SÜDHESSEN

ODENWALD-
KREIS

BERGSTRASSE

Landesgrenze

Grenzen der Regierungsbezirke, gleichzeitig Grenzen der Planungsregionen

Grenze des Umlandverbandes Frankfurt

Grenzen der kreisfreien Städte
und Landkreise

Quelle:
Verwaltungsaufbau in Hessen, o.V., o.Jg., S. 7,
Landesentwicklungsplan Hessen '80,
Ergebnisbericht für die Jahre 1971-1974, 1976, S. 22.

gewissen Entkommunalisierung dieser Ebene (bei gleichzeitiger Zunahme des staatlichen Gewichtes) einher (165), obzwar die Beteiligung der kommunalen Selbstverwaltung dadurch sichergestellt wurde, daß bei den drei Regierungspräsidien regionale Planungsversammlungen gebildet wurden. Diesen Organen gehören Vertreter der kreisfreien Städte, der Landkreise, der Gemeinden mit mehr als 5o ooo Einwohnern und des Umlandverbandes Frankfurt an (166).

Die neue Verortung der Regionalplanung in Hessen öffnete der Diskussion nach Pro und Contra breiten Raum. Im Anschluß wird deshalb versucht, einige positive und negative Aspekte einander gegenüberzustellen (167).
F ü r die administrative Verlagerung sprechen folgende Gesichtspunkte:
- Die organisatorische Trennung zwischen Planung und Durchführung der geplanten Maßnahmen wird zumindest bei den staatlichen Mittelbehörden beseitigt.
- Es existiert eine räumliche Deckungsgleichheit zwischen Verwaltungs- und Planungsgrenzen.
- Die verwaltungstechnische Isolierung der Regionalplanung wird beseitigt.
- Die neu geschaffenen Bündelungsbehörden ermöglichen eine raschere und stärkere Koordination von Maßnahmen.
- Die Reduzierung der bestehenden Verwaltungseinrichtungen macht die administrativen Strukturen für die betroffenen Bürger überschaubarer.

G e g e n die Verlagerung ist nachstehendes einzuwenden:
- Die jetzige Verortung der Regionalplanung vergrößert die Distanz zwischen Gemeinden und Planungsstellen und führt zu einer Kontaktschwächung.
- Die neuen Mitarbeiter der staatlichen Mittelinstanz unterliegen in stärkerem Maße der Weisung und können begründete Einwendungen in der Öffentlichkeit kaum noch geltend machen.

(165) M. PÜHL 1979, S. 144 spricht in diesem Zusammenhang sogar von einer "faktischen Verstaatlichung".
(166) Gemäß dem Hessischen Landesplanungsgesetz i.d.F. vom 1.6.197o (GVBl. I S. 36o), zuletzt geändert am 15.1o.198o (GVBl.I S.377), § 6.
(167) Vgl. dazu P. ALTENBURGER, G. v. SCHÖNFELDT 198o, S. 355 ff, A. BÄSTLEIN 1979, S. 34 ff, des weiteren B. ELLINGER 198o, S. 255 ff sowie M. PÜHL 1979, S. 143 ff.

- Der räumliche Zuschnitt der neuen Planungsregionen oberhalb der Verflechtungsbereiche von Oberzentren (168) verringert die Realisierungs-
chancen des planerischen Leitzieles "Reduzierung räumlicher Ungleichgewichte".

2. Planungsinstrumente auf der Ebene des Landes

Zur Verwirklichung der Landesentwicklungsplanung werden seit 1970
folgende Planungsinstrumente eingesetzt: das Landesraumordnungsprogramm,
der Landesentwicklungsplan Hessen '80 (mit den in ihm enthaltenen Fach-
plänen der Ressorts) und die regionalen Raumordnungspläne (169).

Auf der gesetzlichen Basis des novellierten Hessischen Landesplanungsgesetzes (170) erfolgte auf der Ebene des Landes die Verknüpfung der bis
dahin in administrativer Trennung erarbeiteten Planungsinstrumente
Hessisches Landesraumordnungsprogramm (unter Federführung des Innenministeriums) und Großer Hessenplan, der unter Federführung der Staatskanzlei entstand (171).
Die verwaltungsorganisatorischen Voraussetzungen schuf die oben ange-
sprochene Vereinigung der in diesen Behördenteilen angesiedelten Planungs-
abteilungen in der Staatskanzlei.

Eine wesentliche Änderung gegenüber der bisherigen Regelung bestand
darin, "daß anstelle des bisher vorgesehenen Landesraumordnungsplanes,
der sich aus der Summe der festgestellten regionalen Raumordnungspläne
ergeben sollte, ein Landesentwicklungsplan tritt" (172). Dieser Plan

(168) Vgl. o.V. 1970 Landesentwicklungsplan Hessen '80, Rahmenplan
für die Jahre 1970-1985, S. 9 ff, insbesondere die Karte S. 13:
Die hessischen Planungsregionen in ihren räumlichen Dimensionen
bis zum 31.12.1980 entsprachen im wesentlichen den dort ausgewiesenen oberzentralen Verflechtungsbereichen.
(169) Vgl. o.V. 1974 Landesentwicklungsplan Hessen '80, Durchführungsabschnitt für die Jahre 1975-1978, S. 33, des weiteren knapp
F. WOLF 1980, S. 81.
Eine ausführliche Auseinandersetzung mit dem gesamten Problemkreis nimmt W. RAABE 1980, S. 122 ff vor.
(170) Hessisches Landesplanungsgesetz i.d.F. vom 1.6.1970 (GVBl.I S.360).
(171) Siehe dazu Teil 2.2 des zweiten Kapitels.
(172) W. HÜFNER 1972, S. 52 f.

entstand aus der Fortentwicklung des vormaligen Großen Hessenplanes.

Das zweite zentrale Planungsinstrument, das Landesraumordnungsprogramm, erfuhr eine inhaltliche Entlastung (173), indem es auf die anschließend zu referierenden Bestandteile reduziert wurde. Die Verknüpfung der beiden "General-Instrumente" machte den Weg zu einem sachlichen und räumlichen Verbund zwischen Raumplanung und Investitionsplanung frei, dies unter Einbezug der Finanzplanung: "Vom Großen Hessenplan hat die Landesentwicklungsplanung die Integration der Fachplanung mit der Finanzierung in einem Gesamtkonzept übernommen, von der Landesplanung ist die Anforderung der Regionalisierung der Planungen hinzugekommen " (174).

2.1 Landesraumordnungsprogramm

Das Landesraumordnungsprogramm, sachlich und auch zeitlich dem Landes- entwicklungsplan vorgeschaltet und für die Träger der Regionalplanung verbindlich, wurde im März 1970 durch Gesetz festgestellt (175) und ist in zwei Teile gegliedert:
- Auf lange Sicht aufgestellte Ziele der Landesplanung und raum- politische Grundsätze (Teil A).
- Gesichtspunkte, die bei der Aufstellung (und Fortschreibung (176)) von regionalen Raumordnungsplänen zu beachten sind (Teil B).

Teil A: In Anlehnung an das Raumordnungsgesetz des Bundes wurde im Ab- schnitt "Ziele der Landesplanung" in allgemein gehaltener Form ein Leitbild vorgestellt. In Verbindung mit dem Abschnitt "Raumpolitische

(173) Vgl. R. WAHL 1978, Bd. 2, S. 121.
(174) R. WAHL 1978, Bd. 2, S. 123.
(175) Gesetz über die Feststellung des Hessischen Landesraumordnungs- programmes und zur Änderung des Hessischen Landesplanungsge- setzes vom 4.7.1962 (Hessisches Feststellungsgesetz) vom 18.3.1970 (GVBl. I S. 265).
(176) Die Einfügung "und Fortschreibung" wurde später vorgenommen.

Grundsätze" erfolgte unter erneuter Zugrundelegung des Raumordnungsgesetzes zusätzlich eine Rahmenbeschreibung des Leitbildes, wobei
generelle Aussagen zur anzustrebenden räumlichen Verteilung von Bevölkerung, Infrastruktur und Wirtschaft im Mittelpunkt stehen (177).
In die Diskussion, ob es sich dort um Ziele handelt oder nicht, soll
an dieser Stelle nicht eingegriffen werden (178).
Eine Konkretisierung der Ziele und raumpolitischen Grundsätze erfolgte
in den Planungsinstrumenten der hessischen Planungsregionen.

Operationalität der aufgestellten Ziele auf der Landesebene in der
Weise, daß eine empirische Prüfung der Zielverwirklichung durchführbar ist, ist nicht gegeben, der Trend zur Leerformelhaftigkeit somit
unverkennbar. Trotzdem hat der Teil A des Landesraumordnungsprogramms
durchaus seine Berechtigung, weil er andere Aufgabenfelder befriedigend
abdeckt (179):

- Die allgemein gehaltene Form der Ziele und Grundsätze ist konflikt-
  reduzierend und somit am ehesten imstande, interessenausgleichend
  und interessenkoordinierend zu wirken.
- Der Kompetenzrahmen der das Planungssystem mittragenden öffentlichen
  Akteure (Fachplanung, Regionalplanung) bleibt erhalten, da die Ziele
  und Grundsätze "den Entscheidungsträgern ungefähre Anhaltspunkte
  geben, ihnen im übrigen aber aufgrund ihrer fachlichen Kompetenzen
  einen eigenständigen Entscheidungsspielraum lassen" (18o).
Mit letzterer Funktion stehen die "Fachlichen Grundsätze" des Teiles
A in enger Verbindung, da sie für die Ressorts gleichfalls allgemein-
gehaltene Aktivitätsvorgaben machen (181).

Teil B: Er führte eingangs die Raumeinheiten auf, in denen jeweils
Regionalplanung stattfinden soll. (Die Novellierung des Landesraum-

(177) Vgl. Landesraumordnungsprogramm Teil A, Nrn. 1-4, des weiteren
      in dem Zusammenhang auch das Raumordnungsgesetz vom 8.4.1965
      (BGBl. I S. 3o6), §§ 1 und 2.
(178) Vgl. dazu U. BRÖSSE 1975, S. 31 ff, des weiteren R. WAHL 1978, Bd. 2,
      S. 121 ff. Letzterer spricht dem Teil A ab, Ziele im Sinne des
      Raumordnungsgesetzes § 5 Abs.4 zu enthalten, im gleichen Sinne
      auch W. SUDEROW 1976, S. 22 f.
      Vgl. zur Zieldiskussion u.a. U. BRÖSSE 1972, S. 49 ff sowie
      G. ZIPP 1977, S. 98 ff.
(179) Vgl. zum folgenden U. BRÖSSE 1975, S. 29 f.
(18o) U. BRÖSSE 1975, S. 3o.
(181) Vgl. Landesraumordnungsprogramm, Teil A, Nrn. 5 bis 17.

ordnungsprogrammes im Jahre 1980 brachte die ersatzlose Streichung von
Nr. 1 mit sich, in der Planungsregionen als räumlich zusammenhängende
Gebiete mit engen wirtschaftlichen, sozialen und kulturellen Verflechtungen bezeichnet wurden).
Der Inhalt der Planungsinstrumente Raumordnungsberichte,-gutachten
und -pläne wurde lediglich in groben Zügen umrissen und bedurfte weiterer Ausführungsbestimmungen (182).

Im Zusammenhang mit dem inzwischen abgeschlossenen Verwaltungsumbau
entfielen in der Neufassung des Landesraumordnungsprogrammes die Pas-
sagen des Teiles B, die vorher die Zusammenarbeit zwischen den Trägern
der Regionalplanung und den Regierungspräsiden regelten.

2.2 Landesentwicklungsplan Hessen '80

Am 10.6.1970 wurde der Landesentwicklungsplan durch die hessische
Landesregierung vorläufig festgestellt und im September des gleichen
Jahres dem Landtag zugeleitet. Nach der Vornahme einiger Änderungen
und Ergänzungen erfolgte dann am 27.4.1971 die endgültige Feststellung
durch Kabinettsbeschluß. Der Landesentwicklungsplan stellt als das
zweite zentrale Planungsinstrument auf der Landesebene neben dem Landesraumordnungsprogramm "das Kernstück der neuen Landesentwicklungskonzep-
tion " (183) dar.
Im folgenden soll der Landesentwicklungsplan in seinen Grundzügen als
Langfristplan für den Zeitraum 1970 bis 1985 vorgestellt werden:

Den ersten Schwerpunkt setzte man mit der Vorstellung einer Raumordnungskonzeption. Sie enthält die Darstellung der zentralen Orte
der oberen Stufen der Hierarchie (Oberzentren, Mittelzentren mit Teilfunktionen von Oberzentren und Mittelzentren), des weiteren die Ausweisung von Entwicklungsbändern und von gewerblichen Entwicklungsschwer-

(182) Vgl. Richtlinien für die Erstellung eines Raumordnungsberichtes,
      eines Raumordnungsgutachtens und eines regionalen Raumordnungs-
      planes, veröffentlicht am 30.3.1973, Staatsanzeiger 16 (1973),
      S. 705 ff, vgl. dazu auch G. FROMMHOLD 1973, S. 159 ff.
(183) W. HÜFNER 1972, S. 53.

punkten sowie Entlastungsorten. Weiterhin wurde im Rahmen einer
planerischen Raumgliederung die Abgrenzung von Strukturräumen innerhalb
Hessens vorgenommen, indem im wesentlichen Verdichtungsgebiete, Ent-
wicklungsgebiete und Sonstige Strukturräume ausgewiesen wurden (184).

Den zweiten Schwerpunkt füllte eine räumliche Analyse aus, gegliedert
nach den sechs Planungsregionen des Landes. Dies geschah in engem Verbund mit einer langfristigen, landesweiten Prognose sozioökonomischer
Rahmengrößen bis zum Jahre 1985: Bevölkerung, Erwerbstätigkeit und Bruttoinlandsprodukt. Zusätzlich wurden diese Größen teilräumlich für die
Planungsregionen prognostiziert (185). Somit konnte die bisherige Entwicklung bzw. die wahrscheinliche zukünftige Entwicklung relevanter
Komponenten in Hessen und seinen Teilräumen mit dem Leitbild des Landesraumordnungsprogrammes verglichen werden.

Die analysierte Diskrepanz zwischen Soll- und Ist-Zustand führte zum
dritten Schwerpunkt des Planes in Gestalt der raumbedeutsamen Maßnahmen und
Planungen, deren Verwirklichung die festgestellten Unterschiede zwischen
den vorhandenen und den anzustrebenden Raumstrukturen in Hessen aus-
gleichen sollte. Für eine sachliche Differenzierung der Maßnahmen wurden
vier Investitionsbereiche ausgewiesen, die sich bereichsintern nach
Projektgruppen (186) und Projekten gliederten: Sozialpolitischer-, Kul-
turpolitischer-, Wirtschaftspolitischer- und Verkehrspolitischer Investitionsbereich (187).
Die Investitionsbereiche erfaßten neben den zukünftig zu erstellenden
Infrastruktureinrichtungen auch das Wohnungswesen und den Städtebau sowie
die Förderung der Wirtschaftssektoren (188). Parallel zu dieser sachlichen
Gliederung erfolgte eine Maßnahmenregionalisierung nach den hessischen
Planungsregionen.

(184) Vgl. o.V. 1970 Landesentwicklungsplan Hessen '80, Rahmenplan für
die Jahre 1970-1985, S. 7 ff und 18 ff.
(185) Vgl. o.V. 1970 Landesentwicklungsplan Hessen '80, Rahmenplan für
die Jahre 1970-1985, S. 23 ff und 37 ff. Vgl. auch H. OETTINGER
1975, S. 163 f.
(186) Der Terminus "Projektgruppe" wurde 1980 in "Unterbereich" umbenannt. Vgl. o.V. 1980 Landesentwicklungsbericht für die Jahre
1970-1978, S. 287.
(187) Den Bereichskatalog erweiterte man im Zuge der Realisierungs-
phasen um die Bereiche Umweltpolitik und Sicherheitspolitik.
(188) Eine bis auf die Projektebene differenzierende Übersicht der (dann
schon sechs) Investitionsbereiche gibt o.V. 1980 Landesentwicklungsbericht für die Jahre 1970-1978 im Tabellenanhang.

- 64 -

Zwischen den Schwerpunkten bestehen zusätzlich folgende Verflechtungen:
Im Zusammenhang mit den erstellten sozioökonomischen Vorausschätzungen
(Entwicklung von Bevölkerung und Erwerbstätigkeit) wurden landesdurchschnittliche Versorgungsrichtwerte festgelegt, die man "anhand inter-
nationaler Standards vergleichbarer Industrienationen oder aufgrund ei-
gener Feststellungen ermittelt(e)" (189).
Die sachliche und räumliche Verteilung der investiven Maßnahmen sowie
deren qualitativer Umfang orientierte sich an diesen Versorgungsricht-
werten, die demzufolge eine zentrale Steuerungsfunktion ausübten.

Weiterhin sind Abhängigkeiten zwischen der Prognose des Bruttoinlandsproduktes und dem vierten Schwerpunkt des Langfristplanes, der Finanzierung der vorgesehenen Maßnahmen vorhanden: Im Maßnahmenkatalog wurde
der voraussichtlich notwendige finanzielle Gesamtaufwand, durchgerechnet
nach einzelnen Projektgruppen sowie nach Planungsregionen, gleichfalls
ermittelt. Das geschah - anders als in den mittelfristigen Durchführungsabschnitten - unter Ausklammerung der Preisentwicklung (19o). Der investive Gesamtaufwand verteilte sich auf die Finanzierungsträger Bund, Land,
Gemeinden und Sonstige Träger, wobei man von einem notwendigen Gesamtvolumen von 54,7 Mrd.DM zur Planrealisierung bis 1985 ausging (191). Der
Landesanteil lag bei rd. 22 Mrd. DM (192).

Die Höhe der zur Deckung der Ausgaben wesentlich beitragenden voraussichtlichen Steuereinnahmen leitete man aus der Prognose der Entwicklung
des hessischen Bruttoinlandsproduktes ab. Diese Prognose unterstellte
jährliche Wachstumsraten von 5 vH bis zum Zieljahr 1985. Im Verbund mit
weiteren Einnahmequellen wurden in Hessen im Planungszeitraum Gesamtein-
nahmen in Höhe von 154 Mrd. DM erwartet.
Die Ausgaben ohne die Kosten des Landesentwicklungsplanes bezifferten

(189) H. OETTINGER 1975, S. 164.
(19o) Vgl. o.V. 1974 Landesentwicklungsplan Hessen '8o, Durchführungs-
       abschnitt für die Jahre 1975-1978, S. 1o9.
(191) Vgl. hierzu und zu den folgenden Daten o.V. 197o Landesentwick-
       lungsplan Hessen '8o, Rahmenplan für die Jahre 197o-1985, S. 47 f
       und S. 79 f.
(192) Ohne die aus den Investitionen resultierenden Folgekosten.

sich zwischen 197o und 1985 auf 142 Mrd.DM, so daß ein Einnahmeüber-
schuß von 12 Mrd.DM prognostiziert wurde. Die fehlenden rd. 1o Mrd.DM
sollten durch Kreditaufnahmen beschafft werden.

Neben diesem Kreis investiver Maßnahmen und deren finanzieller Ab-
sicherung enthält der Langfristplan nichtinvestive Maßnahmen, ausgewiesen als "Ausgewählte gesellschaftspolitische Aufgaben" (193).

Der Landesentwicklungsplan ist für die Träger der Regionalplanung und
für die Landesbehörden rechtlich verbindlich, d.h. die dortigen Planungen
sind entweder am Landesentwicklungsplan auszurichten oder sie müssen im
Falle von Abweichungen von der Landesregierung genehmigt werden.

Zusammenfassend schließen nachstehende Ergebnisse die Erörterung ab:
Der hier erläuterte Aufbau charakterisiert den Landesentwicklungsplan
als einen Basisplan zur Erfüllung von Ordnungsaufgaben und Koordinierungsaufgaben in vertikaler und horizontaler Hinsicht.
In Verbindung mit dem Zielkatalog des Landesraumordnungsprogrammes Teil A
und unter Einbezug sozioökonomischer Analysen und Prognosen enthält der
Plan eine Raumordnungskonzeption, welche oben in einem ersten Schritt
grob vorgestellt wurde.
Somit erfüllt das zentrale Planungsinstrument seine Ordnungsfunktion in
hinreichender Weise.
Weiterhin nimmt es vertikale Koordinierungsaufgaben dergestalt wahr, daß
via Raumkonzept, regionalisierte Prognosen, Richtwerte und Aufteilung der
beabsichtigten Investitionen nach Planungsregionen - unter Verknüpfung
mit dem Teil B des Landesraumordnungsprogrammes - die Planungsinstrumente
der Regionalplanung in das gesamte Planungssystem integriert werden.
Indirekt ist in dieses vertikale System auch die Bauleitplanung für
Kommunen eingebunden (194).

Parallel zur vertikalen Koordination gibt es horizontale Koordinierungsaufgaben: Die Fachplanungen der Ressorts mit ihren Investitionsvorhaben

(193) Vgl. o.V. 197o Landesentwicklungsplan Hessen '8o, Rahmenplan für
      die Jahre 197o-1985, S. 71 ff.
(194) Vgl. W. HÜFNER 1972, S. 54 f sowie J. SCHULZ z. WIESCH 1977,
      S. 58 ff.

müssen die Richtgrößen des Landesentwicklungsplanes beachten, welche in
Verbindung mit den weiteren Schwerpunkten den horizontalen Verbund sichern, "ohne die Fachplanungen aber zu ersetzen " (195).

Koordinierenden Charakter trägt gleichfalls das Bestreben, die Planung
finanziell abzusichern, indem der Gesamtaufwand differenziert nach
Finanzierungsträgern und Projektgruppen regionalisiert ausgewiesen wird.
Dies schafft Abstimmungsmöglichkeiten mit der mehrjährigen Finanzplanung
(196).

Letztlich ist aber anzumerken, daß bezüglich der aufzubringenden Mittel
zum einen im Planwerk eine zu geringe Konkretisierung erfolgt und daß
zum anderen hinsichtlich der zukünftigen Entwicklung der ökonomischen
Rahmenbedingungen zu optimistische Angaben die alleinige Basis darstellen,
ohne daß vorsichtigere Prognosevarianten absichernd beigestellt werden
(197).

2.2.1 Durchführungsabschnitte

Der Landesentwicklungsplan als Langfristplan erfährt durch mittelfristige
Durchführungsabschnitte eine zeitliche sowie eine sachliche Vergegen-
ständlichung. Diese Abschnitte "sind die flexiblen Teile, durch die die
langfristige Planung an den jeweiligen wirtschaftlichen und finanziellen
Verhältnissen und den jeweiligen Erfordernissen von Raum und Zeit orien-
tiert und gegebenenfalls neu darauf abgestimmt werden soll" (198).

Bisher liegen zwei Durchführungsabschnitte vor, die durch Kabinettsbeschlüsse ihre Verbindlichkeit erhielten: Der erste Durchführungsabschnitt
konkretisiert die Planungen für den Zeitraum 1971 bis 1974, der zweite
Durchführungsabschnitt umspannte den Zeitraum 1975 bis 1978. Für den anschließenden vierjährigen Zeitabschnitt blieb eine mittelfristige Konkretisierung aus. Es ist allerdings anzunehmen, daß mit der Fortschreibung

(195) R. WAHL 1978, Bd. 2, S. 129.
(196) Vgl. D. MOLTER 1975, S. 117.
(197) Vgl. dazu o.V. Landesentwicklungsplan Hessen '8o, Rahmenplan für
      die Jahre 197o-1985, S. 80.
(198) D. MOLTER 1975, S. 112, vgl. auch H. HARFF, A. ZAHRNT 1977, S.446.

des Landesentwicklungsplanes dieses Verfahren wieder aufgenommen wird
(199).

Nachstehend erfolgt in Überblicksform eine Erörterung der bisherigen
Aktivitäten: In beiden Durchführungsabschnitten wurde das hessische
Raumkonzept jeweils aktualisiert. Im ersten Abschnitt erhielt Marburg
als achte Kommune den Status eines Oberzentrums, gleichzeitig erhöhte
man die Anzahl der Mittelzentren mit Teilfunktion eines Oberzentrums
von fünf auf sechs und reduzierte die Mittelzentren auf insgesamt 41.
Zusätzlich wurde die Hierarchie der zentralen Orte durch die Ausweisung von Mittelzentren in Verdichtungsgebieten erweitert. Eine
wesentliche Aktualisierung im zweiten Durchführungsabschnitt stellte
die Ablösung der ehemaligen Bundesausbaugebiete und Bundesausbauorte (2oo)
durch die Fördergebiete der Gemeinschaftsaufgabe "Verbesserung der regionalen Wirtschaftsstruktur" mit den in ihnen ausgewiesenen Schwerpunktorten dar (2o1).

In beiden Abschnitten wurden neue regionalisierte Vorausschätzungen
wichtiger sozioökonomischer Rahmendaten vorgenommen, die die Basis der
mittelfristigen sachlichen und räumlichen Feinabstimmung bildeten.
Berücksichtigung fanden dabei der zwischenzeitlich eingetretene Geburtenrückgang und erwartete geringere Wanderungsgewinne.
Die sich verschlechternde ökonomische Gesamtsituation seit dem Herbst
1973 erfuhr im zweiten Durchführungsabschnitt allerdings noch keinen entsprechenden Widerhall: So gingen die Verantwortlichen für den Zeitraum
1974 bis 1978 noch von einem durchschnittlichen jährlichen Wachstum
des Bruttoinlandproduktes von 9,2 vH aus (2o2).

Der erste Durchführungsabschnitt wies mittelfristige Ziele und Aufgaben

(199) Vgl. F. WOLF 198o, S. 82.
(2oo) Siehe Teil 2.2 des zweiten Kapitels.
(2o1) Vgl. o.V. 1974 Landesentwicklungsplan Hessen '8o, Durchführungs-
      abschnitt für die Jahre 1975-1978, S. 2 f.
(2o2) Vgl. zu den Prognosen o.V. 1971 und 1974 Landesentwicklungsplan
      Hessen '8o, Durchführungsabschnitt für die Jahre 1971-1974 bzw.
      1975-1978, S. 8 ff bzw. S. 35 ff.

getrennt aus. Beiden Abschnitten gemeinsam war die Maßnahmenfein-
steuerung nach Investitionsbereichen (sowie deren Untergliederung)
nach Planungsregionen (2o3).

Während zwischen 1971 und 1974 die Planungsprioritäten landesweit
zugunsten der Sozialpolitik (Gesamtaufwand rd. 4,84 Mrd.DM) und der
Wirtschaftspolitik (4,76 Mrd.DM) gesetzt wurden, sollte zwischen 1975
und 1978 die Verkehrspolitik mit rd. 6,5 Mrd.DM in den Vordergrund
treten.
Für den ersten Abschnitt setzte man Gesamtkosten von rd. 15,6 Mrd.DM
an, der Gesamtaufwand des zweiten Abschnitts wurde mit rd. 19,5 Mrd.DM
eingeplant. Der Finanzierungsanteil des Landes wurde in beiden Abschnitten mit etwa 3o vH veranschlagt.

In beiden Durchführungsabschnitten erfolgte für sämtliche investiven
Maßnahmen eine nach Planungsregionen gegliederte Kostenermittlung,
getrennt nach den oben bereits genannten Finanzierungsträgern auf der
Basis der jeweiligen Preise. Demzufolge fanden Preissteigerungen Eingang in die Berechnungen.
Die Folgekosten erstellter Infrastruktureinrichtungen wiesen die Planer
im ersten Durchführungsabschnitt nicht aus (2o4), der zweite Abschnitt
gibt über dieses Problem keine Auskunft.

Die Berücksichtigung der jeweiligen Preise bei der Kostenermittlung
ermöglichte eine Integration der mittelfristigen Finanzplanung des
Landes in die Gesamtplanung (2o5). Eine weitere Verzahnung zwischen
den Durchführungsabschnitten des Landesentwicklungsplanes und der
Finanzplanung resultiert aus dem parallelen Vorgehen beider Planungsinstrumente, bei der Angabe der voraussichtlichen Entwicklung des Bruttoinlandsprodukts mit nominellen Größen zu arbeiten (2o6).

(2o3) Vgl. hierzu und zu den folgenden Zahlenangaben o.V. 1971 und 1974
Landesentwicklungsplan Hessen '8o, Durchführungsabschnitt für die
Jahre 1971-1974 bzw. 1975-1978, S. 37 ff bzw. S. 45 ff.
(2o4) Vgl. o.V. 1971 Landesentwicklungsplan Hessen '8o, Durchführungsabschnitt für die Jahre 1971-1974, S. 73.
(2o5) Vgl. o.V. 1971 und 1974 Landesentwicklungsplan Hessen '8o, Durchführungsabschnitt für die Jahre 1971-1974 bzw. 1975-1978, S.73
bzw. S. 1o9.
(2o6) Vgl. D. MOLTER 1975, S. 115.

Neben den investiven Maßnahmen wurde im Zeitablauf den nichtinvestiven Maßnahmen zunehmend mehr Beachtung geschenkt. Probleme bereitete hierbei die quantitative (finanzielle) Erfassung der qualitativen Verbesserungen in der Versorgung der Bevölkerung mit entsprechenden Dienstleistungen (2o7). Im Februar 1974 beschloß die hessische Landesregierung einen langfristigen Personalentwicklungsplan bis 1985, "der den volumenmäßig bedeutenden Personalhaushalt des Landes (rd. 4o vH der Gesamtausgaben gegenüber 25 vH Investitionsanteil) zum Bestandteil des LEP (Landesentwicklungsplan - Anm. d. Verf.) macht und damit eine integrierte Planung investiver und konsumtiver Ausgaben ermöglichen soll" (2o8).

2.2.2 Ergebnisberichte

Ursprünglich war vorgesehen, für jeden abgelaufenen Durchführungsabschnitt des Landesentwicklungsplanes eine Vollzugskontrolle in Form eines Ergebnisberichtes vorzulegen. Im September 1976 wurde der Ergebnisbericht für den Zeitraum des ersten Durchführungsabschnitts 1971 bis 1974 dem Landtag zugeleitet und veröffentlicht. Anstelle des zweiten Berichts für den nachfolgenden Zeitabschnitt 1975 bis 1978 erfolgte im August 1980 die Vorlage eines Landesentwicklungsberichtes, der die Entwicklung von 1970 bis 1978 dokumentierte und darüber hinaus Änderungen in den Planungsgrundlagen der überprüften acht Jahre aufzeigte.

Insgesamt hatten beide Planungsinstrumente die Hauptfunktion, über eine Bewertung der realisierten Ergebnisse, "Anhaltspunkte für den nachfolgenden Durchführungsabschnitt zu gewinnen " (2o9), wobei im weitgefaßten Sinne die zur Zeit laufende Fortschreibung des Langfristplanes den Charakter eines neuen Durchführungsabschnittes besitzt, welcher zu einer grundlegenden Überarbeitung des Landesentwicklungsplanes führen wird (21o).

(2o7) Vgl. o.V. 1974 Landesentwicklungsplan Hessen '8o, Durchführungsabschnitt für die Jahre 1975-1978, S. 33.
(2o8) J. SCHULZ z. WIESCH 1977, S. 58, vgl.hierzu ausführlich W. RAABE 198o, S. 42 ff.
(2o9) H. HARFF, A. ZAHRNT 1977, S. 447.
(21o) Vgl. o.V. 198o Landesentwicklungsbericht für die Jahre 197o-1978, S. 5.

Beide Berichte geben einen Überblick über die bisherige Entwicklung
des hessischen Planungssystems, jeweils verknüpft mit Erläuterungen
der Raumordnungskonzeption der Querschnittsplanung (211).
Einen weiteren Schwerpunkt stellte die Ex-post-Analyse der sozioökonomischen Rahmendaten Bevölkerung, Erwerbstätigkeit und Beschäftigung sowie Bruttoinlandsprodukt dar.
Im Mittelpunkt der beiden Ergebnisberichte standen die nach sachlichen
und räumlichen Gesichtspunkten (Investitionsbereiche und Planungsregionen) überprüften öffentlichen und privaten Aktivitäten im jeweiligen Berichtszeitraum, wobei beide Planungsinstrumente die eingesetzten finanziellen Mittel, gegliedert nach Finanzierungsträgern,
offenlegten (212). Eingebettet in die sektorale und regionale Berichterstattung der Mittelverteilung wurden die erreichten infrastrukturellen Versorgungsgrade dargestellt. Während allerdings im Ergebnisbericht für die Jahre 1971 bis 1974 Planansätze und Realisierungs-
grade miteinander verglichen wurden und er es so ermöglichte, Planungs-
größen und durchgeführte Maßnahmen gegenüberzustellen, läßt der spätere
Landesentwicklungsbericht entsprechende Aussagen vermissen. Gemessen
am Gesamtaufwand aller Investitionen wurde für den ersten vierjährigen
Abschnitt ein Realisierungsgrad von 1o6,5 vH ausgewiesen, wobei die
einzelnen Investitionsbereiche im unterschiedlichen Maße zur Planrealisierung beisteuerten: Im Bereich der Sozialpolitik betrug der
Realisierungsgrad 147,7 vH, die Wirtschaftspolitik dagegen erreichte
lediglich 79,6 vH (213). Der erste Bereich unterliegt weitgehend dem
staatlichen Einfluß, Erfolge im zweitgenannten Bereich sind hingegen
in starkem Maße an die Investitionsbereitschaft privater Unternehmungen
gebunden, welche sich seit dem Herbst des Jahres 1973 deutlich abschwächte.

(211) Vgl. o.V. 1976 Landesentwicklungsplan Hessen '8o, Ergebnisbe-
      richt für die Jahre 1971-1974, S. 12 ff sowie o.V. 198o Landes-
      entwicklungsbericht für die Jahre 197o-1978, S. 33 ff.
(212) Vgl. hierzu und zu den nachstehenden Ausführungen o.V. 1976
      Landesentwicklungsplan Hessen '8o, Ergebnisbericht für die
      Jahre 1971-1974, S. 28 ff sowie 64 ff und o.V. 198o Landes-
      entwicklungsbericht für die Jahre 197o-1978, S. 49 ff bzw. 176 ff.
(213) Kulturpolitischer Investitionsbereich 93,2 vH, Verkehrspolitischer
      Investitionsbereich 96,4 vH.

Das vorhandene empirische Material belegt aber durchaus, daß seitens
der hessischen Landesregierung flexibel auf die Verschlechterung der
allgemeinen Rahmenbedingungen reagiert wurde.

Übersicht: Geplanter und realisierter Gesamtaufwand (in Mrd.DM) nach
Investitionsbereichen zwischen 1975 und 1978

Investitionsbereiche	Planansatz	Realisierter Gesamtaufwand	Planabweichung
Sozialpolitik	5,56	2,7o	-2,86
Kulturpolitik	2,3o	2,25	-o,o5
Wirtschaftspolitik	2,48	1,11	1,63
Verkehrspolitik	6,49	3,1o	-3,39
Umweltpolitik	2,39	1,66	-o,73
Sicherheitspolitik	o,26	o,21	-o,o5
Summe aller Bereiche	19,49	14,o3	-5,46

Quelle: O.V. 1974 Landesentwicklungsplan Hessen '8o, Durchführungsabschnitt für die Jahre 1975-1978, S. 46, Hessische Investitionsdatei, eigene Berechnungen.

Dem ökonomischen Abschwung versuchte man durch einen verstärkten
Mitteleinsatz im Wirtschaftspolitischen Investitionsbereich zu be-
gegnen, während in anderen Bereichen ein Abbau öffentlicher Aktivitäten zu beobachten war (214).

Die Daten belegen allerdings auch den sich im Zeitablauf verengenden
finanziellen Spielraum der öffentlichen Hand. Im Zeitraum 1971 bis
1974 übertraf der tatsächlich realisierte Gesamtaufwand aller Investitionsbereiche mit rd. 16,7 Mrd.DM den Planansatz von rd. 15,6 Mrd.DM

(214) Vgl. auch H. HARFF, A. ZAHRNT 1977, S. 448.

noch um etwa 1,1 Mrd.DM (215). Die seit 1973 zu beobachtende Verschlechterung der ökonomischen Rahmendaten führte hingegen zu rück-
läufigen Einnahmen der öffentlichen Haushalte. Der Zwang, mit geringeren Finanzressourcen sparsamer umzugehen, machte auch vor dem
Landesentwicklungsplan keinen Halt.

3. Planungsinstrumente auf der Ebene der Regionen

In enger vertikaler Koordination mit der Landesplanung und Ortsplanung
sowie horizontaler Koordination mit der Fachplanung wurde von den
Trägern der Regionalplanung in Hessen zwischen 1971 (216) und 1983
ein mehrstufiges Planungsinstrumentarium erarbeitet, dessen (vorläufige) Endstufe die regionalen Raumordnungspläne darstellen (217).
Diese Pläne "dienen der regionalen Vertiefung der Aussagen des Landesentwicklungsplanes und seiner Durchführungsabschnitte" (218). Damit
im vertikalen Zusammenhang stehend, bedeutet regionalplanerische
Tätigkeit aber des weiteren eine Verknüpfung der Landesplanung mit
der Bauleitplanung der Kommunen, deren Vorstellungen instrumentell
zu integrieren sind (219), auf deren Aktivitäten durch Überprüfung
der Bauleitpläne aber auch einzuwirken ist (22o). Da die bereits erläuterten zentralen Planungsinstrumente der Landesebene lediglich
für die Träger der Regional- und Fachplanung bindend sind, stellen
die regionalen Raumordnungspläne nach ihrer förmlichen Feststellung
die vertikale Verknüpfung mit der Ebene der Ortsplanung her, indem

(215) Vgl. o.V. 1976 Landesentwicklungsplan Hessen '8o, Ergebnisbe-
      richt für die Jahre 1971-1974, S. 28.
(216) Mit der Feststellung des Landesentwicklungsplanes Hessen '8o
      im April 1971 begann die Terminierung für die Aufstellung der
      regionalen Raumordnungspläne.
(217) Eine umfassende Analyse der Entwicklung bis 1976 erstellt
      J. SCHULZ z. WIESCH 1977, S. 84 ff.
(218) H. OETTINGER 1975, S.163.
(219) Administrativ abgesichert durch die kommunale Einflußnahme
      auf das Planungsinstrumentarium über die Verbandsversammlung
      bzw. Planungsversammlung.
(22o) Bundesbaugesetz vom 23.6.196o (BGBl. I S. 341), § 1 Nr. 3:
      "Die Bauleitpläne sind den Zielen der Raumordnung und Landes-
      planung anzupassen."
      Vgl. zum Verhältnis Regionalplanung-Ortsplanung B. ELLINGER
      198o, S. 182 f.

sie die konkretisierten, verbindlichen Ziele der Raumordnung und
Landesplanung vorgeben. Der vertikale Ebenenverbund firmiert unter
dem Begriff "Gegenstromprinzip" (221).

Mithin hat die Regionalplanung in ihrer vermittelnden Funktion zwischen
den Planungsebenen des Landes und der Gemeinden die konfliktträchtige
Aufgabe zu erledigen, Kompromisse zwischen den durchaus divergierenden
Vorstellungen der beiden Ebenen herzustellen (222).

3.1 Raumordnungsberichte

Die Basis "für die im Raumordnungsgutachten zu formulierenden und im
regionalen Raumordnungsplan festzustellenden regionalplanerischen Zielvorstellungen" (223) schufen die Raumordnungsberichte, deren zentrale
Funktion darin besteht, eine umfassende Bestandsaufnahme regionaler
Strukturen und Entwicklungen vorzunehmen.

In Verbindung mit dem Teil B des Landesraumordnungsprogramms erließ
die oberste Landesplanungsbehörde in Abstimmung mit den Planungsgemeinschaften und den Ressorts im März 1972 Richtlinien für die Erstellung
eines Raumordnungsberichtes (224).

In Anlehnung an das Landesraumordnungsprogramm und die vorgegebenen
Richtlinien sowie unter gleichzeitigem Einbezug der jeweiligen Regions-
prognosen des Landesentwicklungsplanes erarbeiteten die sechs regionalen
Planungsgemeinschaften ihre Raumordnungsberichte. Fertigstellung und
Vorlage erfolgten zwischen 1972 und 1974 (225).

Nachstehend sollen die Inhalte dieser Berichte in generalisierter Form

(221) Vgl. o.V. 1976 Landesentwicklungsplan Hessen '8o, Ergebnisbe-
      richt für die Jahre 1971-1974, S. 18 f, des weiteren J. SCHULZ z.
      WIESCH 1977, S. 6o.
(222) Vgl. dazu E.-H. RITTER 1978, S. 132.
(223) G. FROMMHOLD 1973, S. 162.
(224) Richtlinien für die Erstellung eines Raumordnungsberichtes vom
      8.3.1972, zuletzt ergänzt am 1o.1.1973, gemeinsam veröffentlicht
      mit den Richtlinien für die Erstellung eines Raumordnungsgut-
      achtens bzw. eines regionalen Raumordnungsplanes am 3o.3.1973,
      Staatsanzeiger 16 (1973), S. 7o5 ff.
(225) Die Berichte waren entweder den Regierungspräsidien oder, falls
      sich die Grenzen einer Planungsregion über einen Regierungsbezirk
      hinaus erstreckten, der obersten Landesplanungsbehörde vorzulegen.
      Vgl. Landesraumordnungsprogramm, Teil B, Nr. 8 Abs. 4.

vorgestellt werden (226):

Den ersten Schwerpunkt nach der Vorstellung des Planungsraumes bildete
die Funktionsbestimmung der Orte, Räume und Flächen. Dargestellt wurden
kommunale Gebietseinheiten, Gemeindetypen, Förderorte, die Nutzung der
Gemeindeflächen, Schutzflächen, die planerische Raumgliederung sowie
- ausgegliedert aus letzterem Abschnitt - die Entwicklungsbänder.
Zentrale Orte und deren Einzugsbereiche wurden auf Wunsch der regionalen
Planungsgemeinschaften in der Berichterstattung ausgeklammert, um eine
Konsensbildung nicht vorzeitig zu belasten (227).

Im zweiten Schwerpunkt stellte man demographische Komponenten vor:
Bevölkerungsstruktur, -entwicklung und Pendlerwesen (228). Dem schloß
sich die Darstellung von Strukturen und Entwicklungen der Wirtschaftsbereiche an: Land- und Forstwirtschaft, nichtlandwirtschaftlicher
Bereich. In diesem dritten Schwerpunkt wurden zusätzlich eine Analyse
und eine Status-quo-Prognose des Bruttoinlandsprodukts bis 1985 für die
jeweiligen Planungsregionen aufgenommen.
Der vierte Schwerpunkt enthält eine Offenlegung der regionalen
Finanzstrukturen, gegliedert nach öffentlichen Einnahmen, Ausgaben
und Schuldenstand. Den letzten Schwerpunkt bildete eine Bestandser-
hebung der Raumausstattung, im wesentlichen also die Ermittlung infrastruktureller Einrichtungen, aufgeschlüsselt nach den oben genannten
Investitionsbereichen des Landesentwicklungsplanes.

3.2 Raumordnungsgutachten

In der zeitlichen und sachlichen Abfolge erstellten die regionalen

(226) Vgl. z.B. o.V. 1972 Raumordnungsbericht für die Region Nord-
      hessen.
(227) Die seitens der Träger der Regionalplanung vorzunehmende Aus-
      weisung der Klein- und Unterzentren war Aufgabe der späteren
      Planungsstufen, Gutachten bzw. Plan. Des weiteren war vorge-
      sehen, die Diskussion um die Mittel- und Oberzentren, die bereits
      im Landesentwicklungsplan festgelegt wurden, ebenfalls nach der
      ersten Planungsstufe vorzunehmen. Vgl. dazu G. FROMMHOLD 1973,
      S. 163 ff.
(228) Hierzu wie bei den anderen Berichtskomponenten wurde als einheit-
      licher Zeitpunkt die Volks- und Berufszählung des Jahres 197o in
      den Richtlinien vorgegeben. Die räumliche Gliederung erstreckte
      sich jeweils bis auf Ortsteilebene.

Planungsgemeinschaften als weiteres Planungsinstrument Raumordnungsgutachten, die zwischen 1972 und 1975 vorgelegt wurden.
Die zentrale Aufgabe der Gutachten bestand in der "landesplanerischen
Beurteilung und Wertung der raumbedeutsamen Tatbestände und Entwick-
lungstendenzen" (229). Die Grundlagen hierfür schufen die Raumordnungsberichte. Einer weiteren einheitlichen Vorgehensweise und als Arbeits-
anleitung dienten die in Verbindung mit dem Teil B, Nr. 8 Abs.3 des
Landesraumordnungsprogrammes im Dezember 1972 von der Staatskanzlei
erlassenen Richtlinien für die Erstellung eines Raumordnungsgutachtens
(23o).

Im Mittelpunkt der Raumordnungsgutachten stand die umfassende Konzeption von Zielkatalogen, denen neben den oben aufgeführten Entscheidungs-
hilfen die Prognosen sozioökonomischer Rahmendaten des landesweiten
Langfristplanes zugrunde lagen.
Die Zielkataloge konkretisieren in einem Zeithorizont bis 1985 die
in teilweiser Anlehnung an das Raumordnungsgesetz (des Bundes) formulierten allgemein gehaltenen Zielaussagen des Landesraumordnungsprogrammes Teil A dergestalt, daß eine empirische Kontrolle der Ziel-
erreichung weitgehend möglich wird. Die Operationalität der aufgestellten Ziele ist zumindest teilweise gewährleistet.

Der Aufbau der Zielkataloge wird im folgenden grob umrissen erläutert
(231): Die Planungsziele ordnete man schwerpunktmäßig zwei Konkreti-
sierungsebenen zu:
1. Ziele für die Entwicklung der gesamten jeweiligen Region
2. Ziele für die Teilräume der Regionen.

(229) Landesraumordnungsprogramm vom 18.3.197o, Teil B, Nr. 8 Abs.3.
(23o) Richtlinien für die Erstellung eines Raumordnungsgutachtens vom
21.12.1972, zuletzt ergänzt am 14.2.1973, gemeinsam veröffentlicht
mit den Richtlinien für die Erstellung eines Raumordnungsberichtes bzw. eines regionalen Raumordnungsplanes am 3o.3.1973,
Staatsanzeiger 16 (1973), S. 715 ff.
(231) Vgl. z.B. o.V. 1975 Raumordnungsgutachten für die Region Nordhessen.

Den Grundraster für diese teilräumliche Differenzierung lieferten die
im Landesentwicklungsplan ausgewiesenen Verflechtungsbereiche der
Mittelzentren (Mittelbereiche) (232).

In die Darstellung der Planungsziele wurden die seitens der obersten
Landesplanungsbehörde vorgegebenen Langfristprognosen (Bevölkerung,
Erwerbstätigkeit, Bruttoinlandsprodukt),nach Mittelbereichen aufgeschlüsselt, eingebettet. Parallel zu dieser vertikalen Zieldifferen-
zierung nach Regionen und Mittelbereichen erfolgte in beiden Konkreti-
sierungsebenen eine horizontale Aufgliederung nach räumlichen und
fachlichen Zielen.

Wesentliche Bestandteile räumlicher Zielsetzungen waren die Festlegung
der zentralen Orte der unteren Stufen, also Klein- und Unterzentren,
sowie die Ausweisung gewerblicher Fördergebiete und kommunaler Förderstandorte.

Die Gliederung der fachlichen Ziele orientierte sich an den im Landesentwicklungsplan vorbestimmten Investitionsbereichen und beinhaltete
somit vorrangig quantitative und qualitative Angaben zur zukünftigen
Versorgung der Regionen und ihrer jeweiligen Mittelbereiche mit infrastrukturellen Einrichtungen.

3.3 Raumordnungspläne

Basierend auf den instrumentellen Grundlagen Raumordnungsbericht und
Raumordnungsgutachten waren von den Trägern der Regionalplanung
regionale Raumordnungspläne zu erstellen (233), die in ihrer ersten
Fassung bis zum Oktober 1975 vorgelegt wurden.

Als zentraler Orientierungsrahmen fungierten auch hier das Landesraumordnungsprogramm und der Landesentwicklungsplan, flankiert und ergänzt durch die Richtlinien für die Erstellung eines regionalen Raum-

(232) Vgl. G. FROMMHOLD 1973, S. 165.
(233) Vgl. Landesraumordnungsprogramm, Teil B, Nr. 7.

ordnungsplanes, erlassen von der Staatskanzlei im Februar 1973 (234).

Die Hauptaufgabe dieser Pläne bestand in einer Verfeinerung des landesweiten Raumkonzeptes, um "für das gesamte Land vergleichbare regionalplanerische Aussagen über konkrete räumliche und fachliche Entwicklungsvorstellungen" (235) zu gewinnen.
Die in den Raumordnungsgutachten erarbeiteten Zielkataloge übertrug man
als "Orientierungsmaßstäbe" (236) für die zu planenden Aktivitäten in
die Planwerke und verknüpfte somit Ziele und die für ihre Realisierung
notwendigen Maßnahmen.
Die Maßnahmenplanung erstreckte sich vertikal auf drei räumliche Bereiche:
- Regionen
- Mittelbereiche
- Gemeinden bzw. Orts- oder Stadtteile in den Mittelbereichen.
Als Planungsgrundlage dienten die von der Landesebene vorgegebenen Prognosen relevanter Eckdaten, die noch mittelbereichsweise verfeinert
wurden. Eine weitere Grundlage bildeten die ebenfalls vorgegebenen
Versorgungsrichtwerte, an denen die regionsinternen Planungen so aus-
gerichtet werden sollten, "daß landesdurchschnittliche Versorgungs-
grade in der Region erreicht werden" (237).

Die langfristig zu realisierenden Maßnahmen kann man einer horizontalen
Zweiteilung unterwerfen:
- Maßnahmen zur Flächensteuerung
- Maßnahmen zur Infrastrukturbereitstellung.
Beide Maßnahmenbereiche sind hier kurz zu skizzieren:

Flächensteuerung: In Zusammenarbeit mit der örtlichen Bauleitplanung

---

(234) Richtlinien für die Erstellung eines regionalen Raumordnungs-
      planes vom 14.2.1973, gemeinsam veröffentlicht mit den Richt-
      linien für die Erstellung eines Raumordnungsberichtes bzw. eines
      Raumordnungsgutachtens am 3o.3.1973, Staatsanzeiger 16 (1973),
      S. 719 f.
(235) G. FROMMHOLD 1973, S. 162.
(236) G. FROMMHOLD 1973, S. 168.
(237) H. OETTINGER 1975, S. 165.

erfolgte die Ausweisung von Wohn- und Gewerbeflächen an bestimmten gemeindlichen Standorten bei gleichzeitiger Zurückstellung anderer Kommunen.

Vor der Verlagerung der Regionalplanung in die staatliche Mittelinstanz befanden sich die Geschäftsstellen der Planungsgemeinschaften hier allerdings in einer schwachen Position, da die Genehmigung der Bauleitpläne den Regierungspräsidien oblag und somit Überzeugungsarbeit gegenüber den Kommunen im Vordergrund stand, flankiert durch möglichst gute Kontakte zur Mittelbehörde (238). Die bisherigen großzügig bemessenen Flächenausweisungen der Gemeinden erschweren die räumliche Steuerung der Siedlungsentwicklung zusätzlich und lassen Zweifel an der Wirksamkeit dieses Instrumentes aufkommen (239).

Einen weiteren Komplex stellt die zu planende Ausweisung von Freiflächen dar, die gleichfalls Konfliktpotential birgt, wenn miteinander konkurrierende Nutzungsansprüche auftreten.

Infrastrukturbereitstellung: Die Planungen von Maßnahmen zur Raumausstattung mit infrastrukturellen Einrichtungen fußten auf der Gliederung der im Landesentwicklungsplan festgeschriebenen Investitionsbereiche. Die räumliche Verteilung der haushalts- und unternehmensorientierten Infrastruktureinrichtungen erfolgte auf der Grundlage des Systems der zentralen Orte.

Die demographische Entwicklung der 7oer Jahre, unter anderem charakterisiert durch teilräumliche Bevölkerungsverluste, kann zu regionalen Auslastungsproblemen führen, wenn nämlich den realisierten Einrichtungen zumindest in Teilräumen (z.B. Vogelsberg, Werra-Meißner-Raum) eine zu geringe Mantelbevölkerung gegenüber steht und Infrastrukturen mithin nur noch ungenügend ausgelastet werden.

Die Träger der Regionalplanung waren angewiesen, die voraussichtlich entstehenden Kosten in den Plänen anzugeben (24o), welche allerdings

---

(238) Vgl. J. SCHULZ z. WIESCH 1978 b, S. 139.
(239) J. SCHULZ z. WIESCH 1978 a, S. 31 spricht in diesem Zusammenhang pointiert von der Regionalplanung als "Papiertiger auf Jahre hinaus".
(24o) Vgl. Landesraumordnungsprogramm vom 18.3.197o, Teil B, Nr.9 Abs.1.

dadurch nicht zum Bestandteil der Pläne wurden, da sie nicht dem Feststellungsverfahren unterlagen (241).

Die Kostenermittlung nahm man durch eine Bewertung der vorgesehenen
Maßnahmen mit den seitens der obersten Landesplanungsbehörde vorgegebenen einheitlichen Kostenrichtwerten vor. Eine überschlägige Ausweisung der bis zum Zieljahr 1985 benötigten Finanzmittel erfolgte
auf Regionsebene, sachlich gegliedert nach Investitionsbereichen und
Finanzierungsträgern (Land, Gemeinden, Sonstige Träger).

Durch die Verknüpfung von verbindlichen Zielen der Raumordnung und
Landesplanung - die in ihrer inhaltlichen Ausformung den Anforderungen
an eine empirische Überprüfung weitgehend gerecht werden - mit sachlich und räumlich konkretisierten Maßnahmenplanungen zu verfeinerten
Konzepten der teilräumlichen Entwicklung decken die regionalen Raumordnungspläne die Ansprüche ab, die an die Erfüllung von Ordnungsaufgaben gestellt werden (242).

Vertikale Koordinierungsfunktionen hatten "die Träger der Regional-
planung zu lösen, indem sie an der Schnittstelle zwischen Orts- und
Landesplanung die verschiedenen Entwicklungsvorstellungen beider
Ebenen in kompromißhafter Form miteinander abstimmen mußten" (243).
Horizontale Koordinierungsaufgaben erwuchsen aus der Zusammenarbeit
mit den Fachplanungen, an deren laufenden Planungen die regionalen
Planungsgemeinschaften via Anhörungs- und Beteiligungsverfahren
partizipieren (244). Der befriedigenden Lösung des zuletzt genannten
Aufgabenbereiches standen zumindest bis zur 1981 erfolgten Eingliederung
in die staatliche Mittelbehörde nicht geringe "Macht-Probleme" entgegen.

Nachstehende Ausführungen sollen den zeitlichen Ablauf stärker in

(241) Vgl. Richtlinien für die Erstellung eines regionalen Raumordnungs-
      planes vom 14.2.1973, Staatsanzeiger 16 (1973), S. 719.
(242) Siehe Teil 2.1 des ersten Kapitels.
(243) E.-H. RITTER 1978, S. 132.
(244) Vgl. J. SCHULZ z. WIESCH 1977, S. 143.

die Diskussion einbinden:

Die regionalen Raumordnungspläne gelangten erst im Oktober 1975 zur
Vorlage und Überprüfung an die oberste Landesplanungsbehörde (245).
Dieser Prozeß, der eine Abstimmung mit den zentralen Planungsinstrumenten Landesraumordnungsprogramm und Langfristplan sowie den landesinternen Fachplanungen, den Planungen des Bundes und der benachbarten Bundesländer erforderte, zog sich bis zum Januar 1978 hin.
Am 1.2.1978 gingen die bewerteten Pläne mit Vorschlägen zwecks Änderungen und Ergänzungen an die Planungsgemeinschaften zurück. Unter
anderem beklagte die prüfende Behörde mangelnde Vergleichbarkeit, da
die Raumordnungspläne in Form und Inhalt teilweise nicht einheitlich
aufgebaut waren. Für Korrekturarbeiten bestand eine zeitliche Vor-
gabe von sechs Monaten. In diesem knapp bemessenen Zeitraum konnten
die Pläne lediglich teilweise überarbeitet werden. Diese Teile, die
sich zwar auf das jeweilige gesamte Gebiet der Regionen bezogen, dabei aber auf sachliche Teilaspekte beschränkt blieben, legte man als
"Sachliche Teilpläne" im Juni 1978 erneut vor. Ihre Feststellung erfolgte am 28.11.1978 bzw. 19.12.1978 durch die Landesregierung (246).
Zwischen Oktober 1979 und Oktober 198o legten die Träger der Regionalplanung zu den sachlichen Teilplänen Ergänzungen zur Feststellung
vor. Sie enthielten beispielsweise Neutrassierungen von Bandinfrastrukturen. Diese "Räumlichen Teilpläne" stellte die Landesregierung
zwischen dem 8.9.1981 und dem 2.12.1982 durch Kabinettsbeschlüsse fest.

Bereits im Oktober 1981 wies die oberste Planungsbehörde die Regierungspräsidien (als neue Träger der Regionalplanung) an, die regionalen
Raumordnungspläne langfristig bis zum neuen Zieljahr 1995 fortzuschrei-
ben. Entsprechende Fortschreibungsbeschlüsse faßten die regionalen
Planungsversammlungen in ihrer Funktion als kommunale Gremien bei den
staatlichen Mittelbehörden (247). Entwürfe der Fortschreibung der regionalen Raumordnungspläne liegen inzwischen vor (248).

(245) Vgl. hierzu und zum Folgenden auch W. RAABE 198o, S. 41.
(246) 28.11.1978: Planungsregionen Nordhessen, Mittelhessen, Osthessen,
       Untermain, Starkenburg; 19.12.1978: Planungsregion Rhein-Main-
       Taunus.
(247) Mittelhessen: Beschluß vom 28.11.1981, Nordhessen: Beschluß vom
       28.1.1982, Südhessen: Beschluß vom 26.2.1982.
(248) Stand Sommer 1983.

4. Zusammenarbeit von Querschnittsplanung und Fachplanung

Im Rahmen der hessischen Landesentwicklungsplanung besteht ein enger
Verbund zwischen den Planungsarten, verankert im zentralen Planungsinstrument Landesentwicklungsplan. Der Langfristplan stellt dabei das
"entscheidende Integrations- und Steuerungsinstrument im Verhältnis
zu den (sachliche Konkretisierungen vornehmenden - Anm. d. Verf.)
Ressorts" (249) und zur räumliche Konkretisierungen entwickelnden
Regionalplanung dar.

4.1 Landesplanung und Fachplanung

Planungen der Ressorts, die eine Verbesserung der Raumstrukturen des
Bundeslandes herbeiführen, sind im Landesentwicklungsplan enthalten
(25o). Diese Verortung im Planungsinstrumentarium tritt dann ein,
wenn entsprechende Fachplanungen, die den Langfristplan ergänzen, per
Kabinettsbeschluß als verbindliche Fachplanung festgestellt werden
(251). Das Feststellungsverfahren ist als ein zweistufiger Koordina-
tionsprozeß angelegt:
1. Stufe: Vorläufige Feststellung.
Der Entwurf eines Fachplanes wird nach seiner Abstimmung und Koordinierung innerhalb der Landesregierung und nach seiner Beratung im
Planungsausschuß vom Kabinett vorläufig festgestellt.
2. Stufe: Endgültige Feststellung.
Der vorläufigen Feststellung schließt sich eine Diskussionsphase an,
in deren Verlauf die betroffenen Behörden (einschließlich der Träger
der Regionalplanung) zur Planung des jeweils federführenden Ressorts
Stellung nehmen. Diese Möglichkeit der Stellungnahme ist auch
"gesellschaftspolitisch relevanten Gruppen der Bevölkerung" (252) zu

(249) R. WAHL 1978, Bd. 2, S. 173.
(25o) Gemäß Hessischem Landesplanungsgesetz i.d.F. vom 1.6.197o
      (GVBl. I S. 36o), § 3 Abs.2 Nr. 2. Vgl. auch o.V. 1976 Lan-
      desentwicklungsplan Hessen '8o, Ergebnisbericht für die Jahre
      1971-1974, S. 12.
(251) Siehe den Erlaß des Ministerpräsidenten "Fachplanung im hes-
      sischen Planungssystem" vom 23.1.1974, Staatsanzeiger 6 (1974),
      S. 257.
(252) Staatsanzeiger 6 (1974), S. 258.

geben. Sodann wird der Fachplan der Landesregierung zur endgültigen Feststellung vorgelegt.

Nachstehende Fachplanungen fanden bisher Eingang in den Landesentwicklungsplan (253):

- Verkehrsbedarfsplan II (August 1972)
- Krankenhausbedarfsplan (November 1972)
- Personalentwicklungsplan (Februar 1974)
- Fachplan Berufsbildung (März 1974)
- Abfallbeseitigungsplan 2, - Sonderabfall aus Industrie und Gewerbe - (März 1976)
- Fachplan Energie, Teil II, - Standortsicherungsplan für große Wärmekraftwerke - (September 1979)
- Abfallbeseitigungsplan I, - Hausmüll und hausmüllähnliche Abfälle - (November 1980)
- Landeswaldprogramm (März 1982)

Ein im Jahre 1974 angekündigter Fachplan Wirtschaft wurde bisher nicht vorgelegt (254).

Der jährlich fortzuschreibende Rahmenplan zur Durchführung der Gemeinschaftsaufgabe "Verbesserung der regionalen Wirtschaftsstruktur" ist gemäß dem Erlaß "Fachplanung im hessischen Planungssystem" zwar keine verbindliche Fachplanung, sondern wurde dort lediglich als " sonstige fachplanerische Arbeit" (255) eingeordnet. Seine Einbindung in die Landesentwicklungsplanung ist allerdings durch eine Raumordnungsklausel im entsprechenden Fachplanungsgesetz des Bundes (256) (pauschal) gesichert, indem die Übereinstimmung der Maßnahmen zur Förderung der gewerblichen Wirtschaft mit den Zielen und Erfordernissen der Raum-

---

(253) Siehe o.V. o.Jg. Landesentwicklungsplanung-Referendarkompendium, Anlage 1.
(254) Vgl. o.V. 1974 Landesentwicklungsplan Hessen '80. Durchführungsabschnitt für die Jahre 1975-1978, S. 34.
(255) Vgl. Staatsanzeiger 6 (1974), S. 258.
(256) Gesetz über die Gemeinschaftsaufgabe "Verbesserung der regionalen Wirtschaftsstruktur" vom 6.10.1969 (BGBl. I S. 1861), zuletzt geändert am 23.12.1971 (BGBl. I S. 2140), § 2 Nr. 1, vgl. dazu auch E. FORSTHOFF, W. BLÜMEL 1970, S. 29 f und S. 45 f.

ordnung und Landesplanung als Teil der "Allgemeinen Grundsätze" verlangt wird.

4.2 Regionalplanung und Fachplanung

Der Erlaß "Fachplanung im hessischen Planungssystem" regelt in Übereinkunft mit dem Landesplanungsgesetz die Koordinierungsmechanismen zwischen den Fachplanungen der Ressorts und den regionalen Raumordnungsplänen als Planungsinstrumente der Träger der Regionalplanung (257).

Das notwendige Abstimmungsverfahren zwischen den am Planungsprozeß beteiligten Planungsträgern, bei dem die Landesregierung eine "Schiedsrichterfunktion" ausübt, hängt von zwei unterschiedlichen Ausgangssituationen ab.
1. Situation: Bei der Konfrontation eines bereits festgestellten Fachplanes mit einem noch nicht festgestellten regionalen Raumordnungsplan, der von diesem Fachplan abweichen will, entscheidet die Landesregierung. Falls der Fachplan seine Gültigkeit behalten soll, leitet die oberste Landesplanungsbehörde ein Beanstandungsverfahren ein und legt den so geänderten regionalen Raumordnungsplan der Landesregierung zur Feststellung vor.
Sollen aber Aussagen des Raumordnungsplanes entgegen den geplanten Vorhaben eines Ressorts Gültigkeit erhalten, wird der Raumordnungsplan festgestellt und der Fachplan (und somit auch der Landesentwicklungsplan) entsprechend geändert.

2. Situation: Kollidiert ein festgestellter regionaler Raumordnungsplan mit einem noch nicht festgestellten Fachplan, hat die Landesregierung folgende Entscheidungsmöglichkeiten:

(257) Vgl. zu den folgenden Ausführungen neben dem Hessischen Landesplanungsgesetz den Staatsanzeiger 6 (1974), S. 258, des weiteren B. ELLINGER 1980, S. 190 ff.

Stellt sie den vom Raumordnungsplan abweichenden Fachplan als Bestandteil des Langfristplanes fest, erhält der Träger der Regionalplanung
durch die oberste Landesplanungsbehörde Weisung, seinen Plan zu ändern.
Wenn hingegen der Raumordnungsplan gültig bleiben soll, stellt die Landesregierung den betreffenden Fachplan erst fest, wenn er die als notwendig erachtete Anpassung an den jeweiligen regionalen Raumordnungsplan enthält.

Im Jahre 1974 bestand seitens der Landesregierung die Absicht, eine
weitere Erläuterung bereitzustellen, "die zur Klärung von Verfahrens-
fragen beitragen soll" (258). In diesem Zusammenhang war eine definitorische Abgrenzung der Funktionen der Träger von Regionalplanung und
Fachplanung vorgesehen, des weiteren wollte man den Erlaß "Fachplanung
im hessischen Planungssystem" durch Rechtsgutachten zusätzlich absichern.
Bislang stehen diese Verfahrensschritte aus.

5. Planungsinstrumentarium - zusammenfassende Bewertung

Das hessische Planungssystem in seiner Ausformung als Landesentwicklungsplanung hat seit 197o einen (inzwischen langjährigen) Prozeß durchlaufen,
in dessen Fortgang sich die mit ihm und an ihm arbeitenden öffentlichen
Akteure (als "Planungsmanagement") mit einem Bündel unterschiedlicher
Probleme konfrontiert sahen. Diese lassen sich nach Außen- und Binnenproblemen unterscheiden. Hierzu nachstehende zusammenfassende Befunde:

Die sich seit dem Herbst 1973 drastisch verschlechternden sozioökonomischen Rahmenbedingungen drangen von außen in das hessische Planungssystem ein und zwangen die öffentlichen Akteure zu mehrfachen "Kursän-
derungen". Als ein relevantes Beispiel mag die wiederholte Anpassung
der landesweiten und regionalisierten Prognosen stehen. Die Umstellung

(258) Erlaß "Fachplanung im hessischen Planungssystem" vom 23.1.1974,
      Staatsanzeiger 6 (1974), S. 258.

von einer auf relativ hohen Wachstumsraten basierenden Entwicklungsplanung zu Planungsstrategien bei zunehmend knapper werdendem Ent-
wicklungspotential stellte das Planungsmanagement vor schwierige Aufgaben (259).

Die veränderten Eckdaten erforderten gleichzeitig die Suche und Ver-
arbeitung neuer Erkenntnisse, um zumindest eine Problemreduzierung
zu erreichen (26o). Dokumentiert wird dieser Prozeß beispielsweise
durch Erweiterungsvorschläge der Träger der Regionalplanung im Rahmen
der Fortschreibung der regionalen Raumordnungspläne bis 1995, wo man
unter anderem eine Ergänzung des Zielkatalogs um wichtige neue Gesichtspunkte (so in den Bereichen Energie, Verkehr) empfiehlt (261).

Parallel zu diesem Problemfeld, aber auch mit ihm verflochten, stellte
sich allmählich bundesweit ein zunehmender Bedeutungsverlust der Querschnittsplanung ein, der zwar vornehmlich die Ebene der Regionalplanung
traf, jedoch auch vor den anderen Planungsebenen nicht haltmachte (262).
Im Zuge des wirtschaftlichen Abschwungs gerieten die öffentlichen
Akteure in eine gewisse Abseitsposition, die keinen direkten Zugang
zu Durchführungsinstrumenten als dem eigentlichen Handlungsapparat im
Krisenfalle hatten. Anstehende Entscheidungen verlangten allseits kurz-
fristiges Krisenmanagement, wie zum Beispiel die rasche Auflage von
Konjunkturprogrammen. Diese "Feuerwehrfunktionen" reduzierten die Bedeutung eines langfristigen Planungsmanagements.

In Hessen befrachteten diesen zweiten Problemkreis obendrein landesinterne Einzelprobleme in Form von infrastrukturellen Großprojekten,
weil die Landesregierung dort mit verstärkten Aktivitäten sachlich
gebunden wurde. Der Ausbau des Rhein-Main-Flughafens in Frankfurt a.M.
bzw. die geplante Errichtung des Blocks C im Atomkraftwerk Biblis
lenkten die politischen Entscheidungsträger von den Problemen der

(259) Vgl. unter anderen J. SCHULZ z. WIESCH 1978 b, S. 139.
(26o) Vgl. H. OETTINGER 1982, S. 696.
(261) Vgl. z.B. o.V. 1982 Entwurf der Fortschreibung des Regionalen
      Raumordnungsplanes Mittelhessen, S. 2, S. 14o ff sowie S. 21o ff.
(262) Vgl. J. SCHULZ z. WIESCH 198o, S. 665 ff, des weiteren K. GANSER
      198o, S. 14 ff.

räumlichen Entwicklung zusätzlich ab.

Die letzten Ausführungen stellen die Verbindung zum Feld der hessischen Binnenprobleme her. Hier gilt festzuhalten:
Eine dauerhafte organisatorische Verfestigung der Querschnittsplanung wurde bisher nicht erreicht, weil im vorgestellten Zeitabschnitt sowohl die Landes- als auch die Regionalplanung Verlagerungen erfuhren. Erstere wechselte von der Staatskanzlei in das entsprechend umbenannte Ministerium für Landesentwicklung, Umwelt, Landwirtschaft und Forsten, letztere wurde bei den Regierungspräsidien, also bei der staatlichen Mittelinstanz, neu verortet.

Betrachtet man die Landesebene, muß befürchtet werden, daß mit dieser neuerlichen administrativen Trennung von der Führung der Landesregierung ein Bedeutungsverlust der ressortübergreifenden Gesamtplanung einhergeht. Die Einbindung in ein klassisches Ressort öffnet zwar in gewisser Weise den Zugang zum Durchführungsinstrumentarium (z.B. Aufgaben des Umweltschutzes), es ist jedoch fraglich, ob es gelingt, bereits vorhandene instrumentelle Verteilungsstrukturen aufzubrechen.

Regionalplanung unter ihren jetzigen Trägern wird der vertikalen Koordination "nach oben" dienlich sein, der Kontakt zu den Kommunen könnte trotz des Instituts "regionale Planungsversammlung" Schaden nehmen. Aufgaben der horizontalen Koordinierung dürften nun zumindest auf der mittleren Planungsebene infolge eines höheren Durchsetzungsvermögens erleichtert werden.

Das häufig angeführte Dilemma der Querschnittsplanung, gegenüber Fachplanungen benachteiligt zu sein, weil letzteren das eigentliche Instrumentarium zur Durchführung der geplanten raumwirksamen Maßnahmen untersteht, scheint generell nicht lösbar. Es stellt sich allerdings die Frage, ob man dies überhaupt wollen sollte, etwa um einen Brain-Trust als oberste Landesplanungsbehörde zu installieren (263). Vielmehr

(263) Vgl. H. OETTINGER 1982, S. 696.

scheint eine horizontale Koordinierung mit den Fachressorts eher via Konsensbildung und "Mobilisierung des Sachverstandes in den Ressorts" (264) zu befriedigenden Lösungen zu führen.

Abschließend bleibt festzuhalten, daß sich das hessische Planungssystem insgesamt bewährt hat. Die einzelnen, oben vorgestellten Planungsinstrumente (und die für sie verantwortlichen öffentlichen Akteure) sind mit dem Landesentwicklungsplan in einem Organisationsmuster verbunden, das als hinreichende Grundlage für notwendige Planungsaktivitäten erscheint.

Die weit aufgefächerte räumliche und sachliche Vertiefung des Planungssystems führt zwar einerseits zu einer gewissen Schwerfälligkeit bei der Handhabung des planerischen Instrumentariums, andererseits hat das hessische Planungsmanagement im Zeitablauf jedoch bewiesen, daß sich das zur Verfügung stehende Planungsinstrumentarium in der Konfrontation gegenüber auftretenden Außen- und Binnenproblemen durch genügend Flexibilität auszeichnete (265).

Zwecks Reduzierung der oben erläuterten räumlichen Probleme enthält der Langfristplan eine Raumordnungskonzeption, welche die Teilräume zukünftiger öffentlicher Aktivitäten (flexibel) festlegt und somit die Frage beantwortet, wohin die zu planenden Maßnahmen räumlich gelenkt werden. In Verbindung mit dem Raumkonzept gibt der Landesentwicklungsplan selbst bereits ein umfassendes Maßnahmenbündel vor, aufgeschlüsselt nach Investitionsbereichen sowie Planungsregionen.

Die Träger der Regionalplanung widmen sich der räumlichen Verfeinerung der zentralen Planungsvorleistungen bei gleichzeitiger Verknüpfung mit den Planungsvorhaben der Gemeinden, die sich in deren Bauleitplanung dokumentieren. Der Ertrag der Arbeiten auf der Ebene der Regionalplanung

(264) H. OETTINGER 1982, S. 696.
(265) Vgl. H. OETTINGER 1982, S. 697, siehe auch Teil 2.2.2 dieses Kapitels.

spiegelt sich in den regionalen Raumordnungsplänen wider.

Die Fachplanung der Ressorts, instrumentell in den Landesentwicklungsplan integriert, zeichnet für die sektorale Verfeinerung verantwortlich.
Zum Tätigkeitsfeld der Ressorts gehört gleichzeitig eine Umsetzung
der geplanten Maßnahmen mittels des ihnen zur Verfügung stehenden Durchführungsinstrumentariums.

Fünftes Kapitel: Die hessische Raumordnungskonzeption der dezentralen
Konzentration

Die im Zeitablauf bis etwa 197o zu beobachtende raumstrukturelle Entwicklung und hieraus hervorgehende Probleme veranlaßten die öffentlichen
Akteure zu einem gegensteuernden Handeln durch den Einsatz eines entsprechenden Planungsinstrumentariums, das oben vorgestellt wurde.
Das Hauptziel der öffentlichen Bemühungen bestand und besteht in der
Schaffung eines quantitativ und qualitativ befriedigenden Potentials
an infrastrukturellen Einrichtungen, Erwerbs- sowie Wohnmöglichkeiten
für die Bevölkerung in allen Teilräumen Hessens. Entsprechende Einrichtungen müssen dabei mit einem zumutbaren Zeitaufwand erreichbar
sein.

Als wesentlicher problemreduzierender Bestandteil des Planungsinstrumentariums wird in der vorliegenden Untersuchung die Konzeption für
eine anzustrebende räumliche Ordnung angesehen. Die grundlegende Funktion einer solchen Konzeption besteht in der Ausweisung von Zentren
bzw. in der Bestimmung von Teilräumen, in denen öffentliche Aktivitäten
bevorzugt zum Tragen kommen sollen, um das genannte Hauptziel zu
erreichen.
Entsprechende Aktivitäten im Rahmen des wirtschaftspolitischen Investitionsbereiches werden anschließend mit Hilfe einer Vollzugskontrolle
überprüft. Deshalb erscheint es sinnvoll, die Raumordnungskonzeption
hier ausführlich vorzustellen.

In Hessen wurden bislang planerisch zwei "strategische" Linien verfolgt,
zusammengefaßt zu einem Konzept der dezentralen Konzentration:

- Um weiteren Verlusten von Bevölkerung und Arbeitsstätten abseits der
  Ordnungsräume gegenzusteuern und um gleichzeitig bestehende teilräumliche Ungleichgewichte in Hessen (Süd-Nord-Gefälle) zu reduzieren,
  sind leistungsfähige Kommunen in Mittel, Ost- und Nordhessen zu
  schaffen.

- Die drei hessischen Verdichtungsräume und die sie umgebenden Randbereiche bedürfen ordnender Maßnahmen, wobei dort unter anderem die
  Ausweisung von geeigneten Zentren zu einer Entlastung der Kernstädte
  führen soll.

Im folgenden werden in einem ersten Schritt die wesentlichen Bausteine
der Raumordnungskonzeption referiert. In einem zweiten Schritt sind ausgewählte Konzeptionsbestandteile hinsichtlich ihres theoretischen Hintergrundes zu untersuchen. Dabei handelt es sich um die ausgewiesenen gewerblichen Entwicklungsschwerpunkte und Entlastungsorte, die in die
empirische Überprüfung einbezogen werden.

1. Wesentliche Bausteine der Raumordnungskonzeption

1.1 Zentrale Orte und ihre Verflechtungsbereiche

"Die Siedlungsstruktur des Raumes ist gekennzeichnet durch Bereiche,
in denen Gemeinden unterschiedlicher Größe und Bedeutung in wechsel-
seitiger Abhängigkeit stehen (Verflechtungsbereiche) und in denen sich
Gemeinden mit zentralörtlicher Bedeutung (zentrale Orte) herausgebildet
haben" (266). Letztere Gemeinden versorgen über den Eigenbedarf ihrer
Einwohner hinaus noch die Bewohner ihrer Verflechtungsbereiche mit aus
infrastrukturellen Einrichtungen hervorgehenden, in der Regel nicht
transportierbaren Dienstleistungen. Die Größe der Zentralität hängt
vom quantitativen und qualitativen Angebot zentraler Leistungen ab.
In diesem Zusammenhang empfahl die Ministerkonferenz für Raumordnung
im Jahre 1968 eine vierstufige Hierarchie, die den Planungen in den Ländern zugrunde gelegt werden sollte: Oberzentrum, Mittelzentrum, Unterzentrum, Kleinzentrum.

In Hessen hielt man sich an diese Hierarchie, erweiterte sie aber noch
um Zwischenstufen und gelangte zu folgendem Schema (267):

- Oberzentrum
- Mittelzentrum mit Teilfunktionen eines Oberzentrums
- Mittelzentrum

(266) Entschließung der Ministerkonferenz für Raumordnung vom 8.2.1968
      "Zentrale Orte und ihre Verflechtungsbereiche".
(267) Siehe dazu Karte 5, vgl. aber zur vollständigen Zentralitäts-
      stufung o.V. 198o Landesentwicklungsbericht für die Jahre 197o-1978,
      Karte "Zentrale Orte, Entwicklungsbänder, Verflechtungsbereiche"
      im Anhang.

- Mittelzentrum im Verdichtungsgebiet (268)

- Unterzentrum mit Teilfunktionen eines Mittelzentrums

- Unterzentrum

- Kleinzentrum

- Teilfunktionales Kleinzentrum

Zum Teil versorgen benachbarte Zentren gemeinsam einen Verflechtungsbereich und werden dann als Zentren in Funktionsergänzung geführt.
Teilfunktionalität (in den Zwischenstufen) drückt jeweils aus, daß
diese Kommunen in bestimmten Ausstattungsbereichen mit den Gemeinden
der nächsthöheren Stufe gleichzusetzen sind.

Die seitens der Regionalplanung zu bestimmenden Klein- und Unterzentren haben die Funktion, für sich und ihren Verflechtungsbereich
(Nahbereich) die Grundversorgung zu sichern (269). Eine deutliche Unter-
scheidung der beiden Stufen ist schwierig, "da die Unterzentren nicht
immer Aufgaben höherer Zentralität (überlagernde Funktionen) für den
Bereich von Kleinzentren wahrnehmen" (27o).
Mittelzentren sollen zusätzlich den gehobenen Bedarf für sich und den
jeweiligen Mittelbereich decken. Oberzentren müssen für ihre eigenen
Einwohner sowie für die Bewohner ihres Oberbereiches des weiteren
den spezialisierten höheren Bedarf befriedigen können.

Für die Bevölkerungszahl in den zentralen Orten nebst jeweiligen Verflechtungsbereichen wurden als Größenordnungen folgende Richtwerte

(268) Da Gemeinden ohne oberzentrale Funktionen in Verdichtungsräumen
      in dieses Schema kaum passen, wurde die zentralörtliche Gliederung
      für Hessen in diesen Gebieten durch ein spezielles System ersetzt,
      so daß dort "zentrale Orte, die keine Oberzentrumsfunktion haben,
      nach Abstimmung mit den regionalen Planungsträgern als Mittel-
      zentren in Verdichtungsgebieten ausgewiesen (wurden)" (O.V. 1971
      Landesentwicklungsplan Hessen '8o, Durchführungsabschnitt für
      die Jahre 1971-1974, S.2).
(269) Vgl. hierzu und zu den anschließenden Ausführungen die Entschließung
      der Ministerkonferenz für Raumordnung vom 8.2.1968 "Zentrale Orte
      und ihre Verflechtungsbereiche", Nrn. 3-8, dort werden den einzelnen
      Zentralitätsstufen Einrichtungen katalogartig zugewiesen.
      Vgl. dazu auch o.V. 197o Landesentwicklungsplan Hessen '8o,
      Rahmenplan für die Jahre 197o-1985, S. 11. Vgl. speziell für die an-
      zustrebende Ausstattung von Mittelzentren die Entschließung der
      Ministerkonferenz für Raumordnung vom 15.6.1972 "Zentralörtliche
      Verflechtungsbereiche mittlerer Stufe in der Bundesrepublik Deutsch-
      land". Vgl. bezüglich der oberzentralen Ausstattung die Entschließung
      der Ministerkonferenz für Raumordnung vom 16.6.1983 "Oberzentren".
(27o) Entschließung der Ministerkonferenz für Raumordnung vom 8.2.1968
      "Zentrale Orte und ihre Verflechtungsbereiche".

Wesentliche Bausteine der hessischen Raumordnungskonzeption (1)

Karte 5

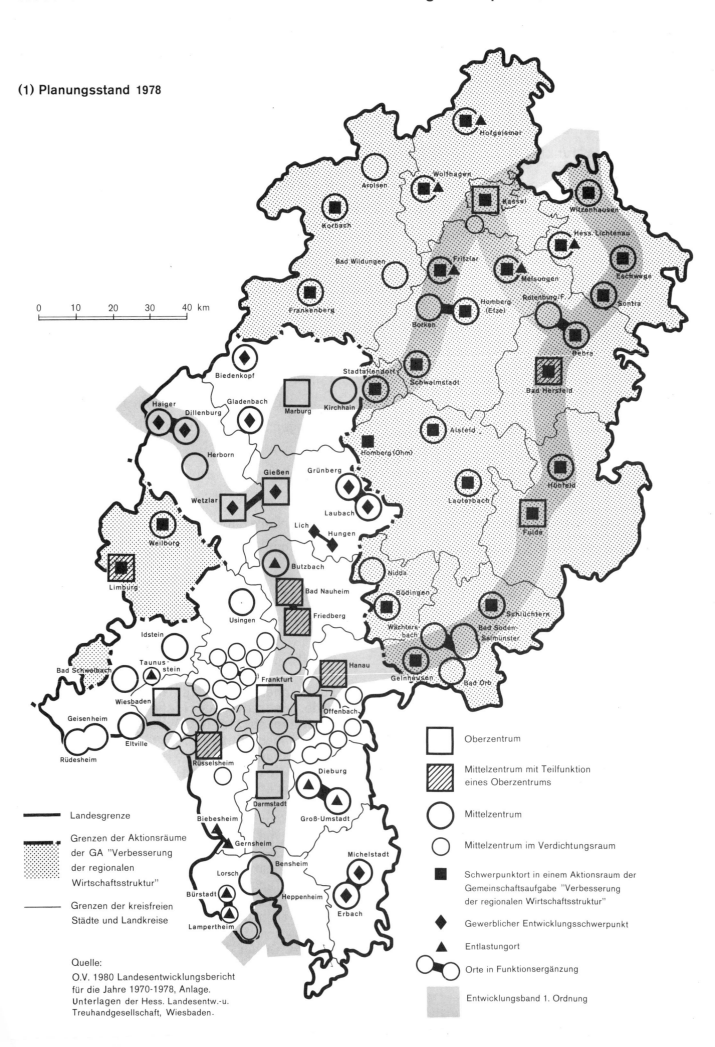

(1) Planungsstand 1978

Quelle:
O.V. 1980 Landesentwicklungsbericht
für die Jahre 1970-1978, Anlage.
Unterlagen der Hess. Landesentw.-u.
Treuhandgesellschaft, Wiesbaden.

angesetzt (271):

- Kleinzentrum: 5 ooo bis unter 1o ooo
- Unterzentrum: 1o ooo bis unter 2o ooo
- Mittelzentrum: 2o ooo bis unter 1oo ooo
- Oberzentrum: 1oo ooo und mehr Einwohner

Ein entsprechendes Bevölkerungspotential ist notwendig, um eine Aus-
lastung der infrastrukturellen Einrichtungen in den zentralen Orten
zu gewährleisten.

Eine weitere wichtige Größe stellt die jeweils zumutbare Entfernung
dar, gemessen am notwendigen Zeitaufwand, um zentrale Einrichtungen
nutzen zu können. In Abhängigkeit von der Zentralitätsstufe und somit
auch von der Häufigkeit, in der Punktinfrastrukturen nachgefragt werden,
erfolgten nachstehende Festlegungen (272):

- Nahbereichszentren sollen mit öffentlichen Verkehrsmitteln in einer
  halben Stunde erreichbar sein.
- Als zumutbarer zeitlicher Aufwand für das Erreichen von Mittelzentren
  gilt entsprechend eine Stunde Fahrzeit.
- Oberzentren sollen bei Benutzung öffentlicher Verkehrsmittel in etwa
  eineinhalb Stunden zu erreichen sein.

Zusammenfassend ist festzuhalten, daß die planerisch ausgewiesenen
zentralen Orte einschließlich ihrer Versorgungsbereiche die Aufgaben
haben, die Bevölkerung aller Teilräume durch das oben dargestellte
abgestufte Gliederungssystem in befriedigender Weise mit zentralörtlichen Leistungen zu versorgen. In diesem Zusammenhang muß angemerkt
werden, daß zumindest der Landesentwicklungsplan eine Darstellung
vermissen läßt, die es ermöglicht, den bereits vorhandenen Bestand
infrastruktureller Einrichtungen mit dem zukünftig anzustrebenden
Bestand zu vergleichen (273). Die Ausweisung von Zwischenstufen

(271) Vgl.o.V. 197o Landesentwicklungsplan Hessen '8o, Rahmenplan für
      die Jahre 197o-1985, S. 11.
(272) Vgl. dazu die vorgenannten Entschließungen der Ministerkonferenz
      für Raumordnung.
(273) Das Hessische Landesplanungsgesetz i.d.F. vom 1.6.197o (GVBl. I
      S. 36o), § 3 Nr.2 schrieb bereits die Darstellung eines solchen
      Soll-Ist-Vergleiches vor.

(Teilfunktionalität) mit räumlichem Schwergewicht in Südhessen deutet
auf Kompromisse bei der vertikalen Koordination hin. Eine Anzahl
Kommunen setzte dadurch zumindest eine teilweise "Beförderung" in
der Hierarchie durch.
In allen Teilräumen ist zu beobachten, daß die Ausweisung von teil-
funktionalen Kleinzentren Gemeinden überhaupt erst einen Eintritt in
den privilegierten Kreis der zentralen Orte ermöglichte. Durch diese
"Zentreninflation" droht eine gewisse Verwässerung dieses konzeptionellen
Bausteines (274).

1.2 Entwicklungsbänder

Dieser Bestandteil des Raumkonzeptes hat im wesentlichen zwei Aufgaben
zu erfüllen (275):

- Er soll den gebündelten Leistungsaustausch zwischen den festgelegten
  Siedlungsschwerpunkten (zentralen Orten) ermöglichen. Zur Realisierung
  dieser Funktion dienen die bereits vorhandenen bzw. noch zu schaffenden
  Bandinfrastrukturen: Überregionale und regionale Straßen sowie Strecken-
  führungen des Schienenverkehrs (um den Zeitaufwand zum Erreichen der
  Zentren in den oben genannten zumutbaren Größenordnungen zu halten),
  Hauptleitungen für Ver- und Entsorgungseinrichtungen (Energie, Wasser
  und Abwasser), des weiteren Richtfunkstrecken und Rohrfernleitungen
  (276).

- Entwicklungsbänder sollen "das siedlungsstrukturelle Grundgerüst, d.h.
  den Raster, die Richtwege für die Fortentwicklung der Siedlungsstruktur
  bilden" (277). Die Entwicklung der zukünftigen Siedlungstätigkeit ist
  hauptsächlich in die zentralen Orte zu lenken, die sich in den Entwicklungsbändern befinden.

(274) Vgl. dazu auch J. UHLMANN 1979, S. 22 ff, der sich dort kritisch
      mit den zentralen Orten als Planungskonzept in der Bundesrepublik
      Deutschland auseinandersetzt.
(275) Vgl. zu den folgenden Ausführungen A. v. PAPP 1975, S. 37 ff.
(276) Vgl. o.V. 1980 Landesentwicklungsbericht für die Jahre 1970 - 1978,
      S. 40.
(277) A. v. PAPP 1975, S. 41.

Durch diese Verknüpfung von Siedlungsschwerpunkten und Entwicklungsbändern wurden allerdings keine bandförmigen, durchgehend verdichteten
Räume angestrebt, sondern vielmehr "eine mehr oder weniger dichte band-
artige Abfolge von Punkten" (278). Eine so geartete Steuerung der räumlichen Entwicklung schafft zusätzlich Möglichkeiten, Teilräume von
Besiedlung freizuhalten und reduziert demzufolge die Gefahr einer weiteren Zersiedlung.

In Hessen bilden die ausgewiesenen Entwicklungsbänder, abgestimmt mit
dem Gliederungssystem der zentralen Orte, eine dreistufige Hierarchie
(279):

- Entwicklungsbänder 1. Ordnung verbinden Verdichtungsräume. In ihnen
  haben Ober- und Mittelzentren in relativ dichter Folge ihre Standorte. Den Leistungsaustausch gewährleistet ein "gut ausgebautes Schnell-
  verkehrssystem mit hoher Frequenz auf Schiene und Straße" (28o). Die
  Siedlungstätigkeit ist bedeutend.
- Entwicklungsbänder 2. Ordnung sind durch eine Abfolge von Mittelzentren charakterisiert. Sie verbinden diese Zentren auch mit den
  Oberzentren des Landes und folgen wichtigen überregionalen Bandinfrastrukturen (vierspurige Bundesstraßen, Schienennetz).
- Entwicklungsbänder 3. Ordnung stellen den Leistungsaustausch zwischen
  Mittel- und Unterzentren her und schließen periphere ländliche Teil-
  räume verkehrsmäßig an diese Zentren an.

In räumlicher Verfeinerung des zentralen Langfristplanes präzisieren
die regionalen Raumordnungspläne die Darstellung der bereits vorhandenen
sowie der geplanten Bandinfrastrukturen und schließen somit eine nicht
unerhebliche Lücke im Planungsinstrumentarium (281).

(278) A. v. PAPP 1975, S. 41.
(279) Siehe zur räumlichen Ausprägung Karte 5, vgl. aber zur vollstän-
      digen räumlichen Darstellung des abgestuften Systems der Ent-
      wicklungsbänder o.V. 198o Landesentwicklungsbericht für die Jahre
      197o-1978, Karte "Zentrale Orte, Entwicklungsbänder, Verflechtungs-
      bereiche" im Anhang.
(28o) O.V. 197o Landesentwicklungsplan Hessen '8o, Rahmenplan für die
      Jahre 197o-1985, S. 14.
(281) Vgl. dazu die jeweilige Karte "Verkehr und Versorgung" in den
      regionalen Raumordnungsplänen.

Bezüglich der zweiten Funktion der Entwicklungsbänder, der Lenkung der
zukünftigen Siedlungstätigkeit, ist allerdings zu befürchten, daß das
regionalplanerische Instrument der Flächensteuerung durch die in der
Vergangenheit seitens der Gemeinden betriebenen großzügigen (Vorrats-)
Ausweisungen von Siedlungsflächen mit Steuerungsdefiziten behaftet ist.

Beide erläuterten Bausteine, miteinander im Achsenschwerpunktprinzip
verknüpft, bilden das Grundgerüst der hessischen Raumordnungskonzeption.
Öffentliche Aktivitäten sind "auf Schwerpunkte (zentrale Orte) zu
konzentrieren und zwischen ihnen gebündelte Bandinfrastrukturen, kombi-
niert mit einer erhöhten Siedlungstätigkeit (Entwicklungsbänder) zu
schaffen" (282).
Die ausgewählten Siedlungsschwerpunkte sollen ein befriedigendes Angebot zentraler Leistungen in entsprechenden, mit einem zumutbaren Zeitaufwand erreichbaren Infrastruktureinrichtungen bereitstellen.

Eine weitere wichtige Funktion dieser Zentren, die bisher hier nicht
diskutiert wurde, besteht in der Deckung der Nachfrage nach außerlandwirtschaftlichen Erwerbsmöglichkeiten. Diesem zweiten Problemkreis,
nämlich der Schaffung und Sicherung eines ausreichenden Angebotes geeigneter Arbeitsplätze in dafür planerisch ausgewiesenen Kommunen, wird
im folgenden vertieft nachgegangen.

1.3 Gewerbliche Entwicklungsschwerpunkte

Gewerbliche Entwicklungsschwerpunkte werden in Hessen in Abstimmung
zwischen Querschnitts- und Fachplanung festgelegt. Seit 1975 sind insgesamt 38 zentrale Orte (überwiegend Mittelzentren) als gewerbliche
Entwicklungsschwerpunkte ausgewiesen. Davon befanden sich im Zeitraum
von 1975 bis 1980 26 Kommunen in gewerblichen Fördergebieten, 12
Kommunen lagen außerhalb dieser staatlich geförderten Teilräume (283).

(282) O.V. 1982 Fortschreibung des Regionalen Raumordnungsplanes Mittel-
      hessen, S. 44.
(283) Siehe zur räumlichen Verteilung dieser Kommunen Karte 5. Auf ent-
      sprechende Änderungen im Zeitablauf wird später eingegangen.

Die Abgrenzung der gewerblichen Fördergebiete wird mit dem Bund und
den anderen Bundesländern im Rahmen der Gemeinschaftsaufgabe "Verbesserung der regionalen Wirtschaftsstruktur" koordiniert (284).

Die staatliche Förderung privater Unternehmungen soll vorrangig räumlich konzentriert in den gewerblichen Entwicklungsschwerpunkten erfolgen. Es wird davon ausgegangen, daß eine sich selbst tragende
positive regionale Entwicklung in wirtschaftsschwachen Gebieten als
eine notwendige Voraussetzung dieser räumlichen Mittelkonzentration
bedarf (285).
Neben der Lage im Raum hängt die Eignung einer Kommune als Förderstandort von ihrer Größe bzw. der Größe ihres Einzugsbereiches ab, wobei die
Einwohnerzahl im Einzugsbereich eines gewerblichen Entwicklungsschwerpunktes innerhalb der Fördergebiete mindestens bei 2o ooo liegen sollte
(286). Dieser Minimalanforderung genügten bisher alle 26 in Hessen als
Schwerpunktorte bestimmte Gemeinden (287).

Um im folgenden begriffliche Mißverständnisse auszuschließen, ist noch
anzumerken, daß in den hessischen gewerblichen Fördergebieten gewerbliche
Entwicklungsschwerpunkte und Schwerpunktorte der Gemeinschaftsaufgabe
"Verbesserung der regionalen Wirtschaftsstruktur" identisch sind (288).

Die Ortsgrößenskala der gewerblichen Entwicklungsschwerpunkte außerhalb der Fördergebiete der Gemeinschaftsaufgabe bewegte sich im Jahre
198o zwischen 9 539 Einwohnern (Laubach - Mittelzentrum in Funktionsergänzung mit Grünberg) und 76 38o Einwohnern (Gießen-Oberzentrum) (289).

(284) Die Gemeinschaftsaufgabe steht als relevantes Durchführungs-
      instrument im Mittelpunkt der nächsten Kapitel.
      Siehe zur räumlichen Ausdehnung der Fördergebiete Karte 5.
(285) Vgl. H.H. EBERSTEIN ab 1972, A III, S. 3o ff.
(286) Vgl. beispielsweise dazu 4. Rahmenplan der Gemeinschafts-
      aufgabe "Verbesserung der regionalen Wirtschaftsstruktur"
      1975, S. 6.
(287) Siehe Tabelle A 21, vgl. des weiteren 11. Rahmenplan der Gemein-
      schaftsaufgabe "Verbesserung der regionalen Wirtschaftsstruktur"
      1982, S. 83 und S. 91.
(288) Vgl. o.V. 1974 Landesentwicklungsplan Hessen '8o, Durchführungs-
      abschnitt für die Jahre 1975-1978, S. 2.
(289) Siehe Tabelle A 22.

Neben dieser räumlichen Konzentration der Förderung auf ausgewählte
gemeindliche Förderstandorte wird die Vergabe staatlicher finanzieller
Unterstützungen für private Investitionsaktivitäten wie folgt sektoral
limitiert:

Der Kreis der geförderten Arbeitsstätten beschränkt sich auf jene
Betriebe, die die Kriterien des sogenannten Primäreffektes erfüllen.
Demzufolge kommen nur solche Unternehmungen in den Genuß von staatlichen
Beihilfen, "die überregional produzieren - also nicht nur für den Raum,
in dem sie angesiedelt sind - und dadurch dem Fördergebiet und seiner
Bevölkerung einen zusätzlichen Einkommenszuwachs verschaffen" (29o).
Ein überregionaler Absatz liegt dann vor, wenn die Produkte weiter als
5o Kilometer transportiert werden (291).

Die Betriebe erhalten zwecks Schaffung und Sicherung von Arbeitsplätzen
eine direkte öffentliche Förderung in Form von einmaligen Zuschüssen.
Ergänzend wird den Arbeitsstätten eine indirekte öffentliche Förderung
zuteil, wenn in den gewerblichen Entwicklungsschwerpunkten Maßnahmen
zur Verbesserung der wirtschaftsnahen Infrastrukturausstattung ergriffen werden.

1.4 Entlastungsorte

Während mit den Schwerpunktorten sowie den außerhalb der gewerblichen
Fördergebiete gelegenen Entwicklungsschwerpunkten die erste strategische
Linie des hessischen Raumkonzeptes - also der Abbau teilräumlicher
Ungleichgewichte - verfolgt wird, fällt den anschließend zu referieren-
den Entlastungsorten die Funktion zu, zur Ordnung der hochverdichteten
Teilräume des Landes beizutragen.

Das Gebiet, in welches der konzeptionelle Bestandteil "hineingestellt"
ist, wurde durch die Ministerkonferenz für Raumordnung abgegrenzt:

(29o) H.H. EBERSTEIN ab 1972, A III, S. 29, vgl. zum Primäreffekt auch
      D. SCHMIDT ab 1982, C III, S. 8 f.
(291) Vgl. P. BECKER, D. SCHMIDT 1982, C I, S. 53 f.

Es sind die Verdichtungsräume sowie die sie umgebenden, funktional mit ihnen verflochtenen Randgebiete. Diese Teilräume sind als Ordnungsraum definiert und ausgewiesen (292).

"Die Einbeziehung der Randgebiete in die raumordnerische Bewertung und Planung ist notwendig, weil der Verdichtungsprozeß, insbesondere im Baugeschehen, fortschreitet und die Verflechtungen mit dem Kernraum zunehmen" (293). Die Abgrenzung der Ordnungsräume wurde auf der Grundlage von Nahbereichen vorgenommen. Als Kriterium zog man Pendlerverflechtungen mit den benachbarten Verdichtungsräumen im Jahre 197o heran (294).

Die in den Ordnungsräumen (längst) vorhandene bzw. die zukünftig noch zu erwartende starke Siedlungstätigkeit - die neben Verkehrsflächen hauptsächlich Wohn- und Gewerbeflächen beansprucht - bedarf einer planerischen Steuerung, zu der die nachstehenden Zentren einen Beitrag leisten sollen:
In den Randbereichen der drei hessischen Verdichtungsräume Kassel, Rhein-Main und Rhein-Neckar wies man insgesamt zwölf zentrale Orte als Entlastungsorte aus. Das Mittelzentrum Butzbach befindet sich in seiner Funktion als Entlastungsort zwar außerhalb eines Ordnungsraumes, liegt aber in räumlicher Nähe zum verdichteten Teilraum Gießen-Wetzlar (295). Die dem Verdichtungsraum Kassel zugeordneten vier Entlastungsorte Hessisch Lichtenau, Hofgeismar, Melsungen und Wolfhagen sind gleichzeitig Schwerpunktorte. Fritzlar als fünfter Entlastungsort ist seit seinem Ausscheiden aus dem gewerblichen Fördergebiet im Jahre 1981 zugleich Entwicklungsschwerpunkt.

(292) Vgl. Entschließung der Ministerkonferenz für Raumordnung vom 31.1o.1977 "Gestaltung der Ordnungsräume (Verdichtungsräume und ihre Randgebiete)".
(293) Entschließung der Ministerkonferenz für Raumordnung vom 31.1o. 1977 "Gestaltung der Ordnungsräume (Verdichtungsräume und ihre Randgebiete)".
(294) Siehe zur räumlichen Ausdehnung in Hessen o.V. 198o Landesentwicklungsbericht für die Jahre 197o-1978, Karte S. 42.
(295) Siehe zur räumlichen Verteilung Karte 5. Die Entlastungsorte in den Ordnungsräumen sind abgesehen von Biebesheim und Gernsheim (Unterzentren mit Teilfunktionen eines Mittelzentrums in Funktionsergänzung mit Stockstadt) als Mittelzentren bzw. Mittelzentren im Verdichtungsgebiet bestimmt.

Im wesentlichen haben diese zentralen Orte Entlastungsfunktionen zu
übernehmen, indem sie "insbesondere diejenigen Unternehmen oder ihre
Zweigbetriebe aus den Kernzonen der Verdichtungsgebiete aufnehmen ...,
die sich aufgrund der Standortvoraussetzungen in den Verdichtungsgebieten nicht mehr ausweiten können" (296).

Mithin stehen hier gezielte kleinräumliche Betriebsverlagerungen im
Vordergrund der Planung.
An den genannten Standorten leistet das Land Hessen direkte und
indirekte Finanzhilfen an private Unternehmungen. In ihrer Höhe sind
diese Hilfen mit der in den gewerblichen Entwicklungsschwerpunkten
außerhalb der Fördergebiete gewährten staatlichen Bezuschussung identisch.
Biebesheim als kleinster Entlastungsort zählte im Jahre 1980 etwa
6 000 Einwohner, Lampertheim verzeichnete zur selben Zeit rd. 31 360
Einwohner (297).

Sowohl die Schwerpunktorte in den hessischen Fördergebieten als auch
die Entwicklungsschwerpunkte und Entlastungsorte sind gleichzeitig im
abgestuften Gliederungssystem der zentralen Orte verankert. Diese ausgewählten gemeindlichen Förderstandorte wurden aber seitens der öffentlichen Akteure mit einer Doppelfunktion versehen:

- Sie haben einen versorgungsorientierten Aufgabenbereich, indem sie
  in öffentlichen, aber auch privaten Infrastruktureinrichtungen
  zentrale Leistungen andienen.
- Des weiteren sind diese Zentren angehalten, einen arbeitsmarktpolitischen Auftrag zu erfüllen, indem sie bei dem Transfer
  von staatlichen Finanzhilfen an private Unternehmen als Standort dazu beitragen, daß die Schaffung und Sicherung von außerlandwirtschaftlichen Arbeitsplätzen ermöglicht wird. Das vorteil-
  hafte "Rahmenklima" dieser Gemeinden soll betriebliche Neuansiedlungen und die Bestandspflege bereits ansässiger Unternehmen
  begünstigen.

(296) O.V. 1980 Landesentwicklungsbericht für die Jahre 1970-1978, S. 41.
(297) Siehe Tabelle A 22.

Im Rahmen der Vollzugskontrolle wird noch zu untersuchen sein, ob der zweite Aufgabenbereich bislang erfüllt werden konnte.

Alle oben referierten Konzeptionsbausteine sind nicht starr, sondern unterliegen insofern einer Dynamik, als sie seitens der Planungsträger periodischen Überprüfungen unterworfen werden: Im bisherigen Zeitablauf änderte man teilweise sowohl die Einordnung einzelner Kommunen sowie deren Ortsteile im ausgewiesenen System der zentralen Orte als auch die Einstufung von Entwicklungsbändern (298).
Änderungen der Fördergebietskulisse bzw. der kommunalen Förderstandorte, insbesondere im Zeitraum 1975 bis 1982, werden im Zuge der Vorstellung relevanter Durchführungsinstrumente später diskutiert.

2. Auseinandersetzung mit relevanten Ansätzen aus dem Bereich der
   Wachstumstheorien

Bevor der dritte raumordnungspolitische Aufgabenbereich - also die Durchführungsaufgaben - angegangen wird, sind jene Bausteine der hessischen Raumordnungskonzeption auf ihre theoretische Substanz abzuprüfen, die mit den ausgewählten Durchführungsinstrumenten verkettet sind. Die Suche nach Zusammenhängen zwischen staatlichen Förderungsaktivitäten und möglichen arbeitsmarktpolitischen Erfolgen lenkt die Aufmerksamkeit auf die gemeindlichen Förderstandorte und die an sie gerichteten, oben dargetanen Erwartungen. Damit verknüpft ist eine notwendige Diskussion des theoretischen Hintergrundes, und zwar mit einer zweigeteilten Fragestellung:

- Welche theoretischen Begründungen fundieren die Unterstützung der oben genannten privaten Investitionen durch staatliche Förderungsmaßnahmen ?
- Welche theoretischen Begründungen untermauern die räumliche Konzentration privater und öffentlicher investiver Aktivitäten in ausgewählten gemeindlichen Standorten ?

Antworten auf diese beiden Fragen werden von einer Auseinandersetzung mit der Export-Basis-Theorie und den Wachstumspoltheorien erwartet.

(298) Vgl. o.V. 1971 und 1974 Landesentwicklungsplan Hessen '8o, Durchführungsabschnitt für die Jahre 1971-1974 bzw. 1975-1978, jeweils S. 1 f.

2.1 Export-Basis-Theorie

Dieser wachstumstheoretische Ansatz wurde bereits in einem umfangreichen Schrifttum abgehandelt (299). Aus diesem Grund soll hier nur
eine Skizzierung der wichtigsten Hypothesen vorgenommen werden, der
sich eine kritische Einschätzung anschließt.

Der Kerngedanke des Ansatzes fußt auf der Annahme, daß das Einkommen
einer Region entscheidend durch die Exportnachfrage determiniert wird.
Mithin stellen exportorientierte Unternehmungen die eigentlichen An-
triebskräfte regionalen Wachstums dar. Entsprechend erfolgt eine
Gruppierung in zwei Bereiche, die funktional miteinander verflochten
sind: Der eben schon benannte Bereich, der seine produzierten Güter
überregional absetzt, wird als Basis(basic)-Bereich bezeichnet; zum
Nicht-Basis(non-basic)-Bereich hingegen zählt man jene Anbieter, deren
Güter und Dienstleistungen lediglich einer regionalen Nachfrage unterliegen.

Nachstehende inter- und innerregionale Kreislaufbeziehungen, von deren
Funktionieren mittel- und langfristig eine Ausbalancierung regionaler
Einkommensdifferenzen erwartet wird, bilden das Gerüst des theoretischen
Ansatzes.
Die externe Nachfrage nach bestimmten Produkten wird seitens des Basis-
Bereiches durch entsprechende Exportaktivitäten befriedigt. Durch deren
finanzielle Abgeltung gelangt ein Einkommensstrom in die Region, der
teilweise im Zuge der Deckung des Importbedarfs (unter anderem für Vor-
leistungen) wieder aus der Region abfließt. Den überwiegenden Teil des
durch Export erzielten Einkommens verwenden die Akteure des Basis-
Bereiches zur Deckung ihrer Nachfrage nach regionalen Leistungen des
Nicht-Basis-Bereiches. Letzterer nutzt seine so entstandenen Einkünfte
neben Importen wieder für die Inanspruchnahme regionaler Güter und

---

(299) Grundlegend im deutschen Schrifttum K. RITTENBRUCH 1968, S. 12 ff,
      der die Überlegungen von W. SOMBART, R.B. ANDREWS und D.C. NORTH
      aufnimmt und mit eigenen, kritischen Gedankengängen verbindet.
      Vgl. auch neben anderen H. HEUER 1975, S. 66 ff, D. FÜRST,
      P. KLEMMER, K. ZIMMERMANN 1976, S. 76 ff sowie L. SCHÄTZL 1978,
      S. 1o6 ff.

Dienste, "wodurch es insgesamt zu einem Multiplikationsprozeß im Bereich der Non-basic-Produktion und damit zur Entstehung zusätzlicher Einkommen kommt" (3oo).

Ausgehend von Bedenken, die sich gegen die verengende Betrachtungsweise richten, in der regionalen Exporttätigkeit die einzige maßgebliche Bestimmungsgröße der regionalen Entwicklung zu sehen (3o1), sind ferner Zweifel hinsichtlich sektoraler und räumlicher Annahmen des Gerüstes der Export-Basis-Theorie anzumelden (3o2): Die sektorale Degradierung wesentlicher Teile des Dienstleistungsbereiches, die der Nicht-Basis-Sphäre zugeordnet werden, erscheint nur bedingt zulässig, wenn man sich vor Augen führt, daß das Vorhandensein entsprechender tertiärer Einrichtungen die jeweiligen Standortbedingungen durchaus positiv beeinflußt. Allgemeine Agglomerationsvorteile, aus denen exportorientierte Unternehmungen Nutzen ziehen, resultieren auch aus der tertiären Leistungspalette (3o3). Somit erklärt die unterstellte, einseitige Verkettung zwischen Basis- und Nicht-Basis-Bereichen die tatsächlich vorhandenen Verflechtungen nur unvollständig und führt gleichzeitig zu einer verzerrten Gewichtung der am Kreislaufprozeß beteiligten Akteure (3o4).Zusätzlich ist noch auf das Bedeutungspotential vorhandener Dienstleistungseinrichtungen im Hinblick auf Unternehmen außerhalb des betrachteten Raumes hinzuweisen, welche auf der Suche nach neuen Standorten sind (3o5).

Der jeweilige räumliche "Maßstab" determiniert in nicht unerheblicher Weise das theoretische Fundament dieses Ansatzes: Die Zusammenlegung kleinerer Regionen zu größeren Untersuchungseinheiten führt dazu, daß monetäre Außenströme zu Binnenströmen umschlagen. Gemäß den vorgetragenen

(3oo) D. FÜRST, P. KLEMMER, K. ZIMMERMANN 1976, S. 5o.
(3o1) Vgl. H. HEUER 1975, S. 68, des weiteren L. SCHÄTZL 1978, S. 11o f.
(3o2) Vgl. über die hier angemerkten Punkte hinaus unter anderem die
        kritische Beurteilung von A. RICHMANN 1979, S. 268 ff.
(3o3) Vgl. G. FISCHER 1973, S. 225 f, der allerdings lediglich auf die
        Inanspruchnahme öffentlicher Güter und Leistungen abstellt.
(3o4) Vgl. L. SCHÄTZL 1978, S. 111.
(3o5) Vgl. H.-F. ECKEY 1978, S. 96.

Hypothesen müßten sämtliche Einkünfte sinken, da die Exportleistung schrumpft. Demzufolge "würde sich im Extremfall der Welt mit einem ökonomischen Außenhandel von 0 keinerlei 'intraregionale' Aktivität ergeben, da keine Exporttätigkeit gegeben ist" (3o6).

Trotz der vorgebrachten Kritik ist aber abschließend darauf zu verweisen, daß die Tätigkeit exportorientierter Unternehmungen durchaus den Rahmengrößen zugeordnet werden kann, die in der Lage sind, in einem Raum kräftige Entwicklungsimpulse auszulösen: "Gewisse Aktivitäten sind Träger der regionalen Entwicklung. Von diesen können entscheidende Wachstumsimpulse ausstrahlen, in deren Sog andere Wirtschaftsbereiche nachgezogen werden" (3o7). Daher bleibt auch angesichts der erläuterten Vorbehalte eine positive Erwartungshaltung gegenüber dem Kreis von Unternehmungen bestehen, die die dargelegten Kriterien des Primäreffektes erfüllen.

2.2 Wachstumspoltheorien

Die Suche nach einer Beantwortung der zweiten zentralen Frage führt zum Komplex der Wachstumspoltheorien. Auch hierzu liegt bereits eine ertragreiche Forschung vor (3o8), so daß sich ein Vorgehen wie bei der Auseinandersetzung mit der Export-Basis-Theorie anbietet, d.h. eine geraffte Erläuterung der wesentlichen Zusammenhänge wird mit problemorientierten Überlegungen verknüpft.

Bislang steht eine vollständige Theorie der sektoral und regional polarisierten Entwicklung aus. Es gibt aber eine Reihe erklärender

(3o6) D. FÜRST, P. KLEMMER, K. ZIMMERMANN 1976, S. 55.
(3o7) G. FISCHER 1973, S. 147. Vgl. auch H. HEUER 1975, S. 72.
(3o8) Vgl. die umfassende Arbeit von I. SCHILLING-KALETSCH 1976,
S. 7 ff, eine kürzere, die Entstehungsgeschichte informativ
integrierende Analyse bietet L. SCHÄTZL 1978, S. 124 ff. Vgl.
des weiteren (eine Auswahl): F. BUTTLER, K. GERLACH, P. LIEP-
MANN 1977, S. 8o ff, H. HELLBERG, D. MÜLLER-MAAS, U. WULLEN-
KOPF 1977, S. 11o ff und H.-F. ECKEY 1978, S. 96 ff.

Grundannahmen, die im folgenden - gestützt auf die genannten Veröffentlichungen - referiert werden sollen.

Grundlegender Gedanke ist, daß sich die sektorale und regionale Entwicklung nicht gleichgewichtig vollzieht, sondern daß vielmehr von
Ungleichgewichten entscheidende, Wachstum initiierende Impulse ausgehen.

Aufbauend auf Untersuchungen J. SCHUMPETERs entwickelte F. PERROUX
Überlegungen zu einer sektoralen Wachstumspoltheorie. PERROUX unterstellte, daß von privaten Akteuren (3o9), die er als motorische Einheiten (sektorale Wachstumspole) bezeichnete, Innovationen (des Pro-
duktionssortimentes und der Fertigungsmethoden) ausgehen, welche durch
kräftige Änderungen ihres Umfanges Entwicklungsschübe induzieren und
gleichzeitig auf das Verhalten der eng mit ihnen verflochtenen und von
ihnen dominierten Wirtschaftseinheiten einwirken.

Eine Erweiterung erfuhr der sektorale Ansatz von PERROUX durch
J.BOUDEVILLE und J.R. LASUÉN, denen gemeinsam mit P. POTTIER das
Verdienst zukommt, das Gebäude der Wachstumspoltheorien durch Einbezug des Raumes zu einer sektoral-regionalen Theorie der Raumentwicklung ausgebaut zu haben.

In gedanklicher Verbindung mit den gewerblichen Förderstandorten der
hessischen Raumordnungskonzeption erscheint hier vor allem BOUDEVILLEs
Ansatz interessant. "Ausgangspunkt ist die Annahme, daß die sektorale
Polarisation gleichzeitig zu einer regionalen Polarisation führt;
sektorale Wachstumspole werden mit sektoral/regionalen Wachstumspolen
gleichgesetzt"(31o). Unter Berücksichtigung von Ausbreitungs (spread)-
und Entzugseffekten (backwash effects) analysiert BOUDEVILLE räumliche
Entfaltungsprozesse zwischen und in Zentren unterschiedlicher Größe und
Bedeutung.

Abhängig von der Größe differenziert er in Entwicklungspole (pôles
de développement) und in Wachstumspole (pôles de croissance). In Ent-

(3o9) Vorrangig Unternehmen des sekundären Sektors, charakterisiert
      durch eine quantitativ bedeutende Größe und überdurchschnittliche
      Wachstumsraten, vgl. L. SCHÄTZL 1978, S. 125 f.
(31o) L. SCHÄTZL 1978, S. 135 f, vgl. auch F. BUTTLER, K. GERLACH,
      P. LIEPMANN 1977, S. 88 f.

wicklungspolen haben motorische Einheiten ihren Standort. Deshalb sind diese Pole in der Lage, eigene innovative Entwicklungsschübe auf andere, kleinere Zentren zu übertragen. Wachstumspole werden durch die Fähigkeit charakterisiert, "von Entwicklungspolen ausgehende wachstumsträchtige Impulse 'richtig' zu empfangen und in ein sich selbst tragendes regionales Wachstum zu transformieren" (311). Hieraus ist zu schlußfolgern, daß sich staatliche und private Aktivitäten in zu fördernden Teilräumen vorrangig auf ausgewählte Zentren (Schwerpunkte) konzentrieren müssen, um entsprechende Ressourcen effizient einzusetzen.

Obgleich die wachstumspoltheoretischen Ansätze ein zum Teil bestechendes Hypothesengerüst liefern, in dessen Geflecht das Schwerpunktprinzip theoretisch untermauert wird, wirft ihre raumordnungspolitische Umsetzung Probleme auf bzw. es bleiben Fragen unbeantwortet.

In einer Auseinandersetzung mit diesen Theoriebausteinen soll zu Beginn die Frage der Zentrengröße aufgeworfen werden. Bislang bestehen lediglich recht unbestimmte Vorstellungen, welche Größe entsprechende Kommunen aufweisen müssen, um den Funktionen von Entwicklungs- oder Wachstumspolen gerecht zu werden. Verengt man die Fragestellung auf das Problem der minimalen Stadtgröße, so wird für Entwicklungszentren vermutet, daß etwa 250 000 Einwohner notwendig sind, um eine kräftige Induktion von Ausbreitungseffekten zu gewährleisten. Wachstumspole, die in der Lage sind, spread-effects in eine dynamische Eigenentwicklung umzusetzen, müßten mindestens 30 000 Einwohner haben (312).

Anzumerken bleibt noch, daß die Größe eines Standortes nur eine von mehreren wichtigen Einflußfaktoren, wie Branchenstruktur und Verkehrslage, darstellt. So ist beispielsweise anzunehmen, daß ein Förderstandort (als Wachstumspol) im Randgebiet des Verdichtungsraumes Rhein-Main nur bedingt mit einem solchen abseits der Ordnungsräume vergleichbar

(311) H.-F. ECKEY 1978, S. 100.
(312) Vgl. I. SCHILLING-KALETSCH 1976, S. 135 ff.

ist, wenn man als Basis lediglich die Gemeindegröße heranzieht.

Bezüglich des unterstellten Zusammenhanges zwischen sektoraler und
regionaler Polarisation sind gleichfalls Bedenken anzumelden, die
durch ein Beispiel illustriert werden sollen. Ein im Verdichtungsraum Kassel ansässiges, großes Unternehmen des Fahrzeugbaus strahlt
möglicherweise als motorische Einheit keine Impulse ins regionale
Umfeld ab, sondern kommuniziert via Lieferverflechtungen vorrangig
mit Firmen außerhalb Nordhessens. Eine Verkettung sektoraler und regionaler Polarisation bleibt infolge der gesunkenen Bedeutung der Trans-
portkosten und starker organisatorischer Verflechtungen von Großfirmen
aus (313).

Ein drittes Problemfeld, welches wahrscheinlich vorrangig in Zentren
kleineren Zuschnittes (314) zum Tragen kommt, stellen Einflußgrößen
dar, die dort durchaus relevant sind, sich aber einer Quantifizierung
weitestgehend entziehen. So können wenige unternehmerische Persönlich-
keiten mit ihren Entscheidungen und Strategien für die sozioökonomische
Entwicklung einer solchen Kommune von maßgeblicher Bedeutung sein,
wenn sie sich z.B. zu umfangreichen, arbeitsplatzschaffenden Erweiterungsinvestitionen entschließen (315).
Gleiches gilt hinsichtlich der kommunalen Ansiedlungspolitik, wenn
engagierte öffentliche Akteure imstande sind, eine offensive gewerbliche Akquisition vorrangig kraft ihrer persönlichen Ausstrahlung zu
betreiben.

(313) Entfällt.
(314) Etwa in gemeindlichen Förderstandorten, die lediglich den
      minimalen Größenanforderungen entsprechen oder diese sogar
      noch unterschreiten.
(315) Vgl. G. KRUMME 1972, S. 1o1 ff.

Sechstes Kapitel: Das Durchführungsinstrumentarium am Beispiel der
Förderung der gewerblichen Wirtschaft

Die jetzt folgende Hinwendung zum Bereich der Durchführungsaufgaben
stellt die konsequente Fortsetzung der hier bislang vorgenommenen räumlichen und sektoralen Umsetzung des oben allgemein formulierten staatlichen Handlungsfeldes "Raumordnungspolitik" dar. Die Erledigung von
Ordnungs- und Koordinierungsaufgaben - im Rahmen dieser Untersuchung
abgehandelt im Komplex des hessischen Planungsinstrumentariums - führt
allein noch nicht zur steuernden Beeinflussung der Raumentwicklung durch
öffentliche Akteure. Vielmehr bleibt es ohne Folge, wenn sie nicht mit
einem Durchführungsinstrumentarium verknüpft werden. Erst dessen Einsatz ermöglicht den Versuch, die in der Planung vorgedachten räumlichen
Ordnungen in reale räumliche Ordnungen überzuleiten.

Eine Erörterung des gesamten zur Verfügung stehenden staatlichen Durchführungsinstrumentariums ist nicht geplant.
Begründung: Als wichtiger Bestandteil der Durchführungsaufgaben wird
eine jeweilige Vollzugskontrolle erachtet, in deren Verlauf eine Überprüfung des entsprechenden Instrumenteneinsatzes stattfindet. Im Fortgang der Untersuchung ist dies deshalb auch beabsichtigt.
Eine solche Vollzugskontrolle muß allerdings aus arbeitsökonomischen
Erwägungen auf einen relevanten Instrumentenbereich beschränkt werden.
Die Alternative, nämlich die Ausbreitung des gesamten Durchführungsinstrumentariums, bliebe zwangsläufig auf einer allgemeinen Ebene ver-
haftet und wäre mithin der vorgesehenen, exemplarischen Verknüpfung
von Planungs- und Durchführungsinstrumentarium nicht dienlich (316).
Aus diesem Grund wird im weiteren Verlauf ein zweistufiges Vorgehen
bevorzugt, bestehend aus der Diskussion eines wesentlichen Instrumentenbereiches (erste Stufe) sowie seiner räumlichen Ausprägung, untersucht
mit Hilfe einer Vollzugskontrolle (zweite Stufe).

(316) Umfassende Erörterungen liegen ohnehin schon vor: Vgl. z.B.
U. BRÖSSE 1975 und 1982, S. 9o ff bzw. S. 1o5 ff, des weiteren
H.G. v. ROHR 1976, S. 69 ff, eingeengt auf Siedlungsschwer-
punkte des agglomerationsnahen ländlichen Raumes und o.V. 1981
Empfehlungen und Stellungnahme des Beirats für Raumordnung
"Instrumente zur Steuerung der Entwicklung der Raum- und Siedlungs-
struktur".

Nicht nur im bereits diskutierten Zeitraum bis 197o, sondern auch in
der Periode nach 197o war die direkte und indirekte Förderung der gewerblichen Wirtschaft eines der dominierenden staatlichen Instrumente
zur Reduzierung räumlicher Probleme (317). Daher stehen die gemeinsam
von Bund und Ländern durchgeführte Gemeinschaftsaufgabe "Verbesserung
der regionalen Wirtschaftsstruktur" sowie landesinterne Fördermaßnahmen,
in deren Rahmen jeweils staatliche Transferzahlungen an die gewerbliche
Wirtschaft erfolgen, nun im Mittelpunkt des Interesses.

Ein weiteres gemeinsames Merkmal dieser Instrumente ist, daß sie vom
Hessischen Ministerium für Wirtschaft und Technik als Fachressort entweder mitverantwortlich (Gemeinschaftsaufgabe) oder aber eigenverant-
wortlich (landesinterne Förderung) eingesetzt werden, d.h. das Fach-
ministerium hat einen direkten Zugriff zum Instrumentarium.

Zusätzlich werden Kreditprogramme vorgestellt, die der Bund aus dem
ERP-Sondervermögen finanziert. Das oben genannte hessische Fachressort
ist mit der Durchführung dieser Programme allerdings im allgemeinen
nicht betraut, sondern korrespondiert lediglich durch Zahlung von Zinszuschüssen mit den kreditgebenden Einrichtungen. Unternehmungen, die
zum Bereich der gewerblichen Wirtschaft gehören, werden wie folgt
definiert: "Eine selbständige nachhaltige Betätigung, die mit Gewinn-
absicht unternommen wird und sich als Beteiligung am allgemeinen wirtschaftlichen Verkehr darstellt, ist Gewerbebetrieb, wenn die Betätigung
weder als Ausübung von Land- und Forstwirtschaft noch als Ausübung
eines freien Berufes noch als eine andere selbständige Arbeit im Sinne
des Einkommenssteuerrechts anzusehen ist"(318).

1. Gemeinschaftsaufgabe "Verbesserung der regionalen Wirtschaftsstruktur"

Im Jahre 197o begann mit den Arbeiten an der Gemeinschaftsaufgabe "Verbesserung der regionalen Wirtschaftsstruktur" eine zwischen dem Bund

(317) Vgl.Raumordnungsbericht 1974 der Bundesregierung = Drucksache
      7/3582, S. 115 ff.
(318) Gewerbesteuer-Durchführungsverordnung i.d.F. vom 15.11.1974
      (BGBl. I S. 3138), § 1 Abs.1 (Fundstelle: P. BECKER , D. SCHMIDT
      1982, C I, S. 15).

und den Ländern koordinierte raumordnungspolitische Strategie, die einen
bundesweiten Beitrag zur Reduzierung der räumlichen Probleme leisten soll,
welche für das Land Hessen erläutert wurden.

Das rahmenrechtliche Fundament schuf das Finanzreformgesetz vom Mai 1969,
demzufolge durch eine Änderung des Grundgesetzes das Instrument der Gemein-
schaftsaufgaben entstand (319). Das Ausführungsgesetz zur hier interes-
sierenden zweiten Gemeinschaftsaufgabe trat am 1.1.197o in Kraft (32o).
Rechtlich flankiert wird letzteres Gesetz durch das Investitionszulagengesetz und das Zonenrandförderungsgesetz (321).
Die Durchführung der Gemeinschaftsaufgabe ist danach Sache der Länder.
Der Bund ist lediglich an der Erstellung des Rahmenplanes und an der
Finanzierung (mit 5o vH der Kosten) beteiligt.

Am 6.5.197o trat der Planungsausschuß der Gemeinschaftsaufgabe "Verbesserung der regionalen Wirtschaftsstruktur" in seiner Funktion als
Koordinationsorgan zwischen Bund und Ländern zu einer ersten Sitzung
zusammen, in deren Verlauf der Beschluß gefaßt wurde, den ersten Rahmenplan auf der Grundlage des Systems der regionalen Aktionsprogramme zu
entwickeln. Dieser Plan trat mit Wirkung vom 1.1.1972 in Kraft und galt
für den Zeitraum 1972 bis 1975. Das vierjährige Planwerk unterliegt
einer jährlichen Fortschreibung und hat die mittelfristige Finanzplanung
zu berücksichtigen (322).

(319) 21. Gesetz zur Änderung des Grundgesetzes (Finanzreformgesetz)
      vom 12.5.1969 (BGBl. I S. 359), Grundgesetz für die Bundes-
      republik Deutschland vom 23.5.1949 (BGBl. S. 1), Artikel 91 a:
      Neben der oben genannten Gemeinschaftsaufgabe schuf man mit dem
      "Ausbau und Neubau von Hochschulen einschließlich der Hochschul-
      kliniken" (Nr.1) sowie der "Verbesserung der Agrarstruktur und
      des Küstenschutzes" (Nr.3) zwei weitere Gemeinschaftsaufgaben.
(32o) Gesetz über die Gemeinschaftsaufgabe "Verbesserung der regio-
      nalen Wirtschaftsstruktur"i.d.F. vom 6.1o.1969 (BGBl. I S.1861),
      zuletzt geändert am 23.12.1971 (BGBl. I S. 214o).
(321) Investitionszulagengesetz i.d.F. vom 18.8.1969 (BGBl. I S. 1211),
      zuletzt geändert am 4.6.1982 (BGBl. I S. 645), Gesetz zur För-
      derung des Zonenrandgebietes (Zonenrandförderungsgesetz) i.d.F.
      vom 5.8.1971 (BGBl. I S. 1237), zuletzt geändert am 2o.8.198o
      (BGBl. I S. 1545).
(322) Vgl. hierzu und zum folgenden das Gesetz über die Gemeinschafts-
      aufgabe "Verbesserung der regionalen Wirtschaftsstruktur" i.d.F.
      vom 6.1o.1969 (BGBl. I S. 1861), zuletzt geändert am 23.12.1971
      (BGBl. I S. 214o).

Im Verbund mit den gesetzlichen Bestimmungen bilden die jeweiligen Rahmenpläne das instrumentelle Gerüst der Gemeinschaftsaufgabe, in dem sie, gegliedert nach sachlichen und räumlichen Bereichen, die Aufgabendurchführung regeln:

- In einem sachlichen Bereich werden die Förderungsvoraussetzungen, des weiteren mögliche Förderarten und deren Intensität bestimmt.
- Den räumlichen Bezug stellt die Einbindung der regionalen Aktionsprogramme in das Planwerk her, wobei die zu fördernden Aktionsräume, die für sie geltenden Entwicklungsziele sowie damit verbundene Maßnahmen und deren Finanzierung festgelegt werden (323).

Die Aufstellung des Rahmenplanes, für die der Planungsausschuß verantwortlich ist, nehmen Bund und Länder gemeinsam vor, so daß sich der Ausschuß und die Länder zur Bewältigung der anfallenden Arbeiten einer Aufgabenteilung unterziehen (324). Der anschließenden Diskussion wesentlicher Schwerpunkte der Gemeinschaftsaufgabe, jeweils unter besonderer Berücksichtigung Hessens, soll dieser Aufgabenkatalog als Orientierungsraster dienen.

1.1 Neuabgrenzung der Fördergebiete

Bereits mit Inkrafttreten des ersten Rahmenplanes im Jahre 1972 kristallisierte sich die Notwendigkeit einer Neuabgrenzung der Fördergebiete heraus, da diese nur zum Teil bundeseinheitliche Kriterien erfüllten. Zusätzlich behinderten länderinterne Fördergebiete gemeinsame staatliche Aktivitäten (325).

(323) Vgl. die bisher gemeinsam von Bund und Ländern vorgelegten Rahmenpläne. Für die vorliegende Untersuchung wurden die Rahmenpläne vier bis zwölf herangezogen, welche den Zeitraum 1975 bis 1982 abdecken.
(324) Vgl. dazu näher in den allgemeinen Ausführungen der vorliegenden Rahmenpläne.
(325) Vgl. W. ALBERT ab 1971, A II, S. 14.

Mit Hilfe eines bundesweit vergleichbaren Indikatorensystems schuf der
mit der Abgrenzung betraute Unterausschuß die Grundlagen für die Neu-
gliederung, wobei folgende Größen zur Herausfilterung strukturschwacher
Teilräume herangezogen wurden (326):

- Der Arbeitskraftreservequotient errechnete sich aus den Prognose-
  größen Arbeitsplatzangebot und -nachfrage und ist definiert "als
  Saldo aus Arbeitsplatznachfrage und Arbeitsplatzangebot, bezogen
  auf die Arbeitsplatznachfrage" (327).
- Als Einkommensindikatoren verwendete man alternativ das Bruttoinlandsprodukt je Kopf der Wirtschaftsbevölkerung bzw. je Kopf der
  Erwerbspersonen und die Lohn- und Gehaltssumme je Arbeitnehmer,
  d.h. jeder der zu bildenden Arbeitsmarktregionen wurde bei der anschließenden Bildung von Rangziffern jeweils das Merkmal mit der
  ungünstigsten Ausprägung zugeordnet. Somit erhöhten sich die Aus-
  sichten der analysierten Teilräume, den Fördergebieten zugeschlagen
  zu werden.
- Der komplexe Infrastrukturindikator setzte sich aus mehreren, intern
  noch einmal gegliederten Komponenten zusammen: Einrichtungen aus dem
  Verkehrswesen, aus dem Bereich der technischen Ver- und Entsorgung
  sowie aus den Bereichen von sozialer Infrastruktur und Bildungswesen.

Parallel hierzu wurden mit den sogenannten Arbeitsmarktregionen("KLEMMER-
Regionen")räumliche Basiseinheiten entwickelt, die das Bundesgebiet
flächendeckend überziehen. Diese regionalen "Bausteine" bestehen aus
einem Arbeitsmarktzentrum sowie funktional auf der Grundlage von Berufs-
pendlerverflechtungen mit ihm verbundenen Gemeinden (328).

(326) Vgl. zum Problem der Abgrenzungskriterien H. MEHRLÄNDER 1975,
      S. 1o1 f, C. NOÉ 198o, S. 1o3 f und D. LOUDA 1981, S. 134 f.
(327) C. NOÉ 198o, S. 1o3.
(328) Vgl. P. KLEMMER, D. KRAEMER u.a. 1975, S. 1o ff. Aufgrund auf-
      tretender Engpässe bei der Datenbeschaffung für die notwendigen
      Prognosen unterschied man neben den gemeindescharf abgegrenzten
      Arbeitsmarktregionen, die als Aktionsräume bezeichnet wurden,
      zusätzlich in sogenannte, lediglich kreisweise abgegrenzte,
      Prognose- oder Diagnoseräume.

Insgesamt entstanden so 179 Beobachtungsräume.

Anschließend wurden den einzelnen Arbeitsmarktregionen mit Hilfe der
Indikatoren dreimal Ränge von 1 bis 179 zugeordnet, abhängig von der
jeweils beobachteten Ausprägung des Merkmales. Die drei Indikatoren
gewichtete man in der Relation 1:1:o,5 und bildete aus ihnen für jede
Region einen Gesamtindikator durch Addition der betreffenden Rang-
zahlen.
In den Kreis der Fördergebiete gelangten jene Regionen, deren Gesamtindikator den Wert von 25o überschritt und die gleichzeitig die Bedingungen der sogenannten Splitterklausel erfüllten, d.h. sie durften
einschließlich benachbarter Regionen nicht weniger als 2oo ooo Einwohner oder 1 ooo qkm Fläche aufweisen (329).

Sowohl die Gewichtung der Indikatoren als auch die Festsetzung des
Schwellenwertes, der nicht nur entscheidenden Einfluß auf die Anzahl
der geförderten Arbeitsmarktregionen hat, sondern letztlich auch den
Umfang der Fördergebiete determiniert, stellen politische, wissen-
schaftlich kaum zu begründende Entscheidungen dar, die vom Planungsausschuß mehrheitlich zu beschließen waren. Die Arbeitsmarktregionen
wurden in einem letzten Schritt zu sogenannten Aktionsräumen zusammengefaßt. Diese Aggregate bilden die Bezugsfläche für die regionalen
Aktionsprogramme.

Die gemeindescharfe Neuabgrenzung der Fördergebiete beanspruchte einen
Zeitraum von mehreren Jahren und fand erst im vierten Rahmenplan (Laufzeit 1975 bis 1978) eine Berücksichtigung. Er enthielt insgesamt 21
regionale Aktionsprogramme. Die Fördergebiete erstreckten sich über
mehr als 5o vH der bundesdeutschen Staatsfläche mit einem Bevölkerungsanteil von etwa 34 vH (33o). Anzumerken bleibt noch, daß das Zonenrandgebiet durch Gesetz den strukturschwachen Teilräumen zugeschlagen

(329) Vgl. 4. Rahmenplan der Gemeinschaftsaufgabe "Verbesserung der regio-
       nalen Wirtschaftsstruktur" 1975, S. 5.
(33o) Siehe 4. Rahmenplan der Gemeinschaftsaufgabe "Verbesserung der re-
       gionalen Wirtschaftsstruktur", Kartenanhang.

wurde (331). Eine bevorzugte Behandlung erfuhr gleichermaßen das Saarland, da man es ebenfalls vorab der Fördergebietskulisse zuordnete.

In Nord- und Osthessen sowie in Teilen Mittelhessens entstand mit dem
1o. Regionalen Aktionsprogramm "Hessisches Fördergebiet" ein zu för-
dernder Teilraum, der sich über mehr als die Hälfte des Landes erstreckt (332). Der Aktionsraum 1o (333) umfaßte die Arbeitsmarktregionen Kassel, Korbach, Alsfeld-Ziegenhain, Bad Hersfeld-Rotenburg,
Eschwege, Fulda und Gelnhausen-Schlüchtern.

Der hessische Anteil am 11. Regionalen Aktionsprogramm "Mittelrhein-
Lahn-Sieg" schließt im wesentlichen die Arbeitsmarktregion Limburg ein.

1.2 Ausweisung der Schwerpunktorte

In den Fördergebieten wurde das erläuterte Schwerpunktprinzip angewendet. Den Ländern fiel in dem Zusammenhang die Aufgabe zu, Schwerpunktorte und Mitorte (334) unter Beachtung der vom Planungsausschuß
festgelegten Grundsätze und Richtwerte zu benennen (335). In Hessen
fand bisher eine relativ harmonische Abstimmung zwischen dem Hessischen
Ministerium für Wirtschaft und Technik und der obersten Landesplanungs-

(331) Gesetz über die Gemeinschaftsaufgabe "Verbesserung der regionalen
      Wirtschaftsstruktur" i.d.F. vom 6.1o.1969 (BGBl. I S. 1861), zu-
      letzt geändert am 23.12.1971 (BGBl. I S. 214o), § 1 Nr. 2 in Ver-
      bindung mit dem Zonenrandförderungsgesetz i.d.F. vom 5.8.1971
      (BGBl. I S. 1237), § 11.
(332) Siehe hierzu und zum folgenden Karte 5.
      Vgl. des weiteren auch 4. Rahmenplan der Gemeinschaftsaufgabe "Ver-
      besserung der regionalen Wirtschaftsstruktur" 1975, S. 55 f und
      S. 6o f.
(333) Zur Vereinfachung wird untersuchungsintern im folgenden die Nummer
      des regionalen Aktionsprogrammes auf den dazugehörigen Aktionsraum
      übertragen.
(334) Bei der Aufstellung des fünften Rahmenplanes wurde beschlossen, die
      Schwerpunktorte um sogenannte Mitorte zu ergänzen. Dies sind benach-
      barte kleinere Orte bzw. Ortsteile, deren Hauptfunktion in der
      Bereitstellung zusätzlicher Industrie- und Gewerbeflächen besteht.
(335) Bei der Bestimmung der Schwerpunktorte war von den Arbeitsmarktzentren
      der KLEMMER-Regionen auszugehen. Vgl. P. KLEMMER, D. KRAEMER u.a.
      1975, S. 29 ff, wo allerdings schon festgehalten wird, daß in be-
      gründeten Ausnahmefällen von der verlangten Mindestgröße (rd. 3o ooo
      bis 4o ooo Einwohner) abgewichen werden kann.

behörde in Sachen Schwerpunktausweisung statt (336). Zusätzlich bestand für die Träger der Regionalplanung die Möglichkeit, selbst kommunale Förderstandorte vorzuschlagen.

Die Schwerpunktorte klassifizierte man nach jeweiligen Förderungshöchstsätzen:

- A-Schwerpunkte = übergeordnete Schwerpunkte im Zonenrandgebiet, Höchstsatz der öffentlichen Förderung: 25 vH der privaten Investitionskosten.
- B-Schwerpunkte = übergeordnete Schwerpunkte außerhalb des Zonenrandgebietes, Höchstsatz 2o vH.
- C-Schwerpunkte = Schwerpunkte mit einem Förderungshöchstsatz von 15 vH.
- E-Schwerpunkte = Schwerpunkte in extremer Zonenrandlage, Höchstsatz 25 vH.

Für die hessischen Schwerpunktorte ergaben sich folgende Gruppierungen:

- A-Schwerpunkte: Fulda, Kassel
- B-Schwerpunkte: Alsfeld, Homberg (Efze)
- C-Schwerpunkte: Stadt Allendorf, Bad Hersfeld (337), Bebra, Büdingen, Frankenberg, Fritzlar, Gelnhausen, Hessisch Lichtenau, Hofgeismar, Homberg (Ohm), Hünfeld, Korbach, Lauterbach, Melsungen, Schlüchtern, Schwalmstadt, Wolfhagen, Limburg (338), Weilburg
- E-Schwerpunkte: Eschwege, Sontra, Witzenhausen

(336) "Die Raumordnungskonzeption wird von uns strikt beachtet"
      - Ergebnis eines Interviews im Hessischen Ministerium für Wirtschaft und Technik am 19.4.1983.
(337)
(338) Bei der Aufstellung des siebten Rahmenplanes setzte das Hessische Ministerium für Wirtschaft und Technik die "Beförderung" Bad Hersfelds zum A-Schwerpunktort durch, Limburg erhielt gleichzeitig den Status eines B-Schwerpunktortes.

Den Förderstandorten Bad Hersfeld, Fulda, Gelnhausen, Kassel, Schlüchtern
und Weilburg wurden jeweils Mitorte zugeordnet.

Zwischen 1975 und 1982 lag die durchschnittliche Größe der hessischen
Schwerpunktorte bei rd. 26 000 Einwohnern. Der kleinste kommunale Förderstandort Homberg (Ohm) hatte im Jahre 1980 7 439 Einwohner und besaß
zusammen mit Alsfeld 54 000 Einwohner im Einzugsbereich. Kassel am oberen
Ende der Skala verzeichnete im gleichen Jahr 195 912 Einwohner bzw.
383 000 Einwohner im Einzugsbereich.
Vergleicht man allerdings die 26 Schwerpunktorte des Jahres 1980 mit den
1975 angestrebten Mindestgrößen der Arbeitsmarktzentren (339), bleibt
festzuhalten, daß eine Unterschreitung der geforderten Bevölkerungs-
konzentration von 30 000 bis 40 000 Einwohner in Hessen nicht die Ausnahme, sondern die Regel gewesen ist: Zum erstgenannten Zeitpunkt erfüllten lediglich Fulda, Kassel und Limburg (im funktionalen Verbund
mit Diez) die gestellten Anforderungen. Die Hälfte der Gemeinden hatte
hingegen deutlich weniger als 20 000 Einwohner (340).

Bereits im Dezember 1977 faßte der Planungsausschuß den Entschluß zu
einer Korrektur der Fördergebietskulisse, der vermutlich nicht unwesent-
lich von der kritischen Bewertung ihres zu großen räumlichen Umfanges
beeinflußt wurde (341). Die räumliche Reduzierung der Fördergebiete erfolgte mit dem Inkrafttreten des zehnten Rahmenplanes am 1.1.1981.
Grundsätzlich hielt man an den Arbeitsmarktregionen als flächendeckende
Grundbausteine fest. Änderungen kamen im Bereich der Abgrenzungsindikatoren zum Tragen (342). Bei den Berechnungen flossen aktualisierte
Daten ein. Als wesentliche Erweiterung gegenüber der ersten Abgrenzung

(339) Vgl. P. KLEMMER, D. KRAEMER u.a.1975, S. 33 f.
(340) Vgl. dazu beispielsweise 11. Rahmenplan der Gemeinschaftsaufgabe
      "Verbesserung der regionalen Wirtschaftsstruktur" 1982, S. 83
      und S. 91.
(341) Vgl. z.B. F. BUTTLER, K. GERLACH, P. LIEPMANN 1977, S. 135 f, des
      weiteren o.V. 1981 Jahresbericht des Hessischen Ministeriums für
      Wirtschaft und Technik 1980, S. 20.
(342) Vgl. hierzu und zu den folgenden Ausführungen C. NOÉ 1980, S. 102 ff,
      D. LOUDA 1981, S. 134 ff sowie P. KLEMMER 1983, S. 32 ff.

ist der Einbezug regionaler Arbeitslosenquoten ins Indikatorengefüge anzusehen. In diesem Vorgang spiegelt sich auch eine Anpassung an die verschlechterten ökonomischen Rahmenbedingungen wider. Innerhalb des Bereiches der Einkommensindikatoren schied das Bruttoinlandsprodukt je Kopf der Erwerbspersonen aus.

Im politischen Entscheidungsprozeß hinsichtlich der Indikatorenge-wichtung und des die Fördergebietsgröße determinierenden Schwellen-wertes waren neue Bewertungen zu beobachten: "Der Planungsausschuß hat sich mit großer Mehrheit darauf geeinigt, die Fördergebiete, in denen derzeit 36 vH der Bevölkerung des Bundesgebietes leben, auf einen Bevölkerungsanteil von 29,77 vH zu reduzieren" (343).
Die fünf Einzelindikatoren gingen jetzt gleichgewichtig in die Berech-nung des Gesamtindikators ein.

Die aus dem Entwicklungsprozeß resultierende Verringerung der geför-derten Teilräume hatte für Hessen nachstehende Konsequenzen (344):

- Der Landkreis Waldeck-Frankenberg und die außerhalb des Zonenrand-gebietes gelegenen Teile der Landkreise Kassel und Schwalm-Eder schieden aus dem Aktionsraum 1o aus.
- Gleichzeitig verloren die Mittelzentren Frankenberg, Fritzlar und Korbach ihren Status als Schwerpunktorte der Gemeinschaftsaufgabe.
- Wie allen anderen ausscheidenden Teilräumen wurden den aufgeführten nordhessischen Gebieten Übergangsfristen eingeräumt, d.h. der Inve-stitionszuschuß wurde bis zum 31.12.1982 gezahlt, die Investitions-zulage können Gewerbebetriebe noch bis zum 31.12.1983 in Anspruch nehmen.
Demzufolge bleibt der neue Gebietsstand in der Vollzugskontrolle, die sich auf den Zeitraum von 1975 bis 1982 erstreckt, unberücksichtigt.

(343) D. LOUDA 1981, S. 135.
(344) Vgl. 1o. Rahmenplan der Gemeinschaftsaufgabe "Verbesserung der regionalen Wirtschaftsstruktur" 1981, S. 212, S. 222 und Karte 1.

Die Fördergebietskulisse reduzierte sich in Hessen mithin um rd. 2o vH. Inzwischen erhielten die Kommunen Frankenberg, Fritzlar und Korbach im Rahmen der Landesentwicklungsplanung die Funktion eines gewerblichen Entwicklungsschwerpunktes zugewiesen, so daß eine landesinterne Anschlußförderung mit allerdings geringeren Fördersätzen gewährleistet ist.

1.3 Voraussetzungen, Art und Intensität der Förderung der gewerblichen Wirtschaft

Der Einsatz von staatlichen Fördermitteln für die Gemeinschaftsaufgabe erfolgte bislang in den benannten Gebieten, wobei der Mittelfluß verstärkt in die Schwerpunktorte geleitet werden soll.

Die entscheidende Voraussetzung, ob die Investition eines Unternehmens tatsächlich im Zuge der Gemeinschaftsaufgabe förderungswürdig ist, stellt die Erfüllung des Primäreffektes dar. Aus diesem Grund werden bislang einmalige, öffentliche Unterstützungsmaßnahmen auf folgenden Kreis von Unternehmungen beschränkt: Betriebe des Verarbeitenden Gewerbes und Fremdenverkehrsbetriebe sowie jeweils zugehörige Ausbildungseinrichtungen. Diesen Arbeitsstätten werden "Versandhandelsbetriebe, Import- und/oder Export-Großhandelsbetriebe, Hauptverwaltungen des Bank-, Kredit- und Versicherungsgewerbes, Buchverlage und die Hersteller von soft-ware für die Datenverarbeitung gleichgestellt" (345). Zusätzlich ist auch eine Förderung weiterer Firmen möglich, die ebenfalls dem tertiären Sektor zugerechnet werden, insofern die Voraussetzungen des Primäreffektes gegeben sind (346).

(345) 11. Rahmenplan der Gemeinschaftsaufgabe "Verbesserung der regionalen Wirtschaftsstruktur" 1982, S. 21.
Betriebe des tertiären Sektors gelangen seit dem Jahre 1976 in den Genuß von Fördermitteln.
(346) Vgl. zur Integration von Einrichtungen des tertiären Sektors in die Förderung P. KLEMMER 1980, S. 49 ff.

Die geplanten bzw. getätigten privaten Investitionen müssen dazu dienen, daß entweder Arbeitsplätze geschaffen, oder aber bereits vorhandene Arbeitsplätze gesichert werden. "Dabei soll es sich möglichst um qualitativ gute Arbeitsplätze handeln, die eine Verbesserung der Einkommenssituation in der Region erwarten lassen, die zu einer Auffächerung der einseitigen Struktur der Gebiete beitragen und/oder die zu einer Verbesserung der Erwerbstätigenstruktur führen" (347). Die Förderung von Ausbildungsplätzen wird bei der Durchführung der Gemeinschaftsaufgabe berücksichtigt.

Die finanzielle Förderung besteht im Regelfall aus der Investitionszulage und dem Investitionszuschuß. Darüber hinaus ist die Gewährung von Darlehen, Zinszuschüssen und Bürgschaften zwar rechtlich verankert (348), aber in der Praxis machte man bisher insbesondere von der Vergabe von Darlehen und Zinszuschüssen trotz eines Vorstoßes des Landes Hessen keinen Gebrauch (349).

Die Investitionszulage nach dem Investitionszulagengesetz (35o) stellt an sich ein separates Instrument dar. Die steuerfreie Mittelzahlung erfolgt im Nachhinein über das zuständige Finanzamt, wobei die Finanzmittel aus dem Aufkommen an Einkommens- und Körperschaftssteuern (als Gemeinschaftssteuern von Bund und Ländern) stammen. Die Entscheidung, ob dem Antrag eines Unternehmens auf Gewährung dieser Zulage stattgegeben wird, fällen allein Bundesbehörden: Bei Investitionen unter zehn Mio.DM ist das Bundesamt für gewerbliche Wirtschaft in Eschborn zuständig, über die Vergabe der Zulage bei Investitionen ab zehn Mio.DM befindet das Bundesministerium für Wirtschaft in Bonn.

(347) 11. Rahmenplan der Gemeinschaftsaufgabe "Verbesserung der regionalen Wirtschaftsstruktur" 1982, S. 21.
Vgl. zur Schaffung qualitativ hochwertiger Arbeitsplätze D. LOUDA 1981, S. 136 f.
(348) Vgl. Gesetz über die Gemeinschaftsaufgabe "Verbesserung der regionalen Wirtschaftsstruktur" i.d.F. vom 6.1o.1969 (BGBl. I S. 1861), zuletzt geändert am 23.12.1971 (BGBl. I S. 214o), § 3.
(349) Ergebnis eines Interviews im Hessischen Ministerium für Wirtschaft und Technik am 13.6.1983.
(35o) Investitionszulagengesetz i.d.F. vom 18.8.1969 (BGBl. I S. 1211), zuletzt geändert am 4.6.1982 (BGBl. I S. 645), vgl. dort insbesondere §§ 1, 2, 3 und 5.

In Hessen beispielsweise kann der Interministerielle Kreditausschuß
des Landes (351) im Rahmen seiner Beschlußfassungen über die Vergabe
von Investitionszuschüssen der Gemeinschaftsaufgabe lediglich eine
Befürwortung der Zulage aussprechen. Mithin behält der Bund die direkte
Möglichkeit, "die Auswirkungen der Regionalförderung auf die Wirtschaftsstruktur der Bundesrepublik zu verfolgen und gesamtwirtschaftlich un-
erwünschten Entwicklungen durch Versagen der beantragten Investitions-
hilfen entgegenzuwirken"(352). Dem ungeachtet ist die Investitionszulage in die Finanzierungsplanung der einzelnen regionalen Aktionsprogramme einbezogen und hiernach doch mit der Gemeinschaftsaufgabe verflochten (353). Eine rahmenrechtliche Verknüpfung mit der Gemeinschaftsaufgabe konstruiert darüber hinaus das Investitionszulagengesetz sowohl
in sachlicher als auch in räumlicher Hinsicht (354).

Der Investitionszuschuß als eigentliche finanzielle Ressource der Gemeinschaftsaufgabe (GA-Mittel) ist vom betrieblichen Nutznießer zu ver-
steuern. Anders als bei der Zulage besteht auf den Zuschuß kein Rechtsanspruch. Der Zuschuß füllt in der Regel die Spanne zwischen der Zulage
und dem jeweiligen Förderungshöchstsatz aus. Wird die Investitionszulage nicht gegeben, "kann der jeweilige Förderungshöchstsatz in vollem
Umfang durch einen GA-Zuschuß ausgeschöpft werden" (355).
Die so durch staatliche Transferzahlungen an private Unternehmen anfallenden Kosten werden zu je 5o vH vom Bund und den Ländern getragen.

Der Antrag auf Erhalt des Investitionszuschusses für hessische Firmen
geht entweder beim Ministerium für Wirtschaft und Technik oder bei der
Hessischen Landesentwicklungs- und Treuhandgesellschaft in Wiesbaden

(351) Im Interministeriellen Kreditausschuß führt das Hessische Ministerium
      für Wirtschaft und Technik den Vorsitz, weitere Vollmitglieder
      stellen das Finanz- und Sozialministerium. Beratende Mitglieder
      entsenden in erster Linie die Hessische Landesentwicklungs- und
      Treuhandgesellschaft, die Regierungspräsidien und das Landesarbeits-
      amt.
(352) W. ALBERT ab 1971, A II, S. 12. Vgl. zur Investitionszulage auch
      G. SÖFFING 198o, B II, S. 6 ff.
(353) Siehe in den vorliegenden Rahmenplänen die jeweilige Finanzmittel-
      verteilung für die einzelnen Aktionsprogramme. Vgl. zu dieser Frage
      P. BECKER, D. SCHMIDT 1982, C I, S. 6.
(354) Siehe dort speziell § 1 Nrn.1 und 2, § 2 Nr. 2, Unterpunkte 1 a),
      1 b), 2, 3 und § 3.
(355) 11. Rahmenplan der Gemeinschaftsaufgabe "Verbesserung der regio-
      nalen Wirtschaftsstruktur" 1982, S. 21.

(356) ein. Dort erfolgt die Antragsbearbeitung und anschließende Weiter-
leitung an den Interministeriellen Kreditausschuß, welcher über das
Förderungsgesuch entscheidet. Im Falle der Bewilligung fertigt die Hessische Landesentwicklungs- und Treuhandgesellschaft den Bewilligungsbe-
scheid aus und nimmt - quasi als Hausbank des zuständigen Fachressorts -
auch die Auszahlung des Förderbetrages an das entsprechende private
Unternehmen vor.

Die Mittel der Gemeinschaftsaufgabe und die Investitionszulage werden
in den ausgewiesenen Fördergebieten zu räumlich und sachlich unterschiedlichen Konditionen zwecks Errichtung, Erweiterung sowie Umstellung oder grundlegender Rationalisierung/Modernisierung (357) von
gewerblichen Produktionsbetrieben bzw. den ihnen gleichgestellten
Arbeitsstätten und Fremdenverkehrsbetrieben (358) eingesetzt.

Die Investitionszulage beträgt bei unternehmerischen Investitionen im
Zonenrandgebiet lo vH und im übrigen Fördergebiet 8,75 vH (359) des
investierten privaten Kapitals (36o).
Dem Antrag eines Produktionsbetriebes (bzw. eines ihm gleichgestellten
Betriebes) auf eine Zulage wird aber nur stattgegeben, wenn bei Wahrung
der genannten Voraussetzungen eine Errichtung oder Erweiterung in einem
ausgewiesenen Schwerpunktort stattfindet oder aber, wenn eine Betriebsstätte erweitert wird, "die der Steuerpflichtige entweder vor dem
1. Januar 1977 errichtet oder erworben hatte oder nach dem 31. Dezember
1976 in einer Gemeinde errichtet oder erworben hat, die zum Zeitpunkt

(356) Letztere Einrichtung steht als Wirtschaftsförderungsinstitut des
Landes Hessen unter der Staatsaufsicht des vorher genannten Fachressorts.
(357) Die Mittelvergabe für Modernisierungsmaßnahmen bezieht sich nur
auf Fremdenverkehrsbetriebe.
(358) Entsprechende Vorhaben von Fremdenverkehrsbetrieben sind
-abweichend von der sonstigen Durchführung - in den Gemeinden
der ausgewiesenen Fremdenverkehrsgebiete durchzuführen. Vgl.
jeweils Karte 2 in den vorliegenden Rahmenplänen.
(359) Bis Ende 1978 betrug die Investitionszulage im gesamten Fördergebiet 7,5 vH der förderfähigen Investitionskosten.
(36o) Vgl. dazu und zum folgenden Investitionszulagengesetz i.d.F. vom
18.8.1969 (BGBl. I S. 1211), § 1 Nrn. 3 und 4, §§ 2 und 3.

der Errichtung oder des Erwerbs als Schwerpunktort im Rahmenplan ausgewiesen war" (361).
Betriebliche Umstellungs- oder Rationalisierungs- bzw. Modernisierungsmaßnahmen werden nur im Zonenrandgebiet durch die Investitionszulage
flankiert.

Der Förderhöchstsatz der Gemeinschaftsaufgabe (Investitionszuschuß)
beträgt bei der Errichtung oder Erweiterung von Produktionsbetrieben
und gleichgestellten Arbeitsstätten in übergeordneten Schwerpunktorten
und in Schwerpunktorten in extremer Zonenrandlage 15 vH der gesamten
Investitionskosten, in übergeordneten Schwerpunktorten außerhalb des
Zonenrandgebietes 11,25 vH sowie in den C-Schwerpunktorten 5 vH (Zonenrandgebiet)bzw. 6,25 vH.
Im Falle von begründeten Ausnahmen (362) kann vom Schwerpunktprinzip
abgewichen werden. Der Zuschuß liegt dann in der Regel bei maximal
1o vH der Investitionskosten.
Eine Errichtung oder Erweiterung eines Fremdenverkehrsbetriebes wird
insgesamt mit bis zu 15 vH (Investitionszuschuß plus -zulage) in den
Gemeinden der Fremdenverkehrsgebiete gefördert.
Außerhalb des Zonenrandgebietes beträgt der Investitionszuschuß bei
einer Umstellung oder grundlegenden Rationalisierung/Modernisierung
eines Unternehmens höchstens 1o vH der Investitionskosten.

Neben der Bereitstellung öffentlicher Mittel, deren Einsatz privaten
Unternehmungen direkt zugute kommt, besteht darüber hinaus eine indirekte
Förderung der Betriebsstätten, da der Ausbau der wirtschaftsnahen Infrastruktur gleichfalls bezuschußt werden kann. Für entsprechende öffentliche,
häufig kommunale Investitionen gelangen nur Mittel aus der Gemeinschaftsaufgabe zum Einsatz (363). Auf die Investitionszulage kann bei solchen,

(361) Investitionszulagengesetz i.d.F. vom 18.8.1969 (BGBl. I S. 1211),
      zuletzt geändert am 4.6.1982 (BGBl. I S. 645), § 2 Nr. 2.
(362) Vgl. u.a. 9. Rahmenplan der Gemeinschaftsaufgabe "Ver-
      besserung der regionalen Wirtschaftsstruktur" 1980, S. 22.
(363) Vgl. 11. Rahmenplan der Gemeinschaftsaufgabe "Verbesserung
      der regionalen Wirtschaftsstruktur" 1982, S. 26.

das Investitionsklima mittelbar beeinflußenden Maßnahmen, nicht zurückgegriffen werden.

Während die direkte einzelbetriebliche Unterstützung in Hessen durch die Hessische Landesentwicklungs- und Treuhandgesellschaft abgewickelt wird, ist für die einmalige Bezuschussung der Errichtung infrastruktureller Anlagen das Hessische Ministerium für Wirtschaft und Technik allein zuständig.

Der sich im Zeitablauf bis 1980 verengende finanzielle Spielraum des Staates führte im Februar 1981 zu einem Beschluß des Planungsausschusses, demzufolge die Förderhöchstsätze bei Erweiterungsinvestitionen um 5 vH gesenkt wurden. Aus dieser Maßnahme erwuchsen allerdings räumliche und sachliche Nivellierungseffekte:

- Die Finanzierungshilfen in den als C-Schwerpunktorte ausgewiesenen Kommunen sanken auf höchstens 10 vH der Kosten investiver Maßnahmen und deckten sich demzufolge mit der entsprechenden Förderquote außerhalb der Schwerpunktorte.
- Aus sachlicher Sicht war der Umstand bedenklich, daß dieser räumliche Tatbestand zu einem Zusammenrücken der Fördersätze für Erweiterungsinvestitionen auf der einen und für Umstellungs- oder Rationalisierungsinvestitionen auf der anderen Seite führte.

Die Beschränkungen des Frühjahres 1981 hob man deshalb im Jahre 1982 wieder auf, indem für Erweiterungsinvestitionen seither wieder die alten Förderhöchstsätze gelten (364).

2. Landesinterne Förderung

Außerhalb der Fördergebiete der Gemeinschaftsaufgabe "Verbesserung der regionalen Wirtschaftsstruktur" führen die zuständigen Behörden in Hessen eine landesinterne Zuschußförderung der gewerblichen Wirtschaft durch.

(364) Vgl. 12. Rahmenplan der Gemeinschaftsaufgabe "Verbesserung der regionalen Wirtschaftsstruktur" 1983, S. 5.

Landesweit, aber auch landesintern, wird zusätzlich die Unterstützung
von Arbeitsstätten durch Kapitaldiensthilfen vorgenommen.

Hinzu kommt ergänzend die Übernahme von Bürgschaften und Garantien im
Zusammenhang mit Investitions- und Betriebsmittelkrediten (365).

Die Abwicklung der zuerst genannten Maßnahmen (Zuschüsse, Kapitaldiensthilfen) basiert im wesentlichen auf den "Richtlinien für die Gewährung
von Finanzierungshilfen des Landes Hessen an die gewerbliche Wirtschaft"
vom 2.7.1973 bzw. 26.6.1981 (366). Die Zuständigkeit liegt in den Händen
des Hessischen Ministeriums für Wirtschaft und Technik.

Die im Rahmen der landesinternen Förderung gewährten staatlichen Finanzhilfen sind vorzugsweise an kleine und mittlere Unternehmen adressiert
(367). Hierbei handelt es sich um solche Arbeitsstätten, die im Produzierenden Gewerbe weniger als 5oo Arbeitskräfte, im Handel weniger als
1oo Arbeitskräfte und im übrigen Gewerbe weniger als 2oo Arbeitskräfte
beschäftigen (368).

2.1 Förderung in den gewerblichen Entwicklungsschwerpunkten und Ent-
lastungsorten

Durch Finanzmittel aus dem hessischen Landeshaushalt werden gewerbliche
Investitionen, vorzugsweise von Produktionsbetrieben, in den ausgewiesenen kommunalen Förderstandorten mit einem Förderungssatz von bis
zu 1o vH bezuschußt. Vom Schwerpunktprinzip kann bei solchen privaten
Aktivitäten abgewichen werden, "von denen ein außergewöhnlich hoher
struktur- und arbeitsmarktpolitischer Effekt ausgeht" (369). In den

(365) Die Übernahme von Bürgschaften und Garantien seitens des Landes
      Hessen wird bei der anschließenden Erörterung ausgeklammert, da
      sie allgemein nicht zu einem verfolgbaren staatlichen Mittel-
      fluß führt.
(366) Vgl.Staatsanzeiger 32 (1973), S. 1412 ff und 36 (1981), S. 1746 ff.
(367) Vgl.Staatsanzeiger 36 (1981), S. 1746.
(368) Vgl. o.V. 1977 Jahresbericht des Hessischen Ministeriums für
      Wirtschaft und Technik 1976, S. 53.
(369) O.V., o.Jg. Finanzierungs-Fibel der Hessischen Landesentwicklungs-
      und Treuhandgesellschaft, II 1.

gewerblichen Entwicklungsschwerpunkten und Entlastungsorten "gelten für die zu fördernden Maßnahmen die gleichen Kriterien, wie sie im Rahmen der Gemeinschaftsaufgabe angewendet werden " (37o). Förderfähig sind die Errichtung, Verlagerung und Erweiterung bzw. Umstellung oder grundlegende Rationalisierung eines Unternehmens (371).

Die vor Beginn der entsprechenden Maßnahmen zu stellenden Anträge nehmen ihren Weg über die Hessische Landesentwicklungs- und Treuhandgesellschaft zum Interministeriellen Kreditausschuß des Landes. Falls einem Antrag stattgegeben wird, geschieht die Vergabe einer zeitlich befristeten Finanzierungshilfe, auf die im übrigen, den GA-Mitteln sachlich gleichgestellt, kein Rechtsanspruch besteht.

Neben dieser direkten staatlichen Förderung unternehmerischer Investitionen durch Transferzahlungen erfolgt bislang zusätzlich eine indirekte Unterstützung der privaten Betriebsstätten durch öffentliche Maßnahmen im Bereich der wirtschaftsnahen Infrastruktur. Entsprechende Vorhaben, vorrangig von Gemeinden durchgeführt, können mit einem Subventionswert bis zu 3o vH der Investitionssumme staatlicherseits bezuschußt werden (372).

2.2 Kapitaldiensthilfen an kleine und mittlere Betriebe in Verbindung mit zinsgünstigen ERP-Kreditprogrammen

Landesmittel in Form von Kapitaldiensthilfen stellen keine Zuschüsse dar, sondern dienen als Kreditverbilligungsmittel zur Senkung der Zins-

(37o) O.V. 1974 Landesentwicklungsplan Hessen '8o, Durchführungsabschnitt für die Jahre 1975-1978, S. 4, vgl. dazu auch "Richtlinien für die Gewährung von Finanzierungshilfen des Landes Hessen an die gewerbliche Wirtschaft" vom 26.6.1981, Staatsanzeiger 36 (1981), S. 1746.
(371) Aufgrund der schwierigen finanziellen Situation verengte sich die Unterstützung in jüngster Zeit auf den Tatbestand "Errichtung". Ergebnis eines Interviews in der Hessischen Landesentwicklungs- und Treuhandgesellschaft am 27.9.1983.
(372) Vgl. o.V. 1974 Landesentwicklungsplan Hessen '8o, Durchführungsabschnitt für die Jahre 1975-1978, S. 4.

kosten von Krediten, die ein erweiterter Kreis von Unternehmen, zu dem auch solche Arbeitsstätten zählen, die die Voraussetzungen des Primäreffektes nicht erfüllen, bei Dritten (373) aufgenommen hat.

Das Land Hessen, vertreten durch sein Ministerium für Wirtschaft und Technik als verantwortliches Fachressort, verrechnet die gewährten Kapitaldiensthilfen mit der den jeweiligen Kredit verwaltenden Bank.

Die anschließend erläuterten Kreditprogramme sind durch einen grundsätzlichen Unterschied voneinander abzugrenzen: Das Mittelhessenprogramm wurde im Auftrag des Hessischen Ministeriums für Wirtschaft und Technik von der Hessischen Landesentwicklungs- und Treuhandgesellschaft abgewickelt und unterlag damit dem direkten Zugriff des Fachressorts. Dagegen ist für die beiden anderen Programme, nämlich das ERP-Existenzgründungsprogramm und das LAB-Kreditprogramm, die Lastenausgleichsbank allein verantwortlich. Das genannte hessische Ressort speist lediglich Kreditverbilligungsmittel aus dem Landeshaushalt in den Mittelfluß ein. Die Gemeinsamkeit aller Programme liegt in ihrer Herkunft begründet: Die Mittel entstammen dem ERP-Sondervermögen. Ihre Zinssätze orientieren sich zwar an den Kapitalmarktzinsen,sind aber spürbar unterhalb des Zinsfußes angesiedelt, den ein Unternehmen bei einem anderen Kreditinstitut entrichten müßte (374). Die Laufzeit liegt jeweils bei zehn und mehr Jahren.

Mittelhessen-Kredit-Programm (Mittelhessenprogramm)

Im Dezember 1976 beschloß die hessische Landesregierung die Auflage eines zeitlich begrenzten Programmes für den Teilraum Mittelhessen "begrenzt auf die Landkreise (heutiger Gebietsstand) Lahn-Dill, Gießen und Marburg-Biedenkopf, ausschließlich der Gemeinden Stadt Allendorf und Neustadt, die Förderungsmöglichkeiten im Rahmen der Gemeinschaftsaufgabe "Verbesserung der regionalen Wirtschaftsstruktur" hatten" (375).

---

(373) Im Falle der vorzustellenden Kreditprogramme die Kreditanstalt für Wiederaufbau sowie die Lastenausgleichsbank.
(374) Vgl. K.-D. NEHRING 1982, S. 166.
(375) W. BRÜSCHKE 1981, S. 2.

Die Notwendigkeit einer solchen, auf Mittelhessen zugeschnittenen Maßnahme, resultierte aus den besonderen strukturellen Problemen dieses
Wirtschaftsraumes (376). Das Programm war zunächst auf zwei Jahre be-
fristet, wurde aber um weitere zwei Jahre verlängert, so daß sich
schließlich eine Laufzeit vom 1.1.1977 bis zum 31.12.1980 ergab.
Als Grundlage dienten spezielle Richtlinien des Hessischen Ministeriums
für Wirtschaft und Technik vom 29.12.1976 (377).

Zum Kreis der geförderten kleinen und mittleren Betriebe zählten neben
solchen des Produzierenden Gewerbes (einschließlich Handwerk) Arbeitsstätten des Handels und der überregionalen Dienstleistungen, ausgenommen freie Berufe, wobei folgende Vorhaben begünstigt wurden (378):

- Existenzgründungen
- Errichtung, Erweiterung, Umstellung und Rationalisierung von Betrieben
- Investitionen aufgrund umweltrelevanter gesetzlicher Bestimmungen
- Übernahme von Betrieben, falls sie zum Erhalt gefährdeter Arbeits-
  plätze beitrugen.

Sofern der Interministerielle Kreditausschuß dem Antrag stattgab, wurde
für eine entsprechende Investition ein zinsgünstiger Kredit (379) der
Kreditanstalt für Wiederaufbau gewährt, zusätzlich flankiert von Kapitaldiensthilfen des Landes Hessen.

Rechtlich abgesichert durch das Gesetz zur Förderung der kleinen und
mittleren Unternehmen der hessischen Wirtschaft vom 23.9.1974 (GVBl. I
S. 458) leitet das genannte, zuständige Ressort der Lastenausgleichsbank
im Zusammenhang mit Krediten des ERP-Existenzgründungsprogramms sowie
des LAB-Kreditprogramms Zinszuschüsse zu (380). Beide Programme unter-

---

(376) Siehe Teil 3 des nächsten Kapitels, vgl. zusätzlich o.V. 1977
      Jahresbericht des Hessischen Ministeriums für Wirtschaft und
      Technik 1976, S. 64.
(377) Vgl. Staatsanzeiger 3, 9 und 44 (1978), S. 2168.
(378) Vgl. hierzu und zum folgenden o.V. o. Jg. Finanzierungs-Fibel
      der Hessischen Landesentwicklungs- und Treuhandgesellschaft, II 4.
(379) Kredithöchstbetrag 50 vH der Investitionssumme, d.h. mindestens
      30 000 DM, höchstens 3 000 000 DM (der Mindestbetrag galt nicht
      bei Existenzgründungen).
(380) Vgl. Richtlinien für die Gewährung von Finanzierungshilfen des
      Landes Hessen an die gewerbliche Wirtschaft vom 26.6.1981,
      Staatsanzeiger 36 (1981), S. 1746 f, vgl. zum folgenden o.V.
      o. Jg. Finanzierungs-Fibel der Hessischen Landesentwicklungs-
      und Treuhandgesellschaft, II 6, IV 2 und IV 12.

liegen keiner regionalen Begrenzung.

ERP-Existenzgründungsprogramm

Dieses Programm steht Arbeitsstätten des Produzierenden Gewerbes, des
Handels, des Handwerks sowie des Gaststätten- und Fremdenverkehrsge-
werbes offen, wobei der Betriebsleiter mindestens 21, aber höchstens
5o Jahre alt sein sollte. Förderfähig sind im wesentlichen Errichtungs-
und Einrichtungsinvestitionen, Betriebsübernahmen, des weiteren die
Beschaffung eines ersten Warenlagers oder die erste Ausstattung eines
Büros.
Der Kredithöchstbetrag liegt zur Zeit (1983) bei 3oo ooo DM. Die
besonderen Konditionen gestatten (zur Zeit) einen Zinssatz von 6 vH
(Zonenrandgebiet) bzw. 7 vH. Der Antragsweg führt von der jeweiligen
Hausbank direkt zur Lastenausgleichsbank.

Ergänzungsprogramm I der Lastenausgleichsbank (LAB-Kreditprogramm)

Das Programm ist an kleine und mittlere Unternehmen der gewerblichen
Wirtschaft adressiert und umspannt die Förderung einer Palette von Maßnahmen der Existenzgründung und -sicherung, wie beispielsweise
Investitionen zur Standortsicherung bzw. Betriebsverlagerung. Die
Darlehnshöhe beträgt (zur Zeit) in der Regel maximal 3 Mio. DM, bei
einem Zinssatz von 7 vH. Der Antragsweg entspricht dem des ERP-Existenzgründungsprogramms.

Daneben gelangen weitere Programme zum Einsatz, deren Finanzmittel
gleichfalls aus dem ERP-Sondervermögen stammen (381). Hierbei handelt
es sich im wesentlichen um folgende Mittelstandsprogramme, die man
weitgehend ohne regionale Begrenzung durchführt (382): Investitions-
kredite aus Mitteln der Kreditanstalt für Wiederaufbau, ERP-Regionalprogramm und ERP-Standortprogramm.

(381) Vgl. K.-D. NEHRING 1982, S. 166 ff.
(382) Lediglich das ERP-Regionalprogramm ist auf die Fördergebiete
      der Gemeinschaftsaufgabe beschränkt.

Die Kredite der aufgeführten Programme sind untereinander nicht kumulierbar. Mit Ausnahme des ERP-Regionalprogramms kann allerdings bei Erfüllung der genannten Voraussetzungen in den Fördergebieten der Gemeinschaftsaufgabe die Investitionszulage gewährt werden.

Siebtes Kapitel: Ansätze für eine Vollzugskontrolle - die Reduzierung
                räumlicher Probleme durch Steuerung des Mittelflusses

Nachstehend erfolgt eine räumliche und sachliche Überprüfung der im
Rahmen des Vollzuges des Landesentwicklungsplanes Hessen '8o für die
Förderung der gewerblichen Wirtschaft eingesetzten Finanzmittel, ausgehend von deren Einbettung in den Gesamtaufwand, der sich über alle
sechs Investitionsbereiche erstreckt.

1. Methodisches Vorgehen

Es wird eine Untersuchung des regionalen Flusses öffentlicher Investitionen und Transferzahlungen (383) sowie der damit verbundenen
privaten Investitionsaktivitäten der gewerblichen Wirtschaft vorgenommen. Überprüft wird der teilräumliche Mittelfluß im Zeitraum
zwischen 1975 und 1982. Den monetären Strömen wird die regionale
Beschäftigtenentwicklung von 197o bis 198o gegenübergestellt. Obwohl
die betrachteten Zeitabschnitte der beiden Größen nicht genau über-
einstimmen, erscheint es statthaft, nach generellen Trends in den
Wechselbeziehungen zwischen staatlichem Mitteleinsatz und unternehmerischen Investitionen sowie der Beschäftigtenentwicklung zu
suchen. In dem Zusammenhang gilt das Hauptinteresse der regionalen
Entwicklung des Verarbeitenden Gewerbes (384).

Eine das gesamte Bundesland Hessen erfassende Vollzugskontrolle der
regionalen Wirtschaftsförderung (385) kann lediglich ansatzweise
durchgeführt werden.
Der Vergleich zwischen der geplanten Mittelausgabe und den später
tatsächlich verbrauchten Mitteln ist nämlich für den Zeitraum 1975

---

(383) Erstere als Investitionen in wirtschaftsnahe Infrastrukturein-
      richtungen, letztere als staatliche Zahlungen in Form von Zu-
      schüssen an Betriebe und Kapitaldiensthilfen in Verbindung mit
      zinsgünstigen ERP-Krediten.
(384) Im Zeitraum 1972 bis 1982 rief das Verarbeitende Gewerbe in allen
      Bundesländern 91,1 vH der zur Verfügung stehenden Fördermittel ab.
      (Ergebnis eines Interviews im Hessischen Ministerium für Wirtschaft
      und Technik am 13.6.1983).
(385) Vgl. zu Problemen einer regionalen Vollzugskontrolle H. SPEHL u.a.
      1981, S. 99 ff.

bis 1982 nicht möglich, da eine mittelfristige Konkretisierung des Landesentwicklungsplanes für den Zeitabschnitt 1979 bis 1982 fehlt. Hinzu kommt das Problem, daß in den vorliegenden regionalen Raumordnungsplänen die voraussichtlichen Kosten lediglich global bis zum Zieljahr 1985 erfaßt wurden.

Dennoch wird versucht, einen Zusammenhang zwischen dem Planungsinstrumentarium und seinem Vollzug kraft der erläuterten Durchführungsinstrumente herzustellen. Dies geschieht in der Absicht, mit Hilfe des empirischen Materials zu überprüfen, ob die Verhaltensanweisungen des Planungsinstrumentariums eine Berücksichtigung beim Einsatz der Durchführungsinstrumente finden.

- Als (grober) Hinweis für eine positive instrumentelle Verbindung zwischen Planung und Vollzug wird der anweisungsgerechte Einsatz staatlicher Mittel angesehen. Diese Mittel sind demzufolge vorrangig in planerisch festgelegten kommunalen Förderstandorten und Fördergebieten einzusetzen. Das wird gleichzeitig als erster (grober) Hinweis auf eine Reduzierung räumlicher Probleme betrachtet.

Zur räumlichen Überprüfung werden folgende Bausteine der hessischen Raumordnungskonzeption herangezogen:

- Schwerpunktorte in den Fördergebieten der Gemeinschaftsaufgabe
- gewerbliche Entwicklungsschwerpunkte außerhalb der Fördergebiete
- Entlastungsorte

Zusätzlich werden räumliche Analyseeinheiten gebildet, die aus den Regierungsbezirken, den kreisfreien Städten und Landkreisen sowie den Fördergebieten der Gemeinschaftsaufgabe bestehen.

- Als ein zweiter (grober) Hinweis auf eine Reduzierung räumlicher Probleme wird eine positive Beschäftigtenentwicklung im Verarbeitenden Gewerbe gewertet.

Eine sachliche Differenzierung der Förderung der gewerblichen Wirtschaft erfolgt in Anlehnung an die Unterbereiche und Projekte des Wirtschaftspolitischen Investitionsbereiches.

Die indirekte Förderung privater Unternehmen wird demzufolge via Finanzströme im Projekt "Vorbereitung von Industriegelände" verfolgt. Den Zugang zu einer Analyse der direkten betrieblichen Förderung eröffnen die
Projekte "Errichtung, Erweiterung, Rationalisierung eines Betriebes",
"Sonstige Fördermaßnahmen" und "Kapitaldiensthilfen an kleinere und
mittlere Unternehmen" (386).
Die ersten fünf Projekte gehören zum Unterbereich "Wirtschaftsstruktur",
das sechste Projekt ist dem Unterbereich "Sonstige Gewerbeförderung" zugeordnet.

Sämtliche sechs Projekte stellen eine Verbindung zum erläuterten Durchführungsinstrumentarium her:

- Die fünf zuerst genannten Projekte spiegeln den im Rahmen der Gemeinschaftsaufgabe "Verbesserung der regionalen Wirtschaftsstruktur" und
  den innerhalb der landesinternen Zuschußförderung erfolgten regionalen
  Mittelfluß zur Förderung der gewerblichen Wirtschaft wider (387).
- Im Projekt "Kapitaldiensthilfen an kleine und mittlere Unternehmen" sind
  die regionalen Finanzströme nachweisbar, welche durch Zinszuschüsse
  des Landes im Zusammenhang mit den vorgestellten Kreditprogrammen entstanden sind.

Das für eine teilräumliche Beschreibung und Bewertung der indirekten und
direkten öffentlichen betrieblichen Unterstützung und den damit verbundenen privaten Investitionen benötigte empirische Material entstammt
der seit dem 1.1.1975 im Einsatz befindlichen und unter Federführung der
Staatskanzlei (Abteilung Landesentwicklung) installierten Hessischen
Investitionsdatei. Diese Datei erfaßt nach der systematischen Gruppierung
des Landesentwicklungsplanes in die sechs Investitionsbereiche (nebst
ihren bereichsinternen Untergliederungen) sowohl die jeweils bewilligten
öffentlichen Mittel, differenziert nach ihren Trägern (388), als auch

(386) Das Projekt "Kapitaldiensthilfen an Industriebetriebe" ist laut
      Auskunft des Hessischen Ministeriums für Wirtschaft und Technik
      seit 1979 im Projekt "Kapitaldiensthilfen an kleine und mittlere
      Unternehmen" aufgegangen. Der Gesamtaufwand im zuerst genannten
      Projekt war aber so gering, daß hieraus resultierende Ungenauig-
      keiten vernachlässigt werden können.
(387) Ausgeklammert sind lediglich Maßnahmen in den Bereichen Fremden-
      verkehrsgewerbe sowie Ausbildungseinrichtungen, die im Rahmen der
      Gemeinschaftsaufgabe gleichfalls gefördert werden.
(388) Finanzierungsanteile des Bundes, des Landes sowie der Gemeinden
      und der Sonstigen Träger.

die geförderten Investitionen privater Unternehmungen. Die Datei wird
monatlich fortgeschrieben und ermöglicht "jederzeit kurzfristig eine
aktuelle Vollzugskontrolle..., und zwar für unterschiedlichste Aggre-
gationen sowohl in sachlicher wie in räumlicher Hinsicht " (389).
Die ausgewerteten Daten gestatten allerdings keine Aussagen bezüglich
der Betriebsgröße, des Betriebstyps (Haupt- oder Zweigbetrieb) sowie
der Branchenzugehörigkeit der geförderten Unternehmungen. Mithin müssen
wesentliche qualitative Größen in der Diskussion ausgespart bleiben.

2. Mittelfluß 1975 bis 1982

Die oben bezeichneten Projekte des Wirtschaftspolitischen Investitionsbereiches sollen nicht losgelöst betrachtet werden, sondern eingebettet
in eine kurze Gesamtschau sämtlicher im Rahmen des Vollzuges des Landesentwicklungsplanes im Untersuchungszeitraum eingesetzter Mittel.
In Anlehnung an die zeitliche Einteilung der langfristigen Planung in
mittelfristige Durchführungsabschnitte erfolgt eine entsprechende Aufsplittung in die zwei, jeweils vier Jahre umfassenden Zeiträume 1975
bis 1978 sowie 1979 bis 1982, wobei der erste Zeitraum mit dem zweiten
Durchführungsabschnitt des Landesentwicklungsplanes identisch ist. Ein
dritter Durchführungsabschnitt für die Jahre 1979 bis 1982 wurde zwar
seitens der hessischen Landesplanung nicht vorgelegt, jedoch ist auf
diese Weise die gewählte Zeiteinteilung mit einem solchen Durchführungsabschnitt vergleichbar.
Der Gesamtaufwand (39o) für alle sechs Investitionsbereiche lag im
ersten untersuchten Zeitraum bei rund 14 Mrd. DM und umfaßte
im zweiten Zeitabschnitt etwa 13,2 Mrd. DM.
Der Wirtschaftspolitische Investitionsbereich partizipierte landesweit
mit einem Anteil von 29,3 vH (34,5 vH) am jeweiligen Gesamtaufwand

(389) H. HARFF, A. ZAHRNT 1977, S. 454, vgl. zur Hessischen Investitionsdatei o.V. ab 1977 Benutzerhandbuch Investitionsdatei
(behördeninterne Loseblattsammlung), S. 9 ff. In der Datei
sind bewilligte GA-Mittel abgespeichert, nicht aber die Mittel
der Investitionszulage.
(39o) Der Gesamtaufwand wird definiert als Summe der von der öffentlichen Hand getätigten Investitionen sowie erbrachten Zuwendungen,
einschließlich der Kapitalverbilligungsmittel, und Mitteln
privater Unternehmungen, die unter Zuhilfenahme dieser Zuwendungen
investiv eingesetzt werden.

und nahm somit deutlich eine führende Position ein (391). Mit Werten
um 2o vH bzw. knapp unter 2o vH folgen mit deutlichem Abstand der
Verkehrspolitische und der Sozialpolitische Investitionsbereich.

Eine erste teilräumliche Betrachtung auf der Ebene der Regierungsbezirke läßt bereits die staatlichen Bemühungen erkennen, eine Verbesserung der regionalen Wirtschaftsstruktur anzustreben und bestehenden Ungleichgewichten entgegenzuwirken: das Schwergewicht des Mittelflusses im Wirtschaftspolitischen Investitionsbereich lag im gesamten
Untersuchungszeitraum in Mittel-, Ost- und Nordhessen. In diese Teilräume flossen 8o,3 vH = 3,3 Mrd.DM bzw. 71,6 vH = 3,25 Mrd.DM der entsprechenden Gesamtmittel in den beiden untersuchten Zeiträumen (392).

Setzt man den Gesamtaufwand aller Investitionsbereiche mit den Einwohnern (393) in Beziehung, ergaben sich für das Land Hessen für 1975
bis 1978 2 527 DM je Einwohner bzw. 2 358 DM je Einwohner im Zeitabschnitt 1979 bis 1982 (394). Teilräumliche Verhältniszahlen lassen
deutlich werden, daß die strukturschwächeren mittleren und nördlichen
Landesteile vorrangig am Mittelfluß beteiligt waren:

- Regierungsbezirk Darmstadt: 1 9o3 DM (1 8o8 DM) je Einwohner
- Regierungsbezirk Gießen: 3 o37 DM (2 811 DM) je Einwohner
- Regierungsbezirk Kassel: 3 738 DM (3 4o9 DM) je Einwohner.

Eine Aufsplittung des Gesamtaufwandes nach Finanzierungsträgern (395)
zeigt, daß vom Land Hessen für sämtliche Investitionsbereiche jeweils
mehr als ein Drittel der Mittel bereitgestellt wurde (insgesamt rd.
1o,2 Mrd.DM für die Zeit von 1975 bis 1982). Es folgen die Sonstigen
Träger mit Anteilen jeweils um 3o vH, die Kommunen mit 21 vH (rd. 2o vH)

(391) Vgl. hierzu und zu den folgenden Ausführungen die Tabellen A 5
      und A 6. Der eingeklammerte Wert steht hier und im folgenden
      jeweils für den Zeitraum 1979 bis 1982.
(392) Siehe zusätzlich Tabelle A 7.
(393) Der jeweilige Gesamtaufwand ist bezogen auf den Einwohnerstand
      vom 31.12.1978 und vom 31.12.1981.
(394) Vgl. Tabelle A 8.
(395) Vgl. hierzu die Tabellen A 9 und A 1o.

Abb. 1: Landesweiter Gesamtaufwand nach Investitionsbereichen in Mrd. DM

Zeitraum 1975 bis 1978

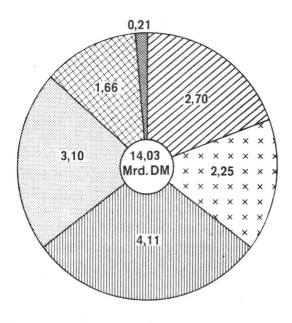

Zeitraum 1979 bis 1982

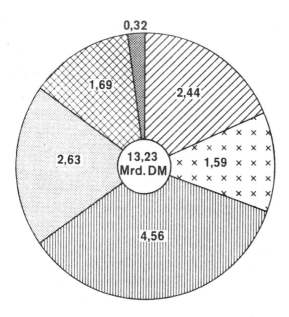

Investitionsbereiche

 Sozialpolitik

Kulturpolitik

Wirtschaftspolitik

Verkehrspolitik

Umweltpolitik

Sicherheitspolitik

Entwurf: G. Kühn

Quelle: Hessische Investitionsdatei.

sowie der Bund mit 12 vH (11 vH). Innerhalb des Wirtschaftspolitischen Investitionsbereiches nahmen die hier zur Gewerbeförderung zusammenge- faßten Projekte eine dominierende Stellung ein. Ihr Anteil an sämtlichen Projekten des Bereiches betrug 51,3 vH = 2,1 Mrd.DM im ersten und 7o,1 vH = 3,2 Mrd.DM im zweiten überprüften Zeitabschnitt (396).

2.1 Vorbereitung von Industriegelände

"Soweit es für die Entwicklung der gewerblichen Wirtschaft erforderlich ist, kann der Ausbau der Infrastruktur mit Investitionszuschüssen ge- fördert werden" (397). Im Rahmen der Gemeinschaftsaufgabe "Verbesserung der regionalen Wirtschaftsstruktur" können Kommunen in den Aktionsräumen Zuschüsse für entsprechende Infrastruktureinrichtungen in Anspruch nehmen (398). In Hessen besteht darüber hinaus für Gemeinden außerhalb der Förder- gebiete die Möglichkeit, besondere Landesmittel in Form von Zuschüssen auch zur Vorbereitung von Industriegelände zu erhalten.

Der Gesamtaufwand für unternehmensorientierte Infrastruktureinrichtungen setzt sich aus Bundes- und Landeszuschüssen, den Investitionen der Gemein- den (Kommunale Mittel) und den Sonstigen Mitteln zusammen.

Im Rahmen dieser Untersuchung werden folgende Maßnahmen der Erstellung einer wirtschaftsnahen Infrastruktur zugerechnet: Abriß eventuell vor- handener Gebäude, Aufschüttungsmaßnahmen, Bereitstellung von Anlagen zur Versorgung mit Wasser und Energie (ohne Hausanschlüsse) bzw. Be- seitigung sowie Reinigung von Abwässern und Abfällen, Bau von Stich- straßen. Die Kosten für den Ankauf von Grundstücken sind nicht enthalten, wohl aber Investitionsmittel privater Unternehmen (399), die im Träger- bereich der Sonstigen Mittel aufgeführt sind.

(396) Die verbleibenden insgesamt rd. 3,4 Mrd.DM flossen im wesentlichen in die Unterbereiche "Fremdenverkehr", "Land- und forstwirt- schaftliche Betriebsstruktur", "Marktstrukturverbesserung" und "Flurneuordnung".
(397) 11. Rahmenplan der Gemeinschaftsaufgabe "Verbesserung der regio- nalen Wirtschaftsstruktur" 1982, S. 26.
(398) A.a.O. befindet sich ein Katalog förderfähiger Infrastruktur- einrichtungen.
(399) Z.B. Anliegerbeiträge.

Abb. 2: Landesweiter Gesamtaufwand nach Finanzierungsträgern in vH

Zeitraum 1975 bis 1978

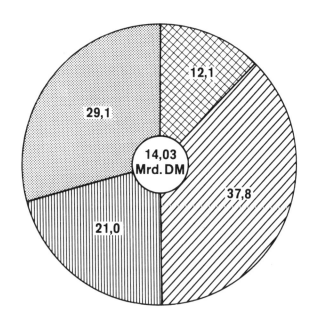

Zeitraum 1979 bis 1982

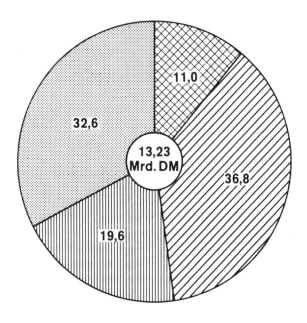

Finanzierungsträger

 Bund

 Land Hessen

Gemeinden (GV)

Sonstige Träger

Entwurf: G. Kühn

Quelle: Hessische Investitionsdatei.

Der Gesamtaufwand in diesem Projekt betrug im Zeitraum 1975 bis 1978
rd. 83,5 Mio.DM und steigerte sich im darauffolgenden Zeitraum 1979
bis 1982 um 11 vH auf rd. 92,6 Mio.DM. Insgesamt wurden 199 Maßnahmen
finanziert. Der (prozentuale) Anteil an allen untersuchten Projekten
belief sich aber lediglich auf 4 vH (2,9 vH). Bei einer Betrachtung
des teilräumlichen Mittelflusses schälen sich die Fördergebiete der
Gemeinschaftsaufgabe,vorrangig der Aktionsraum 1o,als Hauptadressaten
heraus. Allein der Raum des regionalen Aktionsprogrammes "Hessisches
Fördergebiet" vereinnahmte 74,7 vH (67,2 vH) der Gesamtmittel im Rahmen
dieses Projektes. Der südhessische Raum (Regierungsbezirk Darmstadt)
partizipierte nur mit einem Anteil von 21,2 vH (13,3 vH) an den zur Ver-
wendung gekommenen Mitteln (4oo).

Außerhalb der Fördergebiete sind bedeutendere geförderte Maßnahmen zur
Vorbereitung von Industriegelände nur im Zeitabschnitt 1975 bis 1978
in der als Entlastungsort ausgewiesenen Kommune Butzbach und in Wetzlar
(gewerblicher Entwicklungsschwerpunkt) zu beobachten. In Butzbach wurden
Maßnahmen mit einem Gesamtaufwand von 4,o9 Mio.DM realisiert, nach Wetzlar
flossen 4,7 Mio.DM. In der Kommune Wetzlar ist der Anteil der Sonstigen
Mittel mit 96,4 vH außergewöhnlich hoch. Es ist davon auszugehen, daß
die Gemeinde Finanzhilfen aus dem im Dezember 1976 angelaufenen Mittelhessenprogramm erhalten hat, um geeignete Flächen zur Ansiedlung von
Gewerbebetrieben vorzubereiten (4o1).
Butzbach hatte somit einen Anteil von 4,9 vH am landesweiten Gesamtaufwand, der Anteil Wetzlars lag bei 5,6 vH (4o2).

In beiden Zeiträumen erfolgte eine Konzentration der Mittel zur indirekten
Gewerbeförderung in den beiden im Zonenrandgebiet gelegenen übergeordneten
Schwerpunktorten Kassel und Fulda sowie deren Mitorten. An diesen Stand-
orten wurden mit einem Gesamtaufwand von rd. 55,8 Mio.DM Gewerbeflächen

(4oo) Vgl. dazu die Tabellen A 11 und A 12.
(4o1) Siehe dazu o.V. 1977 Jahresbericht des Hessischen Ministeriums
       für Wirtschaft und Technik 1976, S, 63 f.
(4o2) Vgl. hierzu und zu den folgenden Ausführungen die Tabellen 7 und 8.

Tab. 7 : Projekt "Vorbereitung von Industriegelände": Gesamtaufwand nach Finanzierungsträgern, räumliche Verteilungsstruktur 1975 bis 1978

Kommunaler Förderstandort Kreisfreie Stadt Landkreis Regierungsbezirk (Rb) Aktionsraum	Gesamtaufwand in Tsd.DM	Anteil an der räumlichen Verteilungsstruktur in vH	Bundesmittel in Tsd.DM	räumlich	sachlich	Landesmittel in Tsd.DM	räumlich	sachlich	Kommunale Mittel in Tsd.DM	räumlich	sachlich	Sonstige Mittel in Tsd.DM	räumlich	sachlich
Lampertheim	3477	4,2	-	-	-	9o8	4,1	26,1	583	3,1	16,8	1987	8,1	57,1
Kreis Bergstraße	3477	4,2	-	-	-	9o8	4,1	26,1	583	3,1	16,8	1987	8,1	57,1
Groß-Umstadt	311	o,4	-	-	-	4o	o,2	12,9	29	o,2	9,3	242	1,o	77,8
Kreis Darmstadt-Dieburg	311	o,4	-	-	-	4o	o,2	12,9	29	o,2	9,3	242	1,o	77,8
Gernsheim	1855	2,2	-	-	-	5oo	2,3	27,o	1355	7,2	73,o	-	-	-
Kreis Groß-Gerau	1855	2,2	-	-	-	5oo	2,3	27,o	1355	7,2	73,o	-	-	-
Gelnhausen	1754	2,1	441	2,4	25,1	441	2,o	25,1	366	1,9	2o,9	5o7	2,1	28,9
Mitorte	16o5	1,9	483	2,7	3o,1	483	2,2	3o,1	64o	3,4	39,9	-	-	-
Main-Kinzig-Kreis	3359	4,o	923	5,1	27,5	923	4,2	27,5	1oo6	5,3	3o,o	5o7	2,1	15,1
Erbach	451	o,5	-	-	-	128	o,6	28,4	293	1,5	65,o	3o	o,1	6,7
Odenwaldkreis	451	o,5	-	-	-	128	o,6	28,4	293	1,5	65,o	3o	o,1	6,7
Taunusstein	1o1o	1,2	-	-	-	277	1,3	27,4	3o	o,2	3,o	7o3	2,9	69,6
Rheingau-Taunus-Kreis	1o1o	1,2	-	-	-	277	1,3	27,4	3o	o,2	3,o	7o3	2,9	69,6
Büdingen	3225	3,9	648	3,6	2o,1	648	2,9	2o,1	899	4,8	27,9	1o31	4,2	31,9
Butzbach	4o9o	4,9	-	-	-	448	2,o	11,o	2151	11,4	52,6	1492	6,1	36,4
Wetteraukreis	7315	8,7	648	3,6	8,9	1o95	5,o	15,o	3o49	16,1	41,7	2523	1o,2	34,5
Rb Darmstadt	17778	21,2	1571	8,6	8,8	3871	17,6	21,8	6345	33,6	35,7	5991	24,3	33,7
Gießen	97	o,1	-	-	-	49	o,2	5o,o	49	o,2	5o,o	-	-	-
Grünberg	34	o,o	-	-	-	1o	o,o	29,4	24	o,1	7o,6	-	-	-
Kreis Gießen	131	o,2	-	-	-	59	o,3	44,6	73	o,4	55,4	-	-	-
Dillenburg	6oo	o,7	-	-	-	28o	1,3	46,7	32o	1,7	53,3	-	-	-
Haiger	96	o,1	-	-	-	48	o,2	5o,o	49	o,3	5o,o	-	-	-
Wetzlar	47o3	5,6	-	-	-	17o	o,8	3,6	-	-	-	4533	18,4	96,4
Lahn-Dill-Kreis	6822	8,1	-	-	-	12o3	5,5	17,6	1o87	5,7	15,9	4533	18,4	66,4
Limburg	1277	1,5	382	2,1	29,9	382	1,7	29,9	495	2,6	38,8	17	o,1	1,3
Weilburg	293	o,3	-	-	-	-	-	-	-	-	-	293	1,2	1oo,o
Mitort	61	o,1	18	o,1	29,5	18	o,1	29,5	24	o,1	41,o	-	-	-
Kreis Limburg-Weilburg	2683	3,2	686	3,8	25,4	686	3,1	26,2	645	3,4	23,9	665	2,7	24,6
Stadt Allendorf	1165	1,4	35o	1,9	3o,o	35o	1,6	3o,o	245	1,3	21,o	22o	o,9	19,o
Kreis Marburg-Biedenkopf	15o7	1,8	35o	1,9	23,2	485	2,2	32,2	245	1,3	16,3	427	1,7	28,3
Alsfeld	2928	3,5	925	5,1	31,6	925	4,2	31,6	1o79	5,7	36,8	-	-	-
Lauterbach	34o	o,4	1oo	o,5	29,4	1oo	o,5	29,4	14o	o,7	41,2	-	-	-
Vogelsbergkreis	3268	3,9	1o25	5,6	31,3	1o25	4,7	31,4	1219	6,4	37,3	-	-	-
Rb Gießen	14412	17,2	2o61	11,3	14,3	3457	15,7	24,o	3269	17,3	22,7	5625	22,8	39,o
Kassel, St.	1o843	12,9	199o	1o,9	18,4	199o	9,1	18,4	745	3,9	6,8	6118	24,8	56,4
Fulda	7742	9,2	2o48	11,2	26,5	2o48	9,3	26,5	2337	12,4	3o,1	13o9	5,3	16,9
Mitort	1573	1,9	253	1,4	16,1	253	1,2	16,1	1o67	5,7	67,8	-	-	-
Kreis Fulda	1oo85	12,o	2549	14,o	25,3	2549	11,6	25,3	3581	18,9	35,5	14o6	5,7	13,9
Bad Hersfeld	1959	2,3	588	3,2	3o,o	588	2,7	3o,o	366	1,9	18,7	418	1,7	21,3
Mitort	7oo	o,8	275	1,5	39,3	275	1,3	39,3	15o	o,8	21,4	-	-	-
Kreis Hersfeld-Rotenburg	5747	6,9	1911	1o,5	33,2	1911	8,7	33,2	9o5	4,8	15,8	1o21	4,1	17,8
Hofgeismar	1563	1,9	17o	o,9	1o,9	17o	o,8	1o,9	77	o,4	4,9	1145	4,6	73,3
Wolfhagen	9o	o,1	27	o,1	3o,o	27	o,1	3o,o	-	-	-	36	o,1	4o,o
Kreis Kassel	2375	2,8	383	2,1	16,1	383	1,7	16,1	378	2,o	15,9	123o	5,o	51,8
Homberg (Efze)	1373	1,6	-	-	-	-	-	-	-	-	-	1373	5,6	1oo,o
Melsungen	13oo	1,6	39o	1,8	3o,o	39o	1,8	3o,o	52o	2,8	4o,o	-	-	-
Schwalmstadt	6oo	o,7	18o	1,o	3o,o	18o	o,8	3o,o	24o	1,3	4o,o	-	-	-
Schwalm-Eder-Kreis	3713	4,4	66o	3,6	17,8	66o	3,o	17,8	1oo6	5,3	27,1	1388	5,6	37,3
Frankenberg	3697	4,4	1oo3	5,5	27,1	1oo3	4,6	27,1	537	2,8	14,5	1154	4,7	31,2
Kreis Waldeck-Frankenberg	52o2	6,2	14o9	7,7	27,1	14o9	6,4	27,1	644	3,4	12,4	1741	7,1	33,5
Eschwege	6493	7,8	2478	13,6	38,2	2478	11,3	38,2	1538	8,1	23,6	-	-	-
Hessisch Lichtenau	124o	1,5	558	3,1	45,o	558	2,5	45,o	63	o,3	5,1	61	o,2	4,9
Sontra	619	o,7	247	1,4	39,9	247	1,1	39,9	124	o,7	2o,1	-	-	-
Witzenhausen	5o42	6,o	24o6	13,2	47,7	24o6	1o,9	47,7	23o	1,2	4,6	-	-	-
Werra-Meissner-Kreis	13394	16,o	5689	31,2	42,5	5689	25,9	42,5	1955	1o,3	14,6	61	o,2	o,5
Rb Kassel	51359	61,3	1459o	8o,1	28,4	1459o	66,4	28,4	9214	48,7	17,9	12965	52,6	25,3
Aktionsraum 1o	62376	74,7	17537	96,2	28,1	17537	8o,o	28,1	12583	66,8	2o,2	14723	59,9	23,6
Hessischer Teil des Aktionsraumes 11	2683	3,2	686	3,8	25,4	686	3,1	26,2	645	3,4	23,9	665	2,7	24,6
Hessen	83549	99,8	18221	1oo,o	21,8	21918	99,7	26,2	18828	99,6	22,5	24581	99,8	29,4

Gebietsstand 1.1.1981.
Quelle: Hessische Investitionsdatei; eigene Berechnungen.

Tab. 8 : Projekt "Vorbereitung von Industriegelände": Gesamtaufwand nach Finanzierungsträgern, räumliche Verteilungsstruktur 1979 bis 1982

Kommunaler Förderstandort Kreisfreie Stadt Landkreis Regierungsbezirk (Rb) Aktionsraum	Gesamtaufwand in Tsd.DM	Anteil an der räumlichen Verteilungsstruktur in vH	Bundesmittel in Tsd.DM	Anteile an den Verteilungsstrukturen in vH räumlich	sachlich	Landesmittel in Tsd.DM	räumlich	sachlich	Kommunale Mittel in Tsd.DM	räumlich	sachlich	Sonstige Mittel in Tsd.DM	räumlich	sachlich
Bürstadt	2922	3,2	-	-	-	877	3,2	3o,o	187o	7,8	64,o	176	o,9	6,o
Kreis Bergstraße	3822	4,1	-	-	-	1147	4,1	3o,o	2178	9,1	57,o	498	2,4	13,o
Groß-Umstadt	21o	o,2	-	-	-	63	o,2	3o,o	147	o,6	7o,o	-	-	-
Kreis Darmstadt-Dieburg	21o	o,2	-	-	-	63	o,2	3o,o	147	o,6	7o,o	-	-	-
Biebesheim	1735	1,9	-	-	-	521	1,9	3o,o	166	o,7	9,6	1o48	5,1	6o,4
Kreis Groß-Gerau	1735	1,9	-	-	-	521	1,9	3o,o	166	o,7	9,6	1o48	5,1	6o,4
Gelnhausen	1o54	1,1	169	o,8	16,o	169	o,6	16,o	696	2,9	66,o	2o	o,1	1,9
Mitort	69o	o,7	2o7	1,o	3o,o	2o7	1,o	3o,o	276	1,2	4o,o	-	-	-
Schlüchtern	2o8	o,2	73	o,4	35,1	73	o,3	35,1	21	o,1	1o,1	41	o,2	19,7
Mitorte	34oo	3,6	1o2o	5,o	3o,o	112o	3,6	3o,o	643	2,7	18,9	717	3,5	21,1
Main-Kinzig-Kreis	6287	6,8	1726	8,4	27,5	1726	6,2	27,5	1823	7,6	29,o	1o12	5,o	16,1
Erbach	22o	o,2	-	-	-	59	o,2	27,o	139	o,6	63,o	22	o,1	1o,o
Odenwaldkreis	22o	o,2	-	-	-	59	o,2	27,o	139	o,6	63,o	22	o,1	1o,o
Rb Darmstadt	12274	13,3	1726	8,4	14,1	3516	12,7	28,6	4452	18,6	36,3	258o	12,7	21,o
Grünberg	579	o,6	-	-	-	87	o,3	15,o	162	o,7	28,o	33o	1,8	57,o
Hungen	129	o,1	-	-	-	65	o,2	5o,o	65	o,3	5o,o	-	-	-
Laubach	1344	1,5	-	-	-	242	o,9	18,o	863	3,6	64,2	239	1,2	17,8
Kreis Gießen	31o2	3,3	-	-	-	918	3,3	29,6	15oo	6,3	48,4	683	3,4	22,o
Dillenburg	2236	2,4	-	-	-	894	3,2	4o,o	1342	5,6	6o,o	-	-	-
Lahn-Dill-Kreis	9153	9,9	-	-	-	3711	13,4	4o,5	4o15	16,8	43,9	1427	7,o	15,6
Limburg	3798	4,1	1o76	5,2	28,3	1132	4,1	29,8	1372	5,7	36,1	219	1,1	5,8
Weilburg	31o8	3,4	846	4,1	27,2	846	3,o	27,2	819	3,4	26,4	596	2,9	19,2
Mitorte	2311	2,5	659	3,2	28,5	659	2,3	28,5	473	2,o	2o,5	519	2,6	22,5
Kreis Limburg-Weilburg	1o132	1o,9	285o	13,9	28,1	29o6	1o,5	28,7	2888	12,1	28,5	1488	7,3	14,7
Biedenkopf	1o83	1,2	-	-	-	542	1,9	5o,o	44	o,2	4,1	497	2,4	45,9
Gladenbach	65	o,1	-	-	-	33	o,1	5o,o	26	o,1	4o,o	7	o,o	1o,o
Stadt Allendorf	65	o,1	19	o,1	29,2	19	o,1	29,2	27	o,1	41,5	-	-	-
Kreis Marburg-Biedenkopf	2o2o	2,2	19	o,1	o,9	798	2,9	39,5	485	2,o	24,o	718	3,5	35,5
Alsfeld	5oo	o,5	1o8	o,5	21,5	1o8	o,4	21,5	15o	o,6	3o,o	135	o,7	27,o
Homberg (Ohm)	172	o,2	52	o,3	3o,o	52	o,2	3o,o	69	o,3	4o,o	-	-	-
Lauterbach	3947	4,3	1185	5,8	3o,o	1185	4,3	3o,o	798	3,3	2o,2	78o	3,8	19,8
Vogelsbergkreis	4769	5,1	1389	6,8	29,1	1389	5,o	29,1	1o72	4,5	22,5	92o	4,5	19,3
Rb Gießen	29176	31,5	4257	2o,7	14,6	9722	35,o	33,3	996o	41,6	34,1	5237	25,7	18,o
Kassel, St.	14374	15,5	3371	16,4	23,5	3371	12,1	23,5	1671	7,o	11,6	596o	29,3	41,4
Fulda	2o257	21,9	646o	31,5	31,9	646o	23,3	31,9	385o	16,1	19,o	3488	17,1	17,2
Hünfeld	268	o,3	8o	o,4	3o,o	8o	o,3	3o,o	1o7	o,4	6o,o	-	-	-
Kreis Fulda	2148o	23,2	6842	33,3	31,9	6842	24,6	31,9	427o	17,8	19,8	3525	17,3	16,4
Bad Hersfeld	23o9	2,5	693	3,4	3o,o	693	2,5	3o,o	-	-	-	924	4,5	4o,o
Bebra	22oo	2,4	73o	3,6	33,2	73o	2,6	33,2	557	2,3	25,3	184	o,9	8,3
Kreis Hersfeld-Rotenburg	526o	5,7	167o	8,1	31,7	167o	6,o	31,7	812	3,4	15,4	11o8	5,4	21,1
Mitort (zu Kassel)	11o3	1,2	414	2,o	37,5	414	1,5	37,5	196	o,8	17,8	8o	o,4	7,2
Kreis Kassel	1223	1,3	436	2,1	35,7	436	1,6	35,7	233	1,o	19,1	118	o,6	9,6
Homberg (Efze)	1266	1,4	-	-	-	-	-	-	-	-	-	1266	6,2	1oo,o
Melsungen	966	1,o	262	1,3	27,1	262	o,9	27,1	353	1,5	36,5	9o	o,4	9,3
Schwalm-Eder-Kreis	2362	2,6	3o2	1,5	12,8	3o2	1,1	12,8	383	1,6	16,2	1376	6,8	58,2
Frankenberg	537	o,6	154	o,7	28,7	154	o,6	28,7	96	o,4	17,9	133	o,7	24,1
Korbach	878	o,9	189	o,9	21,5	189	o,7	21,5	397	1,7	45,2	1o5	o,5	11,8
Kreis Waldeck-Frankenberg	3362	3,6	887	4,3	26,4	887	3,2	26,4	1257	5,3	37,4	33o	1,6	9,8
Hessisch Lichtenau	121o	1,3	535	2,6	44,2	535	1,9	44,2	141	o,6	11,6	-	-	-
Sontra	64	o,1	24	o,1	37,5	24	o,1	37,5	16	o,1	25,o	-	-	-
Witzenhausen	11o5	1,2	35o	1,7	31,7	35o	1,3	31,7	4o5	1,7	36,6	-	-	-
Werra-Meissner-Kreis	3o93	3,3	1o31	5,o	33,3	1o31	3,7	33,3	89o	3,7	28,8	14o	o,7	4,5
Rb Kassel	51153	55,2	1454o	7o,8	28,4	1454o	52,3	28,4	9516	39,8	18,6	12556	61,6	24,5
Aktionsraum 1o	62274	67,2	17931	87,4	28,o	17931	64,6	28,o	12625	58,8	2o,3	14722	72,3	23,6
Hessischer Teil des Aktionsraumes 11	1o132	1o,9	285o	13,9	28,1	29o6	1o,5	28,7	2888	12,1	28,5	1488	7,3	14,7
Hessen	926o3	1oo,o	2o524	1oo,o	22,2	27778	1oo,o	3o,o	23928	1oo,o	25,8	2o373	1oo,o	22,o

Gebietsstand 1.1.1981.
Quelle : Hessische Investitionsdatei; eigene Berechnungen .

vorbereitet. Hiervon entfielen auf Kassel rd. 26,3 Mio.DM und auf Fulda
rd. 29,5 Mio.DM. Beide übergeordneten Schwerpunktorte nebst Mitorten
vereinnahmten somit etwa ein Viertel der Gesamtmittel des Projektes im
ersten der beiden untersuchten Zeitabschnitte (Kassel: 12,9 vH, Fulda
nebst Eichenzell: 11,1 vH) und sogar 38,6 vH im zweiten Zeitabschnitt
(Kassel nebst Lohfelden: 16,7 vH, Fulda: 21,9 vH). Der Mitteleinsatz
wurde im Zeitraum 1979 bis 1982 an beiden Standorten gegenüber dem Durchführungsabschnitt 1975 bis 1978 noch beträchtlich erhöht. Kassel: das
Gesamtvolumen erfuhr eine Steigerung von rd. 1o,8 Mio.DM auf rd. 15,5 Mio.
DM. Fulda: Zunahme von rd. 9,3 Mio.DM auf rd. 2o,3 Mio.DM.
Hierbei flossen die Mittel in ganz entscheidendem Maße in die beiden
Industrieparks Kassel-Waldau und Fulda-West.
Im Industriepark Fulda-West sind die Vorbereitungsmaßnahmen inzwischen
soweit gediehen, daß bereits mit der Ansiedlung von Unternehmungen begonnen werden konnte. 1982 war schon ein Drittel der Gesamtfläche belegt
(4o3). In Kassel-Waldau wurden im Zuge der Industriegeländeerstellung
etwa 12o ha Fläche vorbereitet (4o4).

Differenziert man nach Finanzierungsträgern, ist der mit 6,8 vH (11,6 vH)
geringe Anteil der Kommunalen Mittel in Kassel auffällig. Demgegenüber
lag der Kommunale Anteil des Gesamtaufwandes in Fulda bei 3o,1 vH (19,o vH)
(4o5).
Der Anteil der Sonstigen Mittel am Gesamtvolumen der Investitionen betrug
im Oberzentrum Kassel 56,4 vH (41,4 vH), demgegenüber beliefen sich die
Vergleichswerte von Fulda auf lediglich 16,9 vH (17,2 vH) (4o6). Das
vorhandene empirische Material erlaubt leider keine Aufsplitterung der
"Restgröße" Sonstige Mittel, so daß nur vermutet werden kann, daß private Investitionen in Kassel in starkem Maße an diesem Projekt partizipierten.

(4o3) Vgl. o.V. 1982 Jahresbericht des Hessischen Ministeriums für
      Wirtschaft und Technik 1981, S. 65 und o.V. 1983 Jahresbericht des
      Hessischen Ministeriums für Wirtschaft und Technik 1982, S. 54.
(4o4) O.V. 1983 Jahresbericht des Hessischen Ministeriums für Wirt-
      schaft und Technik 1982, S. 54.
(4o5) Im Landesdurchschnitt betrug der Anteil der Kommunalen Mittel
      am Gesamtaufwand bei der Vorbereitung von Industriegelände
      22,5 vH (25,8 vH).
(4o6) Landesdurchschnitt hier 29,4 vH (22,o vH).

Bundes- und Landesmittel, die im Rahmen der Gemeinschaftsaufgabe je
zur Hälfte vom Bund und vom Land Hessen einfließen, wurden vorrangig
auf die beiden oben genannten übergeordneten Schwerpunktorte konzentriert: Allein Fulda vereinnahmte im Zeitraum 1979 bis 1982 31,5 vH
aller in Hessen eingesetzten Bundesmittel und 23,3 vH der Landesmittel,
insgesamt knapp 13 Mio.DM.

Im Abschnitt 1975 bis 1978 ist eine dritte teilräumliche Mittelkonzentration in den im Werra-Meißner-Kreis gelegenen Schwerpunktorten in extremer Zonenrandlage Eschwege und Witzenhausen (4o7) zu
beobachten: Nach Eschwege flossen rd. 6,5 Mio.DM, dies entspricht
7,8 vH am landesweiten Gesamtaufwand. In Witzenhausen gelangten Mittel
in Höhe von rd. 5 Mio.DM zum Einsatz (entsprechend 6,o vH des Gesamtaufwandes in Hessen).
Im Zeitraum 1979 bis 1982 lag im Aktionsraum 1o ein weiterer För-
derungsschwerpunkt im Mittelzentrum Lauterbach. Bei einem Gesamtaufwand von rd. 3,95 Mio.DM (4,3 vH des hessischen Gesamtaufwandes) wurden
etwa 2,4 Mio.DM an Bundes- und Landesmitteln im Rahmen der Gemeinschaftsaufgabe für die Vorbereitung von Industriegelände in diesem Schwerpunktort eingesetzt.

Im gleichen Zeitabschnitt bereitete man im übergeordneten Schwerpunktort
Limburg mit finanziellen Mitteln in einer Gesamthöhe von rd. 3,8 Mio.DM
Flächen für die gewerbliche Nutzung vor. 59 vH der Finanzierung rekru-
tierten sich hierbei aus Bundes- und Landesmitteln, Kommunale Investitionen erreichten eine Größenordnung von 1,37 Mio.DM (dies entspricht
36,1 vH der in Limburg eingesetzten Gesamtmittel).

Eine Bewertung der indirekten Förderung der gewerblichen Wirtschaft
via Vorbereitung von Industriegelände in Hessen zwischen 1975 und 1982
führt zu folgenden Befunden:
Seitens des zuständigen Fachressorts wurden den konzeptionellen Vorgaben der hessischen Landes- und Regionalplanung insofern Rechnung

(4o7) Beide Kommunen sind gleichzeitig seitens der hessischen Landesplanung als Mittelzentren ausgewiesen.

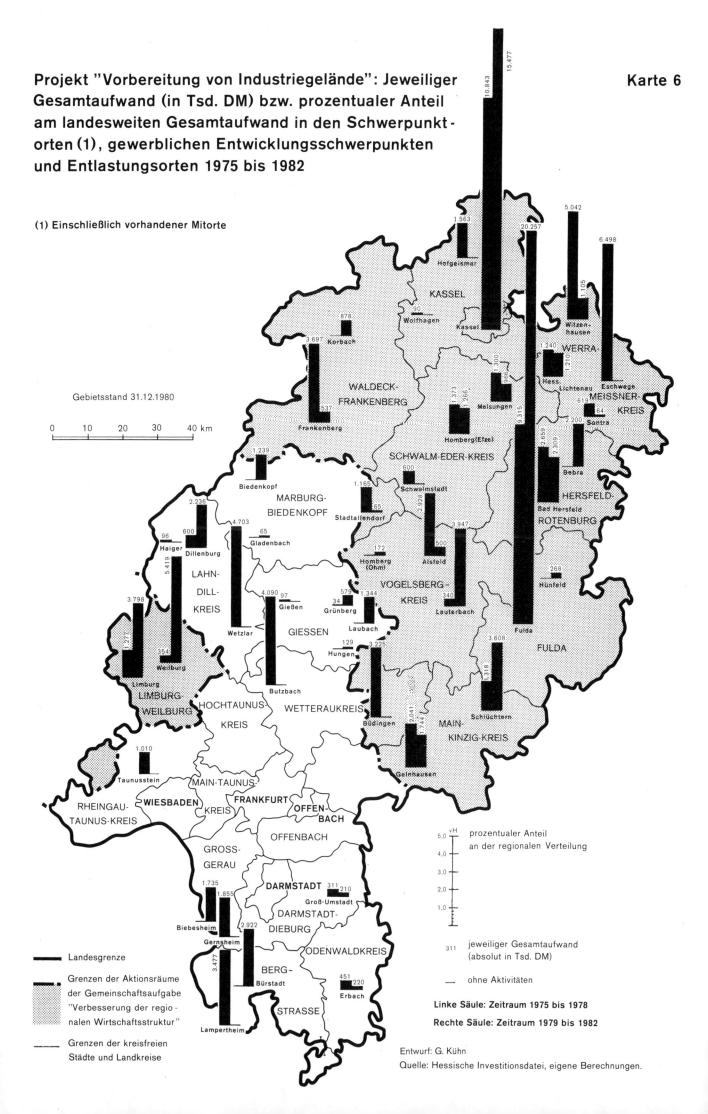

Projekt "Vorbereitung von Industriegelände": Jeweiliger Gesamtaufwand (in Tsd. DM) bzw. prozentualer Anteil am landesweiten Gesamtaufwand in den Schwerpunktorten (1), gewerblichen Entwicklungsschwerpunkten und Entlastungsorten 1975 bis 1982

Karte 6

(1) Einschließlich vorhandener Mitorte

Gebietsstand 31.12.1980

0   10   20   30   40 km

5,0 vH   prozentualer Anteil
4,0   an der regionalen Verteilung
3,0
2,0
1,0

311   jeweiliger Gesamtaufwand
      (absolut in Tsd. DM)

—   ohne Aktivitäten

Linke Säule: Zeitraum 1975 bis 1978

Rechte Säule: Zeitraum 1979 bis 1982

Landesgrenze

Grenzen der Aktionsräume der Gemeinschaftsaufgabe "Verbesserung der regionalen Wirtschaftsstruktur"

Grenzen der kreisfreien Städte und Landkreise

Entwurf: G. Kühn

Quelle: Hessische Investitionsdatei, eigene Berechnungen.

getragen, als ein Einsatz der knappen finanziellen Ressourcen vorrangig
in den strukturschwachen hessischen Fördergebieten der Gemeinschaftsaufgabe erfolgte. Trotz des enger werdenden Spielraums der öffentlichen
Haushalte wurde versucht, die Rahmenbedingungen für Investitionen der
gewerblichen Wirtschaft durch die Bereitstellung von geeigneten
Gewerbeflächen nachhaltig zu verbessern. Entsprechende staatliche und
kommunale Bemühungen wurden aus diesem Grunde im zweiten überprüften
Zeitabschnitt sogar noch intensiviert. Eine Konzentration des Mittelein-
satzes fand in den beiden Oberzentren Kassel und Fulda statt, mithin
also in Kommunen, von denen aufgrund ihrer Größe zu erwarten ist, daß
sie wachstumsorientierte Impulse auf den umgebenden Raum abgeben können
und demzufolge als Entwicklungspole fungieren.

Neben dieser positiven Entwicklung läßt sich allerdings anhand des
empirischen Materials eine weniger günstige Tatsache nachweisen:
Vorrangig in Teilräumen Mittel- und Nordhessens ist im Widerspruch zu
den bestehenden planerischen Vorstellungen und Vorgaben ein erheblicher
Teil der eingesetzten Mittel an den ausgewiesenen kommunalen Förderstandorten "vorbeigeflossen" (4o8). Herausragend war dies in den Landkreisen Lahn-Dill und Waldeck-Frankenberg zu beobachten; dort wurde
jeweils im Zeitraum 1979 bis 1982 lediglich etwa ein Viertel der zur
Verfügung stehenden monetären Ressourcen in den gewerblichen Entwicklungsschwerpunkten eingesetzt.

Für den gesamten Aktionsraum 1o war aber eine befriedigende durchschnittliche Mittelkonzentration von 86,8 vH (83,4 vH) zu registrieren,
wobei das Zonenrandgebiet im Mittelpunkt der Bemühungen stand. Die
südhessischen Entlastungsorte offerieren ein günstigeres Bild: Maßnahmen zur Vorbereitung von Industriegelände fanden fast ausschließlich
in den planerisch festgelegten Gemeinden statt.

Abgesehen von Butzbach und Wetzlar waren die außerhalb der Fördergebiete gelegenen, planerisch ausgewiesenen gewerblichen Standorte
durch eine relativ schwache Investitionsbereitschaft gekennzeichnet.

(4o8) Siehe dazu Tabelle 9.

Tab. 9 : Projekt "Vorbereitung von Industriegelände": Anteil der kommunalen
Förderstandorte am jeweiligen Gesamtaufwand in den Landkreisen,
Regierungsbezirken und Aktionsräumen zwischen 1975 und 1978 bzw.
1979 und 1982

Landkreis Regierungs- bezirk (Rb) Aktionsraum	Anteil der kommunalen Förderstandorte am je- weiligen Gesamtaufwand in vH	
	1975 - 78	1979 - 82
Bergstraße	1oo,o	76,5
Darmstadt-Dieburg	1oo,o	1oo,o
Groß-Gerau	1oo,o	1oo,o
Main-Kinzig	1oo,o	85,1
Odenwald	1oo,o	1oo,o
Rheingau-Taunus	1oo,o	-
Wetterau	1oo,o	-
Rb Darmstadt	1oo,o	92,3
Gießen	1oo,o	66,2
Lahn-Dill	79,1	24,4
Limburg-Weilburg	6o,8	81,5
Marburg-Biedenkopf	77,3	67,8
Vogelsberg	1oo,o	96,9
Rb Gießen	83,4	67,4
Fulda	92,4	95,6
Hersfeld-Rotenburg	46,3	85,7
Kassel	69,6	9o,2
Schwalm-Eder	88,1	94,5
Waldeck-Frankenberg	71,1	26,1
Werra-Meissner	1oo,o	76,9
Rb Kassel	61,3	78,2
Aktionsraum 1o	86,8	83,4
Hessischer Teil des Aktionsraumes 11	6o,8	81,5
Hessen	81,6	79,3

Gebietsstand 1.1.1981 .
Quelle: Hessische Investitionsdatei;eigene Berechnungen .

2.2 Errichtung eines Betriebes

Die definitorische Abgrenzung dieses Projektes erfolgt in enger Anlehnung an die Sprachregelung der Gemeinschaftsaufgabe. Unter einer
Betriebserrichtung versteht man demzufolge die Schaffung von "Anlagen
oder Einrichtungen ..., die zur Aufnahme der gewerblichen Tätigkeit
dienen" (4o9). Die Verlagerung eines Unternehmens wird wie eine Errichtung behandelt. Dabei werden folgende teilweise Einschränkungen
unterworfene Differenzierungen vorgenommen: Fernverlagerungen aus
Nichtfördergebieten in Fördergebiete, Fernverlagerungen innerhalb
der Fördergebiete; Nahverlagerungen aus Nichtfördergebieten in Fördergebiete sowie Nahverlagerungen innerhalb der Fördergebiete. Nur
die Fernverlagerungen von Betrieben aus Nichtfördergebieten in För-
gebiete sind der Errichtung eines Betriebes gleichgestellt. "Die
anderen Verlagerungsfälle können nur dann gefördert werden, wenn
eine angemessene Zahl neuer Dauerarbeitsplätze geschaffen wird. Hierbei sind nur die Kosten des Erweiterungseffektes förderfähig" (41o).
Angemessen heißt, die Zahl der Arbeitsplätze ist um mindestens 15 vH
oder um den absoluten Betrag 5o zu erhöhen.
Unter nachstehenden Voraussetzungen kann der Kauf eines bereits bestehenden Betriebes wie eine Betriebserrichtung behandelt werden:
Eine Förderung bis zur Höhe der entsprechenden Höchstsätze ist dann
möglich, wenn ein übernommener Produktionsbetrieb weiter als ein
solcher genutzt wird. Des weiteren muß ein wesentlicher Teil der
vorhandenen Beschäftigten übernommen werden.

Landesweit war für den Zeitraum 1975 bis 1982 in diesem Projekt ein
Gesamtaufwand von rd. 623,5 Mio.DM zu verzeichnen (411).
Davon entfielen 195,8 Mio.DM auf den ersten und 427,7 Mio.DM auf
den zweiten Zeitabschnitt.

(4o9) P. BECKER, D. SCHMIDT 1982, C I, S. 16.
(41o) P. BECKER, D. SCHMIDT 1982, C I, S. 16.
(411) Vgl. dazu die Tabellen A 11 und A 12.

Es ist allerdings anzumerken, daß die Investitionskosten pro Arbeits-
platz im Untersuchungszeitraum stark angestiegen sind (412).
Die Anzahl der in Hessen mit öffentlichen Mitteln geförderten An-
siedlungen lag insgesamt bei 214 Fällen. 1975 bis 1978 wurden 63
Betriebe angesiedelt, auf den Zeitraum 1979 bis 1982 entfielen 151
Betriebserrichtungen. Einer "Errichtungstalsohle" in den Jahren 1976
und 1977 folgte eine Erholung bis zum Ende des Berichtszeitraumes.
Der Anteil des Projektes "Errichtung eines Betriebes" an allen untersuchten und hier der Gewerbeförderung zugerechneten Projekten betrug
in Hessen 9,3 vH (13,4 vH).

Die eingesetzten öffentlichen Ressourcen rekrutieren sich aus Bundes-
und Landesmitteln. Zum einen werden in den hessischen Fördergebieten
der Gemeinschaftsaufgabe mit jeweils gleichhohen Finanzierungsbei-
trägen von Bund und Land Mittel bereitgestellt, zum anderen findet
vorrangig in den seitens der hessischen Landes- und Regionalplanung
ausgewiesenen Entlastungsorten und gewerblichen Entwicklungsschwerpunkten außerhalb der Förderräume eine landesinterne Förderung statt.
Der Anteil der staatlichen Finanzierungsträger am Gesamtaufwand lag
im Landesdurchschnitt bei 8,8 vH (9,2 vH) (413). Insgesamt setzten
Bund und Land Fördermittel im Umfang von rd. 17,3 Mio.DM (39,6 Mio.DM)
ein. Der Beitrag der Sonstigen Mittel am gesamten Investitionsaufkommen
betrug im überprüften Zeitabschnitt landesweit etwa 9o vH. Eine tiefere
Differenzierung dieser Sonstigen Mittel ist zwar nicht möglich,
es ist jedoch davon auszugehen, daß sie sich im wesentlichen aus den
investiv eingesetzten Mitteln der privaten Unternehmungen zur Errichtung
eines Betriebes zusammensetzen. Im Gegensatz zu den Finanzierungsanteilen
im Projekt "Vorbereitung von Industriegelände" dominieren hier also
eindeutig die in den Sonstigen Mitteln enthaltenen investiven Aktivitäten

(412) So lagen diese Kosten beispielsweise im Jahre 1979 bei durchschnittlich 165 ooo DM/Arbeitsplatz. 198o mußten bereits durchschnittlich 2oo ooo DM für die Schaffung eines Arbeitsplatzes
investiert werden. Vgl. o.V. 1981 Jahresbericht des Hessischen
Ministeriums für Wirtschaft und Technik 198o, S. 62.
(413) Siehe hierzu und zu den folgenden Ausführungen die Tabellen 1o
und 11.

der Produktionsbetriebe.

Der Umfang der Gesamtinvestitionen wird aber von den positiven Wechsel-
wirkungen zwischen diesen privaten Aktivitäten und den eingesetzten
öffentlichen Finanzmitteln mitbestimmt.

Im folgenden soll die teilräumliche Entwicklung dargestellt werden.
Das räumliche Schwergewicht der in diesem Projekt eingesetzten Gesamtmittel befand sich im beobachteten Zeitraum in den mittleren, östlichen
und nördlichen Teilen des Untersuchungsgebietes. Mithin ist auch hier
der staatliche Versuch unverkennbar, teilräumlichen Ungleichgewichten
entgegenzusteuern.

Die mit öffentlichen Mitteln geförderten Betriebserrichtungen konzentrierten sich in den Regierungsbezirken Gießen und Kassel. Dort kamen
insgesamt etwa 44o,2 Mio.DM zum Einsatz, entsprechend rd. 7o,6 vH der
vorgenommenen Ansiedlungsinvestitionen. 183,3 Mio.DM flossen in den
südhessischen Regierungsbezirk Darmstadt. Bei dieser Aufgliederung nach
den drei administrativen Großräumen ist noch zu berücksichtigen, daß
der Aktionsraum 1o mit Teilen des Wetteraukreises und des Main-Kinzig-
Kreises in den zuletzt genannten Regierungsbezirk hineinragt und dort
in erheblichem Maße in den Genuß der zur Verfügung stehenden finanziellen
Ressourcen gelangt.

In beiden Zeitabschnitten nahm allerdings der dem Verdichtungsraum
Rhein-Main zugeordnete Entlastungsort Biebesheim eine hervorragende
Position ein. Diese im Ordnungsraum gelegene Kommune - seitens der
Landes- und Regionalplanung gemeinsam mit Gernsheim und Stockstadt
als Unterzentrum mit Teilfunktionen eines Mittelzentrums ausgewiesen -
verzeichnete als einziger gewerblicher Standort außerhalb der Fördergebiete im gesamten Untersuchungszeitraum bedeutende, mit öffentlichen
Zuwendungen geförderte Ansiedlungsinvestitionen privater Unternehmungen.
Mit einem Anteil von 11,1 vH = 21,6 Mio.DM am Gesamtaufwand Hessens
rangierte Biebesheim zwischen 1975 und 1978 an erster Stelle und nahm
im zweiten überprüften Zeitabschnitt mit einem entsprechenden Anteil
von 7,5 vH = 31,9 Mio.DM erneut eine dominierende Position ein. Insgesamt riefen die bezuschußten Betriebe Landesmittel in Höhe von 1,65 Mio.
DM ab.

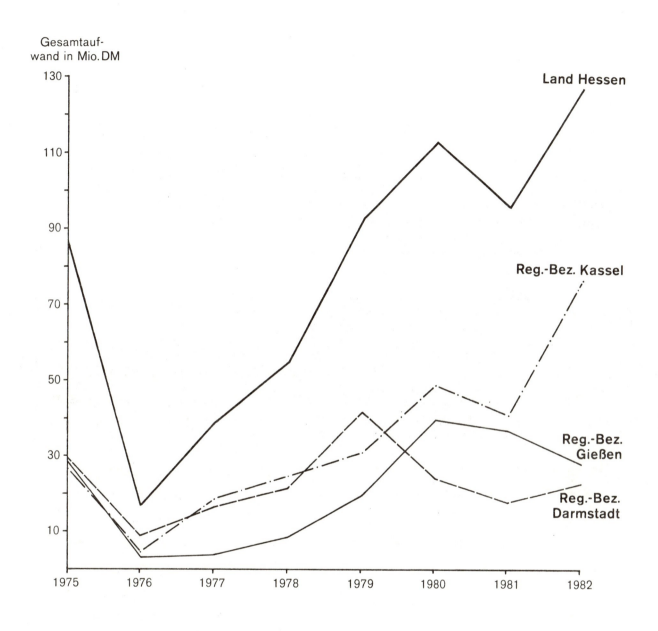

Abb. 3: Projekt "Errichtung eines Betriebes": Gesamtaufwand und dessen Entwicklung 1975 bis 1982 im Land Hessen und in den Regierungsbezirken

Gesamtaufwand in Mio. DM

Land Hessen

Reg.-Bez. Kassel

Reg.-Bez. Gießen

Reg.-Bez. Darmstadt

130
110
90
70
50
30
10

1975 1976 1977 1978 1979 1980 1981 1982

Entwurf: G. Kühn

Quelle: Hessische Investitionsdatei.

Neben Biebesheim fiel im Zeitraum 1975 bis 1978 das Mittelzentrum
Gladenbach positiv auf. Dort tätigten Produktionsbetriebe Investitionen
in einer Größenordnung von etwa 10,5 Mio.DM. Sie erhielten in Verbindung
mit diesen investiven Aktivitäten Landesmittel im Umfang von 184 000 DM.
Alle anderen südhessischen Entlastungsorte sowie die gewerblichen Entwicklungsschwerpunkte außerhalb der Fördergebiete waren durch relativ
geringe förderungswürdige Ansiedlungsinvestitionen charakterisiert bzw.
ließen entsprechende neue Betriebserrichtungen völlig vermissen (414).

Hauptadressat des Projektes war im gesamten untersuchten Zeitablauf der
Aktionsraum 10, wobei dessen im hessischen Zonenrandgebiet gelegene
Teilräume herausragend am Gesamtmittelfluß partizipierten.
Dieses Fördergebiet vereinnahmte insgesamt knapp zwei Drittel des
Gesamtaufwandes von Hessen zwischen 1975 und 1978. Auch im zweiten
Zeitabschnitt konzentrierten sich dort erneut etwa zwei Drittel aller
eingesetzten Projektmittel. Insgesamt wurden unternehmerische Inve-
stitionen in Höhe von rd. 328 Mio.DM mit rd. 21 Mio.DM Landesmitteln
sowie rd. 17,6 Mio.DM Bundesmitteln in Form von Zuschüssen gefördert.
Bedeutende Investitionsaktivitäten kennzeichnen in besonderem Maße den
zum Fördergebiet gehörenden Teil des Main-Kinzig-Kreises. Dort errichtete
Betriebe waren mit 14 vH im ersten Zeitabschnitt führend am landesweiten
Gesamtaufwand beteiligt.
Zwischen 1975 und 1978 ragte mit den Landkreisen Waldeck-Frankenberg
und Kassel der nordwestliche Teilraum des Aktionsraumes "Hessisches
Fördergebiet" heraus: Die entsprechenden Aktivitäten umspannten rd.
7,6 Mio.DM (17,5 vH der Ansiedlungsinvestitionen in Hessen), sie fanden
allerdings vorrangig in Zentren statt, die nicht als Schwerpunktorte
deklariert sind: in Arolsen (Mittelzentrum), in Battenberg (Unterzentrum
in Funktionsergänzung mit der Gemeinde Allendorf/Eder), des weiteren in
Burgwald (Kleinzentrum).

Bei einer Betrachtung der kommunalen Ebene hoben sich mehrere im Zonenrandgebiet gelegene Standorte deutlich vom Feld der Schwerpunktorte

(414) Vgl. hierzu im besonderen die Tabellen A 13 und A 14.

Tab. 1o: Projekt "Errichtung eines Betriebes": Gesamtaufwand nach Finanzierungsträgern, räumliche Verteilungsstruktur 1975 bis 1978

Kommunaler Förderstandort Kreisfreie Stadt Landkreis Regierungsbezirk (Rb) Aktionsraum	Gesamtaufwand in Tsd.DM	Anteil an der räumlichen Verteilungs- struktur in vH	Zuschüsse - Bund in Tsd.DM	Anteil an der räumlichen Verteilungs- struktur in vH	Zuschüsse - Land in Tsd.DM	Anteil an der räumlichen Verteilungs- struktur in vH	Sonstige Mittel in Tsd.DM	Anteile an den Verteilungsstruk- turen in vH räum- lich	sach- lich
Lampertheim	43oo	2,2	-	-	344	3,1	3956	2,2	92,o
Kreis Bergstraße	43oo	2,2	-	-	344	3,1	3956	2,2	92,o
Dieburg	2486	1,3	-	-	75	o,7	2411	1,4	97,o
Kreis Darmstadt-Dieburg	2486	1,3	-	-	75	o,7	2411	1,4	97,o
Biebesheim	21645	11,1	-	-	8o4	7,4	2o841	11,7	96,3
Kreis Groß-Gerau	21645	11,1	-	-	8o4	7,4	2o841	11,7	96,3
Gelnhausen	53o	o,3	11	o,2	11	o,1	5o8	o,3	95,8
Mitort	21147	1o,8	693	1o,9	693	6,3	19763	11,1	93,5
Mitort (zu Schlüchtern)	572o	2,9	3o2	4,8	3o2	2,8	5117	2,9	89,5
Main-Kinzig-Kreis	31177	15,9	115o	18,1	115o	1o,5	28881	16,2	92,6
Erbach	347o	1,8	-	-	25o	2,3	322o	1,8	92,8
Michelstadt	434	o,2	-	-	26	o,2	4o8	o,2	94,o
Odenwaldkreis	39o4	2,o	-	-	276	2,5	3628	2,o	92,9
Taunusstein	5318	2,7	-	-	275	2,5	5o43	2,8	94,8
Rheingau-Taunus-Kreis	5318	2,7	-	-	275	2,5	5o43	2,8	94,8
Wetteraukreis	8o57	4,1	-	-	744	6,8	7313	4,1	9o,8
Rb Darmstadt	76887	39,3	115o	18,1	3668	33,5	72o73	4o,4	93,7
Grünberg	735	o,4	-	-	74	o,7	661	o,4	89,9
Laubach	16o	o,o	-	-	13	o,1	147	o,1	91,9
Kreis Gießen	895	o,5	-	-	87	o,8	8o8	o,5	9o,3
Haiger	165o	o,8	-	-	9o	o,8	156o	o,9	94,5
Lahn-Dill-Kreis	23oo	1,2	-	-	187	1,7	2113	1,2	91,9
Limburg	9335	4,8	383	6,o	383	3,5	8574	4,8	91,8
Weilburg	532	o,3	-	-	8o	o,7	452	o,3	85,o
Mitort	7o25	3,6	366	5,8	366	3,3	6294	3,5	89,6
Kreis Limburg-Weilburg	27134	13,9	1238	19,5	1428	13,1	24477	13,7	9o,2
Gladenbach	1o686	5,5	-	-	184	1,7	1o5o2	5,9	98,3
Stadt Allendorf	1388	o,7	52	o,8	52	o,5	1284	o,7	92,5
Kreis Marburg-Bieden- kopf	1227o	6,3	52	o,8	261	2,4	11957	6,7	97,4
Lauterbach	847	o,4	32	o,5	32	o,3	784	o,4	92,6
Vogelsbergkreis	1912	1,o	66	1,o	136	1,2	1711	1,o	89,5
Rb Gießen	44511	22,7	1356	21,4	2o99	19,2	41o66	23,o	92,3
Kassel, St.	1o788	5,5	976	15,4	976	8,9	8838	4,9	81,9
Fulda	5731	2,9	445	7,o	445	4,1	4842	2,7	84,5
Mitort	6112	3,1	442	7,o	442	4,o	5229	2,9	86,o
Kreis Fulda	14743	7,5	914	14,4	1134	1o,4	12698	7,1	86,1
Bebra	57	o,o	2	o,o	2	o,o	53		93,o
Kreis Hersfeld- Rotenburg	1991	1,o	91	1,4	91	o,8	1812	1,o	91,o
Hofgeismar	535	o,3	2o	o,3	2o	o,2	495	o,3	92,5
Kreis Kassel	15824	8,1	7o3	11,1	1o38	9,5	14o83	7,9	89,o
Homberg (Efze)	1519	o,8	87	1,4	87	o,8	1345	o,8	88,5
Schwalmstadt	45o	o,2	23	o,4	23	o,2	4o5	o,2	9o,o
Schwalm-Eder-Kreis	2951	1,5	11o	1,7	257	2,3	2585	1,4	87,6
Korbach	38	o,o	1	o,o	1		35		92,1
Kreis Waldeck- Frankenberg	1839o	9,4	489	7,7	1o39	9,5	16863	9,4	91,7
Eschwege	4593	2,3	3o9	4,9	321	2,9	3966	2,2	86,3
Hessisch Lichtenau	581	o,3	2	o,o	42	o,4	537	o,3	92,4
Sontra	3911	2,o	215	3,4	215	2,o	3481	1,9	89,o
Werra-Meissner-Kreis	9736	5,o	554	8,7	636	5,8	8549	4,8	87,8
Rb Kassel	74423	38,o	3837	6o,5	5171	47,3	65428	36,6	87,9
Aktionsraum 1o	115695	59,1	51o5	8o,5	7189	65,7	1o3419	57,9	89,4
Hessischer Teil des Aktionsraumes 11	27134	13,9	1238	19,5	1428	13,1	24777	13,9	91,3
Hessen	195821	1oo,o	6343	1oo,o	1o938	1oo,o	178567	1oo,o	91,2

Gebietsstand 1.1.1981.
Quelle: Hessische Investitionsdatei; eigene Berechnungen.

Tab. 11: Projekt "Errichtung eines Betriebes": Gesamtaufwand nach Finanzierungsträgern, räumliche Verteilungsstruktur 1979 bis 1982

Kommunaler Förderstandort Kreisfreie Stadt Landkreis Regierungsbezirk (Rb) Aktionsraum	Gesamtaufwand in Tsd.DM	Anteil an der räumlichen Verteilungs-struktur in vH	Zuschüsse - Bund in Tsd.DM	Anteil an der räumlichen Verteilungs-struktur in vH	Zuschüsse - Land in Tsd.DM	Anteil an der räumlichen Verteilungs-struktur in vH	Sonstige Mittel in Tsd.DM	Anteile an den Verteilungsstruk-turen in vH räumlich	sachlich
Offenbach, St.	553o	1,3	-	-	278	1,2	5252	1,4	95,0
Lampertheim	16oo	o,4	-	-	128	o,6	1472	o,4	92,0
Kreis Bergstraße	3ooo	o,7	-	-	268	1,2	2732	o,7	91,1
Dieburg	94o	o,2	-	-	85	o,4	855	o,2	91,0
Kreis Darmstadt-Dieburg	94o	o,2	-	-	85	o,4	855	o,2	91,0
Biebesheim	3193o	7,5	-	-	844	3,7	31086	8,0	97,3
Gernsheim	5231	1,2	-	-	523	2,3	47o8	1,2	9o,0
Kreis Groß-Gerau	37161	8,7	-	-	1367	6,0	35794	9,2	96,3
Hochtaunuskreis	1151	o,3	-	-	92	o,4	1o59	o,3	92,0
Gelnhausen	136o	o,3	23	o,1	73	o,3	1265	o,3	93,0
Mitort	581	o,1	14	o,1	44	o,2	523	o,1	9o,0
Schlüchtern	16376	3,8	389	2,3	5o7	2,2	1548o	4,0	94,5
Mitorte	5977	1,4	246	1,5	246	1,1	5487	1,4	91,8
Main-Kinzig-Kreis	48294	11,3	672	4,0	137o	6,0	46255	11,9	95,8
Erbach	532	o,1	21	o,1	21	o,1	49o	o,1	92,1
Michelstadt	295o	o,7	-	-	248	1,1	27o2	o,7	91,6
Odenwaldkreis	3877	o,9	21	o,1	3o8	1,4	3548	o,9	91,5
Kreis Offenbach	655	o,2	-	-	65	o,3	59o	o,2	9o,1
Taunusstein	1172	o,3	-	-	117	o,5	1o55	o,3	9o,0
Rheingau-Taunus-Kreis	1172	o,3	-	-	117	o,5	1o55	o,3	9o,0
Büdingen	2585	o,6	134	o,8	134	o,6	2317	o,6	89,6
Wetteraukreis	4614	1,1	135	o,9	338	1,5	4122	1,1	89,3
Rb Darmstadt	1o6394	24,9	848	5,0	4288	18,9	1o1262	26,1	95,2
Gießen	4ooo	o,9	-	-	32o	1,4	368o	o,9	92,0
Grünberg	621	o,1	-	-	55	o,2	566	o,1	91,1
Hungen	637	o,1	-	-	32	o,1	6o5	o,2	95,0
Kreis Gießen	5258	1,2	-	-	4o7	1,8	4851	1,2	92,3
Dillenburg	2o64	o,5	-	-	165	o,7	1899	o,5	92,0
Haiger	35o	o,1	-	-	45	o,2	3o5	o,1	87,1
Lahn-Dill-Kreis	9324	2,2	-	-	689	3,0	8635	2,2	92,6
Limburg	63792	14,9	3424	2o,3	3424	15,1	5695o	14,7	89,3
Weilburg	6759	1,6	266	1,6	266	1,2	6228	1,6	92,1
Mitorte	771	o,2	3o	o,2	3o	o,1	713	o,2	92,5
Kreis Limburg-Weil- burg	82127	19,2	4342	25,7	4355	19,2	73441	18,9	89,4
Stadt Allendorf	2547	o,6	81	o,5	81	o,4	2387	o,6	93,7
Kreis Marburg- Biedenkopf	4677	1,1	81	o,5	333	1,5	4265	1,1	91,2
Alsfeld	1o767	2,5	611	3,6	611	2,7	9546	2,5	88,7
Homberg (Ohm)	31o	o,1	-	-	47	o,2	263	o,1	84,8
Lauterbach	1668	o,4	1o9	o,6	1o9	o,5	1451	o,4	87,0
Vogelsbergkreis	23266	5,4	1193	7,1	132o	5,8	2o756	5,3	89,2
Rb Gießen	124652	29,1	5616	33,2	71o4	31,4	111948	28,8	89,8
Kassel, St.	38941	9,1	1682	9,9	1682	7,4	3558o	9,2	91,4
Fulda	5894o	13,8	4168	24,7	4168	18,4	5o611	13,0	85,7
Mitort	37o7	o,9	3oo	1,8	3oo	1,3	31o7	o,8	83,8
Hünfeld	4177	1,0	74	o,4	86	o,4	4o18	1,0	96,2
Kreis Fulda	74834	17,5	5o69	3o,0	5145	22,7	64631	16,6	86,4
Bad Hersfeld	43343	1o,1	1147	6,8	123o	5,4	4o966	1o,6	94,5
Mitort	445o	1,0	327	1,9	327	1,4	3797	1,0	85,3
Bebra	117o	o,3	68	o,4	68	o,3	1o35	o,3	88,5
Kreis Hersfeld- Rotenburg	49577	11,6	1571	9,3	1699	7,5	463o9	11,9	93,4
Mitorte (zu Kassel)	627o	1,5	447	2,6	447	2,0	5379	1,4	85,8
Wolfhagen	26o	o,1	9	o,1	9		244	o,1	93,8
Kreis Kassel	19481	4,6	1259	7,4	15oo	6,6	1673o	4,3	85,9
Fritzlar	371	o,1	-	-	46	o,2	325	o,1	87,6
Schwalm-Eder-Kreis	686	o,2	16	o,1	62	o,3	6o9	o,2	88,7
Frankenberg	1o4o	o,2	33	o,2	33	o,1	976	o,3	93,8
Kreis Waldeck- Frankenberg	4823	1,1	1o2	o,6	432	1,9	4292	1,1	89,0
Eschwege	723	o,2	38	o,2	38	o,2	647	o,2	89,5
Sontra	4296	1,0	385	2,3	385	1,7	3531	o,9	82,2
Witzenhausen	2555	o,6	249	1,5	249	1,1	2o58	o,5	8o,5
Werra-Meissner-Kreis	83o3	1,9	744	4,4	744	3,3	6823	1,8	82,2
Rb Kassel	196645	46,0	1o443	61,8	11264	49,7	174974	45,1	89,0
Aktionsraum 1o	25o916	58,7	12565	74,2	138o1	6o,9	224616	57,9	89,5
Hessischer Teil des Aktionsraumes 11	82127	19,2	4342	25,7	4355	19,2	73441	18,9	89,4
Hessen	427691	1oo,0	169o7	1oo,0	22656	1oo,0	388184	1oo,0	9o,8

Gebietsstand 1.1.1981.
Quelle: Hessische Investitionsdatei; eigene Berechnungen.

des Aktionsraumes 1o ab, wobei allerdings diese Dominanz, klammert man
Wächtersbach (Mitort des Schwerpunktortes Gelnhausen) aus, erst ab dem
Jahre 1979 zum Tragen kam (415):

Fulda konzentrierte 24,7 vH aller Bundesmittel (4,17 Mio.DM) sowie
18,4 vH aller Landesmittel (4,17 Mio.DM) auf sich. Unter Zuhilfenahme dieser öffentlichen Finanzressourcen tätigten Private Ansiedlungsinvestitionen im Umfang von 5o,6 Mio.DM.

Es folgte in der Rangordnung das 1978 zum übergeordneten Schwerpunktort beförderte Bad Hersfeld. Im Verbund mit dem Mitort Friedewald partizipierten dort Betriebe in der Kommune mit 11,1 vH (rd. 4,8 Mio.DM) am
projektweiten Gesamtaufwand.

Danach kommt Kassel - Kernstadt des nordhessischen Verdichtungsraumes -
mit nur etwas geringfügigeren investiven Aktivitäten. Wenn die Betriebserrichtungen hier unter dem räumlichen Aggregat Ordnungsraum zusammengefaßt werden, schiebt sich der Verdichtungsraum Kassel mit den ihm
zugeordneten Randgebieten auf den zweiten Platz, dies bei einem Gesamtaufwand von dann rd. 5o,3 Mio.DM.

Zunehmend an Bedeutung gewann im untersuchten Zeitraum der hessische
Teilraum des regionalen Aktionsprogrammes "Mittelrhein-Lahn-Sieg".
Die Betriebsansiedlungen in einer Größenordnung von etwa 27 Mio.DM
innerhalb der ersten vier Berichtsjahre wurden zwischen 1979 und 1982
mit einem Investitionsvolumen von rd. 82 Mio.DM um ein Mehrfaches
übertroffen.

Der übergeordnete Schwerpunktort Limburg - gleichzeitig Mittelzentrum
mit Teilfunktion eines Oberzentrums - hob sich bereits im ersten Abschnitt des achtjährigen Untersuchungszeitraumes mit einem Anteil von
7,8 vH am landesweiten Aufwand etwas von seinen kommunalen Konkurrenten
ab. Zwischen 1979 und 1982 nahm Limburg sogar den ersten Platz im Vergleich aller planerisch ausgewiesenen Gemeinden Hessens ein: Hier
tätigten private Unternehmungen in einem Umfang von rd. 63,8 Mio.DM
Investitionen zur Errichtung von Betrieben, dies bei einer Förderung
mit öffentlichen Mitteln von etwa 6,8 Mio.DM. Dies führte dazu, daß
allein Limburg 14,9 vH aller bereitgestellten Ansiedlungsmittel abrief.

(415) Vgl. auch die Tabellen A 15 und A 16.

Projekt "Errichtung eines Betriebes": Jeweiliger Gesamtaufwand (in Tsd. DM) bzw. prozentualer Anteil am landesweiten Gesamtaufwand in den Schwerpunktorten (1), gewerblichen Entwicklungsschwerpunkten und Entlastungsorten 1975 bis 1982

Karte 7

(1) Einschließlich vorhandener Mitorte

Gebietsstand 31.12.1980

0   10   20   30   40 km

Legende:

— Landesgrenze

▬ Grenzen der Aktionsräume der Gemeinschaftsaufgabe "Verbesserung der regionalen Wirtschaftsstruktur"

— Grenzen der kreisfreien Städte und Landkreise

vH — prozentualer Anteil an der regionalen Verteilung
5,0
4,0
3,0
2,0
1,0

311 — jeweiliger Gesamtaufwand (absolut in Tsd. DM)

— ohne Aktivitäten

Linke Säule: Zeitraum 1975 bis 1978
Rechte Säule: Zeitraum 1979 bis 1982

Entwurf: G. Kühn
Quelle: Hessische Investitionsdatei, eigene Berechnungen.

Regionen und Orte auf der Karte:

KASSEL — Hofgeismar 535, 45.211, 10.788 — Wolfhagen 260 — Kassel — Witzenhausen 2.555, 47.793 — 4.593 — Eschwege 3.911, 723 — Sontra 1.296 — WERRA-MEISSNER-KREIS

WALDECK-FRANKENBERG — Korbach 38 — Fritzlar 371 — Frankenberg 1.040 — Homberg (Efze) 1.519 — SCHWALM-EDER-KREIS

Hess. Lichtenau 581, 62.647 — Bad Hersfeld 11.843 — HERSFELD-ROTENBURG — Bebra 57, 1.170

MARBURG-BIEDENKOPF — Biedenkopf 196, 100 — Gladenbach 10.686 — Stadtallendorf 1.388, 2.547 — Schwalmstadt 450

Haiger 1.650, 350 — Dillenburg 2.064 — LAHN-DILL-KREIS — Homberg (Ohm) 310 — Alsfeld 10.767 — Hünfeld 4.177

63.792 — Weilburg 7.557, 7.530 — Gießen 4.000 — Grünberg 735, 621 — VOGELSBERGKREIS — Lauterbach 847, 668 — FULDA

9.335 — Limburg — GIESSEN — Laubach 160 — Fulda 22.353

LIMBURG-WEILBURG — Hungen 637 — 21.677 — Schlüchtern 15.720

Taunusstein 5.318, 1.172 — 21.645 — WETTERAUKREIS — Büdingen 2.585 — MAIN-KINZIG-KREIS

RHEINGAU-TAUNUS-KREIS — HOCHTAUNUS-KREIS — Geinhausen 1.941

31.930 — WIESBADEN — FRANKFURT — OFFENBACH

GROSS-GERAU — OFFENBACH — Dieburg 2.486, 940

DARMSTADT — DARMSTADT-DIEBURG

Biebesheim 5.231 — Gernsheim — ODENWALD-KREIS — Michelstadt 3.470, 2.950, 434, 532 — Erbach

BERGSTRASSE — Lampertheim 4.300, 1.600

Mit nachstehenden Befunden soll eine abschließende Zusammenfassung und Zwischenbewertung des Projektes "Errichtung eines Betriebes" vorgenommen werden. Zunächst einmal: Eine Grundlage für befriedigende Resultate des Einsatzes von Durchführungsinstrumenten, hier speziell solche zur Förderung der gewerblichen Wirtschaft, ist das Ineinandergreifen sich gegenseitig flankierender instrumenteller "Bausteine".
Für einige Teilräume des Untersuchungsraumes läßt sich hierzu feststellen, daß hohen Investitionen der öffentlichen Hand in die Bereitstellung von Gewerbeflächen gleichfalls hohe, mit staatlichen Mitteln geförderte private Ansiedlungsaktivitäten gegenüberstehen. Somit kann angenommen werden, daß die Behebung von Flächenengpässen sich belebend auf die Betriebserrichtungen ausgewirkt hat. Herausragende Beispiele hierfür können die im Zonenrandgebiet gelegenen Oberzentren Fulda und Kassel sein. Für eine Anzahl planerisch ausgewiesener Kommunen liegt der Schluß nahe, daß eine fehlende Bereitstellung von GE- und GI-Flächen (416) einer aktiven Gewerbepolitik nicht unbedingt förderlich ist. Als ein negatives Beispiel ist das Oberzentrum Gießen anzuführen (417).

Schließlich ist allerdings anzumerken, daß sich im Untersuchungsraum mehrere Standorte befinden, die belegen, daß die vorhandenen Wirkungsketten komplizierter sein können: Die Mittelzentren Butzbach und Eschwege hatten umfangreiche Aktivitäten hinsichtlich einer indirekten Gewerbeförderung betrieben, ohne indes nennenswerte Ansiedlungserfolge verbuchen zu können.

Vergleichbar mit dem bereits im Projekt "Vorbereitung von Industriegelände" beobachteten Trend ist auch hier eine Konzentration der mit öffentlichen Finanzmitteln bezuschußten unternehmerischen Investitionen auf bestimmte Teilräume feststellbar: Es handelte sich außerhalb der Fördergebiete nur um den Entlastungsort Biebesheim in Südhessen. In den Aktionsräumen der Gemeinschaftsaufgabe dominieren die Landkreise

(416) Gewerbe- und Industrieflächen gemäß § 1 BauNVO.
(417) Vgl. auch o.V. 1980 Jahresbericht des Hessischen Ministeriums für Wirtschaft und Technik 1979, S. 75.

Limburg-Weilburg, Waldeck-Frankenberg, Kassel, Hersfeld-Rotenburg und
der östliche Raum des Main-Kinzig-Kreises.

Auf kommunaler Ebene wurden neben den Aktivitäten in den Schwerpunktorten Bad Hersfeld und Limburg erneut die Vorrangstellung der beiden
im Zonenrandgebiet gelegenen Entwicklungspole Fulda und Kassel deutlich.
Ein Vergleich mit den hessischen Zentren, in denen lediglich eine landesinterne Förderung stattfand, verstärkt diesen Befund noch. Sieht man
nämlich von Biebesheim ab, blieben nennenswerte förderungswürdige Ansiedlungsinvestitionen weitgehend aus. Somit konnten die südhessischen
Entlastungsorte der ihnen seitens der Landesplanung zugewiesenen Funktion,
Unternehmen oder ihre Zweigbetriebe aus den Kernzonen der Verdichtungsgebiete aufzunehmen, nur ungenügend gerecht werden.

Ein zentrales planerisches Anliegen, die Konzentration gerade der
Errichtungsmittel auf die Schwerpunktorte, erlitt räumliche "Auf-
weichungen", wenn man unterstellt, daß zumindest teilweise vom Prinzip
der begründeten Ausnahmen abgerückt wurde (418). Grund zu dieser Annahme gab der regional feststellbare geringe Konzentrationsgrad vorrangig auf Schwerpunktorte in Teilen des Aktionsraumes 1o (419): Hier
war der nordwestliche Bereich (Landkreise Kassel und Waldeck-Frankenberg)
im gesamten Berichtszeitraum negativ gekennzeichnet. Zwischen 66,5 vH
und 99,8 vH des Gesamtaufwandes flossen dort an den Schwerpunktorten
vorbei.
In abgeschwächter Form gilt dies auch für den mittelhessischen Randsaum
des Aktionsraumes 1o (Vogelsbergkreis, Teile der Wetterau).
Zwischen 1979 und 1982 fiel das Lahn-Dill-Gebiet mit einer Konzentration
von lediglich 25,9 vH der eingesetzten Projektmittel in den gewerblichen
Entwicklungsschwerpunkten auf.

(418) Siehe zu den Ausnahmeregelungen 11. Rahmenplan der Gemeinschafts-
      aufgabe "Verbesserung der regionalen Wirtschaftsstruktur" 1982,
      S. 22.
      Die seitens des verantwortlichen Fachressorts für 1976 ge-
      troffene Feststellung, daß es sich dort ausschließlich um
      eben solche begründeten Ausnahmen handelt (vgl. o.V. 1977
      Jahresbericht des Hessischen Ministeriums für Wirtschaft
      und Technik 1976, S. 189 f), läßt sich mit hoher Sicherheit
      nicht für den gesamten Untersuchungszeitraum aufrechterhalten.
(419) Vgl. dazu Tabelle 12.

Tab. 12 : Projekt "Errichtung eines Betriebes": Anteil der kommunalen
Förderstandorte am jeweiligen Gesamtaufwand in den Landkreisen,
Regierungsbezirken und Aktionsräumen zwischen 1975 und 1978 bzw.
1979 und 1982

Landkreis Regierungs- bezirk (Rb) Aktionsraum	Anteil der kommunalen Förderstandorte am je- weiligen Gesamtaufwand in vH	
	1975 - 78	1979 - 82
Bergstraße	1oo,o	53,3
Darmstadt-Dieburg	1oo,o	1oo,o
Groß-Gerau	1oo,o	1oo,o
Main-Kinzig	87,9	5o,3
Odenwald	1oo,o	89,8
Rheingau-Taunus	1oo,o	1oo,o
Wetterau	o,o	56,0
Rb Darmstadt	84,o	78,5
Gießen	1oo,o	1oo,o
Lahn-Dill	71,7	25,9
Limburg-Weilburg	62,3	86,8
Marburg-Biedenkopf	1oo,o	56,4
Vogelsberg	44,3	54,8
Rb Gießen	75,7	64,8
Fulda	8o,3	89,3
Hersfeld-Rotenburg	2,9	98,8
Kassel	3,4	33,5
Schwalm-Eder	66,7	54,1
Waldeck-Frankenberg	o,2	21,6
Werra-Meissner	93,3	91,2
Rb Kassel	41,1	64,8
Aktionsraum 1o	47,9	7o,3
Hessischer Teil des Aktionsraumes 11	62,3	86,8
Hessen	66,9	69,4

Gebietsstand 1.1.1981.
Quelle: Hessische Investitionsdatei; eigene Berechnungen.

Als partielle "Entschuldigung" mag gelten, daß in den genannten Räumen
gelegene Mittelzentren den Mittelabfluß teilweise auffingen (Arolsen
und Herborn). Somit ist zumindest der Vorwurf des "Gießkannenprinzips"
nicht durchgängig haltbar.

2.3 Erweiterung eines Betriebes

Zur definitorischen Abgrenzung werden in gleicher Form wie bei dem
soeben diskutierten Projekt die geltenden Regelungen der Gemeinschaftsaufgabe benutzt: "Eine Betriebsstätte wird erweitert, wenn die Kapazität
einer bestehenden Betriebsstätte z.B. durch den Einsatz zusätzlicher
Maschinen oder sonstiger Aggregate erhöht wird. Es ist nicht erforderlich, daß die Betriebsstätte auch räumlich erweitert wird " (42o).
Im Zuge der Erweiterungsmaßnahmen ist eine Förderung nur dann möglich,
wenn sich die Zahl der zu Beginn der Investition im Unternehmen vorhandenen Dauerarbeitsplätze um mindestens 15 vH erhöht oder wenn
mindestens 5o zusätzliche Dauerarbeitsplätze geschaffen werden.
"Als Dauerarbeitsplätze sind Arbeitsplätze anzusehen, die voraussichtlich
mindestens einen Konjunkturzyklus überdauern werden" (421).

In Hessen resultierte aus diesem Projekt zwischen 1975 und 1978 ein
Gesamtaufwand in Höhe von rd. 872 Mio.DM. Im zweiten untersuchten Zeitabschnitt war ein Gesamtaufwand von etwa 1,1 Mrd.DM zu verzeichnen.

Im Vorgriff auf die Diskussion des Projektes "Kapitaldiensthilfen" sei
bereits an dieser Stelle angemerkt, daß dessen Umfang zwischen 1977
und 198o in starkem Maße durch die zeitlich begrenzte Auflage des Mittelhessenprogrammes determiniert wurde und daß der Anteil der staatlichen
Mittel in dem Projekt deutlich unter den unten genannten Vergleichs-
zahlen rangierte. Unter Berücksichtigung dieser Faktoren gelangt man
zu dem Befund, daß den Betriebserweiterungen im Rahmen der hier zur

(42o) P. BECKER, D. SCHMIDT 1982, C I, S. 16.
(421) P. BECKER, D. SCHMIDT 1982, C I, S. 67.

Förderung der gewerblichen Wirtschaft zusammengefaßten Projekte die
größte Bedeutung im Untersuchungszeitraum beizumessen ist.

Der Anteil der öffentlichen Förderung am Gesamtaufwand in Form von
Bundes- und Landeszuschüssen betrug 63 Mio.DM (67,8 Mio.DM) (422).
Der Bund setzte im Rahmen der Gemeinschaftsaufgabe rd. 28 Mio.DM
(31 Mio.DM) ein, das Land Hessen leistete Transferzahlungen im Zuge
der Gemeinschaftsaufgabe in Höhe von 28,8 Mio.DM (31,3 Mio.DM). Die
landesinterne Zuschußförderung umspannte gleichzeitig rd. 6,2 Mio.DM
(5,5 Mio.DM). Es darf wie bei den Ansiedlungsinvestitionen unterstellt
werden, daß im Trägerbereich Sonstige Mittel die Aktivitäten privater
Unternehmungen eine primäre Rolle spielten.

Eine regionale Analyse des Sachkomplexes Betriebserweiterungen führt
zu folgenden Ergebnissen:
Bereits auf der räumlichen Bezugsebene der drei hessischen Regierungsbezirke schält sich ein steiles Nord-Süd-Gefälle des Mittelflusses
heraus: Mit nur unwesentlichen prozentualen Verschiebungen zwischen
beiden untersuchten Zeitabschnitten flossen insgesamt etwa zwei Drittel
(rd. 1,4 Mrd.DM) des Projektgesamtaufwandes in den Regierungsbezirk
Kassel, der Regierungsbezirk Gießen vereinnahmte ungefähr 25 vH
(481,7 Mio.DM) desselben. Etwa lo vH des für geförderte Erweiterungen
zu beobachtenden monetären Stromes verblieben in Betriebseinrichtungen
des Regierungsbezirkes Darmstadt (entsprechend rd. 198,4 Mio.DM).

Auffällig für den hier gewählten Beobachtungszeitraum ist die geringe,
mit Landeszuschüssen geförderte Investitionstätigkeit in Produktionsbetrieben außerhalb der Fördergebiete. In allen dort gelegenen gemeindlichen Förderstandorten waren nur relativ geringe investive Aktivitäten
zu beobachten (423). Als Ursache kann man einerseits eine generell
schwache Investitionsbereitschaft vermuten. Andererseits ist denkbar,
daß gerade in Mittelhessen in verstärktem Maße Mittel aus dem Mittelhessenprogramm beansprucht wurden.

(422) Vgl. hierzu und zu den weiteren Ausführungen die Tabellen 13 und
      14.
(423) Vgl. die Tabellen A 13 und A 14.

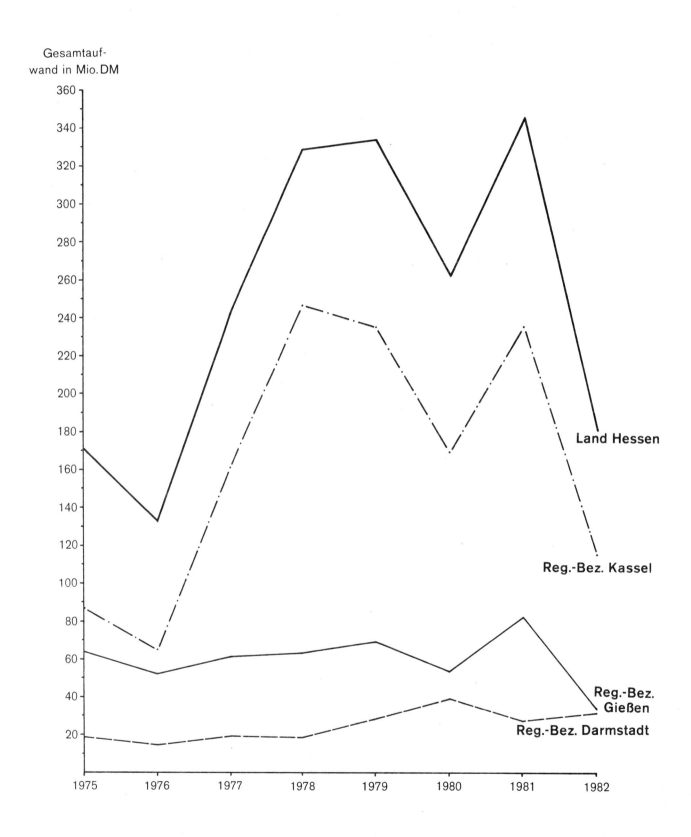

Abb. 4: Projekt "Erweiterung eines Betriebes": Gesamtaufwand und dessen Entwicklung 1975 bis 1982 im Land Hessen und in den Regierungsbezirken

Gesamtauf-
wand in Mio. DM

Land Hessen

Reg.-Bez. Kassel

Reg.-Bez. Gießen

Reg.-Bez. Darmstadt

Entwurf: G. Kühn

Quelle: Hessische Investitionsdatei.

Lediglich in Michelstadt riefen Firmen im Zuge der Bestandspflege
öffentliche Zuschüsse in Höhe von 1,92 Mio.DM ab. Dies führte zu
Gesamtinvestitionen von etwa 31 Mio.DM, ein vergleichsweise immer
noch geringer Bestand, mißt man ihn an der teilräumlichen Entwicklung
in den Fördergebieten der Gemeinschaftsaufgabe.

Mit Bundes- und Landeszuschüssen unterstützte Betriebserweiterungen
fanden vorrangig im Aktionsraum 1o statt. Hier konzentrierten sich
insgesamt 84,1 vH (82,2 vH) des landesweiten Gesamtaufwandes, entsprechend rd. 733,2 Mio.DM im ersten und rd. 923,9 Mio.DM im zweiten
Zeitabschnitt. Im Rahmen der Gemeinschaftsaufgabe beteiligten sich
der Bund und das Land Hessen mit insgesamt etwa 119 Mio.DM an privaten Investitionen.
Innerhalb des Aktionsraumes 1o lag der Schwerpunkt der getätigten
Erweiterungsinvestitionen in der nördlichen Hälfte, mit Einschluß
des Landkreises Fulda.
Gewerbebestandspflege in umfangreichem Maße fand im ganzen Berichtszeitraum in den Teilräumen Schwalm-Eder-Kreis (Gesamtaufwand rd.
2o2 Mio.DM), Waldeck-Frankenberg (rd. 161,2 Mio.DM), dem zum Aktionsraum 1o gehörenden Gebiet des Landkreises Marburg-Biedenkopf (rd.
194,9 Mio.DM), dem Landkreis Fulda (rd. 2o3,8 Mio.DM) und dem Werra-
Meißner-Kreis (rd. 145,1 Mio.DM) statt (424).

Eine Überprüfung der Entwicklung der Kommunen mit Schwerpunkteigen-
schaft verdeutlicht die Sonderstellung des übergeordneten Schwerpunktortes Kassel, der sich weit von der Konkurrenz anderer Gemeinden
des Aktionsraumes absetzte: In beiden beobachteten Zeitabschnitten
fand jeweils ein Fünftel der staatlich geförderten Betriebserweiterungen
in der Kernstadt des nordhessischen Verdichtungsraumes statt, entsprechend
413,5 Mio.DM.
Zwischen 1975 und 1978 fallen die Aktivitäten der ansässigen Produktions-
unternehmen im Mittelzentrum Stadt Allendorf auf.

(424) Vgl. hierzu und zum folgenden auch die Tabellen A 15, A 16
       sowie A 19 und A 2o.

Tab.13: Projekt" Erweiterung eines Betriebes": Gesamtaufwand nach Finanzierungsträgern, räumliche Verteilungsstruktur 1975 bis 1978

Kommunaler Förderstandort Kreisfreie Stadt Landkreis Regierungsbezirk (Rb) Aktionsraum	Gesamtaufwand in Tsd.DM	Anteil an der räumlichen Verteilungsstruktur in vH	Zuschüsse - Bund in Tsd.DM	Anteil an der räumlichen Verteilungsstruktur in vH	Zuschüsse - Land in Tsd.DM	Anteil an der räumlichen Verteilungsstruktur in vH	Sonstige Mittel in Tsd.DM	Anteile an den Verteilungsstrukturen in vH räumlich	sachlich
Lampertheim	11233	1,3	-	-	68o	1,9	1o543	1,3	93,9
Kreis Bergstraße	11233	1,3	-	-	68o	1,9	1o543	1,3	93,9
Biebesheim	3859	o,4	-	-	28o	o,8	3579	o,4	92,7
Kreis Groß-Gerau	3859	o,4	-	-	28o	o,8	3579	o,4	92,7
Gelnhausen	1912	o,2	71	o,3	71	o,2	177o	o,2	92,6
Mitort	2576	o,3	91	o,3	91	o,3	2396	o,3	93,o
Schlüchtern	178		11		11		157		88,2
Mitorte	7257	o,8	295	1,1	295	o,8	6671	o,8	91,9
Main-Kinzig-Kreis	27481	3,1	76o	2,7	76o	2,2	25985	3,2	94,5
Erbach	4821	o,6	-	-	386	1,1	4435	o,5	92,0
Michelstadt	1192o	1,4	-	-	9o9	2,6	11o11	1,4	92,4
Odenwaldkreis	17941	2,1	-	-	1395	4,0	16546	2,0	92,2
Taunusstein	1ooo	o,1	-	-	74	o,2	926	o,1	92,6
Rheingau-Taunus-Kreis	1ooo	o,1	-	-	74	o,2	926	o,1	92,6
Büdingen	4982	o,6	112	o,4	112	o,3	4761	o,6	95,6
Wetteraukreis	9356	1,1	198	o,7	198	o,6	8965	1,1	95,8
Rb Darmstadt	7o86o	8,1	958	3,4	3387	9,7	66534	8,2	93,9
Grünberg	961	o,1	-	-	54	o,2	9o8	o,1	94,5
Laubach	1478	o,2	-	-	11o	o,3	1368	o,2	92,6
Kreis Gießen	4947	o,6	-	-	264	o,8	4684	o,6	94,7
Lahn-Dill-Kreis	238o5	2,7	-	-	2337	6,7	21394	2,6	89,9
Limburg	23336	2,7	814	2,9	814	2,3	21715	2,7	93,1
Weilburg	8o9	o,1	35	o,1	35	o,1	74o	o,1	91,5
Mitort	6221	o,7	163	o,6	278	o,8	578o	o,7	92,9
Kreis Limburg-Weilburg	65541	7,5	2259	8,1	2379	6,8	6o917	7,5	92,9
Biedenkopf	55o1	o,6	-	-	593	1,7	49o8	o,6	89,2
Gladenbach	2885	o,3	-	-	342	1,0	2544	o,3	88,2
Stadt Allendorf	113375	13,0	3144	11,2	3144	9,0	1o7o57	13,2	94,4
Kreis Marburg-Biedenkopf	124o21	14,2	3144	11,2	3144	9,0	116555	14,4	94,0
Alsfeld	6o33	o,7	314	1,1	314	o,9	54o7	o,7	89,6
Homberg (Ohm)	918	o,1	18	o,1	18		882	o,1	96,1
Lauterbach	4139	o,5	156	o,6	156	o,4	383o	o,5	92,5
Vogelsbergkreis	2296o	2,6	861	3,1	945	2,7	21162	2,6	92,2
Rb Gießen	241274	27,7	6264	22,4	1o256	29,3	224712	27,8	93,1
Kassel, St.	182651	2o,9	7331	26,2	7359	21,0	167977	2o,8	92,0
Fulda	2o182	2,3	1o51	3,8	1o51	3,0	18o82	2,2	89,6
Mitort	15857	1,8	711	2,5	711	2,8	14439	1,8	91,1
Hünfeld	8588	1,0	233	o,9	253	o,7	8083	1,0	94,1
Kreis Fulda	812o5	9,3	3311	11,8	3391	9,7	7452o	9,2	91,8
Bad Hersfeld	1217	o,1	46	o,2	46	o,1	1126	o,1	92,5
Bebra	14o98	1,6	4o4	1,4	4o4	1,2	13291	1,6	94,3
Kreis Hersfeld-Rotenburg	48483	5,6	1745	6,2	1745	5,0	44999	5,6	92,8
Mitort (zu Kassel)	4oo6	o,5	163	o,6	423	1,2	3421	o,4	85,4
Hofgeismar	3535	o,4	13o	o,5	13o	o,4	3276	o,4	92,7
Wolfhagen	5255	o,6	185	o,7	185	o,5	4887	o,6	93,0
Kreis Kassel	32o25	3,7	1181	4,2	1441	4,1	29418	3,6	91,9
Homberg (Efze)	74oo	o,8	287	1,0	287	o,8	6826	o,8	92,2
Melsungen	4o7o5	4,7	1118	4,0	1118	3,2	38473	4,8	94,5
Schwalmstadt	3392	o,4	85	o,3	85	o,2	3226	o,4	95,1
Schwalm-Eder-Kreis	1o2252	11,7	229o	8,2	2361	6,7	97615	12,1	95,5
Frankenberg	83o4	1,0	31o	1,1	31o	o,9	7686	o,9	92,6
Korbach	18887	2,2	6o4	2,2	634	1,8	17649	2,2	93,4
Kreis Waldeck-Frankenberg	49714	5,7	1386	4,9	1416	4,0	46925	5,8	94,4
Eschwege	16635	1,9	1145	4,1	1174	3,4	14321	1,8	86,1
Hessisch Lichtenau	11655	1,3	399	1,4	399	1,1	1o861	1,3	93,2
Sontra	661o	o,8	467	1,7	467	1,3	5682	o,7	86,0
Witzenhausen	132o9	1,5	6o8	2,2	6o8	1,7	11996	1,5	9o,8
Werra-Meissner-Kreis	63688	7,3	3537	12,6	364o	1o,4	5654o	7,0	88,8
Rb Kassel	56oo18	64,2	2o781	74,2	21353	61,0	517994	64,0	92,5
Aktionsraum 1o	73319o	84,1	25744	91,9	264oo	75,4	681153	84,2	92,9
Hessischer Teil des Aktionsraumes 11	65541	7,5	2259	8,1	2379	6,8	6o917	7,5	92,9
Hessen	872152	1oo,0	28oo3	1oo,0	34996	1oo,0	8o924o	1oo,0	92,8

Gebietsstand 1.1.1981 .
Quelle: Hessische Investitionsdatei; eigene Berechnungen .

Tab. 14 : Projekt "Erweiterung eines Betriebes": Gesamtaufwand nach Finanzierungsträgern, räumliche Verteilungsstruktur
        1979 bis 1982

Kommunaler Förderstandort Kreisfreie Stadt Landkreis Regierungs-bezirk (Rb) Aktionsraum	Gesamtaufwand in Tsd.DM	Anteil an der räumlichen Verteilungs-struktur in vH	Zuschüsse - Bund in Tsd.DM	Anteil an der räumlichen Verteilungs-struktur in vH	Zuschüsse - Land in Tsd.DM	Anteil an der räumlichen Verteilungs-struktur in vH	Sonstige Mittel in Tsd.DM	Anteile an den Verteilungsstrukturen in vH räumlich	sachlich
Kreis Bergstraße	6ooo	o,5	-	-	48o	1,3	552o	o,5	92,o
Dieburg	568o	o,5	-	-	454	1,2	5226	o,5	92,o
Kreis Darmstadt-Dieburg	568o	o,5	-	-	454	1,2	5226	o,5	92,o
Biebesheim	8992	o,8	-	-	2oo	o,5	8792	o,8	97,8
Kreis Groß-Gerau	8992	o,8	-	-	2oo	o,5	8792	o,8	97,8
Gelnhausen	4o24	o,4	91	o,3	91	o,2	3842	o,4	95,5
Mitort	2637	o,2	62	o,2	62	o,2	2514	o,2	95,3
Schlüchtern	1864	o,2	51	o,2	51	o,1	1763	o,2	94,6
Mitorte	6898	o,6	172	o,6	172	o,5	6555	o,6	95,o
Main-Kinzig-Kreis	36o7o	3,2	644	2,1	644	1,7	3479o	3,3	96,5
Erbach	7o2o	o,6	-	-	557	1,5	6463	o,6	92,1
Michelstadt	2oo78	1,8	-	-	1o11	2,7	19o67	1,8	95,o
Odenwaldkreis	27o98	2,4	-	-	1568	4,3	2553o	2,4	94,2
Taunusstein	5285	o,5	-	-	251	o,7	5o34	o,5	95,3
Rheingau-Taunus-Kreis	5285	o,5	-	-	251	o,7	5o34	o,5	95,3
Büdingen	8348	o,7	221	o,7	221	o,6	79o5	o,7	94,7
Wetteraukreis	38388	3,4	9o2	2,9	9o2	2,4	36585	3,5	95,3
Rb Darmstadt	127513	11,3	1546	5,o	4499	12,2	121477	11,5	95,3
Lahn-Dill-Kreis	7ooo	o,6	-	-	7oo	1,9	63oo	o,6	9o,o
Limburg	27o27	2,4	938	3,o	938	2,5	25158	2,4	93,1
Weilburg	7877	o,7	245	o,8	245	o,7	739o	o,7	93,8
Mitorte	54961	4,9	941	3,o	941	2,6	53o86	5,o	96,6
Kreis Limburg-Weilburg	11o649	9,8	2584	8,3	2584	7,o	1o55o4	1o,o	95,4
Biedenkopf	9766	o,9	-	-	984	2,7	8782	o,8	89,9
Gladenbach	4ooo	o,4	-	-	32o	o,9	368o	o,3	92,o
Stadt Allendorf	4o12o	3,6	858	2,8	858	2,3	384o4	3,6	95,7
Kreis Marburg-Biedenkopf	7o928	6,3	1152	3,7	2974	8,1	668o2	6,3	94,2
Alsfeld	4818	o,4	155	o,5	155	o,4	45o8	o,4	93,6
Homberg (Ohm)	15975	1,4	49o	1,6	49o	1,3	1476o	1,4	92,1
Lauterbach	8186	o,7	232	o,7	232	o,6	7724	o,7	94,4
Vogelsbergkreis	518lo	4,6	148o	4,8	1549	4,2	485o6	4,6	93,6
Rb Gießen	24o387	21,4	5216	16,8	78o7	21,2	227112	21,5	94,5
Kassel, St.	23o876	2o,5	69o5	22,3	692o	18,8	217o65	2o,6	94,o
Fulda	72943	6,5	3594	11,6	3594	9,7	6576o	6,2	9o,2
Mitort	25o2	o,2	152	o,5	152	o,4	22oo	o,2	87,9
Hünfeld	11984	1,1	317	1,o	317	o,9	11353	1,1	94,7
Kreis Fulda	122644	1o,9	5134	16,6	517o	14,o	112358	1o,6	91,6
Bad Hersfeld	191o8	1,7	623	2,o	623	1,7	17866	1,7	93,5
Mitorte	5o46	o,4	224	o,7	224	o,6	46o2	o,4	91,2
Bebra	14285	1,3	436	1,4	436	1,2	13415	1,3	93,9
Kreis Hersfeld-Rotenburg	52274	4,7	1994	o,4	2oo4	5,4	48291	4,6	92,4
Mitorte (zu Kassel)	3933	o,3	214	o,7	214	o,6	35o7	o,3	89,2
Hofgeismar	8951	o,8	224	o,7	224	o,6	85o4	o,8	95,o
Wolfhagen	4825	o,4	153	o,5	153	o,4	452o	o,4	93,7
Kreis Kassel	57618	5,1	1772	5,7	183o	5,o	54o3o	5,1	93,8
Fritzlar	792o	o,7	59	o,2	59	o,2	78o3	o,7	98,5
Homberg (Efze)	2o357	1,8	963	3,1	963	2,6	18434	1,7	9o,6
Melsungen	21554	1,9	529	1,7	529	1,4	2o495	1,9	95,1
Schwalmstadt	126o4	1,1	4o7	1,3	4o7	1,1	1179o	1,1	93,5
Schwalm-Eder-Kreis	99733	8,9	2485	8,o	2485	6,7	94774	9,o	95,o
Frankenberg	66o6	o,6	19o	o,6	19o	o,5	6229	o,6	94,3
Korbach	2o15o	1,8	678	2,2	678	1,8	18795	1,8	93,3
Kreis Waldeck-Frankenberg	1115o1	9,9	2463	8,o	2588	7,o	1o6456	1o,1	95,5
Eschwege	27o83	2,4	1312	4,2	1312	3,6	24462	2,3	9o,3
Hessisch Lichtenau	5119	o,5	1o5	o,3	1o5	o,3	49o9	o,5	95,9
Sontra	72o7	o,6	395	1,3	395	1,1	642o	o,6	89,1
Witzenhausen	14199	1,3	592	1,9	6o1	1,6	13oo9	1,2	91,6
Werra-Meissner-Kreis	81357	7,2	3449	11,1	3568	9,7	74355	7,o	91,4
Rb Kassel	756oo3	67,3	242o2	78,2	24565	66,6	7o7329	67,o	93,6
Aktionsraum 1o	923891	82,2	28o86	9o,7	28668	77,8	866964	82,1	93,8
Hessisches Teil des Aktionsraumes 11	11o649	9,8	2584	8,3	2584	7,o	1o55o4	1o,o	95,4
Hessen	1123903	1oo,o	3o694	1oo,o	36871	1oo,o	1o55918	1oo,o	94,o

Gebietsstand 1.1.1981.
Quelle: Hessische Investitionsdatei; eigene Berechnungen .

Dort wurden für Erweiterungsmaßnahmen etwa 113,4 Mio.DM investiert.
Das Oberzentrum Fulda verzeichnete im Zeitraum 1979 bis 1982 mit
rd. 72,9 Mio.DM ebenfalls umfangreiche Investitionen.
Weitere Standorte, die insgesamt für bezuschußte Bestandspflegemaßnahmen einen Finanzfluß von mehr als 25 Mio.DM vorweisen konnten, waren
die Mittelzentren Bebra, Eschwege, Homberg (Efze), Korbach, Melsungen
und Witzenhausen.

Der hessische Teil des Aktionsraumes 11 war mit 7,5 vH (9,8 vH) am
landesweiten Aufwand für betriebliche Erweiterungsinvestitionen beteiligt. Mit einem Gesamtaufwand von 11o,6 Mio.DM zwischen 1979 und
1982 erfolgte gegenüber 65,5 Mio.DM in der ersten Hälfte des Berichtszeitraumes eine beträchtliche Zunahme der entsprechenden Aktivitäten.
Von den beiden Schwerpunktorten des hessischen Fördergebietsteiles
im regionalen Aktionsprogramm "Mittelrhein-Lahn-Sieg", Limburg und
Weilburg, waren lediglich in Limburg in beiden Zeitabschnitten betriebliche Erweiterungen in nennenswertem Umfang zu beobachten, welche
sich mit etwa 23,3 Mio.DM und rd. 27 Mio.DM zu einem Investitionsum-
fang von ungefähr 5o,3 Mio.DM summierten.
Zwischen 1979 und 1982 nahmen in den beiden Mitorten Weilburgs, in
Löhnberg und Merenberg, private Unternehmungen beachtliche investive
Maßnahmen vor: Mit Bundes- und Landeszuschüssen in Höhe von rd.
941 ooo DM wurden Betriebserweiterungen im Umfang von etwa 53 Mio.DM
realisiert, wobei rd. 8o vH der Gesamtsumme auf das Engagement
Löhnberger Firmen zurückzuführen ist.

Im Rahmen der direkten Förderung der gewerblichen Wirtschaft hat der
Einsatz öffentlicher Mittel in Verbindung mit betrieblichen Erweiterungsinvestitionen eine hervorragende Bedeutung. Die Auswertung des
empirischen Materials zum Projekt "Erweiterung eines Betriebes" untermauert diese These.
Ein Zwischenvergleich mit dem zweiten Haupteckpfeiler, der staatlichen
Bezuschussung von Betriebsansiedlungen, beleuchtet die unterschiedlichen Aktivitätsdimensionen.

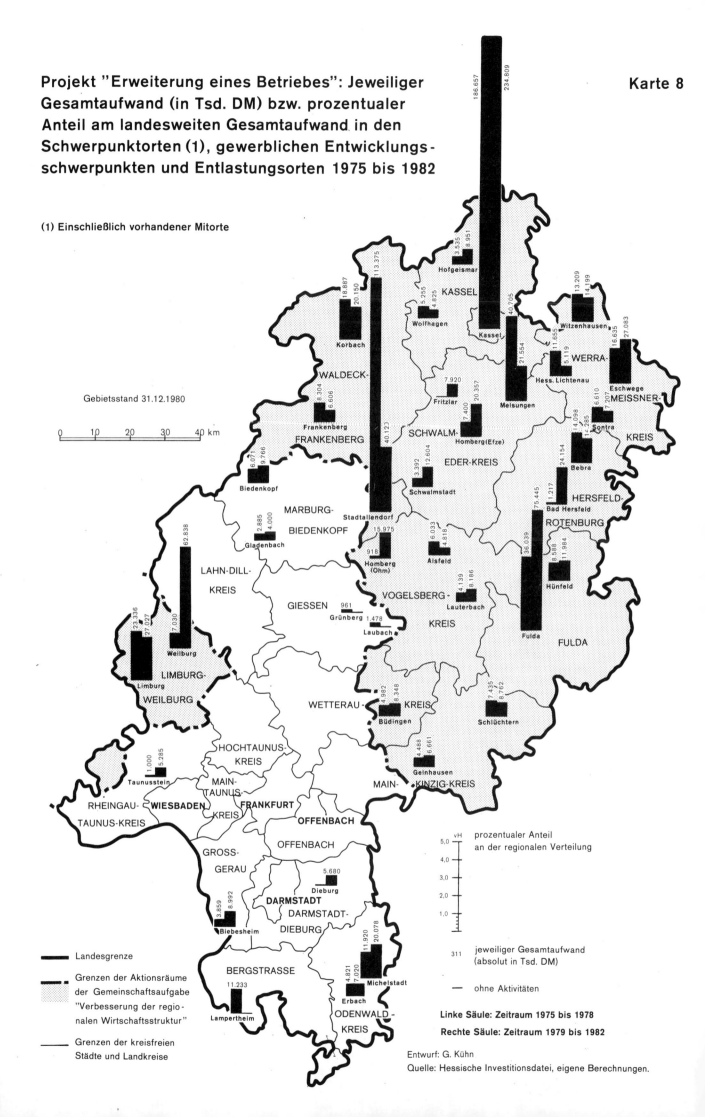

Projekt "Erweiterung eines Betriebes": Jeweiliger Gesamtaufwand (in Tsd. DM) bzw. prozentualer Anteil am landesweiten Gesamtaufwand in den Schwerpunktorten (1), gewerblichen Entwicklungsschwerpunkten und Entlastungsorten 1975 bis 1982

Karte 8

(1) Einschließlich vorhandener Mitorte

Gebietsstand 31.12.1980

0   10   20   30   40 km

Legende:

Landesgrenze

Grenzen der Aktionsräume der Gemeinschaftsaufgabe "Verbesserung der regionalen Wirtschaftsstruktur"

Grenzen der kreisfreien Städte und Landkreise

prozentualer Anteil an der regionalen Verteilung

311 jeweiliger Gesamtaufwand (absolut in Tsd. DM)

ohne Aktivitäten

Linke Säule: Zeitraum 1975 bis 1978

Rechte Säule: Zeitraum 1979 bis 1982

Entwurf: G. Kühn

Quelle: Hessische Investitionsdatei, eigene Berechnungen.

Lediglich in Südhessen hielten sich im ersten untersuchten Zeitraum
die investiven Maßnahmen in beiden Projekten in ihren Größenordnungen
etwa die Waage, bei allerdings relativ geringem Investitionsvolumen.
Im achtjährigen Beobachtungszeitraum dominierten ansonsten die mit
öffentlichen Mitteln vorgenommenen Erweiterungen bereits bestehender
Betriebsstätten.

Großräumig schälte sich bei einer Verfolgung des Mittelflusses ein
steiles Nord-Süd-Gefälle im Umfang des jeweils eingesetzten Kapitals
heraus, wobei der Aktionsraum 1o (mit Schwerpunkt in seiner nördlichen
Hälfte) in noch stärkerem Maße als in den oben vorgestellten Projekten
Adressat der öffentlichen und privaten Aktivitäten war.
Unter den kommunalen Förderstandorten fiel die herausragende Rolle
des im Zonenrandgebiet gelegenen übergeordneten Schwerpunktortes Kassel
auf. Dessen Firmen zeichneten für einen Erweiterungsaufwand verantwortlich, der den des gesamten südhessischen Raumes (Regierungsbezirk
Darmstadt) um das Doppelte übertraf.

Betriebliche Erweiterungsmaßnahmen wurden vorrangig in Mittel-, Ost-
und Nordhessen in einer breiten räumlichen Streuung getätigt, so daß
hier eine beträchtliche Anzahl von Unternehmen in Gemeinden, deren
planerischer Status unter dem des Mittelzentrums angesiedelt ist, an
den staatlichen Zuwendungen partizipierten. Beispiele für entsprechende,
durchaus beachtliche Investitionen Privater fanden sich in den nordhessischen Kleinzentren Diemelstadt (Kreis Waldeck-Frankenberg) und
Wabern (Schwalm-Eder-Kreis). Ansässige Betriebe weiteten dort ihre
Kapazitäten mit einem Gesamtaufwand von etwa 36 Mio.DM bzw. rd. 28,5 Mio.
DM aus.

Die beobachtete Abkehr vom Schwerpunktprinzip (425) widerspricht allerdings nicht unbedingt den Grundsätzen der verantwortlichen Akteure,
da es unsinnig wäre, bereits (eventuell langjährig) produzierenden Firmen
mögliche flankierende Maßnahmen nicht zukommen zu lassen.

(425) Vgl. Tabelle 15.

Tab. 15 : Projekt "Erweiterung eines Betriebes": Anteil der kommunalen Förderstandorte am jeweiligen Gesamtaufwand in den Landkreisen, Regierungsbezirken und Aktionsräumen zwischen 1975 und 1978 bzw. 1979 und 1982

Landkreis Regierungs- bezirk (Rb) Aktionsraum	Anteil der kommunalen Förderstandorte am jeweiligen Gesamtaufwand in vH	
	1975 - 78	1979 - 82
Bergstraße	1oo,o	o,o
Darmstadt-Dieburg	-	1oo,o
Groß-Gerau	1oo,o	1oo,o
Main-Kinzig	43,4	42,8
Odenwald	93,3	1oo,o
Rheingau-Taunus	1oo,o	1oo,o
Wetterau	53,2	21,7
Rb Darmstadt	81,7	66,4
Gießen	49,3	-
Lahn-Dill	o,o	o,o
Limburg-Weilburg	46,3	81,2
Marburg-Biedenkopf	98,6	78,1
Vogelsberg	48,3	55,9
Rb Gießen	48,5	53,8
Fulda	55,o	71,3
Hersfeld-Rotenburg	31,6	73,5
Kassel	4o,o	3o,7
Schwalm-Eder	5o,4	62,6
Waldeck-Frankenberg	54,7	24,o
Werra-Meissner	75,5	65,9
Rb Kassel	51,2	54,7
Aktionsraum 1o	55,2	54,5
Hessischer Teil des Aktionsraumes 11	46,3	81,2
Hessen	6o,5	58,3

Gebietsstand 1.1.1981 .
Quelle: Hessische Investitionsdatei; eigene Berechnungen .

2.4 Rationalisierung eines Betriebes

Da auch hier ein enger Bezug zur Mittelvergabe im Rahmen der Gemeinschaftsaufgabe vorhanden ist, sei das Projekt in Anlehnung an die
dortigen Ausführungen beschrieben, wobei die Umstellung eines Unternehmens, also der Vorgang, "daß auf die Produktion anderer Erzeugnisse
oder - bei gleichen Erzeugnissen - auf ein anderes Produktionsverfahren
übergegangen wird" (426), ebenfalls Berücksichtigung findet: "Eine
Investition ist dann als Umstellung oder grundlegende Rationalisierung
anzusehen, wenn sie sich auf eine Betriebsstätte oder einen wichtigen
Teil einer Betriebsstätte bezieht, die Wirtschaftlichkeit einer Betriebsstätte erheblich steigert und der Investitionsbetrag, bezogen auf ein
Jahr, die in den letzten drei Jahren durchschnittlich verdienten Ab-
schreibungen (ohne Sonderabschreibungen nach § 3 Zonenrandförderungsgesetz) um mindestens 5o vH übersteigt" (427).

Die entsprechenden Maßnahmen müssen für Erhalt und Sicherung des Betriebes und der vorhandenen Dauerarbeitsplätze notwendig sein. Hierbei
sieht man bereits als ausreichend an, "wenn zwar die Zahl der Arbeitsplätze reduziert wird, aber die überwiegende Zahl der vor der Investition
vorhandenen Arbeitsplätze nach Abschluß der Investition als gesichert
angesehen werden kann" (428).

Im Berichtszeitraum sind in Hessen öffentlich geförderte betriebliche
Rationalisierungsmaßnahmen zurückgegangen, ihr landesweiter Anteil an
allen untersuchten Projekten reduzierte sich von 8,4 vH im ersten auf
2,5 vH im zweiten Zeitabschnitt (429). Von 1975 bis 1978 wurden noch
private Maßnahmen in Höhe von etwa 177,5 Mio.DM mit insgesamt rd. 1o Mio.
DM aus der Gemeinschaftsaufgabe und durch interne Unterstützungs-
zahlungen des Landes bezuschußt. Die Aktivitäten in den Betriebsstätten

(426) P. BECKER, D. SCHMIDT 1982, C I, S. 17.
(427) 11. Rahmenplan der Gemeinschaftsaufgabe "Verbesserung der regio-
      nalen Wirtschaftsstruktur" 1982, S. 23.
(428) P.BECKER, D. SCHMIDT 1982, C I, S. 69.
(429) Vgl. dazu und zu den anschließenden Ergebnissen die Tabellen
      16 und 17.

Tab. 16: Projekt "Rationalisierung eines Betriebes": Gesamtaufwand nach Finanzierungsträgern, räumliche Verteilungsstruktur
1975 bis 1978

Kommunaler Förderstandort Kreisfreie Stadt Landkreis Regierungsbezirk (Rb) Aktionsraum	Gesamtaufwand in Tsd.DM	Anteil an der räumlichen Verteilungsstruktur in vH	Zuschüsse- Bund in Tsd.DM	Anteil an der räumlichen Verteilungsstruktur in vH	Zuschüsse - Land in Tsd.DM	Anteil an der räumlichen Verteilungsstruktur in vH	Sonstige Mittel in Tsd.DM	Anteile an den Verteilungsstrukturen in vH räumlich	sachlich
Mitort (zu Schlüchtern)	74o1	4,2	88	2,1	88	1,5	7226	4,3	97,6
Main-Kinzig-Kreis	787o	4,4	112	2,7	112	1,9	7648	4,6	97,2
Erbach	475	o,3	-	-	38	o,6	437	o,3	92,o
Odenwaldkreis	475	o,3	-	-	38	o,6	437	o,3	92,o
Wetteraukreis	154o	o,9	77	1,9	77	1,3	1386	o,8	9o,o
Rb Darmstadt	9885	5,6	189	4,6	227	3,8	9471	5,7	95,8
Gießen	3964	2,2	-	-	32o	5,4	3644	2,2	91,9
Laubach	895o	5,o	-	-	716	12,1	8234	4,9	92,o
Kreis Gießen	12914	7,3	-	-	1o36	17,5	11878	7,1	92,o
Limburg	7o16	4,o	325	7,9	325	5,5	6368	3,8	9o,8
Weilburg	3o6o	1,7	148	3,6	148	2,5	2764	1,7	9o,3
Mitort	1o68	o,6	53	1,3	53	o,9	961	o,6	9o,o
Kreis Limburg- Weilburg	112o9	6,3	529	12,9	529	9,o	1o152	6,1	9o,6
Biedenkopf	768	u,4	-	-	77	1,3	691	o,4	9o,o
Stadt Allendorf	1o75	o,6	54	1,3	54	o,9	967	u,6	9o,o
Kreis Marburg- Biedenkopf	49o6	2,8	126	3,1	543	9,2	4238	2,5	86,4
Alsfeld	33o	o,2	17	o,4	17	o,3	297	o,2	9o,o
Lauterbach	7189	4,1	91	2,2	91	1,5	7oo9	4,2	97,5
Vogelsbergkreis	115o4	6,5	2o6	5,o	2o6	3,5	111oo	6,6	96,5
Rb Gießen	4o533	22,8	861	21,o	2314	39,2	37368	22,3	92,2
Kassel, St.	5234	2,9	66	1,6	66	1,1	51o5	3,o	97,5
Fulda	9695	5,5	111	2,7	111	1,9	9474	5,7	97,7
Kreis Fulda	17385	9,8	265	6,5	3o5	5,2	16817	1o,o	96,7
Kreis Hersfeld- Rotenburg	33893	19,1	6o1	14,7	615	1o,4	32679	19,5	96,4
Hofgeismar	1442	o,8	18	o,4	18	o,3	14o6	o,8	97,5
Wolfhagen	237	o,1	6	o,1	6	o,1	225	o,1	94,9
Kreis Kassel	11995	6,8	17o	4,1	17o	2,9	11659	7,o	97,2
Fritzlar	3567	2,o	178	4,3	178	3,o	3211	1,9	9o,o
Melsungen	3732	2,1	42	1,o	42	o,7	3651	2,2	97,8
Schwalmstadt	36o	o,2	19	o,5	19	o,3	324	o,2	9o,o
Schwalm-Eder-Kreis	11937	6,7	379	9,3	489	8,3	11o76	6,6	92,8
Frankenberg	26oo	1,5	13o	3,2	13o	2,2	234o	1,4	9o,o
Korbach	391o	2,2	153	3,7	153	2,6	36o4	2,2	92,2
Kreis Waldeck- Frankenberg	18769	1o,6	713	17,4	813	13,8	17246	1o,3	91,9
Eschwege	519o	2,9	171	4,2	171	2,9	4849	2,9	93,4
Hessisch Lichtenau	7oo	o,4	8	o,2	8	o,1	685	o,4	97,9
Sontra	6o3	o,3	8	o,2	8	o,1	588	o,4	97,5
Witzenhausen	1291	o,7	85	2,1	85	1,4	1122	o,7	86,9
Werra-Meissner-Kreis	27828	15,7	853	2o,8	91o	15,4	26o74	15,6	93,7
Rb Kassel	127o41	71,6	3o47	74,4	3368	57,o	12o656	72,o	95,o
Aktionsraum 1o	151423	85,3	3568	87,1	4o34	68,3	143862	85,9	95,o
Hessischer Teil des Aktionsraumes 11	112o9	6,3	529	12,9	529	9,o	1o152	6,1	9o,6
Hessen	177459	1oo,o	4o97	1oo,o	59o9	1oo,o	167495	1oo,o	94,4

Gebietsstand 1.1.1981.
Quelle: Hessische Investitionsdatei; eigene Berechnungen.

Tab. 17: Projekt "Rationalisierung eines Betriebes": Gesamtaufwand nach Finanzierungsträgern, räumliche Verteilungsstruktur 1979 bis 1982

Kommunaler Förderstandort / Kreisfreie Stadt / Landkreis / Regierungsbezirk (Rb) / Aktionsraum	Gesamtaufwand in Tsd.DM	Gesamtaufwand Anteil an der räumlichen Verteilungsstruktur in vH	Zuschüsse – Bund in Tsd.DM	Zuschüsse – Bund Anteil an der räumlichen Verteilungsstruktur in vH	Zuschüsse – Land in Tsd.DM	Zuschüsse – Land Anteil an der räumlichen Verteilungsstruktur in vH	Sonstige Mittel in Tsd.DM	Sonstige Mittel Anteile räumlich in vH	Sonstige Mittel Anteile sachlich in vH
Mitort (zu Gelnhausen)	1028	1,3	52	1,9	52	1,3	925	1,3	90,0
Main-Kinzig-Kreis	1028	1,3	52	1,9	52	1,3	925	1,3	90,0
Erbach	430	0,5	-	-	34	0,8	396	0,5	92,1
Odenwaldkreis	430	0,5	-	-	34	0,8	396	0,5	92,1
Wetteraukreis	2300	2,9	-	-	184	4,6	2116	2,9	92,0
Rb Darmstadt	3758	4,7	52	1,9	270	6,8	3437	4,7	91,5
Limburg	3651	4,6	183	6,8	183	4,6	3286	4,5	90,0
Kreis Limburg-Weilburg	3651	4,6	-	-	183	4,6	3286	4,5	90,0
Gladenbach	5920	7,4	183	6,8	592	14,8	5238	7,1	88,5
Kreis Marburg-Biedenkopf	5920	7,4	-	-	592	14,8	5238	7,1	88,5
Homberg (Ohm)	13645	17,0	609	22,6	609	15,2	12428	16,9	91,1
Vogelsbergkreis	16835	21,0	675	25,1	675	16,9	15487	21,1	92,0
Rb Gießen	26406	33,0	858	31,9	1450	36,2	24101	32,8	91,3
Kassel, St.	6153	7,7	121	4,5	163	4,1	5871	8,0	95,4
Fulda	280	0,3	4	0,1	4	0,1	273	0,4	97,5
Kreis Fulda	3313	4,1	77	2,9	77	1,9	3162	4,3	95,4
Kreis Hersfeld-Rotenburg	2815	3,5	68	2,5	68	1,7	2680	3,7	95,2
Kreis Kassel	214	0,3	24	0,9	24	0,6	166	0,2	77,6
Melsungen	895	1,1	-	-	90	2,2	805	1,1	89,9
Schwalm-Eder-Kreis	1725	2,2	42	1,6	132	3,3	1552	2,1	90,0
Frankenberg	3834	4,8	55	2,0	55	1,4	3723	5,1	97,1
Korbach	2464	3,1	-	-	369	9,2	2095	2,9	85,0
Kreis Waldeck-Frankenberg	32597	40,7	1371	50,9	1740	43,5	29487	40,2	90,5
Hessisch Lichtenau	3	-	1	-	1	-	-	-	-
Werra-Meissner-Kreis	3125	3,9	79	2,9	79	2,0	2967	4,0	94,9
Rb Kassel	49942	62,3	1782	66,2	2283	57,0	45885	62,5	91,9
Aktionsraum 10	67805	84,6	2509	93,2	3010	62,7	62297	84,8	91,9
Hessischer Teil des Aktionsraumes 11	3651	4,6	183	6,8	183	4,6	3286	4,5	90,0
Hessen	80106	100,0	2692	100,0	4003	100,0	73423	100,0	91,7

Gebietsstand 1.1.1981.
Quelle : Hessische Investitonsdatei; eigene Berechnungen.

reduzierten sich zwischen 1979 und 1982 auf ungefähr 73,4 Mio.DM, insgesamt staatlich gefördert mit 6,7 Mio.DM.

Wie in den bisher vorgestellten Projekten, die auch der direkten Förderung, vorrangig des Verarbeitenden Gewerbes, zugeordnet werden, basierte der Gesamtaufwand im Projekt "Rationalisierung eines Betriebes" auf den beiden Zuschußsäulen Bundes- und Landesmittel sowie auf den Sonstigen Mitteln.

Verfolgt man die regionalen Ströme der seitens der öffentlichen und privaten Akteure eingesetzten Finanzmittel, gelangt man zu dem Befund, daß der südhessische Raum auch unter Einbezug seines Flächenanteils am Aktionsraum 1o an diesem Projekt kaum partizipierte. Der Anteil des Regierungsbezirks Darmstadt am landesweiten Projektaufwand betrug 5,6 vH (4,7 vH), entsprechend insgesamt 13,7 Mio.DM. Etwas abgeschwächt galt das auch für die mittelhessischen Teilräume, die lediglich der landesinternen Förderung unterliegen. Einzige Ausnahmen: Die gewerblichen Entwicklungsschwerpunkte Laubach und Gladenbach mit investiven Aktivitäten von rd. 8,95 Mio.DM und 5,9 Mio.DM (43o).

Der hessische Teil des Aktionsraumes 11 verzeichnete ebenfalls ein, im wesentlichen auf seine Schwerpunktorte konzentriertes, relativ geringes Investitionsvolumen von rd. 14,9 Mio.DM im gesamten Untersuchungszeitraum.

Förderfähige Rationalisierungsmaßnahmen in einigen Teilräumen des Aktionsraumes 1o beanspruchten vorrangig die zum Einsatz vorgesehenen Mittel (431): In beiden untersuchten Zeitabschnitten flossen 1o,6 vH (4o,7 vH) des hessischen Gesamtaufwandes in den Landkreis Waldeck-Frankenberg, entsprechend insgesamt rd. 51,4 Mio.DM. Zwischen 1975

(43o) Vgl. zusätzlich die Tabellen A 13 und A 14.
(431) Vgl. auch die Tabellen A 19 und A 2o.

Abb. 5: Projekt "Rationalisierung eines Betriebes": Gesamtaufwand und dessen Entwicklung 1975 bis 1982 im Land Hessen und in den Regierungsbezirken

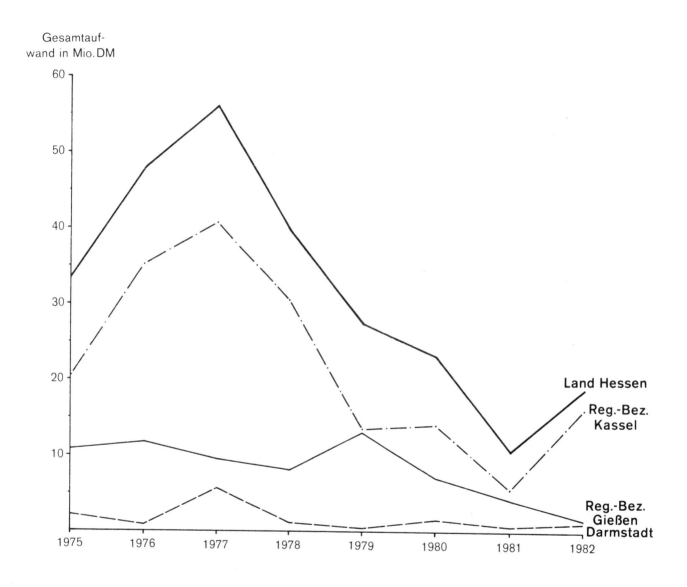

Entwurf: G. Kühn

Quelle: Hessische Investitionsdatei.

und 1978 fanden bedeutendere Investitionen in Betriebsstätten der Landkreise Hersfeld-Rotenburg (19,1 vH des landesweiten Aufwandes), Werra-Meißner (15,7 vH) und Fulda (9,8 vH) statt. Nach 1978 wurden größere Betriebsrationalisierungen im Vogelsbergkreis (21 vH = rd. 16,8 Mio.DM) getätigt.

Betrachtet man die kommunale Ebene des Fördergebietes, fallen der im Zonenrandgebiet gelegene übergeordnete Schwerpunktort Fulda sowie der Schwerpunktort Homberg (Ohm) und Kassel als Standorte umfangreicher unternehmerischer Bestandspflegeaktivitäten auf: Dort führten Firmen Maßnahmen durch, in deren Zuge zwischen 1975 und 1982 rd. 9,7 Mio.DM (Fulda), 11,4 Mio.DM (Kassel) bzw. zwischen 1979 und 1982 rd. 13,6 Mio. DM (Homberg/Ohm) zum Einsatz kamen.

Weitere relevante, mit Hilfe von staatlichen Fördermitteln realisierte Investitionen, waren vor 1979 im östlichen Teil des Aktionsraumes lo in kleinen Gemeinden zu beobachten. Der Gesamtaufwand lag dort bei rd. 37 Mio.DM. Im zweiten Zeitabschnitt ragten abseits der Schwerpunktorte die Mittelzentren Bad Wildungen und Arolsen heraus. Dort führten Unternehmungen förderfähige Rationalisierungsmaßnahmen im Umfang von etwa 13,3 Mio.DM bzw. rd. 9,65 Mio.DM durch.

Hinsichtlich des Zusammenhanges zwischen dem Schwerpunktprinzip und dem hier diskutierten Projekt ist bei an sich gleichen Rahmenbedingungen auf die oben bereits formulierten Tatbestände im Zusammenhang mit den diskutierten Erweiterungsinvestitionen zu verweisen, um unnötige Wiederholungen zu vermeiden.
Die beschriebene räumliche Verteilung der Finanzströme zeigte gerade für den Zeitraum 1975 bis 1978, daß Gemeinden im Zonenrandgebiet, deren planerischer Status im unteren Bereich der zentralörtlichen Hierarchie liegt, vorrangig am Mittelfluß partizipierten.

Im Gegensatz zu den staatlichen Zuschüssen für Errichtungs- und Erweiterungsinvestitionen - denen die Strategie Schaffung zusätzlicher Dauerarbeitsplätze zugrunde liegt - haben die investitionsflankierenden

Projekt "Rationalisierung eines Betriebes": Jeweiliger Gesamtaufwand (in Tsd. DM) bzw. prozentualer Anteil am landesweiten Gesamtaufwand in den Schwerpunktorten (1), gewerblichen Entwicklungsschwerpunkten und Entlastungsorten 1975 bis 1982

(1) Einschließlich vorhandener Mitorte

Gebietsstand 31.12.1980

0   10   20   30   40 km

KASSEL
Hofgeismar 1.442
6.153
Wolfhagen 237
Kassel 5.234
Witzenhausen 1.291
WERRA-
Eschwege 5.190
Korbach 3.910 / 2.464
WALDECK-
2.600 / 3.834
Frankenberg
FRANKENBERG
Fritzlar 3.567
Hess. Lichtenau 700
MEISSNER-
3.732 / 895
Melsungen
Sontra 603
KREIS
SCHWALM-EDER-
KREIS
HERSFELD-
ROTENBURG
Biedenkopf 768
MARBURG-
BIEDENKOPF
Gladenbach 5.920
Stadtallendorf 1.075
Schwalmstadt 360
LAHN-DILL-
KREIS
Gießen 3.964
GIESSEN
Homberg (Ohm) 8.950
Laubach
Alsfeld 330
VOGELSBERG-
KREIS
Lauterbach 7.189
Fulda 9.695 / 280
FULDA
Limburg 7.016 / 3.651
Weilburg 4.128
LIMBURG-
WEILBURG
HOCHTAUNUS-
KREIS
WETTERAU-KREIS
Schlüchtern 7.401
MAIN-
KINZIG-KREIS
Geinhausen 1.028
MAIN-TAUNUS-
KREIS
WIESBADEN
FRANKFURT
OFFEN-BACH
RHEINGAU-
TAUNUS-KREIS
OFFENBACH
GROSS-
GERAU
DARMSTADT
DARMSTADT-
DIEBURG
ODENWALD-
Erbach 475 / 430
BERGSTRASSE
KREIS

vH prozentualer Anteil
5,0 an der regionalen Verteilung
4,0
3,0
2,0
1,0

311 jeweiliger Gesamtaufwand
(absolut in Tsd. DM)

— ohne Aktivitäten

Linke Säule: Zeitraum 1975 bis 1978
Rechte Säule: Zeitraum 1979 bis 1982

Landesgrenze

Grenzen der Aktionsräume
der Gemeinschaftsaufgabe
"Verbesserung der regio-
nalen Wirtschaftsstruktur"

Grenzen der kreisfreien
Städte und Landkreise

Entwurf: G. Kühn
Quelle: Hessische Investitionsdatei, eigene Berechnungen.

Bundes- und Landesmittel hier eindeutig die gefahrenabwehrende Funktion, vorhandene Arbeitsplätze zu erhalten (432). Positive Arbeitsplatzeffekte sind aus diesem, der Bestandspflege dienenden Maßnahmenbereich generell nicht zu erwarten, da sogar in Kauf genommen wird, daß zur Sicherung des überwiegenden Teils des bestehenden Potentials Arbeitsplatzreduzierungen eintreten.

2.5 Sonstige Fördermaßnahmen

In knapper Form ist hier noch ein Projektbereich zu referieren, dessen Ausgestaltung auf Tatbestände zugeschnitten ist, die außerhalb der vorgegebenen Handlungsmuster Betriebserrichtung, -erweiterung, -rationalisierung angesiedelt sind. Es handelt sich um - im etwas weiteren Sinne - bestandspflegende Maßnahmen, deren Durchführung kurzfristig aufgetretene betriebliche Probleme wie beispielsweise Katastrophenfälle reduzieren soll. Vor Inanspruchnahme staatlicher Zuwendungen in Form von Zuschüssen aus der Gemeinschaftsaufgabe bzw. aus der landesinternen hessischen Förderung muß die Förderfähigkeit der jeweiligen Fälle festgestellt werden.

In Hessen wurden im Berichtszeitraum öffentliche Mittel in Höhe von rd. 9,4 Mio.DM für entsprechende Maßnahmen mit einem Investitionsvolumen von etwa 158,8 Mio.DM bereitgestellt. Damit partizipierte dieses "Sonderinstrument" mit 2,6 vH (3,2 vH) am Gesamtaufwand aller in die Untersuchung einbezogenen Projekte.

Die Feuerwehrfunktion, die den Mittelstrom dieses Projektes entscheidend beeinflußt, läßt die Suche nach räumlichen Verteilungsmustern nicht sinnvoll erscheinen. Aus diesem Grund sollen lediglich die räumlichen Hauptadressaten dieser "Sonstigen Fördermaßnahmen" genannt werden. In beiden einbezogenen Zeitabschnitten determinierten einige wenige Standorte

(432) Vgl. dazu o.V. 1977 Jahresbericht des Hessischen Ministeriums für Wirtschaft und Technik 1976, S. 62.

die Höhe des Mittelflusses entscheidend: Im ersten Zeitabschnitt
flossen 45,8 vH der Bundesmittel (628 ooo DM) sowie 34,1 vH der
Landesmittel (628 ooo DM) in den Verdichtungsraum Kassel. Im zweiten
Zeitabschnitt wurden private, bestandserhaltende Maßnahmen im nördlichen Odenwald seitens des Landes Hessen mit 31,8 vH (1,5 Mio.DM)
seiner in diesem Projekt eingesetzten finanziellen Ressourcen bezuschußt.

2.6 Kapitaldiensthilfen an kleine und mittlere Unternehmen

Hinsichtlich des definitorischen Rahmens wird an die Ausführungen im
Teil 2.2 des sechsten Kapitels verwiesen. In Hessen stand der Umfang
dieser besonderen Zuschüsse des Landes im untersuchten Zeitraum in
enger Verbindung mit der Vergabe von Krediten im Rahmen des Mittelhessenprogramms sowie im Zusammenhang mit dem ERP-Existenzgründungsprogramms und dem LAB-Kreditprogramm.

Um Unterschiede zu den bisher diskutierten Projekten zu verdeutlichen,
sind folgende Anmerkungen unerläßlich:

- Die oben vorgestellten Durchführungsinstrumente zielen primär auf
  die hessischen Fördergebiete der Gemeinschaftsaufgabe, auf die dort
  festgelegten Schwerpunktorte und auf die gewerblichen Entwicklungsschwerpunkte und Entlastungsorte außerhalb der Fördergebiete ab.
  Wie anhand des ausgewerteten empirischen Materials zu zeigen sein
  wird, lag der regionale Schwerpunkt des Mittelflusses dieses Projektes
  in Mittelhessen (433). Die in Verbindung mit den beiden anderen Programmen geleisteten Zinsverbilligungen sind wie diese selbst keiner
  räumlichen Begrenzung unterworfen.
- Der bisherige Hauptadressat öffentlicher Zuwendungen, das Verarbeitende
  Gewerbe, büßt hier seine Stellung als fast alleiniger Nutznießer

(433) Bedingt durch die Verknüpfung mit dem Mittelhessenprogramm, das
      für Betriebsstätten in den Landkreisen Gießen, Lahn-Dill und
      Marburg-Biedenkopf unter Ausschluß der Gemeinden Stadt Allendorf
      und Neustadt aufgelegt wurde.

zugunsten von Betrieben aus den Wirtschaftsbereichen Handel und private Dienstleistungen ein: Maßnahmen des Mittelhessenprogramms waren zu 58 vH dem Verarbeitenden Gewerbe, 3o vH dem Handel und 1o vH dem Baugewerbe zuzuordnen (434). Für Kredite zur Förderung von Existenzgründungsvorhaben im Zusammenhang mit Kreditverbilligungsmitteln ließ sich im Zeitabschnitt 1979 bis 1982 folgende sektorale Verteilung näherungsweise ermitteln: Das Verarbeitende Gewerbe rief etwa 25 vH der bereitgestellten Finanzmittel ab, der Handel partizipierte mit rd. 36 vH und private Dienstleistungseinrichtungen erhielten rd. 26 vH der Mittel (435).

- Im ausgewerteten Material ist ein Bündel förderfähiger Maßnahmen enthalten: Errichtung, Übernahme, Erweiterung sowie Umstellung und Rationalisierung von Betrieben. Eine Aufschlüsselung nach der Art der Vorhaben war nicht möglich.

Zwischen 1975 und 1982 betrug der Gesamtaufwand in diesem Projekt in Hessen rd. 2,1 Mrd.DM (436). Die enge sachliche Verbindung mit dem Mittelhessenprogramm (Laufzeit 1.1.1977 bis 31.12.198o) brachte eine zeitliche Konzentration der eingesetzten Mittel in den Jahren 1977 bis 198o mit sich bzw. führte zu einem steilen Aufwandsanstieg nach 1976 (437). In den beiden ersten Jahren des Untersuchungszeitraums lag das Gesamtvolumen des Projektes nur bei etwa 5o Mio.DM.

Der Anteil des Gesamtaufwandes der "Kapitaldiensthilfen an kleine und mittlere Unternehmen" an allen hier der Gewerbeförderung zugerechneten Projekten machte landesweit 34,3 vH (42,9 vH) aus. Bei einem Vergleich mit den bereits diskutierten Projekten muß allerdings an die einschränkenden Anmerkungen erinnert werden. Insgesamt setzte die öffentliche Hand Zinsverbilligungsmittel in Höhe von etwa 57 Mio. DM ein. Der Betrag wurde in vollem Umfang vom Land Hessen bereitgestellt. Das entsprach einer Beteiligung von 2,5 vH (2,8 vH) am

(434) Vgl. o.V. 1981 Jahresbericht des Hessischen Ministeriums für Wirtschaft und Technik 198o, S. 163.
(435) Berechnet nach Unterlagen des Hessischen Ministeriums für Wirtschaft und Technik.
(436) Vgl.die Tabellen A 11 und A 12.
(437) Vgl. Abbildung 6.

Abb. 6: Gesamtaufwand und in ihm enthaltene Kreditverbilligungsmittel im Projekt "Kapitaldiensthilfen an kleine und mittlere Unter- nehmen" 1977 bis 1982

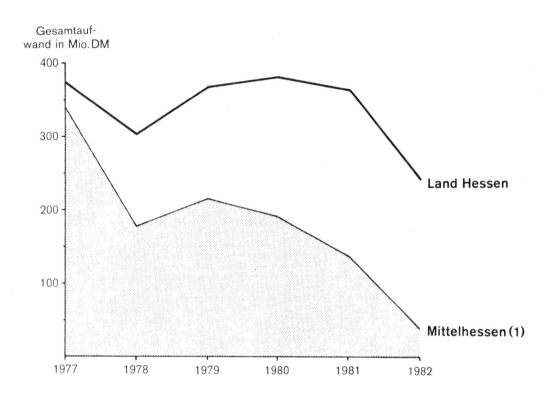

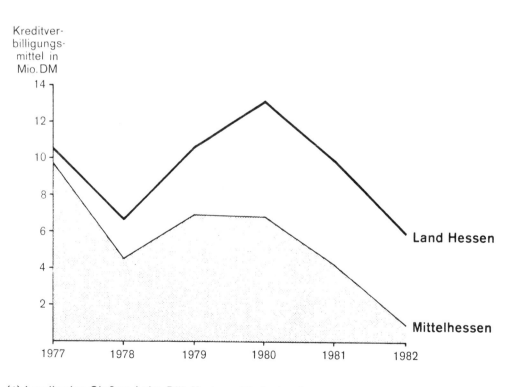

(1) Landkreise Gießen, Lahn-Dill, Marburg-Biedenkopf

Entwurf: G. Kühn

Quelle: Jahresberichte des Hessischen Ministeriums für Wirtschaft und Technik 1977 bis 1982, eigene Berechnungen.

landesweiten projektinternen Gesamtaufwand (438).

Private Investitionen, getätigt mit Hilfe von Eigenkapital und aufgenommenen zinsgünstigen Krediten, dominierten mit Sicherheit auch in diesem Projekt den Trägerbereich der Sonstigen Mittel, die am Aufwandsvolumen mit 97,5 vH (97,2 vH) beteiligt waren. Dies unterstreicht den Rang der hinter diesem Trägerbereich stehenden privaten Akteure in hervorragender Weise.

Eine Regionalisierung des Mittelflusses läßt folgende Ergebnisse zutage treten:
Im Beobachtungszeitraum fand eine Konzentration der Ressourcen auf die mittelhessischen Landkreise Lahn-Dill, Gießen und Marburg-Biedenkopf statt, hervorgerufen durch geleistete Kapitaldiensthilfen in Verbindung mit dem Mittelhessenprogramm. Zwischen 1975 und 1978 partizipierte dieser Teilraum mit 74 vH (rd. 534,7 Mio.DM) am landesweiten Gesamtaufwand. Im zweiten Zeitabschnitt reduzierte sich der Anteil der drei Landkreise zwar auf 44,3 vH, dies allerdings bei einem Anstieg des dortigen Projektvolumens auf rd. 6o7,1 Mio.DM.

Eine tiefere räumliche Gliederung führt zu den Standorten intensiver unternehmerischer Aktivitäten:
Das waren sechs der zehn in Mittelhessen planerisch ausgewiesenen gewerblichen Entwicklungsschwerpunkte, nämlich die Kommunen Gießen (Gesamtaufwand zwischen 1975 und 1982: 2o8,3 Mio.DM), Wetzlar (95,6 Mio. DM), Dillenburg (75,1 Mio.DM), Haiger (57,8 Mio.DM), Biedenkopf (48,3 Mio.DM) und Gladenbach (25,4 Mio.DM). Des weiteren wurden bedeutende betriebliche Maßnahmen im Oberzentrum Marburg (8o,9 Mio.DM), im Mittelzentrum Haiger (46,5 Mio.DM), in Dautphetal (29,6 Mio.DM)

(438) Vgl. hierzu und zu den unten referierten Ergebnissen die Tabellen 18 und 19.

Tab. 18 : Projekt "Kapitaldiensthilfen an kleine und mittlere Unternehmen": Gesamtaufwand nach Finanzierungsträgern, räumliche Verteilungsstruktur 1975 bis 1978

Kommunaler Förderstandort Kreisfreie Stadt Landkreis Regierungsbezirk (Rb) Aktionsraum	Gesamtaufwand in Tsd.DM	Anteil an der räumlichen Verteilungsstruktur in vH	Landesmittel in Tsd.DM	Anteil an der räumlichen Verteilungsstruktur in vH	Sonstige Mittel in Tsd.DM	Anteile an den Verteilungsstrukturen in vH räumlich	sachlich
Darmstadt, St.	3418	o,5	47	o,3	3371	o,5	98,6
Frankfurt a.M., St.	1o759	1,5	192	1,1	1o567	1,5	98,2
Offenbach a.M., St.	164o	o,2	41	o,2	1599	o,2	97,5
Wiesbaden, St.	4889	o,7	96	o,5	4793	o,7	98,o
Bürstadt	1123	o,2	21	o,1	11o2	o,2	
Lampertheim	1884	o,3	4o	o,2	1845	o,3	
Kreis Bergstraße	127oo	1,8	228	1,3	12472	1,8	98,2
Dieburg	487	o,1	11	o,1	476	o,1	
Groß-Umstadt	1655	o,2	48	o,3	16o7	o,2	
Kreis Darmstadt-Dieburg	7613	1,1	162	o,9	745o	1,1	97,9
Kreis Groß-Gerau	5147	o,7	96	o,5	5o51	o,7	98,1
Hochtaunuskreis	3267	o,5	74	o,4	3193	o,5	97,7
Gelnhausen	5226	o,7	36	o,2	519o	o,7	
Mitort	387	o,1	7		38o	o,1	
Mitorte (zu Schlüchtern)	931	o,1	17	o,1	914	o,1	
Main-Kinzig-Kreis	22112	3,1	339	1,9	21773	3,1	98,5
Main-Taunus-Kreis	4177	o,6	93	o,5	4o84	o,6	97,8
Erbach	4o8	o,1	1o	o,1	398	o,1	
Michelstadt	44o	o,1	1o	o,1	43o	o,1	
Odenwaldkreis	2575	o,4	52	o,3	2523	o,4	98,o
Kreis Offenbach	9232	1,3	156	o,9	9o76	1,3	98,3
Taunusstein	6o7	o,1	8		599	o,1	
Rheingau-Taunus-Kreis	527o	o,7	116	o,6	5154	o,7	97,8
Büdingen	2o7		2		2o5		
Butzbach	614	o,1	18	o,1	596	o,1	
Wetteraukreis	6o7o	o,8	133	o,7	5937	o,8	97,8
Rb Darmstadt	98868	13,7	1825	1o,1	97o43	13,8	98,2
Gießen	1o8548	15,o	2842	15,7	1o57o6	15,o	
Grünberg	51o7	o,7	127	o,7	4981	o,7	
Hungen	8oo1	1,1	26o	1,4	7741	1,1	
Laubach	3829	o,5	123	o,7	37o6	o,5	
Lich	2973	o,4	9o	o,5	2883	o,4	
Kreis Gießen	199o49	27,5	5286	29,1	193763	27,5	97,3
Dillenburg	45499	6,3	1o93	6,o	444o6	6,3	
Haiger	38282	5,3	874	4,8	374o8	5,3	
Wetzlar	3546o	4,9	1o9o	6,o	3437o	4,9	
Lahn-Dill-Kreis	22o679	3o,5	5979	32,9	2147oo	3o,5	97,3
Limburg	2796	o,4	111	o,6	2685	o,4	
Weilburg	1o84	o,1	4o	o,2	1o44	o,1	
Mitort	1o4		4		1oo		
Kreis Limburg-Weilburg	8432	1,2	245	1,3	8187	1,2	97,1
Biedenkopf	15456	2,1	479	2,6	14977	2,1	
Gladenbach	8934	1,2	262	1,4	8672	1,2	
Stadt Allendorf	3491	o,5	71	o,4	342o	o,5	
Kreis Marburg-Biedenkopf	114928	15,9	3117	17,2	111811	15,9	97,3
Alsfeld	999	o,1	23	o,1	976	o,1	
Homberg (Ohm)	778	o,1	9	o,1	769	o,1	
Lauterbach	1249	o,2	37	o,2	1212	o,2	
Vogelsbergkreis	5936	o,8	139	o,8	5797	o,8	97,7
Rb Gießen	549o24	76,o	14766	81,3	534258	75,8	97,3
Kassel, St.	11397	1,6	238	1,3	11159	1,6	
Fulda	1668	o,2	34	o,2	1634	o,2	
Mitort	1		1				
Hünfeld	618	o,1	12	o,1	6o6	o,1	
Kreis Fulda	7333	1,o	136	o,8	7197	1,o	98,1
Bad Hersfeld	561	o,1	14	1,o	547	1,o	
Mitort	28				28		
Bebra	778	o,1	18	o,1	761	o,1	
Kreis Hersfeld-Rotenburg	4862	o,7	98	o,5	4764	o,7	98,o
Mitorte (zu Kassel)	1o67	o,2	18	o,1	1o49	o,2	
Hofgeismar	478	o,1	18	o,1	46o	o,1	
Wolfhagen	645	o,1	21	o,1	624	o,1	
Kreis Kassel	1492o	2,1	3o8	1,7	14612	2,1	97,9
Fritzlar	892	o,1	21	o,1	871	o,1	
Homberg (Efze)	272		3		269		
Melsungen	12o5	o,2	3o	o,2	1175	o,2	
Schwalmstadt	947	o,1	25	o,1	923	o,1	
Schwalm-Eder-Kreis	9629	1,3	223	1,2	94o6	1,3	97,7
Frankenberg	1387	o,2	37	o,2	135o	o,2	
Korbach	4126	o,6	75	o,4	4o51	o,6	
Kreis Waldeck-Frankenberg	17329	2,4	34o	1,9	16989	2,4	98,o
Eschwege	1552	o,2	34	o,2	1518	o,2	
Hessisch Lichtenau	1o17	o,1	13	o,1	1oo4	o,1	
Sontra	825	o,1	25	o,1	8oo	o,1	
Witzenhausen	1668	o,2	37	o,2	1631	o,2	
Werra-Meissner-Kreis	93o7	1,3	217	1,2	9o89	1,3	97,7
Rb Kassel	74777	1o,3	156o	8,6	73216	1o,4	97,9
Aktionsraum 1o	96593	13,4	1943	1o,7	94649	13,4	98,o
Hessischer Teil des Aktionsraumes 11	8521	1,2	246	1,4	8275	1,2	97,1
Hessen	722668	1oo,o	18152	1oo,o	7o4517	1oo,o	97,5

Gebietsstand 1.1.1981.
Quelle: Hessische Investitionsdatei; eigene Berechnungen.

Tab 19 : Projekt "Kapitaldiensthilfen an kleine und mittlere Unternehmen": Gesamtaufwand nach Finanzierungsträgern, räumliche
Verteilungsstruktur 1979 bis 1982

Kommunaler Förderstandort Kreisfreie Stadt Landkreis Regierungsbezirk (Rb) Aktionsraum	Gesamtaufwand in Tsd.DM	Anteil an der räumlichen Verteilungsstruktur in vH	Landesmittel in Tsd.DM	Anteil an der räumlichen Verteilungsstruktur in vH	Sonstige Mittel in Tsd.DM	Anteile an den Verteilungsstrukturen in vH räumlich	sachlich
Darmstadt, St.	13642	1,o	351	o,9	1329o	1,o	97,4
Frankfurt a.M., St.	57655	4,2	143o	3,7	56225	4,2	97,5
Offenbach a.M., St.	1o634	o,8	264	o,7	1o37o	o,8	97,5
Wiesbaden, St.	38685	2,8	943	2,4	37741	2,8	97,6
Bürstadt	319o	o,2	84	o,2	31o6	o,2	
Lampertheim	13854	1,o	318	o,8	13537	1,o	
Kreis Bergstraße	52335	3,8	1284	3,3	51o51	3,8	97,5
Dieburg	2oo6	o,1	57	o,1	1949	o,1	
Groß-Umstadt	4o9o	o,3	1o4	o,3	3987	o,3	
Kreis Darmstadt-Dieburg	28114	2,1	7o2	1,8	27412	2,1	97,5
Biebesheim	1245	o,1	23	o,1	1222	o,1	
Gernsheim	1654	o,1	22	o,1	1632	o,1	
Kreis Groß-Gerau	2986o	2,2	682	1,8	29179	2,2	97,7
Hochtaunuskreis	32831	2,4	854	2,2	31977	2,4	97,4
Gelnhausen	744o	o,5	197	o,5	7243	o,5	
Mitort	1295	o,1	39	o,1	1256	o,1	
Schlüchtern	12o8	o,1	47	o,1	1161	o,1	
Mitorte	3423	o,3	1o1	o,3	3323	o,3	
Main-Kinzig-Kreis	56514	4,1	1472	3,8	55o42	4,1	97,4
Main-Taunus-Kreis	26919	2,o	7o3	1,8	26216	2,o	97,4
Erbach	2991	o,2	93	o,2	2898	o,2	
Michelstadt	3172	o,2	8o	o,2	3o93	o,2	
Odenwaldkreis	18114	1,3	473	1,2	17641	1,3	97,4
Kreis Offenbach	38o5o	2,8	983	2,5	37o67	2,8	97,4
Taunusstein	4537	o,3	1o8	o,3	4429	o,3	
Rheingau-Taunus-Kreis	26525	1,9	656	1,7	2587o	1,9	97,5
Büdingen	4428	o,3	8o	o,2	4348	o,3	
Butzbach	1967	o,1	47	o,1	192o	o,1	
Wetteraukreis	4oo23	2,9	1o44	2,7	38979	2,9	97,4
Rb Darmstadt	4699oo	34,3	11842	3o,5	458o58	34,4	97,6
Gießen	99672	7,3	2988	7,7	96683	7,3	
Grünberg	8436	o,6	291	o,7	8145	o,6	
Hungen	1o266	o,7	329	o,8	9937	o,7	
Laubach	6o97	o,4	197	o,5	59oo	o,4	
Lich	6299	o,5	183	o,5	6116	o,5	
Kreis Gießen	2o1o47	14,7	6299	16,2	194749	14,6	96,9
Dillenburg	29614	2,2	879	2,3	28735	2,2	
Haiger	19493	1,4	573	1,5	18921	1,4	
Wetzlar	6oo57	4,4	1932	5,o	58124	4,4	
Lahn-Dill-Kreis	24o424	17,5	7571	19,5	232853	17,5	96,9
Limburg	4824	o,4	127	o,3	4697	o,4	
Weilburg	3919	o,3	1o7	o,3	3812	o,3	
Mitorte	1593	o,2	33	.o,1	156o	o,2	
Kreis Limburg-Weilburg	22o9	1,6	564	1,4	21646	1,6	97,5
Biedenkopf	32773	2,4	973	2,5	31799	2,4	
Gladenbach	16473	1,2	46o	1,2	16o13	1,2	
Stadt Allendorf	2353	o,2	64	o,2	2289	o,2	
Kreis Marburg-Biedenkopf	1656oo	12,1	5o7o	13,o	1653oo	12,1	96,9
Alsfeld	2149	o,2	51	o,1	2o98	o,2	
Homberg (Ohm)	84o	o,1	2o	o,1	82o	o,1	
Lauterbach	3186	o,2	1o7	o,3	3o79	o,2	
Vogelsbergkreis	19245	1,4	562	1,4	18683	· 1,4	97,1
Rb Gießen	648526	47,3	2oo66	51,6	628460	47,2	96,9
Kassel, St.	39171	2,9	938	2,4	38233	2,9	97,6
Fulda	845o	o,6	26o	o,7	819o	o,6	
Mitort	255o	o,2	71	o,2	2479	o,2	
Hünfeld	4o79	o,3	129	o,3	395o	o,3	
Kreis Fulda	36o63	2,6	1o37	2,7	35o25	2,6	97,1
Bad Hersfeld	6oo4	o,4	187	o,5	5817	o,4	
Mitorte	1182	o,1	4o	o,1	1132	o,1	
Bebra	7584	o,5	234	o,6	7349	o,5	
Kreis Hersfeld-Rotenburg	21o88	1,5·	641	1,6	2o447	1,5	97,o
Mitorte (zu Kassel)	4174	o,3	1o6	o,2	4o68	o,3	
Hofgeismar	59o6	o,4	193	o,5	5713	o,4	
Wolfhagen	2919	o,2	77	o,2	2841	o,2	
Kreis Kassel	44518	3,2	1413	3,6	431o6	3,2	96,8
Fritzlar	2o5o	o,1	47	o,1	2oo3	o,2	
Homburg (Efze)	2758	o,2	66	o,2	2692	o,2	
Melsungen	4667	o,3	124	o,3	4543	o,3	
Schwalmstadt	6998	o,5	189	o,5	68o9	o,5	
Schwalm-Eder-Kreis	39o72	2,9	1o5o	2,7	38o22	2,9	97,3
Frankenberg	5819	o,4	153	o,4	5666	o,4	
Korbach	3652	o,3	122	o,3	353o	o,3	
Kreis Waldeck-Frankenberg	38573	2,8	944	2,4	37629	2,8	97,6
Eschwege	13544	1,o	352	o,9	13192	1,o	
Hessisch Lichtenau	2738	o,2	88	o,2	265o	o,2	
Sontra	2o36	o,1	62	o,2	1974	o,1	
Witzenhausen	4241	o,3	132	o,3	41o9	o,3	
Werra-Meissner-Kreis	33927	2,5	957	2,5	3297o	2,5	97,2
Rb Kassel	252412	18,4	698o	17,9	245432	18,4	97,2
Aktionsraum 1o	3o7218	22,4	8476	21,8	298745	22,4	97,2
Hessischer Teil des Aktionsraumes 11	23o39	1,7	589	1,5	22447	1,7	97,4
Hessen	137o837	1oo,o	38888	1oo,o	133195o	1oo,o	97,2

Gebietsstand 1.1.1981.
Quelle: Hessische Investitionsdatei; eigene Berechnungen.

sowie in der an Gießen angrenzenden Gemeinde Heuchelheim (26,5 Mio.DM)
vorgenommen.

Dem Aktionsraum 1o flossen vom Projektumfang lediglich 13,4 vH (18,4 vH)
zu, entsprechend etwa 96,6 Mio.DM im ersten und rd. 3o7,2 Mio.DM im
zweiten Zeitabschnitt.
Auf kommunaler Ebene hob sich von der breiten räumlichen Verteilung
der eingesetzten Mittel in Nord- und Osthessen nur das Oberzentrum
Kassel ab, wo mit Hilfe von Zinszuschüssen des Landes Private Investitionen in Höhe von etwa 49 Mio.DM tätigten.
Der hessische Teil des Aktionsraumes 11 ließ nennenswerte Maßnahmen
vermissen.

Im Verlauf des untersuchten Zeitraumes gewann das regionale Investitionsaufkommen in Südhessen stark an Gewicht. So verbuchte der
Regierungsbezirk Darmstadt zwischen 1975 und 1978 lediglich 13,7 vH = rd.
98,9 Mio.DM vom landesweiten Gesamtaufwand. Dieser Anteil erhöhte sich
zwischen 1979 und 1982 auf 34,3 vH = 469,9 Mio.DM.
Die Fläche des Regierungsbezirkes wird, abgesehen von einigen Teilräumen (439), von den hessischen Teilen der Verdichtungsräume Rhein-Main
und Rhein-Neckar sowie deren umgebenden Randbereichen bedeckt. Betriebe
in diesen Ordnungsräumen waren im durch starke Mittelexpansionen ge-
kennzeichneten zweiten Zeitabschnitt dominierend an den Aktivitäten in
Südhessen beteiligt: Unternehmungen des mehr oder weniger hochverdichteten Raumes partizipierten mit 9o,3 vH (rd. 424,3 Mio.DM) am
Gesamtaufwand des Regierungsbezirkes Darmstadt. Der südhessische Teil
des Aktionsraumes 1o trat in den Hintergrund.

Der Mittelfluß verteilte sich auch in diesen südlichen Landesteilen
Hessens breit im vorhandenen Siedlungsnetz. Von dem relativ gleich-
mäßigen Verteilungsmuster hoben sich allerdings die beiden Kernstädte

(439) Gebietsteile des Rheingau-Taunus-Kreises, des Wetteraukreises,
      des Main-Kinzig-Kreises und der gesamte Odenwaldkreis.

im Verdichtungsraum Rhein-Main, die Oberzentren Frankfurt und Wiesbaden, ab. Dort nahm man in der zweiten Hälfte des überprüften Zeitraumes in Betriebsstätten Investitionen in Größenordnungen von rd. 58 Mio.DM bzw. etwa 38 Mio.DM vor.

Unter Berücksichtigung der Verschiebungen in der Zusammensetzung der unternehmerischen Adressaten gegenüber den bisher diskutierten Projekten erscheinen nachstehende abschließende Befunde wesentlich: Die hohe Beteiligung der drei mittelhessischen Landkreise Gießen, Lahn-Dill und Marburg-Biedenkopf bei der regionalen Verteilung von Zinszuschüssen wurde in starkem Maße durch programmspezifische Faktoren verursacht (befristete Auflage eines räumlich begrenzten Kreditprogramms zur Reduzierung besonderer teilräumlicher Probleme).

Der Einsatz dieses Förderinstrumentes verdeckte ein Süd-Nord-Gefälle im Ressourcenfluß bzw. schwächte es zeitweise ab. Die in Verbindung mit den anderen Kreditprogrammen fließenden Kreditverbilligungsmittel unterlagen wie diese keinen regionalen Einsatzauflagen. Unter Ausklammerung des Mittelhessenprogrammes wird die Sogwirkung hauptsächlich des Verdichtungsraumes Rhein-Main noch deutlicher: Vorrangig im zweiten untersuchten Zeitabschnitt gewannen die dort mit Hilfe von Zinszuschüssen durchgeführten privaten Investitionen im räumlichen Vergleich ein erhebliches Gewicht gegenüber Maßnahmen privater Akteure in ost- und nordhessischen Teilräumen. Letztere blieben, ohne regionale Förderpräferenzen, mit ihren investiven Aktivitäten hinter dem verdichteten Süden des Landes zurück. Kleine und mittlere Unternehmen in den Standorten zwischen Main und Neckar konnten unter Inanspruchnahme der vorhandenen Agglomerationsvorteile die instrumentelle Neutralität der bereitgestellten Kapitaldiensthilfen zu ihren Gunsten ausnutzen.

3. Beschäftigtenentwicklung 1970 bis 1980

Ehe in einer abschließenden Bewertung die wesentlichen Ergebnisse der Überprüfung des Finanzmittelflusses zusammengefaßt, mögliche Zusammen-

hänge zwischen regionaler Mittelverteilung und regionalen Trends in
der Beschäftigtenentwicklung gesucht und Rückschlüsse auf eine Verwirklichung des Planungsinstrumentariums gezogen werden, ist als notwendige Voraussetzung noch einmal die Diskussion der Beschäftigtenentwicklung aufzunehmen.

Das Interesse gilt dabei hauptsächlich dem Verarbeitenden Gewerbe, da
staatliche Mittel im Rahmen der Gemeinschaftsaufgabe und der landesinternen Zuschußförderung fast ausschließlich Produktionsbetrieben
dieses Wirtschaftszweiges zugute gekommen sind.

3.1 Verarbeitendes Gewerbe (44o)

Im Untersuchungszeitraum ging der Beschäftigtenbestand in Hessen von
957 188 um 98 4oo (-1o,3 vH) auf 858 788 Beschäftigte zurück (441).
Der Anteil an den Gesamtbeschäftigten (442) reduzierte sich landesweit zwischen 197o und 198o von 42 vH auf 37,1 vH. In den Landkreisen
Groß-Gerau, Odenwald, Lahn-Dill und Kassel betrug dieser Anteil auch
198o noch mehr als 5o vH.

Starke Beschäftigteneinbrüche mußten die Oberzentren der Verdichtungsräume Rhein-Main und Kassel hinnehmen, die abgesehen von Darmstadt
(-1o,5 vH) um -2o vH schwankten (443).
Im gesamten hessischen Ring um die Kernstädte der Verdichtungsräume
Rhein-Main und Rhein-Neckar blieben die Einbußen entweder deutlich
unter dem Landesdurchschnitt oder es waren sogar leichte Zunahmen zu
verzeichnen: Landkreise Groß-Gerau (rd. 2 56o = 4,4 vH) und Rheingau-
Taunus (rd. 5oo = 2,7 vH).

(44o) Nebst Energie- und Wasserversorgung sowie dem Bergbau.
(441) Vgl. hierzu und zu den weiteren Ergebnissen die Tabellen A 1
      bis A 4 sowie A 17 und A 18. Eine Differenzierung nach Branchen
      ist nicht möglich, da für das Jahr 198o kein entsprechend auf-
      bereitetes Material vorliegt.
(442) Jeweils ohne Beschäftigte in der Land- und Forstwirtschaft.
(443) Frankfurt am Main: rd. -35 3oo Beschäftigte, Offenbach: rd.
      -8 65o, Wiesbaden: rd. -8 3oo, Darmstadt: rd. -4 ooo, Kassel:
      rd. -9 65o.

Im Lahn-Dill-Gebiet traten nur geringfügig kleinere relative Verluste
ein als in den Zentren der hochverdichteten Gebiete: Lahn-Dill-Kreis
(rd. -9 000 = -15,7 vH), Landkreis Gießen (rd. -4 200 = -11,9 vH).

In den ost- und nordhessischen Räumen, die zum Aktionsraum 10 gehören,
war ein starker Rückgang der Beschäftigtenzahlen nicht zu beobachten,
sieht man einmal neben Kassel vom Werra-Meißner-Kreis (rd. -3 300
= -16,8 vH) ab. Insgesamt ging die Zahl der Beschäftigten von rd. 229 900
um etwa 16 900 (- 7,4 vH) auf rd. 213 000 zurück. Die Abnahme verteilt
sich regional im wesentlichen auf die beiden gerade genannten Teilräume,
ergänzt um den Landkreis Hersfeld-Rotenburg. Als räumliches Segment eines
durch Mittel-, Ost- und Nordhessen verlaufenden Schwächebandes (444) war
der Vogelsbergkreis durch einen leichten Beschäftigtenrückgang (-514
= -3,3 vH) gekennzeichnet.
Südlich und nördlich dieses Bandes lagern sich Teilräume mit Beschäftigten-
zunahmen bzw. Stillstand (Landkreis Fulda) an. Im zum Fördergebiet
zählenden östlichen Bereich des Main-Kinzig-Kreises erfolgte ein Zuwachs von 1 067 Beschäftigten (6,8 vH), die Landkreise Waldeck-Frankenberg und Schwalm-Eder verzeichneten einen positiven Saldo von zusammen
514 Arbeitskräften.
Der gesamte hessische Teil des Aktionsraumes 11, der mit dem Landkreis
Limburg-Weilburg zu den am schwächsten industrialisierten Teilräumen
Hessens zählt (445), büßte 1 059 Beschäftigte (-5,9 vH) ein.

Bei der Suche nach möglichen Ursachen führt ein Vergleich der hessischen
Teilräume mit überdurchschnittlichen Beschäftigtenverlusten zu folgenden
Schlüssen:
Die hohen Rückgänge in den Kernstädten der Verdichtungsräume sind zu
einem nicht unwesentlichen Teil auf suburbane Verlagerungsprozesse
zurückzuführen (446).

(444) Siehe auch Karte 10.
(445) 1980 lag der Anteil des Verarbeitenden Gewerbes an der Gesamt-
      beschäftigung bei 34,1 vH, dies unterbot lediglich der Main-
      Taunus-Kreis mit 27,6 vH.
(446) Vgl. dazu für den Verdichtungsraum Rhein-Main H. EHRET, W. KOCH
      1978, S. 30 f und S. 43 sowie M. SÄTTLER u.a. 1978, S. 72 f.

Entwicklung der Beschäftigten im Produzierenden Gewerbe (ohne Baugewerbe) 1970 bis 1980 in den kreisfreien Städten und Landkreisen sowie in den Schwerpunktorten, gewerblichen Entwicklungsschwerpunkten und Entlastungsorten in vH

Karte 10

Gebietsstand 31.12.1980

0   10   20   30   40 km

Hofgeismar

KASSEL

Wolfhagen

Korbach

Kassel

Witzenhausen

WALDECK-FRANKENBERG

Fritzlar

WERRA-

Frankenberg

Hess. Lichtenau

Eschwege

MEISSNER-

Homberg (Efze)

Melsungen

KREIS

Sontra

SCHWALM-EDER-KREIS

Biedenkopf

MARBURG-

Bebra

BIEDENKOPF

Schwalmstadt

HERSFELD-

Stadtallendorf

Bad Hersfeld

Haiger

Alsfeld

ROTENBURG

Gladenbach

Dillenburg

Homberg (Ohm)

VOGELSBERGKREIS

Hünfeld

LAHN-DILL-

Grünberg

Lauterbach

KREIS

Gießen

Wetzlar

GIESSEN

Fulda

Weilburg

Lich

Laubach

FULDA

Hungen

Limburg

Butzbach

LIMBURG-WEILBURG

Büdingen

HOCHTAUNUS-

Schlüchtern

WETTERAU-

KREIS

KREIS

Taunusstein

Gelnhausen

MAIN-TAUNUS-

MAIN-KINZIG-KREIS

RHEINGAU-

WIESBADEN

FRANKFURT

TAUNUS-KREIS

KREIS

OFFEN-BACH

GROSS-

OFFENBACH

Dieburg

GERAU

DARMSTADT

Biebesheim

Groß-Umstadt

DARMSTADT-

Gernsheim

DIEBURG

ODENWALD-

Michelstadt

Bürstadt

KREIS

BERG-

Lampertheim

STRASSE

Erbach

Legend:

- ⊠ Zunahme
- ▨ Stagnation
- ▦ Abnahme < Landesdurchschnitt (1)
- ▩ Abnahme > Landesdurchschnitt
- ○ Schwerpunktort, gewerbl. Entw.-schwerpunkt oder Entlastungsort
- ▬ Landesgrenze
- ▬ Grenzen der Aktionsräume der Gemeinschaftsaufgabe "Verbesserung der regionalen Wirtschaftsstruktur"
- ── Grenzen der kreisfreien Städte und Landkreise

(1) **Landesdurchschnitt:** Abnahme um 10,3 vH.

Entwurf: G. Kühn

Quelle: Datenmaterial der Hessischen Landes-entwicklungs- und Treuhandgesellschaft, Wiesbaden.

Demgegenüber war gerade in Mittelhessen die ungünstige Branchenzusammensetzung für den sehr negativen Trend verantwortlich. Im
untersuchten Zeitraum dominierten dort, vorrangig an Standorten
im Lahn-Dill-Gebiet, schrumpfende Branchen, wie etwa Gießereien,
Walzwerke sowie die feinmechanische und optische Industrie (447).
Die in diesem Teilraum eingetretenen starken Arbeitsplatzverluste
lassen die These zu, daß sich die eigentlichen "räumlichen Schwachstellen" des Bundeslandes von Nord- bzw. Osthessen nach Mittelhessen verschoben haben (448).
Auf der breiteren Basis von Annahmen zur regionalen Arbeitsplatz-
entwicklung einzelner Wirtschaftszweige für den Zeitraum 1974 bis
1990 kommt eine bundesweite Prognose in zwei Modellrechnungen bezüglich der Gebietseinheit 21 (Mittel-Osthessen) zur gleichen Einordnung (449).
Es darf vermutet werden, daß diese Problemgebietsverschiebung
auch mit dem wesentlich stärkeren Einsatz gewerbefördernder Instrumente in den Fördergebieten der Gemeinschaftsaufgabe zu begründen
ist.

Der osthessische Teil des in das Bundesland eingebetteten "räumlichen
Schwächeriegels" ist zwar ebenfalls Standort wachstumsungünstiger
Industrien (vorrangig Kaliindustrie), aber durch Neuansiedlungen von
Produktionsbetrieben wachsender Branchen (z.B. chemische Industrie)
konnte die Branchenstruktur nachhaltig verbessert werden (450).

Die in Nordhessen teilräumlich zu beobachtenden leichten Beschäftigtenzuwächse sind ähnlich wie im südöstlichen Randsaum Hessens (Landkreis
Fulda, das Gebiet zwischen Schlüchtern und Gelnhausen) unter anderem

(447) Vgl. dazu H. EHRET, W. KOCH 1978, S. 28 f sowie W. BRÜSCHKE
1981, S. 18 ff.
(448) M. KRAUSS, H. SCHULZ, G. MORITZ 1977, S. 6 stellen in einer
Analyse des Zeitraums 1970 bis 1976 fest, "das Mittelhessen
ein wirtschaftliches Hauptproblemgebiet Hessens ist".
(449) Vgl. o.V. 1977 Raumordnungsprognose 1990, S. 22 ff und S. 37 f.
(450) Ergebnis eines Interviews in der Abteilung Regionalplanung beim
Regierungspräsidenten in Gießen am 20.6.1983.

auf atypische Branchentrends zurückzuführen, aufgrund dessen sich
einzelbetriebliche Entwicklungen günstiger als die vergleichbaren
überregionalen Veränderungen in der betreffenden Branche gestalteten
(451).

Eine Auswertung der Arbeitskräfteentwicklung in den Schwerpunktorten
der hessischen Fördergebiete sowie in den zusätzlich ausgewiesenen
gewerblichen Entwicklungsschwerpunkten und Entlastungsorten führt zu
folgenden Befunden (452):
Von den 24 Schwerpunktorten im Aktionsraum 1o verzeichneten vierzehn
Kommunen leichte bis teilweise hohe Beschäftigungszuwächse, die Werte
schwankten zwischen 2,6 vH (68) in Hünfeld bzw. Büdingen und 38,6 vH
(53o) in Hofgeismar. Der stärkste absolute Anstieg erfolgte in
Melsungen (983 = 32,8 vH). Abgesehen von Alsfeld, Bebra und Witzenhausen lagen die wachsenden Standorte außerhalb des als Schwächebandes
bezeichneten Teilraumes. In diesem Schwächeband befanden sich
mit Bad Hersfeld, Eschwege, Hessisch Lichtenau, Lauterbach und Stadt
Allendorf fünf der sechs Schwerpunktorte mit überdurchschnittlichen
Abnahmen. Weitere vier Fördergemeinden mußten ebenfalls Einbußen hinnehmen, blieben aber unter dem Landesdurchschnitt von -1o,3 vH, darunter
das Oberzentrum Fulda (-5,6 vH = -888).

Insgesamt verloren die Schwerpunktorte im Aktionsraum 1o rd. 12 68o
Arbeitskräfte. Dieser negative Saldo wurde allerdings entscheidend
vom ungünstigen Abschneiden der Stadt Kassel beeinflußt. Beschäftigten-
wachstum war ausnahmslos in Kommunen zu beobachten, deren Einwohnerzahl im Jahre 198o deutlich unter 2o ooo lag.
Beide Förderstandorte im hessischen Gebiet des Aktionsraumes 11,
Limburg und Weilburg, wiesen sich durch eine schrumpfende Entwicklung
aus. Deren leichte Abnahmen (-397 = -6,7 vH; 93 = -4,4 vH) rangierten
jedoch unter dem landesweiten Trend.

(451) Ergebnis eines Interviews in der Abteilung Regionalplanung beim
      Regierungspräsidenten in Kassel am 21.6.1983.
(452) Vgl. dazu die Tabellen A 21 und A 22 sowie Karte 1o.

Die mittelhessischen gewerblichen Entwicklungsschwerpunkte mußten über-
durchschnittlich hohe Beschäftigtenverluste hinnehmen (-8 641 = -14,6 vH).
Lediglich drei der zehn Gemeinden erzielten Zunahmen, insbesondere Haiger:
94o (27,6 vH). Sieben Entwicklungsschwerpunkte verzeichneten teilweise
starke Einbrüche, darunter - ähnlich der Verteilung im Aktionsraum 1o -
die beiden großen Siedlungen mit mehr als 5o ooo Einwohnern (Wetzlar:
-6 75o Beschäftigte = -29,3 vH; Gießen: -1 549 = -11,o vH).
Alle drei wachsenden Kommunen, neben Haiger noch Hungen und Grünberg,
hatten 198o weniger als 2o ooo Einwohner, Hungen und Grünberg gehören
mit jeweils rd. 11 ooo Einwohnern zu den kleinen Entwicklungsschwerpunkten Mittelhessens.

Die beiden Mittelzentren in Funktionsergänzung im Odenwald, Erbach und
Michelstadt, entwickelten sich gegenläufig: Erbach nahm kräftig zu
(627 = 25,7 vH), Michelstadt verlor 579 Arbeitskräfte (-16,4 vH).

Im Gegensatz zu den vier, im Randgebiet um den Verdichtungsraum Kassel
gelegenen nordhessischen Entlastungsorten mit z.T. sehr günstigen
Trends offeriert die Analyse der südhessischen Entlastungsorte ungünstigere Entwicklungslinien: Bei einem Arbeitskräfterückgang von
insgesamt rd. 2 5oo (-12,2 vH) wuchsen lediglich drei der sieben
Gemeinden. Mit Taunusstein (944 = 45,2 vH) und Biebesheim (33 = 36,o vH)
zeichneten sich allerdings zwei kommunale Förderstandorte durch hohe
Beschäftigtenzuwächse aus; Dieburg verbuchte einen leichten Gewinn
(56 = 4,1 vH), Gernsheims Entwicklung stagnierte.
Drei Gemeinden, nämlich die Mittelzentren Butzbach, Bürstadt und Groß-
Umstadt (453), verloren zusammen rd. 3 5oo Arbeitskräfte. Allein in
Butzbach ging die Zahl der Beschäftigten im Produzierenden Gewerbe
(ohne Baugewerbe) um 2 7o1 = -43,5 vH zurück, die beiden letzteren Gemeinden erlitten mit -17,9 vH und -17,4 vH ebenfalls weit über dem Landes-
trend einzuordnende Einbußen.
Dieburg (198o: rd. 13 2oo Einwohner) und Biebesheim (rd. 5 8oo) gehörten als kleinere Entlastungsorte zu den Wachstumssiedlungen, Butzbach

(453) Bürstadt in Funktionsergänzung mit Lampertheim, Groß-Umstadt
in Funktionsergänzung mit Dieburg.

zählte mit rd. 21 3oo nach dem ebenfalls geschrumpften Lampertheim
(-32o = -7,7 vH) und Taunusstein zu den größeren südhessischen kommunalen
Förderstandorten.

3.2 Baugewerbe

.

Zwischen 197o und 198o sank die Zahl der hier Beschäftigten in Hessen von
197 868 um 33 862 (-17,1 vH) auf 164 oo6 (454). Der Anteil des Baugewerbes
an der außerlandwirtschaftlichen Beschäftigung ging in diesem Zeitraum
landesweit von 8,7 vH auf 7,1 vH zurück. Mit Ausnahme des stagnierenden
Rheingau-Taunus-Kreises verzeichneten sämtliche hier einbezogenen räumlichen Einheiten eine negative Entwicklung.
Die stärksten relativen und absoluten Abnahmen erfolgten in Südhessen
(Regierungsbezirk Darmstadt: -22 267 = -18,4 vH), wo aber andererseits
198o mit rd. 98 7oo Beschäftigten immer noch mehr als die Hälfte der hessischen Bauwirtschaft vertreten war.

Durch einen hohen Rückgang beim Baugewerbe sind auch die Kernstädte
der Verdichtungsräume Rhein-Main und Kassel gekennzeichnet. Sie allein
trugen zum negativen Saldo mit 18 751 Arbeitskräften bei, entsprechend
55,4 vH der Gesamtabnahme. In den fünf Oberzentren Darmstadt, Frankfurt,
Kassel, Offenbach und Wiesbaden lagen die Abnahmen zwischen -2o,8 vH
und -36,9 vH.
Ebenfalls in dieser Bandbreite bewegten sich die Arbeitskräfteverluste
in den Landkreisen Groß-Gerau (-27,3 vH = -1 627) und Lahn-Dill (-23,3 vH=
-1 965). Abgesehen vom Landkreis Offenbach (-19,1 vH = -1 711) blieb der
südhessische Raum um die Kernstädte der verdichteten Gebiete von ähnlichen
Einbrüchen verschont. Hier reduzierte sich die Zahl der Beschäftigten im
Baugewerbe insgesamt lediglich noch um 3 o91, ein regionaler Anteil von
-9,1 vH am Saldo des Landes.

(454) Vgl. dazu und zu den weiteren Ergebnissen die Tabellen A 1 bis
      A 4 sowie A 17 und A 18.

Der mittelhessische Teilraum offerierte abseits des Lahn-Dill-Kreises
unterdurchschnittliche Abnahmen, schwankend zwischen -9,1 vH (-736)
im Landkreis Gießen sowie -14,9 vH (-1 195) im Landkreis Marburg-Biedenkopf.

In Ost- und Nordhessen schrumpfte das Baugewerbe um rd. 3 600 Arbeitskräfte (Regierungsbezirk Kassel ohne das oben aufgeführte Oberzentrum
Kassel), dies entsprach einem regionalen Beitrag von -10,6 vH an den
hessischen Einbußen im Bausektor, den im wesentlichen der östliche
Gebietssaum, gebildet durch die Landkreise Fulda (-16,7 vH = -1 152),
Hersfeld-Rotenburg (-14,3 vH = -740) und Werra-Meißner (-13,7 vH = -620)
herbeiführte.

3.3 Handel

Die zum Sektor Handel zusammengefaßten Wirtschaftsunterbereiche Großhandel, Handelsvermittlung und Einzelhandel gehörten im beobachteten
Zeitraum in Hessen ebenfalls zu den schrumpfenden Zweigen der Wirtschaft.
Landesweit reduzierte sich die Beschäftigtenzahl um rd. 28 700 (-8,1 vH),
dies entsprach einem Rückgang von 353 620 auf 324 922 Arbeitskräfte.
Der Anteil an der Gesamtbeschäftigung ging von 15,5 vH auf 14,0 vH
zurück (455).

Mehr als 70 vH (rd. 228 000) der Arbeitskräfte konzentrierten sich 1980
in Südhessen, davon allein rd. 80 700 in Frankfurt am Main. Während sich
in diesem Teilraum (Regierungsbezirk Darmstadt) die Zahl der im Großhandel Beschäftigten sogar leicht erhöhte (282 = 0,3 vH) und die Abnahme
im Einzelhandel mit -5,9 vH (-7 649) deutlich unter dem Landesdurchschnitt
(-10,7 vH) blieb, mußten die mittel-, ost- und nordhessischen Gebiete
sowohl im Großhandel als auch im Einzelhandel weit über dem Landesdurchschnitt angesiedelte sektorale Verluste hinnehmen.

(455) Vgl. hierzu und zum folgenden die Tabellen A 1 bis A 4 sowie
      A 17 und A 18.

Insgesamt schälte sich ein steiles Süd-Nord-Gefälle heraus. Der Einzelhandel baute in allen Teilräumen der Regierungsbezirke Gießen und Kassel
Arbeitskräfte ab (Regierungsbezirk Gießen: -18,5 vH = -6 239; Regierungsbezirk Kassel: -19,7 vH = -8 429). Regionale Schwerpunkte bildeten dabei
neben dem Oberzentrum Kassel, das wie drei der vier Kernstädte im Verdichtungsraum Rhein-Main starke Rückgänge aufwies, periphere Räume, wobei das Gebiet des Vogelsberges negativ dominierte: im Vogelsbergkreis
sank die Beschäftigtenzahl um mehr als ein Drittel.
Abseits des verdichteten südlichen Landesteiles, hinter dessen ausge-
glichenem Saldo im Großhandel kleinräumlich stark voneinander abweichende
Trendlinien zu beobachten waren, erzielte der Großhandel lediglich im
Landkreis Kassel nennenswerte Arbeitskräftezuwächse (27,9 vH = 564).
Ansonsten bestimmten Stagnation und tiefe Einbrüche die regionalen Entwicklungen.

Mit der anschließenden Berichterstattung zu den Bereichen fünf bis neun
der Wirtschaftsgliederung wird die Trendlinie zwischen schrumpfenden und
wachsenden Beschäftigungssektoren überschritten.
Die noch zu referierenden Ergebnisse vervollständigen den Kreis der
außerlandwirtschaftlichen Gesamtbeschäftigung.

3.4 Verkehr und Nachrichtenübermittlung

Dieser Wirtschaftsbereich verzeichnete in Hessen zwischen 1970 und 1980
einen Arbeitskräftezuwachs von 20 640 Personen (13,1 vH). Mit rd. 178 200
betrug sein Anteil an der außerlandwirtschaftlichen Gesamtbeschäftigung
im Jahr 1980 7,7 vH (456).

Erneut tritt eine räumliche Ballung der Arbeitskräfte zutage: Allein in
den Kernstädten des Verdichtungsraumes Rhein-Main sowie im Mittelzentrum
im Verdichtungsraum Hanau waren 1980 55,3 vH = 98 567 der in diesem
Bereich Beschäftigten tätig, davon 73 143 in Frankfurt.

(456) Vgl. zu den Ergebnissen die Tabellen A 1 bis A 4 sowie A 17 und
      A 18.

Die mittel-, ost- und nordhessischen Teilräume, repräsentiert durch
die Regierungsbezirke Gießen und Kassel, partizipierten lediglich mit
12 vH (11,3 vH) bzw. 19,3 vH (16,8 vH) am Beschäftigungsaufkommen
dieses Bereiches im Bundesland.

Zu den strukturellen räumlichen Ungleichgewichten gesellte sich ein erhebliches Süd-Nord-Entwicklungsgefälle: Während das südhessische Verdichtungsgebiet und die angrenzenden Randbereiche insgesamt ein Zuwachs
von rd. 2o ooo Arbeitskräften (18 vH) auszeichnete, war in Mittelhessen
nur eine leichte Zunahme von rd. 75o Personen (3,9 vH), vorrangig getragen durch die Entwicklung im Oberzentrum Gießen, zu beobachten. Nord-
und osthessische Teilräume büßten insgesamt rd. 4oo Beschäftigte (-1,3 vH)
ein, wobei ein tieferer regionaler Einbruch infolge eines positiven klein-
räumlichen Trends im Oberzentrum Fulda (rd. 1 2oo Arbeitskräfte) ver-
hindert wurde.
Die günstige Entwicklung in Südhessen war charakterisiert durch das Entstehen kleinräumlich durchbrochener Wachstumsringe um die Kernstädte der
Verdichtungsgebiete.

3.5 Private Dienstleistungen

Neben den Kreditinstituten und dem Versicherungsgewerbe werden die übrigen
privaten Dienstleistungen des Wirtschaftsbereiches sieben ebenfalls erfaßt.
Der so aggregierte Sektor wuchs im untersuchten Zeitraum um 45 383 Beschäftigte und erreichte 198o in Hessen einen Anteil von 16,3 vH = 377 28o
an den Wirtschaftsbereichen eins bis neun (457).

Eine räumliche Konzentration der sektoralen Beschäftigung fand in der
nördlichen Hälfte des größten hessischen Ordnungsraumes, mit Schwerpunkten
in Frankfurt (rd. 121 7oo Arbeitskräfte - Stand 198o) sowie in der Landeshauptstadt Wiesbaden (rd. 3o 3oo), statt. Insgesamt partizipierte der

(457) Vgl. die Tabellen A 1 bis A 4 sowie A 17 und A 18.

Regierungsbezirk Darmstadt mit etwa 74,5 vH (281 237 in 198o) am entsprechenden hessischen personellen Aufkommen, der Regierungsbezirk
Gießen erreichte zum gleichen Zeitpunkt nur 1o,2 vH, der Regierungsbezirk Kassel 15,3 vH.

Das Banken- und Versicherungsgewerbe nahm in Hessen zwischen 197o und
198o um 3o,2 vH (23 381) zu (458). Die übrigen privaten Dienstleistungen
erlebten im untersuchten Zeitraum eine geringere Prosperität. Das landes-
weite Wachstum von rd. 22 ooo Arbeitskräften (8,6 vH) verteilte sich
regional zugunsten des südhessischen Teilraumes, wobei sich sowohl in
diesem Bereich als auch beim Banken- und Versicherungsgewerbe Ringe
stärkerer Zunahmen um die Zentren der Verdichtungsräume herausbildeten.
Anders als beim Wirtschaftsbereich sechs traten kleinräumliche Beschäf-
tigtenrückgänge in Frankfurt (-3 666 Personen = -4,8 vH) und in den Landkreisen Fulda (-262 = -4,5 vH) sowie Limburg-Weilburg (-175 = -3,8 vH)
ein.

3.6 Öffentliche Dienstleistungen

Der öffentliche Sektor wird hier aus einer Aggregation der Bereiche
acht (Organisationen ohne Erwerbscharakter) und neun (Gebietskörperschaften, Sozialversicherung) gebildet.
Er verzeichnete zwischen 197o und 198o landesweit und teilräumlich
die kräftigsten Zuwächse. In Hessen nahm die Zahl der dort beschäftigten Personen von 278 948 um 131 163 (47 vH) auf 41o 111 zu (459).
Mithin stieg der Anteil des öffentlichen Sektors an der außerlandwirtschaftlichen Gesamtbeschäftigung im Bundesland von 12,3 vH auf
17,8 vH (46o).

(458) Der Anteil an der außerlandwirtschaftlichen Beschäftigung be-
      trug landesweit 3,4 vH (4,3 vH).
(459) Vgl. die Tabellen A 1 bis A 4 sowie A 17 und A 18.
(46o) Auf der Ebene der Regierungsbezirke schwankten die Anteile an
      der jeweiligen Gesamtbeschäftigung lediglich geringfügig um
      den Landesdurchschnitt.

Schwerpunkte des räumlichen Verteilungsmusters der Arbeitskräfte stellten die Verdichtungsgebiete Rhein-Main und Kassel dar sowie abseits dieser Agglomerationsräume das Oberzentrum Gießen. Herausragend auch jetzt die Bedeutung der großen Zentren Frankfurt und Wiesbaden, wo allein etwa die Hälfte der südhessischen Beschäftigten der Gebietskörperschaften und Sozialversicherung tätig war. Insgesamt vereinnahmte der Regierungsbezirk Darmstadt 1980 rund 62,3 vH (etwa 255 500) der im öffentlichen Sektor arbeitenden Personen.

Die relative Zunahme im Bereich der Gebietskörperschaften und Sozialversicherung erstreckte sich auf der Ebene der Regierungsbezirke in einer engen Bandbreite um die landesweit erzielten 44,6 vH (99 587 Beschäftigte).
Bei den Organisationen ohne Erwerbscharakter überflügelte der Regierungsbezirk Kassel (69 vH = 7 434) sogar den Regierungsbezirk Darmstadt (55,2 vH = 20 111) im relativen Wachstum.

Achtes Kapitel: Zusammenfassende Bewertung des Einsatzes ausgewählter
             Durchführungsinstrumente in Hessen

Abschließend werden die wesentlichen Untersuchungsergebnisse in zusammen-
gefaßter Form vorgetragen. Im Rahmen einer Gesamtschau wird nach Ver-
knüpfungen zwischen dem regionalen Finanzmittelfluß und der Beschäftigtenentwicklung im Verarbeitenden Gewerbe (461) gesucht. Dem fügen sich Darlegungen zur Realisierung der hessischen Raumordnungskonzeption an.

1. Räumlicher und sachlicher Mittelfluß

Der Gesamtaufwand in den vier Projekten "Vorbereitung von Industriegelände" sowie "Errichtung, Erweiterung und Rationalisierung eines Betriebes"
belief sich zwischen 1975 und 1982 in Hessen auf insgesamt rd. 3 Mrd.DM
(462). Hinter diesen Projekten stehen die Durchführungsinstrumente Gemeinschaftsaufgabe "Verbesserung der regionalen Wirtschaftsstruktur" und die
landesinterne Zuschußförderung außerhalb der Fördergebiete der Gemeinschaftsaufgabe.
Im ersten Zeitabschnitt 1975 bis 1978 flossen 56,7 Mio.DM an Bundesmitteln
und 73,8 Mio.DM an Landesmitteln zur direkten und indirekten Förderung
hessischer Arbeitsstätten. Die entsprechenden Summen im zweiten überprüften Zeitraum 1979 bis 1982 beliefen sich auf 71,1 Mio.DM bzw. 91,3 Mio.
DM. In den Genuß staatlicher Fördermittel in einem Gesamtumfang von rd.
293 Mio.DM gelangten hauptsächlich Produktionsstätten der oben genannten
Wirtschaftsabteilung.

Zusätzlich wurden mit Kapitaldiensthilfen des Landes Hessen in Höhe von
18,2 Mio.DM im Zeitraum 1975 bis 1978 (38,9 Mio.DM zwischen 1979 und 1982)
Investitionen in einem Gesamtumfang von rd. 2,1 Mrd.DM ausgelöst (463).

(461) Einschließlich Energie- und Wasserversorgung sowie Bergbau.
(462) Siehe dazu und zu den nachstehenden Ausführungen auch die
      Tabellenüberblicke I und II.
(463) In Verbindung mit den vorgestellten ERP-Kreditprogrammen.

Tabellenüberblick 1: Gesamtsumme der untersuchten Projekte (1), sachliche und räumliche Verteilungsstruktur 1975 bis 1978

Gesamtaufwand: Vorbereitung von Industriegelände

Raumeinheit	Gesamtaufwand: Vorbereitung von Industriegelände		davon Bundesmittel		Landesmittel		Komm. Mittel		Sonst. Mittel	
	in Tsd.DM	Anteil an der räuml. Verteilungsstruktur in vH	in Tsd.DM	Anteil in vH	in Tsd.DM	Anteil in vH	in Tsd.DM	Anteil in vH	in Tsd.DM	Anteil in vH
1. Schwerpunktorte und Mitorte	52445	62,8	1596o	87,6	1596o	72,8	11882	63,1	13682	55,7
2. Aktionsräume	65o59	77,8	18221	1oo,o	18223	83,1	13228	70,2	15388	62,6
3. Gewerbliche Entwicklungsschwerpunkte	5981	7,2	-	-	685	3,1	735	3,9	4563	18,6
4. Entlastungsorte(2)	1o743	12,8	-	-	2173	9,9	4148	22,0	4424	18,0
5. 3. und 4. insgesamt	16724	2o,0	-	-	2858	13,0	4883	26,0	8987	36,6
6. Übriger Raum	1861	2,2	-	-	837	3,9	717	3,8	2o6	0,8
7. Hessen	83549	1oo,o	18221	1oo,o	21918	1oo,o	18828	1oo,o	24581	1oo,o

Gesamtaufwand: Errichtung eines Betriebes

Raumeinheit	Gesamtaufwand: Errichtung eines Betriebes		davon Zuschüsse Bund		Land	
	in Tsd.DM	Anteil in vH	in Tsd.DM	Anteil in vH	in Tsd.DM	Anteil in vH
1. Schwerpunktorte und Mitorte	80839	41,3	4361	68,8	4754	43,5
2. Aktionsräume	142829	72,9	6343	1oo,o	8617	78,8
3. Gewerbliche Entwicklungsschwerpunkte	17135	8,7	-	-	637	5,8
4. Entlastungsorte(2)	33749	17,3	-	-	1498	13,7
5. 3. und 4. insgesamt	5o884	26,0	-	-	2135	19,5
6. Übriger Raum	2168	1,1	-	-	186	1,7
7. Hessen	195821	1oo,o	6343	1oo,o	1o938	1oo,o

Gesamtaufwand: Erweiterung eines Betriebes

Raumeinheit	Gesamtaufwand: Erweiterung eines Betriebes		davon Zuschüsse Bund		Land	
	in Tsd.DM	Anteil in vH	in Tsd.DM	Anteil in vH	in Tsd.DM	Anteil in vH
1. Schwerpunktorte und Mitorte	553922	63,5	2o521	79,7	2o983	79,5
2. Aktionsräume	798731	91,6	28oo3	1oo,o	28779	82,2
3. Gewerbliche Entwicklungsschwerpunkte	27566	3,2	-	-	2394	9,1
4. Entlastungsorte (2)	16092	1,8	-	-	1o34	3,9
5. 3. und 4. insgesamt	43658	5,0	-	-	3428	9,8
6. Übriger Raum	29763	3,4	-	-	2789	8,0
7. Hessen	872152	1oo,o	28oo3	1oo,o	34996	1oo,o

Gesamtaufwand: Rationalisierung eines Betriebes

Raumeinheit	Gesamtaufwand: Rationalisierung eines Betriebes in Tsd.DM	davon Zuschüsse Bund		Land	
		in Tsd.DM	Anteil in vH	in Tsd.DM	Anteil in vH
1. Schwerpunktorte und Mitorte	657oo	1771	37,0	1771	3o,0
2. Aktionsräume	162632	4097	91,6	4563	77,2
3. Gewerbliche Entwicklungsschwerpunkte	14157	-	-	1151	19,5
4. Entlastungsorte (2)	-	-	-	-	-
5. 3. und 4. insgesamt	14157	-	-	1151	19,5
6. Übriger Raum	67o	-	-	195	3,3
7. Hessen	177459	4097	1oo,o	5969	1oo,o

Zwischensumme: Vorb. Ind.-gel., Errichtung, Erweiterung, Rationalisierung

Raumeinheit	Zwischensumme in Tsd.DM	Anteil in vH	davon Zuschüsse Bund		Land	
			in Tsd.DM	Anteil in vH	in Tsd.DM	Anteil in vH
1. Schwerpunktorte und Mitorte	757948	57,0	42613	78,3	43468	58,9
2. Aktionsräume	1169251	88,0	56664	1oo,o	6o182	81,6
3. Gewerbliche Entwicklungsschwerpunkte	64839	4,8	-	-	4867	6,6
4. Entlastungsorte(2)	6o584	4,6	-	-	4705	6,4
5. 3. und 4. insgesamt	125423	9,4	-	-	9572	13,0
6. Übriger Raum	34307	2,6	-	-	4oo7	5,4
7. Hessen	1328981	1oo,o	56664	1oo,o	73761	1oo,o

Gesamtaufwand: Kapitaldiensthilfen

Raumeinheit	Gesamtaufwand: Kapitaldiensthilfen		davon Landesmittel	Land Anteil in vH
	in Tsd.DM	Anteil in vH	in Tsd.DM	
1. Schwerpunktorte und Mitorte	48384	6,0	1o31	5,7
2. Aktionsräume	1o5114	14,6	2189	12,1
3. Gewerbliche Entwicklungsschwerpunkte	272937	37,8	726o	4o,0
4. Entlastungsorte(2)	637o	1,0	138	1,0
5. 3. und 4. insgesamt	279307	38,8	7398	4o,8
6. Übriger Raum	33o247	46,6	8565	47,1
7. Hessen	722668	1oo,o	18152	1oo,o

Gesamtsumme der untersuchten Projekte

Raumeinheit	Gesamtsumme der untersuchten Projekte		davon Zuschüsse u. Kapitaldiensthilfen Bund		Land	
	in Tsd.DM	Anteil in vH	in Tsd.DM	Anteil in vH	in Tsd.DM	Anteil in vH
1. Schwerpunktorte und Mitorte	8o6332	39,3	42613	78,3	44199	48,4
2. Aktionsräume	1274365	62,1	56664	1oo,o	62371	67,9
3. Gewerbliche Entwicklungsschwerpunkte	337776	16,5	-	-	12127	13,2
4. Entlastungsorte (2)	66954	3,1	-	-	4843	5,3
5. 3. und 4. insgesamt	4o473o	19,6	-	-	1697o	18,5
6. Übriger Raum	372554	18,3	-	-	12572	13,6
7. Hessen	2o51649	1oo,o	56664	1oo,o	91913	1oo,o

(1) Ohne "Sonstige Fördermaßnahmen".
(2) Ohne nordhessische Entlastungsorte.

Quelle: Hessische Investitionsdatei; eigene Berechnungen.

Tabellenüberblick II: Gesamtsumme der untersuchten Projekte (I), sachliche und räumliche Verteilungsstruktur 1979 bis 1982

Gesamtaufwand: Vorbereitung von Industriegelände

Raumeinheit	Bundesmittel in Tsd.DM	Anteil vH	Landesmittel in Tsd.DM	Anteil vH	Komm. Mittel in Tsd.DM	Anteil vH	Sonst. Mittel in Tsd.DM	Anteil vH
1. Schwerpunktorte und Mitorte	18676	71,0	18832	67,8	13133	54,9	15167	74,5
2. Aktionsräume	20524	77,2	20837	75,0	15513	64,8	16210	79,6
3. Gewerbliche Entwicklungsschwerpunkte	5656	6,1	1922	6,9	2641	11,0	1095	5,4
4. Entlastungsorte (2)	4867	5,3	1461	5,2	2181	9,1	1224	6,0
5. 3. und 4. insgesamt	10523	11,4	3383	12,1	4822	20,1	2319	11,4
6. Übriger Raum	10674	11,4	3558	12,9	3593	15,1	1844	9,0
7. Hessen	92603	100,0	27778	100,0	23928	100,0	20373	100,0

Gesamtaufwand: Erweiterung eines Betriebes

Raumeinheit	in Tsd.DM	Anteil vH	davon Zuschüsse Bund in Tsd.DM	Anteil vH	Land in Tsd.DM	Anteil vH
1. Schwerpunktorte und Mitorte	699987	62,1	22528	72,7	22543	61,1
2. Aktionsräume	1034540	92,0	30964	100,0	31252	84,8
3. Gewerbliche Entwicklungsschwerpunkte	40864	3,7	-	-	2872	7,8
4. Entlastungsorte (2)	19957	1,8	-	-	905	2,5
5. 3. und 4. insgesamt	60821	5,5	-	-	3777	10,2
6. Übriger Raum	28542	2,5	-	-	1842	5,0
7. Hessen	1123903	100,0	30964	100,0	36871	100,0

Zwischensumme: Vorb. Ind.gel., Errict., Erweit., Ration.

Raumeinheit	in Tsd.DM	Anteil vH	davon Zuschüsse Bund in Tsd.DM	Anteil vH	Land in Tsd.DM	Anteil vH
1. Schwerpunktorte und Mitorte	1081466	62,9	56483	79,5	57537	63,0
2. Aktionsräume	1511445	87,7	71087	100,0	73438	80,5
3. Gewerbliche Entwicklungsschwerpunkte	64024	3,5	-	-	6087	6,7
4. Entlastungsorte (2)	65697	3,9	-	-	4363	4,8
5. 3. und 4. insgesamt	129721	7,4	-	-	10450	11,5
6. Übriger Raum	83137	4,9	-	-	7420	8,0
7. Hessen	1720303	100,0	71087	100,0	91308	100,0

Gesamtaufwand: Errichtung eines Betriebes

Raumeinheit	in Tsd.DM	Anteil vH	davon Zuschüsse Bund in Tsd.DM	Anteil vH	Land in Tsd.DM	Anteil vH
1. Schwerpunktorte und Mitorte	283736	66,4	14254	84,3	14640	64,6
2. Aktionsräume	333043	77,9	16907	100,0	18156	80,1
3. Gewerbliche Entwicklungsschwerpunkte	11154	2,5	-	-	1293	5,7
4. Entlastungsorte (2)	40873	9,6	-	-	1997	8,8
5. 3. und 4. insgesamt	52027	12,1	-	-	3290	14,5
6. Übriger Raum	42621	10,0	-	-	1210	5,4
7. Hessen	427691	100,0	16907	100,0	22656	100,0

Gesamtaufwand: Rationalisierung eines Betriebes

Raumeinheit	in Tsd.DM	Anteil vH	davon Zuschüsse Bund in Tsd.DM	Anteil vH	Land in Tsd.DM	Anteil vH
1. Schwerpunktorte und Mitorte	31953	39,9	1025	38,1	1522	38,0
2. Aktionsräume	71456	89,2	2692	100,0	3193	79,8
3. Gewerbliche Entwicklungsschwerpunkte	6350	7,9	-	-	-	-
4. Entlastungsorte (2)	-	-	-	-	-	-
5. 3. und 4. insgesamt	6350	7,9	-	-	-	-
6. Übriger Raum	2300	2,9	-	-	810	20,2
7. Hessen	80106	100,0	2692	100,0	4003	100,0

Gesamtaufwand: Kapitaldiensthilfen

Raumeinheit	in Tsd.DM	Anteil vH	davon Landesmittel Bund in Tsd.DM	Anteil vH	Land in Tsd.DM	Anteil vH
1. Schwerpunktorte und Mitorte	165587	12,2	4543	11,7	8978	23,1
2. Aktionsräume	330253	24,1	9065	24,1	763	2,0
3. Gewerbliche Entwicklungsschwerpunkte	295343	21,5	-	-	9741	25,1
4. Entlastungsorte (2)	32543	2,2	-	-	-	-
5. 3. und 4. insgesamt	327886	23,7	-	-	20082	25,7
6. Übriger Raum	712698	52,2	-	-	-	51,6
7. Hessen	1370837	100,0	38888	100,0	-	100,0

Gesamtsumme der untersuchten Projekte

Raumeinheit	in Tsd.DM	Anteil vH	davon Zuschüsse u. Kapitaldiensthilfen Bund in Tsd.DM	Anteil vH	Land in Tsd.DM	Anteil vH
1. Schwerpunktorte und Mitorte	1247053	40,1	56483	79,5	62080	47,7
2. Aktionsräume	1841698	59,6	71087	100,0	82503	63,4
3. Gewerbliche Entwicklungsschwerpunkte	359367	11,5	-	-	15055	11,6
4. Entlastungsorte (2)	98310	3,2	-	-	5126	3,9
5. 3. und 4. insgesamt	457677	14,7	-	-	20191	15,5
6. Übriger Raum	795835	25,7	-	-	27502	21,1
7. Hessen	3095140	100,0	71087	100,0	130196	100,0

(1) Ohne "Sonstige Fördermaßnahmen".
(2) Ohne nordhessische Entlastungsorte.

Quelle: Hessische Investitionsdatei; eigene Berechnungen.

Da ein erweiterter unternehmerischer Adressatenkreis an diesen bereitgestellten staatlichen Finanzmitteln partizipieren kann, ist das Projekt
"Kapitaldiensthilfen an kleine und mittlere Unternehmen" von den anderen
untersuchten Projekten abzutrennen. Es findet deshalb auch bei der Suche
nach Verbindungen zwischen regionalen Finanzströmen und Beschäftigtentrends keine Berücksichtigung, weil dies zwangsläufig zu verzerrten Aussagen führen würde.

Aus diesem Grunde gilt das Interesse im folgenden den staatlichen Transferzahlungen (und damit verflochtenen privaten investiven Aktivitäten),
die auf die Durchführung der Gemeinschaftsaufgabe und auf die Zuschußförderung des Landes Hessens außerhalb der Förderräume zurückzuführen sind.

Im gesamten Untersuchungszeitraum lag das sachliche Schwergewicht der Maßnahmen im Bereich der betrieblichen Erweiterungsinvestitionen.

Übersicht: Sachliche Verteilungsstruktur der nachstehenden Projekte
1975 bis 1982 in vH

Regionale Einheit	Vorbereitung von Industrie-gelände		Errichtung eines Be-triebes		Erweiterung eines Be-triebes		Ratio-nalisie-rung eines Betriebes		Summe
	1975 - 78	1979 - 82	1975 - 78	1979 - 82	1975 - 78	1979 - 82	1975 - 78	1979 - 82	1975-82
Rb Darmstadt	1o,1	4,9	43,8	42,6	4o,5	51,o	5,6	1,5	1oo,o
Rb Gießen	4,2	6,9	13,1	29,6	7o,8	57,2	11,9	6,3	1oo,o
Rb Kassel	6,3	4,9	9,2	18,7	68,9	71,7	15,6	4,7	1oo,o
Aktionsraum 1o	5,9	4,8	1o,9	19,2	68,9	7o,8	14,3	5,2	1oo,o
Hessischer Teil des Aktions-raumes 11	2,5	4,9	25,5	39,8	61,5	53,5	1o,5	1,8	1oo,o
Hessen	6,3	5,4	14,7	24,8	65,6	65,1	13,4	4,7	1oo,o

Quelle: Hessische Investitionsdatei; eigene Berechnungen.

Rationalisierungsmaßnahmen verloren im Zeitablauf landesweit und auch
teilräumlich merklich an Bedeutung.
In die Bestandspflege der bereits vorhandenen Produktionsstätten flossen
in Hessen 79 vH (69,8 vH) der in den vier Projekten aufgebrachten Finanzmittel.

Geförderte Errichtungsmaßnahmen gewannen im zweiten überprüften Zeitraum landesweit an Gewicht. Ihr sachlicher Anteil war allerdings im
vorrangig geförderten Aktionsraum 1o deutlich geringer als in den
anderen Teilräumen.
Mit Hilfe des zur Verfügung stehenden Datenmaterials konnte der Einfluß der Förderung auf die privaten Investitionen nicht ermittelt
werden. F. WOLF, der in einer Betriebsbefragung diesem Problem nachgegangen ist, stellt dazu fest, daß in der Vergangenheit der Mitnahme-
effekt gerade bei Erweiterungsinvestitionen erheblich gewesen ist (464).

Der sachliche Anteil der geförderten Aufwendungen für die Vorbereitung
von Industriegelände war landesweit rückläufig. Maßnahmen in diesem
Bereich sind indessen von erheblicher Bedeutung sowohl für betriebliche Neuansiedlungen als auch für die Bestandspflege. Das Vorhandensein eines ausreichenden Gewerbeflächenpotentials stellte zumindest bislang einen Standortfaktor von herausragender Bedeutung dar (465).

Eine Hinwendung zu einer Regionalisierung des Mittelflusses führt zu
nachstehenden zusammenfassenden Befunden:
Das räumliche Schwergewicht der vier überprüften Projekte lag eindeutig in den Fördergebieten der Gemeinschaftsaufgabe "Verbesserung der
regionalen Wirtschaftsstruktur". Diese hessischen Teilräume waren am
landesweiten Gesamtaufwand von 1,33 Mrd.DM (1,72 Mrd.DM) mit 88 vH
(87,7 vH) beteiligt. Bund und Land Hessen wendeten insgesamt ca. 117 Mio.
DM (144,5 Mio.DM) zur direkten und indirekten Unterstützung von Betrieben
bei etwa gleichen Finanzierungsanteilen der beiden Träger an. Zwischen
1975 und 1982 gelangten mehr als 8o vH der vom Land geleisteten Transferzahlungen in die wirtschaftsschwachen Gebiete Mittel-, Ost- und Nordhessens,die zum regionalen Aktionsprogramm "Hessisches Fördergebiet" gehören bzw. gehörten oder die den hessischen Gebietsteil des regionalen

(464) Vgl. F. WOLF 1974, S. 86 ff.
(465) Vgl. auch zu diesem Problemkreis F. WOLF 1974, S. 48 ff.

Regionale Verteilung der Summe des Gesamtaufwandes der Projekte "Vorbereitung von Industriegelände", "Errichtung, Erweiterung, Ratio - nalisierung eines Betriebes" 1975 bis 1982 in den kreisfreien Städten und Landkreisen in vH

Karte 11

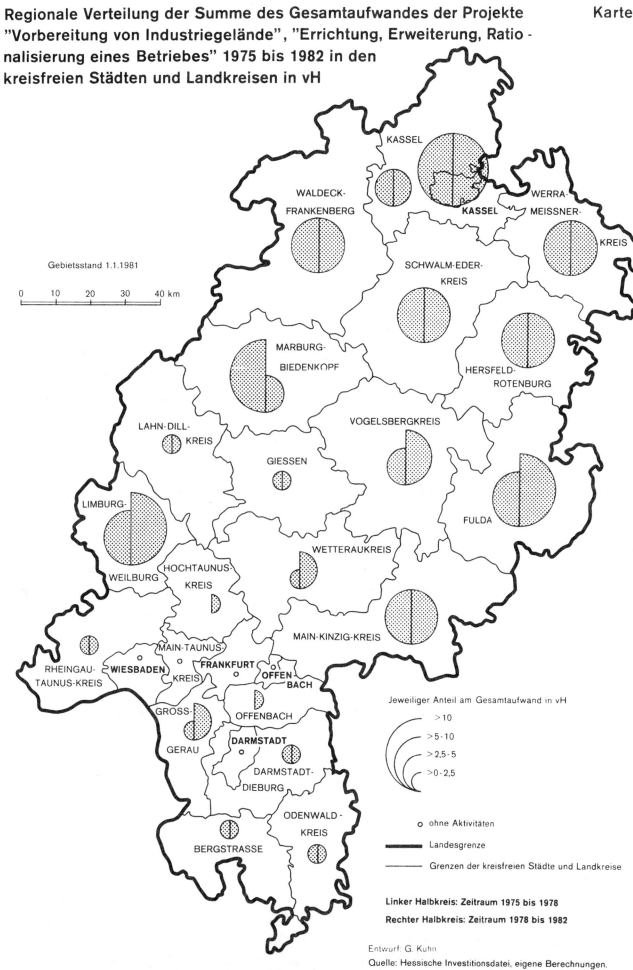

Gebietsstand 1.1.1981

0   10   20   30   40 km

KASSEL

WALDECK-
FRANKENBERG

KASSEL

WERRA-
MEISSNER-

KREIS

SCHWALM-EDER-
KREIS

MARBURG-
BIEDENKOPF

HERSFELD-
ROTENBURG

LAHN-DILL-
KREIS

GIESSEN

VOGELSBERGKREIS

LIMBURG-

FULDA

WEILBURG

HOCHTAUNUS-
KREIS

WETTERAUKREIS

MAIN-TAUNUS-
KREIS

MAIN-KINZIG-KREIS

RHEINGAU-
TAUNUS-KREIS

WIESBADEN

FRANKFURT

OFFEN-
BACH

GROSS-
GERAU

OFFENBACH

DARMSTADT

DARMSTADT-
DIEBURG

ODENWALD-
KREIS

BERGSTRASSE

Jeweiliger Anteil am Gesamtaufwand in vH

> 10
> 5 - 10
> 2,5 - 5
> 0 - 2,5

o   ohne Aktivitäten

Landesgrenze

Grenzen der kreisfreien Städte und Landkreise

Linker Halbkreis: Zeitraum 1975 bis 1978

Rechter Halbkreis: Zeitraum 1978 bis 1982

Entwurf: G. Kuhn
Quelle: Hessische Investitionsdatei, eigene Berechnungen.

Aktionsprogrammes "Mittelrhein-Lahn-Sieg" repräsentieren.
Innerhalb des Aktionsraumes 1o konzentrierte sich der Aufwand der erfaßten GA-Mittel in Verbindung mit privaten, investiven Aktivitäten
vorrangig in den Oberzentren Fulda und Kassel sowie in den Landkreisen
Schwalm-Eder und Waldeck-Frankenberg (466).

Außerhalb der Gebiete, in denen förderungswürdige Arbeitsstätten sowohl
Bundes- als auch Landesmittel im Rahmen der Gemeinschaftsaufgabe in Anspruch nehmen können, wurden von privaten Unternehmungen zwischen 1975
und 1978 141,1 Mio.DM für Ansiedlungs- und Bestandspflegemaßnahmen
investiert. Im folgenden Zeitabschnitt stieg der investive Aufwand auf
191,7 Mio.DM.
Einschließlich der Bezuschussung des Baus wirtschaftsnaher Infrastruktureinrichtungen setzte man dort Landesmittel in Höhe von 13,6 Mio.DM
(17,9 Mio.DM) ein. Insgesamt flossen 7o,5 vH (58,5 vH) dieser finanziellen
Ressourcen in die gewerblichen Entwicklungsschwerpunkte und südhessischen
Entlastungsorte.

Die Entwicklung in den kommunalen Förderstandorten ist wie folgt gekennzeichnet:
Am regionalen Gesamtmittelfluß der vier Projekte "Vorbereitung von
Industriegelände" sowie "Errichtung, Erweiterung und Rationalisierung
eines Betriebes" waren im Untersuchungszeitraum die Schwerpunktorte der
Fördergebiete der Gemeinschaftsaufgabe herausragend beteiligt. Dort an-
sässige Produktionsstätten riefen zwischen 1975 und 1978 insgesamt rd.
54,2 Mio.DM Bundes- und Landesmittel ab. Im zweiten beobachteten Zeit-
abschnitt erhöhten sich die staatlichen Zuschüsse auf 76,5 Mio.DM.
Mit diesen Förderhilfen tätigte man in den 26 Schwerpunktorten nebst
Mitorten private Investitionen in einem Gesamtumfang von rd. 1,7 Mrd.DM.
Im analysierten achtjährigen Zeitraum wurden zusätzlich etwa 118 Mio.DM
für die Vorbereitung von Industriegelände eingesetzt.
Als Schwerpunktorte, die durch umfangreiche investive Aktivitäten

(466) Vgl. hier auch die Tabellen A 19 und A 2o.

auffielen, schälten sich neben den beiden übergeordneten Schwerpunktorten im Zonenrandgebiet Fulda und Kassel die Städte Bad Hersfeld,
Limburg, Melsungen und Stadt Allendorf heraus (467).

In die gewerblichen Entwicklungsschwerpunkte - räumlich in Mittelhessen
konzentriert - und in die südhessischen Entlastungsorte flossen rd.
9,6 Mio.DM (1o,5 Mio.DM) in Form von Landeszuschüssen. Mit diesen regionalen Finanzströmen verbanden sich Investitionen von 125,4 Mio.DM
(129,7 Mio.DM) in den 2o kommunalen Standorten in Mittel- und Südhessen.
Diese Summen entsprachen einem Anteil am landesweiten Gesamtaufwand von
9,4 vH im ersten und 7,4 vH im zweiten überprüften Zeitraum.
Biebesheim war der einzige Standort außerhalb der hessischen Fördergebiete, dessen Investitionsvolumen (rd. 68 Mio.DM - vorrangig für
Ansiedlungsmaßnahmen) mit denen der oben aufgeführten investitions-
freudigsten Schwerpunktorte größenordnungsmäßig vergleichbar ist. Mit
deutlichem Rückstand folgten Michelstadt, Gladenbach und Lampertheim.

In Verknüpfung mit den projektintern durchgeführten Analysen der regionalen Finanzströme ist als Ergebnis folgendes festzuhalten:
Insgesamt ist eine befriedigende Verbindung zwischen den Verhaltensanweisungen des Planungsinstrumentariums und dem Einsatz staatlicher Mittel
im untersuchten Zeitraum zu verzeichnen. Im Rahmen der zur Verfügung
stehenden Durchführungsinstrumente wurde der Mittelfluß vornehmlich in
die seitens der Planung zur Förderung ausgewiesenen Teilräume und
kommunalen Förderstandorte gesteuert.

Die kommunalen Förderstandorte partizipierten zwischen 1975 und 1978
mit 66,4 vH am landesweiten Gesamtaufwand. Ihr Anteil stieg im zweiten
Zeitabschnitt auf 7o,3 vH. An den geleisteten Transferzahlungen des
Landes in Form von Zuschüssen waren die planerisch festgelegten gemeindlichen Standorte mit 71,9 vH im ersten und mit 74,5 vH im zweiten
beobachteten Zeitabschnitt beteiligt.

(467) Siehe hierzu und zu den weiteren Ausführungen auch die Tabellen
      A 13 bis A 16.

Von den zwischen 1975 und 1982 verbrauchten staatlichen Finanzmitteln
in Höhe von rd. 292,8 Mio.DM wurden lediglich 11,4 Mio.DM (4 vH) abseits
der zu fördernden Teilräume eingesetzt.

Diese im ganzen günstige Einschätzung wird allerdings durch aufgetretene Vollzugssäumnisse beeinträchtigt: Durch die Auswertung des
empirischen Materials wurden z.T. erhebliche Abweichungen vom Schwerpunktprinzip bei der Förderung von Errichtungsinvestitionen sowie bei
der Vorbereitung von Industriegelände aufgedeckt.

2. Typisierung der kommunalen Förderstandorte

Zurückgreifend auf die Ergebnisse der Beschäftigtenentwicklung im Verarbeitenden Gewerbe (468) wird im folgenden nach möglichen Zusammenhängen zwischen regionalen Finanzströmen und regionalen Beschäftigtentrends gesucht (469). Die teilräumliche Vergrößerung des außerlandwirtschaftlichen Arbeitsplatzangebotes stellt ein wesentliches Ziel staatlicher Bemühungen zur Reduzierung räumlicher Probleme dar. Aus diesem
Grund sind die hessischen gemeindlichen Förderstandorte, die sich vorrangig aus den festgelegten Mittel- und Oberzentren rekrutieren und
eine entsprechende arbeitsmarktpolitische Funktion erhalten haben, noch
einmal "abzutasten".

Anhand der zur Verfügung gestellten Daten wurde nachstehende Typisierung
der kommunalen Förderstandorte vorgenommen.
Diese Typisierung basiert auf einer Gegenüberstellung von staatlich geförderten investiven Aktivitäten mit der Beschäftigtenentwicklung in
der oben bezeichneten Wirtschaftsabteilung. Der Umfang geförderter
Investitionen wird gemessen am Gesamtaufwand der vier hier im Mittelpunkt stehenden Projekte zwischen 1975 und 1982, bezogen auf den Be-
schäftigtenstand im Jahre 198o. Die Bewertung der jeweiligen Investitionen

(468) Nebst Energie- und Wasserversorgung sowie Bergbau.
(469) Vgl. hierzu auch die Tabellen A 14, A 16, des weiteren A 21
     und A 22.

("hoch-gering") bezieht sich auf den erreichten Durchschnitt der hessischen Fördergebiete bzw. gewerblichen Entwicklungsschwerpunkte und Entlastungsorte. Den so berechneten Größen wird die jeweilige relative Beschäftigtenentwicklung von 197o bis 198o gegenübergestellt. Nicht zuletzt wegen der zeitlichen Verzerrung zwischen den beiden gemessenen Größen können lediglich grobe Ergebnisse vorgelegt werden.

Die Zuhilfenahme der gewählten Indikatoren führt zu zwei Gruppen mit je drei Typen von kommunalen Förderstandorten, denen sich 45 der insgesamt 46 Gemeinden zuordnen lassen (47o).
Die erste Gruppe der Standorttypen ist durch eine gleichartige Ausprägung der Meßgrößen charakterisiert, d.h. beide Größen sind entweder durch eine positive Tendenz (hohe geförderte Investitionen - Beschäftigtenzunahme) oder aber eine negative Tendenz (geringe geförderte Investitionen - Beschäftigtenabnahme) gekennzeichnet.

Typ 1: Hierzu gehören die Kommunen, in denen hohe geförderte Investitionen einer Zunahme der Beschäftigten gegenüberstehen. Diesem Standorttyp sind die Schwerpunktorte Bebra, Frankenberg, Homberg (Efze), Melsungen und Witzenhausen zuzuordnen. Hinzu kommen außerhalb der Fördergebiete Erbach sowie Biebesheim, Dieburg und Taunusstein.

Typ 2: Förderstandorte, die hier gruppiert werden, sind dadurch gekennzeichnet, daß mit geringen bezuschußten Investitionen eine überdurchschnittliche Beschäftigtenabnahme (471) einhergegangen ist. Es handelt sich um die im Zonenrandgebiet gelegenen Fördergemeinden Bad Hersfeld, Eschwege und Lauterbach. Des weiteren gehören die gewerblichen Entwicklungsschwerpunkte Gießen und Lich sowie Butzbach, Bürstadt und Groß-Umstadt als Entlastungsorte zum Typ 2.

Typ 3: In Kommunen dieses Typs lassen sich gleichfalls nur geringe geförderte investive Aktivitäten beobachten. Sie stehen allerdings lediglich

(47o) Wetzlar als 46. Standort wies im untersuchten Zeitraum keine durch Zuschüsse geförderte Investitionen aus.
(471) Gemessen am Landesdurchschnitt von -1o,3 vH.

unterdurchschnittlichen Beschäftigtenverlusten gegenüber. Einzuordnen sind die Gemeinden Dillenburg und Korbach.

Die zweite Gruppe der überprüften Förderstandorte ist durch eine gegensätzliche Ausprägung der beiden Indikatoren charakterisiert, d.h. während die eine Größe eine positive Tendenz aufweist, zeigt die andere Größe eine negative Tendenz an,und umgekehrt.

Typ 4: Hier stehen hohe geförderte Investitionen einer überdurchschnittlichen Beschäftigtenabnahme gegenüber. Das trifft für die Schwerpunktorte Hessisch Lichtenau, Kassel und Stadt Allendorf, aber auch für die gewerblichen Entwicklungsschwerpunkte Laubach und Michelstadt zu.

Typ 5: Es werden die Standorte eingruppiert, die trotz hoher geförderter Investitionen Beschäftigteneinbußen hinnehmen mußten, welche aber unterhalb der landesdurchschnittlichen Verluste angesiedelt waren. Neben Limburg und Weilburg ordnen sich die Schwerpunktorte im Zonenrandgebiet Fulda und Sontra ein, weiterhin Homberg (Ohm), Biedenkopf und Gladenbach sowie die südhessischen Entlastungsorte Gernsheim und Lampertheim.

Typ 6: Zu diesem Typ gehören Gemeinden, in denen trotz geringer geförderter Investitionen eine Zunahme der Beschäftigten zu beobachten war. Das trifft auf die Förderstandorte im Aktionsraum lo Alsfeld, Büdingen, Fritzlar, Gelnhausen, Hofgeismar, Hünfeld, Schlüchtern, Schwalmstadt und Wolfhagen zu, gleichfalls auf die mittelhessischen Standorte Grünberg, Haiger und Hungen.

Auf einen möglichen positiven bzw. negativen Einfluß des Umfanges der geförderten Investitionen auf die Beschäftigtenentwicklung kann man bei den Typen 1, 2 und 3 schließen.
In Kommunen des Typs 1 können hohe geförderte Investitionen eine Vergrößerung des Arbeitsplatzangebotes bewirkt haben. Bei den dem Typ 1 zugeordneten Kommunen handelt es sich - abgesehen von Taunusstein - um solche Förderstandorte, deren Einwohnerzahl im Jahre 198o deutlich unter 2o ooo lag.

Übersicht: Typisierung der kommunalen Förderstandorte durch eine Gegenüberstellung von Förderung und damit verbundenen Investitionen im Rahmen der vier Projekte "Vorbereitung von Industriegelände" sowie "Errichtung, Erweiterung, Rationalisierung eines Betriebes" (1) mit der Beschäftigtenentwicklung im Produzierenden Gewerbe (2) ohne Baugewerbe

Kommunaler Förderstandort	Typ 1	Typ 2	Typ 3	Typ 4	Typ 5	Typ 6
	Hohe geförderte Investitionen (3) in Verbindung mit einer Zunahme der Beschäftigten	Geringe geförderte Investitionen (4) in Verbindung mit einer Abnahme der Beschäftigten > Landesdurchschnitt (5)	Geringe geförderte Investitionen in Verbindung mit einer Abnahme der Beschäftigten < Landesdurchschnitt	Hohe geförderte Investitionen in Verbindung mit einer Abnahme der Beschäftigten > Landesdurchschnitt	Hohe geförderte Investitionen in Verbindung mit einer Abnahme der Beschäftigten < Landesdurchschnitt	Geringe geförderte Investitionen in Verbindung mit einer Zunahme der Beschäftigten
Schwerpunktorte	Bebra Frankenberg Homberg(Efze) Melsungen Witzenhausen	Bad Hersfeld Eschwege Lauterbach	Korbach	Hessisch Lichtenau Kassel Stadt Allendorf	Fulda Homberg(Ohm) Sontra Limburg Weilburg	Alsfeld Büdingen Fritzlar Gelnhausen Hofgeismar Hünfeld Schlüchtern Schwalmstadt Wolfhagen
Gewerbliche Entwicklungsschwerpunkte	Erbach	Gießen Lich	Dillenburg	Michelstadt Laubach	Biedenkopf Gladenbach	Grünberg Haiger Hungen
Entlastungsorte (in Südhessen)	Biebesheim Dieburg Taunusstein	Bürstadt Butzbach Groß-Umstadt			Gernsheim Lampertheim	

(1) Gesamtaufwand der Projekte 1975 bis 1982 pro Beschäftigten im Produzierenden Gewerbe 1980. (2) Relative Beschäftigtenentwicklung 1970 bis 1980 in vH. (3) (4) Höher bzw. geringer als der Durchschnitt der hessischen Fördergebiete bzw. der gewerblichen Entwicklungsschwerpunkte und Entlastungsorte. (5) Landesdurchschnitt: Abnahme um 10,3 vH.

Quelle: Datenmaterial der Hessischen Landesentwicklungs- und Treuhandgesellschaft; Hessische Investitionsdatei; eigene Berechnungen.

An Förderstandorten des Typs 2 bzw. 3 hat eine mangelnde unternehmerische Investitionsbereitschaft dazu geführt, daß Beschäftigtenabnahmen nicht gegengesteuert wurde. Bei dem mittelhessischen Standort Gießen ist mit einem solchen Rückschluß allerdings vorsichtig zu verfahren, da dort vermutlich investive Überlappungen, hervorgerufen durch das Mittelhessenprogramm, bestehen, die bei der Typisierung nicht erfaßt werden.

Für den Aktionsraum 1o gelangt eine andere Untersuchung (472) mit Hilfe eines Förderindikators zu folgendem Ergebnis: Die Beschäftigtenentwicklung hat zwischen 197o und 1976 in geförderten Betrieben einen wesentlich günstigeren Verlauf als in nicht geförderten Betrieben genommen. Das Problem der Herstellung eines kausalen Zusammenhanges zwischen den Förderaktivitäten und der Beschäftigtenentwicklung konnte gleichwohl auch nicht zufriedenstellend gelöst werden.

Der Umstand, daß Gemeinden des Typs 4 und des Typs 5 trotz hoher geförderter Investitionen Beschäftigteneinbußen erlitten haben, deutet auf besonders ausgeprägte Standort- bzw. Strukturprobleme hin. Gerade beim übergeordneten Schwerpunktort Kassel dürften strukturelle Probleme des Verarbeitenden Gewerbes in starkem Maße für die ungünstige Situation verantwortlich sein.

Bei den dem Typ 6 zugeordneten geförderten Gemeinden scheint die Suche nach möglichen Zusammenhängen zwischen den beiden gemessenen Größen recht aussichtslos. Eine Verzerrung durch hier ausgeklammerte Maßnahmen im Rahmen des Mittelhessenprogramms ist nur bei Haiger denkbar. Es bleibt jedoch hervorzuheben, daß Typ 6 zusammen mit Typ 1 insgesamt 14 Schwerpunkte des regionalen Aktionsprogrammes "Hessisches Fördergebiet" erfaßt, deren gemeinsames Merkmal ein positiver Beschäftigtensaldo im hier untersuchten Zeitraum ist. Mit Erbach, Grünberg, Haiger, Hungen sowie Biebesheim, Dieburg und Taunusstein stoßen zusätzlich sieben Förderstandorte außerhalb der

(472) Vgl. H. KOHLER u.a. 1979, S. 56 ff.

Gegenüberstellung von Förderung und damit verbundenen Investitionen im Rahmen der Projekte "Vorbereitung von Industriegelände", "Errichtung, Erweiterung, Rationalisierung eines Betriebes" (1) mit der Beschäftigtenentwicklung im Produz. Gewerbe (2) -ohne Baugewerbe- in den kommunalen Förderstandorten

Karte 12

(1) Gesamtaufwand der Projekte 1975 bis 1982 pro Beschäftigten im Produz. Gewerbe (ohne Baugewerbe) 1980

(2) Beschäftigtenentwicklung 1970 bis 1980 in vH

Gebietsstand 31.12.1980

0   10   20   30   40 km

Hofgeismar
KASSEL
Wolfhagen
Korbach
Kassel
Witzenhausen
WERRA-
WALDECK-
FRANKENBERG
MEISSNER-
Fritzlar
Hess. Lichtenau
Eschwege
Melsungen
KREIS
Sontra
Frankenberg
Homberg/E.
SCHWALM-
Schwalmstadt
Bebra
EDER-
Biedenkopf
KREIS
HERSFELD-
MARBURG-BIEDENKOPF
Bad Hersfeld
Stadtallendorf
ROTENBURG
Haiger
Alsfeld
Homberg/O.
VOGELSBERGKREIS
Hünfeld
Dillenburg
Gladenbach
LAHN-DILL-KREIS
Lauterbach
FULDA
Grünberg
Gießen
Wetzlar
Fulda
Lich
GIESSEN
Laubach
Weilburg
Hungen
LIMBURG-
Limburg
Butzbach
WEILBURG
WETTERAUKREIS
Büdingen
Schlüchtern
HOCHTAUNUS-
MAIN-KINZIG-KREIS
KREIS
Taunusstein
Gelnhausen
MAIN-TAUNUS-
RHEINGAU-
WIESBADEN
KREIS
FRANKFURT
OFFEN-
BACH
TAUNUS-KREIS
OFFENBACH
GROSS-
GERAU
Dieburg
Biebesheim
DARMSTADT
Groß-Umstadt
DARMSTADT-
DIEBURG
ODENWALD-
Gernsheim
Michelstadt
BERGSTRASSE
Bürstadt
Erbach
Lamperthein
KREIS

Entwurf: G. Kühn

Quelle:
Datenmaterial der Hess. Landesentw.-u. Treuhandgesellschaft, Wiesbaden; Hessische Investitionsdatei; eigene Berechnungen.

Landesgrenze

Grenzen der Aktionsräume der GA "Verbesserung der regionalen Wirtschaftsstruktur"

Grenzen der kreisfreien Städte und Landkreise

hohe geförderte Investitionen (3) / Zunahme der Beschäftigten

geringe geförderte Investitionen (4) / Abnahme der Beschäftigten > Landesdurchschnitt (5)

geringe geförderte Investitionen / Abnahme der Beschäftigten < Landesdurchschnitt

hohe geförderte Investitionen / Abnahme der Beschäftigten > Landesdurchschnitt

hohe geförderte Investitionen / Abnahme der Beschäftigten < Landesdurchschnitt

geringe geförderte Investitionen / Zunahme der Beschäftigten

keine Aktivitäten / Abnahme der Beschäftigten > Landesdurchschnitt

(3)(4) Höher / geringer als der Durchschnitt der hess. Aktionsräume bzw. der gewerblichen Entwicklungsschwerpunkte und Entlastungsorte

(5) Landesdurchschnitt: Abnahme um 10,3 vH

Aktionsräume hinzu, die gleichfalls eine Zunahme der Beschäftigten vorweisen können. 2o dieser 21 Kommunen sind durch eine Ortsgröße von teilweise beträchtlich weniger als 2o ooo Einwohnern gekennzeichnet und erfüllen mithin die angestrebte Mindestgröße eines Arbeitsmarktzentrums
von 3o ooo bis 4o ooo Einwohnern nicht.
Da die Kommunen trotz ihres geringen Bevölkerungspotentials günstige Beschäftigtenentwicklungen nachweisen, widerspricht dies zumindest in den
hier untersuchten Teilräumen den bisherigen Annahmen bezüglich der notwendigen Größe einer zu fördernden Gemeinde.

3. Verwirklichung der Raumordnungskonzeption

Überträgt man die vorgelegten Ergebnisse auf die hessische Raumordnungskonzeption, schälen sich folgende Befunde heraus:
14 der 24 planerisch ausgewiesenen Schwerpunktorte des Aktionsraumes 1o
sind ihrer Funktion als arbeitsmarktpolitische, räumliche "Stützpfeiler"
gerecht geworden. Dieses Resultat wird etwas durch die Tatsache geschmä-
lert, daß sich ein Arbeitsplatzwachstum in vier Förderstandorten, nämlich
Büdingen, Homberg (Efze), Hünfeld und Schwalmstadt, in engen Grenzen
hielt (473). Umfangreiche investive Aktivitäten in der Fläche der Fördergebiete, vorrangig Erweiterungsinvestitionen, haben in nordwestlichen und
südöstlichen Teilräumen im untersuchten Zeitraum stattgefunden und konnten
vermutlich beschäftigungsstabilisierende Effekte hervorrufen. In den
Gebieten der Landkreise Schwalm-Eder, Waldeck-Frankenberg sowie im östlichen
Teil des Main-Kinzig-Kreises ist ein positiver Beschäftigtentrend eingetreten. Der Landkreis Fulda signalisierte zumindest ein Null-Wachstum.

Die mittelhessischen gewerblichen Entwicklungsschwerpunkte offerieren ein
weniger günstiges Bild. Lediglich drei Standorte (Grünberg, Haiger und
Hungen) verzeichneten einen Zuwachs der Arbeitsplätze. Die Frage, ob das
neben der hier im Vordergrund stehenden landesinternen Zuschußförderung

(473) Vgl. hierzu und zu den nachfolgenden Aussagen die Tabellen A 13
      bis A 16, des weiteren A 21 und A 22.

ergänzend aufgelegte Mittelhessenprogramm zwischenzeitlich wesentliche
Beschäftigungsimpulse ausgelöst hat, kann mit Hilfe des vorhandenen
empirischen Materials nicht beantwortet werden.
Es ist nicht auszuschließen, daß die inzwischen eingetretene Problem-
gebietsverschiebung von Nord- bzw. Osthessen in den mittelhessischen
Raum auch auf den unterschiedlich starken Einsatz gewerbefördernder
Transferzahlungen in Form von einmaligen Zuschüssen zurückzuführen ist.
Die besonderen strukturellen Schwierigkeiten der in Mittelhessen an-
sässigen Wirtschaft sind allerdings zusätzlich zu berücksichtigen.

Sowohl die nordhessischen als auch die südhessischen Entlastungsorte
haben die in sie gesetzten planerischen Erwartungen nicht erfüllt.
Die ringförmig um den Verdichtungsraum Kassel gelegenen Gemeinden Hofgeismar, Wolfhagen, Fritzlar, Melsungen und Hessisch Lichtenau verzeichneten zwar mit Ausnahme des zuletzt genannten Standortes positive
Beschäftigtentrends bei gleichzeitigen z.T. umfangreichen Erweiterungsinvestitionen (Melsungen), nennenswerte Errichtungsinvestitionen fanden
aber nicht statt. Außerdem reicht das in Kassel geschaffene Industrie-
geländepotential aus, um neben erwünschten Neuansiedlungen von außerhalb auch innerörtliche Betriebsverlagerungen zu ermöglichen.
In Südhessen fiel nur Biebesheim durch hohe Errichtungsinvestitionen
auf. Die anderen geförderten Standorte wurden von neuen Arbeitsstätten
in geringem Maße (Taunusstein, Gernsheim) oder gar nicht angenommen.

Zum Abschluß der Auswertung des Datenmaterials erscheinen folgende Be-
merkungen angebracht:
Die im gesamten Untersuchungszeitraum beobachtete Dominanz von betrieblichen Bestandspflegemaßnahmen, die sich in dem allgemein hohen Anteil
der Erweiterungsinvestitionen am Gesamtaufwand widerspiegelt, läßt die
Ende 1982 erfolgte Rücknahme der im Frühjahr 1981 vorgenommenen Kürzungen
der entsprechenden Förderquoten in den Gebieten der Gemeinschaftsaufgabe
als unerläßlichen Schritt erscheinen.
Trotz der ungünstigen Entwicklung im übergeordneten Schwerpunktort
Kassel besteht die dringende Notwendigkeit einer Fortsetzung der verstärkten Förderung von Betrieben in diesem problematischen Teilraum.

Die umfangreichen öffentlichen Maßnahmen zur Bereitstellung von In-
dustriegelände im Verdichtungsraum Kassel bewirkten sicherlich eine
Problemdämpfung.
Hessens Beitrag zur bundesweiten Reduzierung der Fördergebiete der
Gemeinschaftsaufgabe bestand in der Herauslösung der nordwestlichen
Teile des Aktionsraumes 1o mit den Schwerpunktorten Frankenberg, Fritzlar
und Korbach. Ob dieser Schritt bei der leicht positiven teilräumlichen
Entwicklung gerechtfertigt war, ist fraglich. Deshalb sollte dieses
Gebiet nach Ablauf der Übergangsfristen aufmerksam beobachtet werden.

Die schwierige Situation in Mittelhessen könnte durch eine Aufnahme
in die Fördergebiete der Gemeinschaftsaufgabe wahrscheinlich gemildert
werden. Eine solche Erweiterung der Fördergebiete ist aber schon aufgrund der öffentlichen Haushaltslage nicht zu erwarten. In diesem Teilraum bleibt indessen gerade eine vermehrte Vorbereitung von Industriegelände dringlich, die sowohl der Bestandspflege als auch der Ansiedlung
neuer Betriebsstätten dienlich wäre. Als vorrangiger Standort für entsprechende Maßnahmen wird der gewerbliche Entwicklungsschwerpunkt Gießen
angesehen.

Die beobachtete, überwiegend geringe Inanspruchnahme der Entlastungsorte für Errichtungsinvestitionen sollte zu einem generellen Überdenken
dieser Bestandteile der Raumordnungskonzeption Anlaß geben.

Tabellenanhang

Tab.A 1: Beschäftigtenbestand 1970 nach Wirtschaftsbereichen in den kreisfreien Städten, Landkreisen und Regierungsbezirken

Kreisfreie Stadt Landkreis Regierungsbezirk (Rb)	Produzierendes Gewerbe (ohne Baugewerbe)	Baugewerbe	Großhandel, Handelsvermittlung	Einzelhandel	Verkehr und Nachrichtenübermittlung	Kreditinstitute, Versicherungsgewerbe	Private Dienste	Organisationen ohne Erwerbscharakter	Gebietskörperschaften, Sozialversicherung	Beschäftigtenbestand insgesamt
Darmstadt, St.	38034	5499	5795	8871	9955	2462	9316	2528	14383	96843
Frankfurt a.M., St.	168479	41157	52243	44299	62947	40457	76334	18657	39716	544289
Offenbach a.M., St.	33217	3951	3577	6632	2531	1445	6970	949	6595	65867
Wiesbaden, St.	41591	9836	8949	13095	6511	7115	19939	3722	23895	134653
Bergstraße	30013	5185	2736	5933	2561	941	7127	1371	5666	61533
Darmstadt-Dieburg	29505	6229	3049	4582	2371	744	5527	862	4410	57279
Groß-Gerau	58324	5970	2370	6604	2833	1213	5643	882	4990	88829
Hochtaunus	25511	4505	2449	5525	1815	1221	7330	1902	5363	55621
Main-Kinzig	59674	11612	4475	12641	5742	1715	12342	1410	9206	118817
Main-Taunus	17093	4209	4190	5620	1662	538	6185	1075	2376	42948
Odenwald	17281	2380	734	2498	842	313	2852	233	2067	29200
Offenbach	52890	8952	6117	6378	2816	1277	8536	418	4662	92046
Rheingau-Taunus	18096	3929	1636	3112	2118	564	5422	1178	4788	40843
Wetterau	27629	7532	3832	7393	3016	1541	9503	1256	8381	70083
Rb Darmstadt	617337	120946	102152	133183	107720	61546	183026	36443	136498	1498851
Gießen	35647	8100	5429	8883	5787	1834	7988	1926	13301	88295
Lahn-Dill	57189	8433	3668	8754	4306	1116	6897	1742	7185	99290
Limburg-Weilburg	16803	5627	3091	4951	4327	883	4666	1588	4799	46735
Marburg-Biedenkopf	33298	8046	3330	7479	3561	1370	6607	2556	11227	77474
Vogelsberg	15722	4219	1278	3598	1422	658	3074	667	3047	33685
Rb Gießen	158059	34425	16796	33665	19403	5861	29232	8479	39559	345479
Kassel, St.	43277	9416	10729	12611	12832	4698	12730	3556	16309	126158
Fulda	27404	6887	3734	6519	5012	1321	5857	1738	6144	64616
Hersfeld-Rotenburg	20454	5157	2045	4559	3721	776	4021	639	4462	45834
Kassel	29403	5095	2022	4667	2122	773	4637	1067	4286	54072
Schwalm-Eder	18746	5955	2586	4997	2646	874	4265	1580	5935	47584
Waldeck-Frankenberg	22941	5469	2385	5017	2163	892	7236	1402	5191	52696
Werra-Meissner	19567	4518	1590	4363	1929	599	3554	796	4864	41780
Rb Kassel	181792	42497	25091	42733	30425	9933	42300	10778	47191	432740
Hessen	957188	197868	144039	209581	157548	77340	254558	55700	223248	2277070

Gebietsstand 1.1.1981.
Quelle: Datenmaterial der Hessischen Landesentwicklungs- und Treuhandgesellschaft, Wiesbaden.

Tab.A 2: Beschäftigtenbestand 1980 nach Wirtschaftsbereichen in den kreisfreien Städten, Landkreisen und Regierungsbezirken

Kreisfreie Stadt / Landkreis / Regierungsbezirk (Rb)	Produzierendes Gewerbe (ohne Baugewerbe)	Baugewerbe	Großhandel, Handelsvermittlung	Einzelhandel	Verkehr und Nachrichtenübermittlung	Kreditinstitute, Versicherungsgewerbe	Private Dienste	Organisationen ohne Erwerbscharakter	Gebietskörperschaften, Sozialversicherung	Beschäftigtenbestand insgesamt
Darmstadt, St.	34023	3471	5365	7731	10462	2956	11724	6935	21393	104060
Frankfurt a.M., St.	133187	30495	40889	39848	73143	49055	72668	23772	61081	524138
Offenbach a.M., St.	24572	2846	3801	4727	2962	1939	9121	1111	10369	61448
Wiesbaden, St.	33288	7793	8329	13025	6839	9412	20906	5433	30110	135135
Bergstraße	28056	5690	3318	5610	2834	1409	8568	2156	6650	63673
Darmstadt-Dieburg	28970	2897	3059	3869	2626	1139	7123	897	5549	58922
Groß-Gerau	60883	4343	4212	5101	4929	1601	6084	1458	8288	96899
Hochtaunus	25287	3826	4858	5488	2182	3439	10050	2893	7447	65470
Main-Kinzig	56741	10480	3721	12831	8022	2378	12979	2146	16000	125298
Main-Taunus	16831	3878	8949	6724	3354	2423	9848	3584	5365	60956
Odenwald	16740	2185	748	1877	770	548	3011	283	2699	28861
Offenbach	49385	7241	10468	8943	5579	2067	11617	1175	7804	104279
Rheingau-Taunus	18590	3931	1341	2559	1434	803	5799	2476	6022	42955
Wetterau	24677	7428	3376	7201	2866	1790	10780	2235	10150	70503
Rb Darmstadt	551230	98679	102434	125534	128002	80959	200278	56554	198927	1542597
Gießen	30860	7364	5118	7801	6425	2507	8147	2641	21454	92317
Lahn-Dill	48204	6468	3705	6949	4350	1669	7483	2047	10196	91071
Limburg-Weilburg	15820	4927	3125	4349	4173	1007	4491	2778	5718	46388
Marburg-Biedenkopf	30618	6851	2199	5975	3834	1622	7135	4107	14784	77125
Vogelsberg	15208	3742	1143	2352	1385	879	3421	937	4450	33517
Rb Gießen	140710	29352	15290	27426	20167	7684	30677	12510	56602	340418
Kassel, St.	33629	6503	7760	10984	12475	5100	13791	6867	22772	119881
Fulda	27396	5735	2589	6087	6127	1539	5595	2100	10659	67827
Hersfeld-Rotenburg	18753	4417	1817	3061	3733	925	4589	898	7105	45298
Kassel	28589	4738	2586	3887	2472	1116	4642	2722	5577	56329
Schwalm-Eder	18871	5336	2640	3701	1904	1342	4697	2713	7357	48561
Waldeck-Frankenberg	23330	5348	1606	3557	1713	1189	8245	1838	7438	54264
Werra-Meissner	16280	3898	936	3027	1595	867	4046	1074	6398	38121
Rb Kassel	166848	35975	19934	34304	30019	12078	45605	18212	67306	430281
Hessen	858788	164006	137658	187264	178188	100721	276560	87276	322835	2313296

Gebietsstand 1.1.1981.
Quelle: Datenmaterial der Hessischen Landesentwicklungs- und Treuhandgesellschaft, Wiesbaden.

Tab. A 3: Absolute Beschäftigtenentwicklungen 197o bis 198o nach Wirtschaftsbereichen in den kreisfreien Städten, Landkreisen und Regierungsbezirken

Kreisfreie Stadt Landkreis Regierungsbezirk (Rb)	Produzierendes Gewerbe (ohne Baugewerbe)	Baugewerbe	Großhandel, Handelsvermittlung	Einzelhandel	Verkehr und Nachrichtenübermittlung	Kreditinstitute, Versicherungsgewerbe	Private Dienste	Organisationen ohne Erwerbscharakter	Gebietskörperschaften, Sozialversicherung	Beschäftigtenbestand insgesamt
Darmstadt, St.	-4o11	-2o28	-43o	-114o	5o7	494	24o8	44o7	7o1o	7217
Frankfurt a.M., St.	-35292	-1o662	-11354	-4451	1o196	8598	-3666	5115	21365	-2o151
Offenbach a.M., St.	-8645	-11o5	224	-19o5	431	494	2151	162	3774	-4419
Wiesbaden, St.	-83o3	-2o43	-62o	-7o	328	2297	967	1711	6215	482
Bergstraße	-1957	-113	582	-323	273	468	1441	785	984	214o
Darmstadt-Dieburg	-535	-539	1o	-713	255	395	1596	35	1139	1643
Groß-Gerau	2559	-1627	1842	-15o3	2o96	388	441	576	3298	8o7o
Hochtaunus	-224	-679	24o9	-37	367	2218	272o	991	2o84	9849
Main-Kinzig	-2933	-1132	-754	19o	228o	663	637	736	6794	6481
Main-Taunus	-262	-331	4759	11o4	1692	1885	3663	25o9	2989	18oo8
Odenwald	-541	-195	14	-621	-72	235	159	5o	632	-339
Offenbach	-35o5	-1711	4351	2565	2763	79o	3o81	757	3142	12233
Rheingau-Taunus	494	2	-295	-553	-684	239	377	1298	1234	2112
Wetterau	-2952	-1o4	-456	-192	-15o	249	1277	979	1769	42o
Rb Darmstadt	-661o7	-22267	282	-7649	2o282	19413	17252	2o111	62429	43746
Gießen	-4187	-736	-311	-1o82	638	673	159	715	8153	4o22
Lahn-Dill	-8985	-1965	37	-18o5	44	553	586	3o5	3o11	-8219
Limburg-Weilburg	-983	-7oo	34	-6o2	-154	124	-175	119o	919	-347
Marburg-Biedenkopf	-268o	-1195	-1131	-15o4	273	252	528	1551	3557	-349
Vogelsberg	-514	-477	-135	-1246	-37	221	347	27o	14o3	-168
Rb Gießen	-17349	-5o73	-15o6	-6239	764	1823	1445	4o31	17o43	-5o61
Kassel, St.	-9648	-2913	-2969	-1627	-357	4o2	1o61	3311	6463	-6277
Fulda	-8	-1152	-1145	-432	1115	218	-262	362	4515	3211
Hersfeld-Rotenburg	-17o1	-74o	-228	-1498	12	149	568	259	2643	-536
Kassel	-814	-357	564	-78o	35o	343	5	1655	1291	2257
Schwalm-Eder	125	-619	54	-1296	-742	468	432	1133	1422	977
Waldeck-Frankenberg	389	-121	-779	-146o	-45o	297	1oo9	436	2247	1568
Werra-Meissner	-3287	-62o	-654	-1336	-334	268	492	278	1534	-3659
Rb Kassel	-14944	-6522	-5157	-8429	-4o6	2145	33o5	7434	2o115	-2459
Hessen	-984oo	-33862	-6381	-22317	2o64o	23381	22oo2	31576	99587	36226

Gebietsstand 1.1.1981.
Quelle: Datenmaterial der Hessischen Landesentwicklungs- und Treuhandgesellschaft, Wiesbaden.

Tab.A 4: Beschäftigtenentwicklungen 1970 bis 1980 in vH nach Wirtschaftsbereichen in den kreisfreien Städten, Landkreisen und Regierungsbezirken

Kreisfreie Stadt Landkreis Regierungsbezirk (Rb)	Produzierendes Gewerbe (ohne Baugewerbe)	Baugewerbe	Großhandel, Handelsvermittlung	Einzelhandel	Verkehr und Nachrichtenübermittlung	Kreditinstitute, Versicherungsgewerbe	Private Dienste	Organisationen ohne Erwerbscharakter	Gebietskörperschaften, Sozialversicherung	Beschäftigtenbestand insgesamt
Darmstadt, St.	-1o,5	-36,9	-7,4	-12,9	5,1	2o,1	25,8	174,3	48,7	7,45
Frankfurt a.M., St.	-2o,9	-25,9	-21,7	-1o,0	16,2	21,3	-4,8	27,4	53,8	-3,7o
Offenbach a.M., St.	-26,o	-28,0	6,3	-28,7	17,0	34,2	3o,9	17,1	57,2	-6,71
Wiesbaden, St.	-2o,0	-2o,8	-6,9	-o,5	5,0	32,3	4,8	46,0	26,0	o,36
Bergstraße	-6,5	-2,2	21,3	-5,4	1o,7	49,7	2o,2	57,3	17,4	3,48
Darmstadt-Dieburg	-1,8	-8,7	0,3	-15,6	1o,8	53,1	28,9	4,1	25,8	2,87
Groß-Gerau	4,4	-27,3	77,7	-22,8	74,0	32,0	7,8	65,3	66,1	9,o8
Hochtaunus	-0,9	-15,1	98,4	-0,7	2o,2	181,7	37,1	52,1	38,9	17,71
Main-Kinzig	-4,9	-9,7	-16,8	1,5	39,7	38,7	5,2	52,2	73,8	5,45
Main-Taunus	-1,5	-7,9	11,6	19,6	1o1,8	35o,4	59,2	233,4	125,8	41,93
Odenwald	-3,1	-8,2	1,9	-24,9	-8,6	75,1	5,6	21,5	3o,6	-1,16
Offenbach	-6,6	-19,1	71,1	4o,2	98,1	61,9	36,1	181,1	67,4	13,29
Rheingau-Taunus	2,7	0,1	-18,0	-17,8	-32,3	42,4	7,0	11o,2	25,8	5,17
Wetterau	-1o,7	-1,4	-11,9	-2,6	-5,0	16,2	13,4	77,9	21,1	o,60
Rb Darmstadt	-1o,7	-18,4	0,3	-5,7	18,8	31,5	9,4	55,2	45,7	2,92
Gießen	-11,9	-9,1	-5,7	-12,2	11,0	36,7	2,0	37,1	61,3	4,56
Lahn-Dill	-15,7	-23,3	1,0	-2o,6	1,0	49,6	8,5	17,5	41,9	-8,28
Limburg-Weilburg	-5,9	-12,4	1,1	-12,2	-3,6	14,0	-3,8	74,9	19,1	-o,74
Marburg-Biedenkopf	-8,0	-14,9	-34,0	-2o,1	7,7	18,4	8,0	6o,7	31,7	-o,45
Vogelsberg	-3,3	-11,3	-1o,6	-34,6	-2,6	33,6	11,3	4o,5	46,0	-o,50
Rb Gießen	-11,o	-14,7	-9,0	-18,5	3,9	31,1	4,9	47,5	43,1	-1,46
Kassel, St.	-22,3	-3o,9	-27,7	-12,9	-2,8	8,6	8,3	93,1	39,6	-4,98
Fulda	0,0	-16,7	-3o,7	-6,6	22,2	16,5	-4,5	2o,8	73,5	4,97
Hersfeld-Rotenburg	-8,3	-14,3	-11,1	-32,9	0,3	19,2	14,1	4o,5	59,2	-1,17
Kassel	-2,8	-7,0	27,9	-16,7	16,5	44,4	0,1	155,1	3o,1	4,17
Schwalm-Eder	0,7	-1o,4	2,1	-25,9	-28,0	53,5	1o,1	71,7	24,0	2,o5
Waldeck-Frankenberg	1,7	-2,2	-32,7	-29,1	-2o,8	33,3	13,9	31,1	43,3	2,98
Werra-Meissner	-16,8	-13,7	-41,1	-3o,6	-17,3	44,7	13,8	34,9	31,5	-8,76
Rb Kassel	-8,2	-15,4	-2o,6	-19,7	-1,3	21,6	7,3	69,0	42,6	-o,57
Hessen	-1o,3	-17,1	-4,4	-1o,7	13,1	3o,2	8,6	56,7	44,6	1,59

Gebietsstand 1.1.1981.
Quelle: Datenmaterial der Hessischen Landesentwicklungs- und Treuhandgesellschaft, Wiesbaden.

Tab.A 5: Gesamtaufwand nach Investitionsbereichen 1975 bis 1978 in den kreisfreien Städten, Landkreisen und Regierungsbezirken

Kreisfreie Stadt Landkreis Regierungs- bezirk (Rb)	Gesamtaufwand aller Investitions- bereiche		Investitionsbereiche											
			Sozial- politik		Kultur- politik		Wirtschafts- politik		Verkehrs- politik		Umwelt- politik		Sicherheits- politik	
	in Tsd.DM	in vH	in Tsd.DM	in vH	in Tsd.DM	in vH	in Tsd.DM	in vH	in Tsd.DM	in vH	in Tsd.DM	in vH	in Tsd.DM	in vH
Darmstadt, St.	391420	100,0	117852	30,1	182487	46,6	7472	1,9	72436	18,5	7927	2,0	3246	0,8
Frankfurt a.M., St.	1948214	100,0	163319	8,4	285451	14,7	28535	1,5	1267968	65,1	199977	10,3	1964	0,1
Offenbach a.M., St.	142783	100,0	53115	37,2	37359	26,2	20146	14,1	28331	19,8	3386	2,4	446	0,3
Wiesbaden, St.	392631	100,0	140549	35,8	128380	32,7	19810	5,0	46654	11,9	53344	13,6	3894	1,0
Bergstraße	419620	100,0	114309	27,2	61337	14,6	79847	19,0	67276	16,0	89390	21,3	7461	1,8
Darmstadt-Dieburg	321662	100,0	115896	36,0	46894	14,6	48757	15,2	43627	13,6	54406	16,9	12082	3,8
Groß-Gerau	282074	100,0	76306	27,1	55392	19,6	40838	14,5	33353	11,8	66818	23,7	9367	3,3
Hochtaunus	312011	100,0	71324	22,9	42251	13,5	29554	9,5	65809	21,1	89332	28,6	13741	4,4
Main-Kinzig	651338	100,0	146148	22,4	109463	16,8	188768	29,0	119121	18,3	74448	11,4	13450	2,1
Main-Taunus	279328	100,0	46793	16,8	62381	22,3	28483	10,2	77296	27,7	56399	20,2	7976	2,9
Odenwald	223542	100,0	40668	18,2	19239	8,6	92516	41,4	29924	13,4	34912	15,6	6283	2,8
Offenbach	317025	100,0	135772	42,8	54968	17,3	18393	5,8	61280	19,3	34700	10,9	11912	3,8
Rheingau-Taunus	354313	100,0	78218	22,1	53381	15,1	62328	17,6	91446	25,8	54938	15,5	14002	4,0
Wetterau	444190	100,0	134859	30,4	52792	11,9	110849	25,0	71773	16,2	66760	15,0	7157	1,6
Rb Darmstadt	6480151	100,0	1436128	22,2	1191715	18,4	776296	12,0	2076294	32,0	886737	13,7	112981	1,7
Gießen	647035	100,0	95767	14,8	179958	27,8	241277	37,3	63381	9,8	60124	9,3	6528	1,0
Lahn-Dill	631632	100,0	102823	16,3	69408	11,0	304954	48,3	75777	12,0	67774	10,7	10896	1,7
Limburg-Weilburg	399932	100,0	85817	21,5	52592	13,2	160690	40,2	47733	11,9	48665	12,2	4435	1,1
Marburg-Biedenkopf	883850	100,0	83522	9,4	297168	33,6	335389	37,9	101079	11,4	57884	6,5	8808	1,0
Vogelsberg	357808	100,0	94877	26,5	28755	8,0	122861	34,3	54900	15,3	47426	13,3	8989	2,5
Rb Gießen	2920257	100,0	462806	15,8	627881	21,5	1165171	39,9	342870	11,7	281873	9,7	39656	1,4
Kassel, St.	615427	100,0	105080	17,1	150843	24,5	272014	44,2	83412	13,6	3337	0,5	741	0,1
Fulda	543257	100,0	98374	18,1	47933	8,8	213283	39,3	120239	22,1	57055	10,5	6373	1,2
Hersfeld-Rotenburg	436548	100,0	102542	23,5	36517	8,4	164828	37,8	94555	21,7	31256	7,2	6850	1,6
Kassel	610618	100,0	161805	26,5	50740	8,3	159422	26,1	126755	20,8	101687	16,7	10209	1,7
Schwalm-Eder	552989	100,0	112022	20,3	47979	8,7	225464	40,8	109486	19,8	46262	8,4	11776	2,1
Waldeck-Frankenberg	609232	100,0	126310	20,7	35026	5,7	270700	44,5	103679	17,0	54205	8,9	10312	1,7
Werra-Meissner	1067597	100,0	84537	7,9	59070	5,5	817455	76,6	46048	4,3	54968	5,1	5519	0,5
Rb Kassel	4435668	100,0	790670	17,8	428108	9,7	2132166	48,1	684174	15,4	348770	7,9	51780	1,2
Nicht lokalisierbar	195452	100,0	11125	5,7	0	0,0	33763	17,3	0	0,0	147495	75,5	3069	1,6
Hessen	14031528	100,0	2700729	19,2	2247704	16,0	4107396	29,3	3103338	22,1	1664875	11,9	207486	1,5

Gebietsstand 1.1.1981.
Quelle: Hessische Investitionsdatei.

Tab. A 6: Gesamtaufwand nach Investitionsbereichen 1979 bis 1982 in den kreisfreien Städten, Landkreisen und Regierungsbezirken

Kreisfreie Stadt Landkreis Regierungs-bezirk (Rb)	Gesamtaufwand aller Investitionsbereiche		Investitionsbereiche											
			Sozial-politik		Kultur-politik		Wirtschafts-politik		Verkehrs-politik		Umwelt-politik		Sicherheits-politik	
	in Tsd.DM	in vH	in Tsd.DM	in vH	in Tsd.DM	in vH	in Tsd.DM	in vH	in Tsd.DM	in vH	in Tsd.DM	in vH	in Tsd.DM	in vH
Darmstadt, St.	235071	100,0	68362	29,1	95394	40,6	16645	7,1	54146	23,0	11	0,0	513	0,2
Frankfurt a.M., St.	1809476	100,0	147552	8,2	121863	6,7	131840	7,3	1217979	67,3	182229	10,1	8013	0,4
Offenbach a.M., St.	103813	100,0	40416	38,9	34238	33,0	22522	21,7	3050	2,9	1637	1,6	1950	1,9
Wiesbaden, St.	540741	100,0	223860	41,4	65404	12,1	54248	10,0	28842	5,3	164609	30,4	3778	0,7
Bergstraße	532995	100,0	107656	20,2	53712	10,1	164403	30,8	73005	13,7	119034	22,3	15185	2,8
Darmstadt-Dieburg	320583	100,0	98357	30,7	69366	21,6	76895	24,0	33136	10,3	21236	6,6	21593	6,7
Groß-Gerau	264169	100,0	59664	22,6	53847	20,4	93891	35,5	25681	9,7	21036	8,0	10050	3,8
Hochtaunus	328041	100,0	84840	25,9	39248	12,0	52174	15,9	45137	13,8	87711	26,7	18931	5,8
Main-Kinzig	595909	100,0	86789	14,6	90806	15,2	229661	38,5	95698	16,1	72853	12,2	20102	3,4
Main-Taunus	219166	100,0	26058	11,9	49897	22,8	38720	17,7	44425	20,3	47664	21,7	12402	5,7
Odenwald	254748	100,0	17637	6,9	17922	7,0	144403	56,7	26803	10,5	36440	14,3	11543	4,5
Offenbach	259216	100,0	93703	36,1	53600	20,7	49910	19,3	32537	12,6	14537	5,6	14929	5,8
Rheingau-Taunus	312315	100,0	76945	24,6	38260	12,3	66091	21,2	60120	19,2	57522	18,4	13377	4,3
Wetterau	454444	100,0	126648	27,9	38693	8,5	154839	34,1	37575	8,3	81762	18,0	14927	3,3
Rb Darmstadt	6230687	100,0	1258487	20,2	822250	13,2	1296242	20,8	1778134	28,5	908281	14,6	167293	2,7
Gießen	533854	100,0	112639	21,1	81075	15,2	239998	45,0	34897	6,5	52007	9,7	13238	2,5
Lahn-Dill	612730	100,0	89275	14,6	42508	6,9	320799	52,4	61353	10,0	78879	12,9	19916	3,3
Limburg-Weilburg	450764	100,0	56771	12,6	25714	5,7	265338	58,9	46623	10,3	46434	10,3	9884	2,2
Marburg-Biedenkopf	748101	100,0	96422	12,9	166869	22,3	318654	42,6	80450	10,8	68330	9,1	17376	2,3
Vogelsberg	395123	100,0	92435	23,4	32247	8,2	184305	46,6	39643	10,0	33067	8,4	13426	3,4
Rb Gießen	2740571	100,0	447542	16,3	348413	12,7	1329094	48,5	262966	9,6	277817	10,2	73840	2,7
Kassel, St.	827791	100,0	103667	12,5	156816	18,9	426020	51,5	134622	16,3	1306	0,2	5360	0,6
Fulda	636662	100,0	85979	13,5	56584	8,9	341992	53,7	74739	11,7	63984	10,0	13384	2,1
Hersfeld-Rotenburg	475322	100,0	127633	26,9	45076	9,5	197106	41,5	48804	10,3	43756	9,2	12947	2,7
Kassel	552294	100,0	119272	21,6	18383	3,3	203057	36,8	120402	21,8	76044	13,8	15136	2,7
Schwalm-Eder	509148	100,0	100510	19,7	44167	8,7	206103	40,5	89018	17,5	58610	11,5	10740	2,1
Waldeck-Frankenberg	613803	100,0	119931	19,5	30712	5,0	329754	53,7	75681	12,3	45788	7,5	11937	1,9
Werra-Meissner	446550	100,0	64184	14,4	62815	14,1	213542	47,8	49752	11,1	47183	10,6	9074	2,0
Rb Kassel	4061570	100,0	721176	17,8	414553	10,2	1917574	47,2	593018	14,6	336671	8,3	78578	1,9
Nicht lokalisierbar	199266	100,0	9636	4,8	651	0,3	20768	10,4			167715	84,2	496	0,2
Hessen	13232095	100,0	2436841	18,4	1585867	12,0	4563678	34,5	2634118	19,9	1691384	12,8	320207	2,4

Gebietsstand 1.1.1981.
Quelle: Hessische Investitionsdatei.

Tab.A 7: Gesamtaufwand nach Investitionsbereichen 1975 bis 1978 und 1979 bis 1982, Verteilung in den kreisfreien Städten, Land-kreisen und Regierungsbezirken in vH

Kreisfreie Stadt Landkreis Regierungsbezirk (Rb)	Gesamtaufwand aller Investitions-bereiche		Sozial-politik		Kultur-politik		Wirtschafts-politik		Verkehrs-politik		Umwelt-politik		Sicherheits-politik	
	1975-78	1979-82	1975-78	1979-82	1975-78	1979-82	1975-78	1979-82	1975-78	1979-82	1975-78	1979-82	1975-78	1979-82
Darmstadt, St.	2,79	1,78	4,36	2,81	8,12	6,02	0,18	0,37	2,33	2,06	0,48	0,00	1,56	0,16
Frankfurt a.M.,St.	13,88	13,67	6,08	6,06	12,70	7,68	0,69	2,91	40,86	46,24	12,01	10,77	0,95	2,50
Offenbach a.M.,St.	1,02	0,78	1,97	1,66	1,66	2,16	0,49	0,50	0,91	0,12	0,10	0,21	0,21	0,61
Wiesbaden,St.	2,80	4,09	5,20	9,19	5,71	4,12	0,48	1,20	1,50	1,09	3,20	9,73	1,88	1,18
Bergstraße	2,99	4,03	4,23	4,42	2,73	3,39	1,94	3,62	2,17	2,77	5,37	7,04	3,60	4,74
Darmstadt-Dieburg	2,29	2,42	4,29	4,04	2,09	4,37	1,19	1,69	1,41	1,26	3,27	1,26	5,82	6,74
Groß-Gerau	2,01	2,00	2,83	2,45	2,46	3,40	0,99	2,07	1,07	0,97	4,01	1,24	4,51	3,14
Hochtaunus	2,22	2,48	2,64	3,48	1,88	2,47	0,72	1,15	2,12	1,71	5,37	5,19	6,62	5,91
Main-Kinzig	4,64	4,50	5,41	3,56	4,87	5,73	4,60	5,06	3,84	3,63	4,47	4,31	6,48	6,28
Main-Taunus	1,99	1,66	1,73	1,07	2,78	3,15	0,69	0,85	2,49	1,69	3,39	2,82	3,84	3,87
Odenwald	1,59	1,93	1,51	0,72	0,86	1,13	2,25	3,18	0,96	1,02	2,10	2,15	3,03	3,60
Offenbach	2,26	1,96	5,03	3,85	2,45	3,38	0,45	1,10	1,97	1,24	2,08	0,86	5,74	4,66
Rheingau-Taunus	2,53	2,36	2,90	3,16	2,37	2,41	1,52	1,46	2,95	2,28	3,30	3,40	6,75	4,18
Wetterau	3,17	3,43	4,99	5,20	2,35	2,44	2,70	3,41	2,31	1,43	4,01	4,83	3,45	4,66
Rb Darmstadt	46,18	47,09	53,18	51,64	53,02	51,85	18,90	28,57	66,91	67,50	53,26	53,70	54,45	52,25
Gießen	4,61	4,03	3,55	4,62	8,01	5,11	5,87	5,29	2,04	1,32	3,61	3,07	3,15	4,13
Lahn-Dill	4,50	4,63	3,81	3,66	3,09	2,68	7,42	7,07	2,44	2,33	4,07	4,66	5,25	6,22
Limburg-Weilburg	2,85	3,41	3,18	2,33	2,34	1,62	3,91	5,85	1,54	1,77	2,92	2,75	2,14	3,09
Marburg-Biedenkopf	6,30	5,65	3,09	3,96	13,22	10,52	8,17	7,02	3,26	3,05	3,48	4,04	4,25	5,43
Vogelsberg	2,55	2,99	3,51	3,79	1,28	2,03	2,99	4,06	1,77	1,50	2,85	1,96	4,33	4,19
Rb Gießen	20,81	20,71	17,14	18,37	27,93	21,97	28,37	29,30	11,05	9,98	16,93	16,48	19,11	23,06
Kassel, St.	4,39	6,26	3,89	4,25	6,71	9,89	6,62	9,39	2,69	5,11	0,20	0,08	0,36	1,67
Fulda	3,87	4,81	3,64	3,53	2,13	3,57	5,19	7,54	3,87	2,84	3,43	3,78	3,07	4,18
Hersfeld-Rotenburg	3,11	3,59	3,80	5,24	1,62	2,84	4,01	4,34	3,05	1,85	1,88	2,59	3,30	4,04
Kassel	4,35	4,17	5,99	4,89	2,26	1,16	3,88	4,48	4,08	4,57	6,11	4,50	4,92	4,73
Schwalm-Eder	3,94	3,85	4,15	4,12	2,13	2,79	5,49	4,54	3,53	3,38	2,78	3,47	5,68	3,35
Waldeck-Frankenberg	4,34	4,64	4,68	4,92	1,56	1,94	6,81	7,27	3,34	2,87	3,26	2,71	4,97	3,73
Werra-Meissner	7,61	3,37	3,13	2,63	2,63	3,96	19,90	4,71	1,48	1,89	3,30	2,79	2,66	2,83
Rb Kassel	31,61	30,69	29,28	29,59	19,05	26,14	51,91	42,27	22,05	22,51	20,95	19,91	24,96	24,54
Nicht lokalisierbar	1,39	1,51	0,41	0,40		0,04	0,82	0,46			8,86	9,92	1,48	0,15
Hessen	100,00	100,00	100,00	100,00	100,00	100,00	100,00	100,00	100,00	100,00	100,00	100,00	100,00	100,00

Gebietsstand 1.1.1981 .
Quelle: Hessische Investitionsdatei.

Tab.A 8: Gesamtaufwand nach Finanzierungsträgern 1975 bis 1978 und 1979 bis 1982, Verteilung in den kreisfreien Städten, Landkreisen und Regierungsbezirken (DM je Einwohner (1))

Kreisfreie Stadt / Landkreis / Regierungsbezirk (Rb)	Gesamtaufwand		Bund		Land		Kommunen		Sonstige	
	1975-78	1979-82	1975-78	1979-82	1975-78	1979-82	1975-78	1979-82	1975-78	1979-82
Darmstadt, St.	2829	1696	673	291	1481	831	524	366	151	2o7
Frankfurt a.M., St.	3o87	2894	3o6	516	1484	14o9	1158	744	139	225
Offenbach a.M., St.	128o	939	97	98	637	326	331	24o	215	275
Wiesbaden, St.	1446	197o	117	124	8o9	865	389	748	131	233
Bergstraße	1765	2226	187	233	66o	812	523	541	395	64o
Darmstadt-Dieburg	1324	1284	1o5	65	471	475	4o5	381	343	364
Groß-Gerau	1213	1132	78	36	463	416	433	249	239	431
Hochtaunus	1551	159o	155	13o	688	666	469	51o	239	285
Main-Kinzig	1827	1626	2o1	119	729	639	417	314	48o	554
Main-Taunus	14o2	1085	19o	43	687	523	366	3o7	16o	211
Odenwald	2694	2988	328	216	911	849	5o2	439	952	1483
Offenbach	1o88	875	81	56	43o	346	448	272	129	2oo
Rheingau-Taunus	2227	1897	387	153	947	884	483	476	4o9	385
Wetterau	1782	1795	218	293	716	565	426	345	423	592
Rb Darmstadt	19o3	18o8	213	2o4	844	761	57o	463	276	381
Gießen	2834	2278	434	198	893	667	396	414	1111	999
Lahn-Dill	2643	2554	174	124	799	714	422	465	1248	1251
Limburg-Weilburg	2673	2976	25o	2o7	966	776	486	432	972	1562
Marburg-Biedenkopf	3766	3118	736	431	1279	998	379	411	1372	1277
Vogelsberg	3256	3614	386	374	1214	12o8	615	594	1o42	1438
Rb Gießen	3o37	2811	4o9	258	1o12	838	437	449	1179	1266
Kassel, St.	3113	425o	437	441	1128	149o	227	319	1321	2ooo
Fulda	2861	3332	331	368	1129	1o68	413	312	987	1484
Hersfeld-Rotenburg	341o	3726	489	424	1281	1358	558	667	1o81	1277
Kassel	28o9	2473	426	334	1o31	791	584	4o5	767	942
Schwalm-Eder	3o57	28o3	3oo	237	1144	991	441	422	1171	1152
Waldeck-Frankenberg	3968	3957	454	353	1313	1o93	733	523	1468	1989
Werra-Meissner	8943	3786	636	387	1281	1372	515	464	6512	1563
Rb Kassel	3738	34o9	425	359	1169	1138	485	444	1659	1468
Hessen	2527	2358	3o6	258	954	868	531	461	736	77o

(1) Bezogen auf den Einwohnerstand vom 31.12.1978 bzw. 31.12.1981.

Gebietsstand 1.1.1981.
Quelle: Hessische Investitionsdatei.

Tab. A 9: Gesamtaufwand nach Finanzierungsträgern 1975 bis 1978 in den kreisfreien Städten, Landkreisen und Regierungsbezirken

Kreisfreie Stadt Landkreis Regierungs- bezirk (Rb)	Gesamtaufwand		Bund		Land		Kommunen		Sonstige	
	in Tsd.DM	in vH	in Tsd.DM	in vH	in Tsd.DM	in vH	in Tsd.DM	in vH	in Tsd.DM	in vH
Darmstadt, St.	391420	100,0	93119	23,8	204849	52,3	72512	18,5	20940	5,3
Frankfurt a.M., St.	1948214	100,0	193378	9,9	936221	48,1	730900	37,5	87715	4,5
Offenbach a.M., St.	142783	100,0	10843	7,6	70982	49,7	36965	25,9	23993	16,8
Wiesbaden, St.	392631	100,0	31772	8,1	219518	55,9	105649	26,9	35692	9,1
Bergstraße	419620	100,0	44571	10,6	156795	37,4	124253	29,6	94001	22,4
Darmstadt-Dieburg	321662	100,0	25480	7,9	114321	35,5	98481	30,6	83380	25,9
Groß-Gerau	282074	100,0	18216	6,5	107612	38,2	100642	35,7	55604	19,7
Hochtaunus	312011	100,0	31156	10,0	138450	44,4	94313	30,2	48092	15,4
Main-Kinzig	651338	100,0	71812	11,0	259786	39,9	148623	22,8	171117	26,3
Main-Taunus	279328	100,0	37772	13,5	136830	49,0	72824	26,1	31902	11,4
Odenwald	223542	100,0	27262	12,2	75562	33,8	41690	18,6	79028	35,4
Offenbach	317025	100,0	23628	7,5	125324	39,5	130446	41,1	37627	11,9
Rheingau-Taunus	354313	100,0	61605	17,4	150710	42,5	76908	21,7	65090	18,4
Wetterau	444190	100,0	54274	12,2	178414	40,2	106142	23,9	105360	23,7
Rb Darmstadt	6480151	100,0	724888	11,2	2875374	44,4	1940348	29,9	939541	14,5
Gießen	647035	100,0	99068	15,3	203919	31,5	90457	14,0	253591	39,2
Lahn-Dill	631632	100,0	41649	6,6	190975	30,2	100796	16,0	298212	47,2
Limburg-Weilburg	399932	100,0	37412	9,4	144459	36,1	72668	18,2	145393	36,4
Marburg-Biedenkopf	883850	100,0	172648	19,5	300263	34,0	88930	10,1	322009	36,4
Vogelsberg	357808	100,0	42416	11,9	133371	37,3	67552	18,9	114469	32,0
Rb Gießen	2920257	100,0	393193	13,5	972987	33,3	420403	14,4	1133674	38,8
Kassel, St.	615427	100,0	86441	14,0	222964	36,2	44810	7,3	261212	42,4
Fulda	543257	100,0	62926	11,6	214441	39,5	78451	14,4	187439	34,5
Hersfeld-Rotenburg	436548	100,0	62609	14,3	164040	37,6	71458	16,4	138441	31,7
Kassel	610618	100,0	92667	15,2	224170	36,7	126992	20,8	166789	27,3
Schwalm-Eder	552989	100,0	54323	9,8	206985	37,4	79848	14,4	211833	38,3
Waldeck-Frankenberg	609232	100,0	69710	11,4	201668	33,1	112508	18,5	225346	17,0
Werra-Meissner	1067597	100,0	75870	7,1	152885	14,3	61456	5,8	77386	72,8
Rb Kassel	4435668	100,0	504546	11,4	1387153	31,3	575523	13,0	1968446	44,4
Nicht lokalisierbar	195452	100,0	74974	38,4	62003	31,7	14729	7,5	43746	22,4
Hessen	14031528	100,0	1697601	12,1	5297517	37,8	2951003	21,0	4085407	29,1

Gebietsstand 1.1.1981.
Quelle: Hessische Investitionsdatei.

Tab.A 1o: Gesamtaufwand nach Finanzierungsträgern 1979 bis 1982 in den kreisfreien Städten, Landkreisen und Regierungsbezirken

Kreisfreie Stadt Landkreis Regierungs-bezirk (Rb)	Gesamtaufwand in Tsd.DM	in vH	Bund in Tsd.DM	in vH	Land in Tsd.DM	in vH	Kommunen in Tsd.DM	in vH	Sonstige in Tsd.DM	in vH
Darmstadt, St.	235o71	1oo,0	4o4o5	17,2	115188	49,0	5o756	21,6	28722	12,2
Frankfurt a.M., St.	18o9476	1oo,0	322522	17,8	881244	48,7	464961	25,7	14o749	7,8
Offenbach a.M., St.	1o3813	1oo,0	1o827	1o,4	36063	34,7	26521	25,5	3o4o2	29,3
Wiesbaden, St.	54o741	1oo,0	34o25	6,3	237516	43,9	2o516o	37,9	64o4o	11,8
Bergstraße	531995	1oo,0	55841	1o,5	194307	36,5	129520	24,3	153327	28,8
Darmstadt-Dieburg	32o583	1oo,0	1618o	5,0	118474	37,0	95115	29,7	9o814	28,3
Groß-Gerau	264169	1oo,0	8441	3,2	97o71	36,7	58188	22,0	1oo469	38,0
Hochtaunus	328o41	1oo,0	26772	8,2	137358	41,9	1o5161	32,1	5875o	17,9
Main-Kinzig	595909	1oo,0	43613	7,3	234182	39,3	11515o	19,3	2o2964	34,1
Main-Taunus	219166	1oo,0	8643	3,9	1o5689	48,2	6213o	28,3	427o4	19,5
Odenwald	254748	1oo,0	18432	7,2	72413	28,4	37458	14,7	126445	49,6
Offenbach	259216	1oo,0	16732	6,5	1o2438	39,5	8o661	31,1	59385	22,9
Rheingau-Taunus	312315	1oo,0	25141	8,0	145446	46,6	78427	25,1	633o1	2o,3
Wetterau	454444	1oo,0	74131	16,3	143139	31,5	873o2	19,2	149872	33,0
Rb Darmstadt	623o687	1oo,0	7o17o5	11,3	262o528	42,1	159651o	25,6	1311944	21,1
Gießen	533854	1oo,0	46437	8,7	156352	29,3	97o44	18,2	234o21	43,8
Lahn-Dill	61273o	1oo,0	29741	4,9	171203	27,9	111617	18,2	3oo169	49,0
Limburg-Weilburg	45o764	1oo,0	31325	6,9	117449	26,1	65495	14,5	236495	52,5
Marburg-Biedenkopf	7481o1	1oo,0	1o3428	13,8	239550	32,0	98693	13,2	3o643o	41,0
Vogelsberg	395123	1oo,0	4o939	1o,4	132066	33,4	64936	16,4	157182	39,8
Rb Gießen	274o572	1oo,0	25187o	9,2	81662o	29,8	437785	16,0	1234297	45,0
Kassel, St.	827791	1oo,0	85832	1o,4	290219	35,1	62158	7,5	389582	47,1
Fulda	636662	1oo,0	7o291	11,0	2o4o77	32,1	78651	12,4	283363	44,6
Hersfeld-Rotenburg	475322	1oo,0	54o78	11,4	17326o	36,5	85143	17,9	162841	34,3
Kassel	552294	1oo,0	74598	13,5	176753	32,0	9o5oo	16,4	21o443	38,1
Schwalm-Eder	5o9148	1oo,0	43o65	8,5	18oo31	35,4	76714	15,1	2o9338	41,1
Waldeck-Frankenberg	613803	1oo,0	54693	8,9	169472	27,6	81712	13,2	3o8466	5o,3
Werra-Meissner	44655o	1oo,0	45617	1o,2	161816	36,2	54725	12,3	184392	41,3
Rb Kassel	4o6157o	1oo,0	428154	1o,5	1355628	33,4	529o63	13,0	1748725	43,1
Nicht lokalisierbar	199266	1oo,0	67796	34,0	8o883	4o,6	25462	12,8	25125	12,6
Hessen	13232095	1oo,0	1449525	11,0	4873659	36,8	258882o	19,6	432oo91	32,6

Gebietsstand 1.1.1981.
Quelle: Hessische Investitionsdatei.

Tab. A 11: Gesamtsumme der untersuchten Projekte, sachliche und räumliche Verteilungsstruktur 1975 bis 1978

Regierungs-bezirk (Rb) Aktionsraum	Vorbereitung von Industrie-gelände			Errichtung eines Betriebes			Erweiterung eines Betriebes			Rationalisierung eines Betriebes			Zwischensumme		Sonstige Fördermaß-nahmen			Kapitaldiensthilfen an kleine und mittlere Betriebe			Gesamtsumme		
		Anteile an den Verteilungs-strukturen in vH			Anteile an den Verteilungs-strukturen in vH			Anteile an den Verteilungs-strukturen in vH			Anteile an den Verteilungs-strukturen in vH			Anteil an der räumlichen Verteilungs-struktur in vH		Anteile an den Verteilungs-strukturen in vH			Anteile an den Verteilungs-strukturen in vH			Anteile an den Verteilungs-strukturen in vH	
	in Tsd.DM	räum-lich	sach-lich	in Tsd.DM	räum-lich	sach-lich	in Tsd.DM	räum-lich	sach-lich	in Tsd.DM	räum-lich	sach-lich	in Tsd.DM		in Tsd.DM	räum-lich	sach-lich	in Tsd.DM	räum-lich	sach-lich	in Tsd.DM	räum-lich	sach-lich
Rb Darmstadt	17778	21,2	6,4	76887	39,3	27,5	7o86o	8,1	25,3	9885	5,6	3,5	17541o	13,2	52o3	9,5	1,9	98868	13,7	35,4	279481	13,3	1oo,o
Rb Gießen	14412	17,2	1,6	44511	22,7	5,o	241274	27,7	27,o	4o533	22,8	4,5	34o73o	25,6	5o25	9,2	o,5	549o24	76,o	61,4	894779	42,5	1oo,o
Rb Kassel	51359	61,5	5,5	74423	38,o	8,o	56oo18	64,2	6o,1	127o41	71,6	13,6	812841	61,2	44559	81,3	4,8	74777	1o,3	8,o	932177	44,2	1oo,o
Aktionsraum 1o	62376	74,7	5,2	115695	59,1	9,6	73319o	84,1	6o,8	151423	85,3	12,5	1062684	8o,o	47473	86,7	3,9	96593	13,4	8,o	12o675o	57,3	1oo,o
Hessischer Teil des Aktions-raumes 11	2683	3,2	2,3	27134	13,9	23,2	65541	7,5	56,o	112o9	6,3	9,6	1o6567	8,o	19o8	3,5	1,6	8521	1,2	7,3	116996	5,6	1oo,o
Hessen	83549	1oo,o	4,o	195821	1oo,o	9,3	872152	1oo,o	41,4	177459	1oo,o	8,4	1328981	1oo,o	54787	1oo,o	2,6	722668	1oo,o	34,3	21o6436	1oo,o	1oo,o

Gebietsstand 1.1.1981.
Quelle: Hessische Investitionsdatei; eigene Berechnungen.

Tab. A 12: Gesamtsumme der untersuchten Projekte, sachliche und räumliche Verteilungsstruktur 1979 bis 1982

Regierungs-bezirk (Rb) Aktionsraum	Vorbereitung von Industrie-gelände in Tsd.DM	räum-lich	sach-lich	Errichtung eines Betriebes in Tsd.DM	räum-lich	sach-lich	Erweiterung eines Betriebes in Tsd.DM	räum-lich	sach-lich	Rationalisierung eines Betriebes in Tsd.DM	räum-lich	sach-lich	Zwischensumme in Tsd.DM	Anteil an der räumlichen Verteilungs-struktur in vH	Sonstige Fördermaß-nahmen in Tsd.DM	räum-lich	sach-lich	Kapitaldiensthilfen an kleine und mittlere Betriebe in Tsd.DM	räum-lich	sach-lich	Gesamtsumme in Tsd.DM	räum-lich	sach-lich
Rb Darmstadt	12274	13,3	1,6	106394	24,9	13,8	127513	11,3	16,6	3758	4,7	0,5	249939	14,5	49979	48,4	6,5	469900	34,3	61,0	769818	24,1	100,0
Rb Gießen	29176	31,5	2,7	124652	29,1	11,6	240387	21,4	22,3	26406	33,0	2,5	420621	24,4	7768	7,5	0,7	648526	47,3	60,2	1076915	33,7	100,0
Rb Kassel	51153	55,2	3,8	196645	46,0	14,5	756003	67,3	55,9	49942	62,3	3,7	1053743	61,1	45621	44,1	3,4	252412	18,4	18,7	1351176	42,2	100,0
Aktionsraum 10	62274	67,2	3,7	250916	58,7	15,1	923891	82,2	55,5	67805	84,6	4,1	1304886	75,7	50937	49,3	3,1	307218	22,4	18,4	1663041	52,0	100,0
Hessischer Teil des Aktions-raumes 11	10132	10,9	4,4	82127	19,2	35,4	110649	9,8	47,7	3651	4,6	1,6	206559	12,0	2163	2,1	0,9	23035	1,7	9,9	231757	7,2	100,0
Hessen	92603	100,0	2,9	427691	100,0	13,4	1123903	100,0	35,1	80106	100,0	2,5	1724303	100,0	103368	100,0	3,2	1370837	100,0	42,9	3198508	100,0	100,0

Gebietsstand 1.1.1981.
Quelle: Hessische Investitionsdatei; eigene Berechnungen.

Tab. A 13: Gesamtsumme der untersuchten Projekte (1), sachliche Verteilungsstruktur 1975 bis 1978 in den gewerblichen Entwicklungsschwerpunkten und Entlastungsorten

Förderstandorte Gewerblicher Entwicklungsschwerpunkt Entlastungsort	Vorbereitung von Industriegelände		Errichtung eines Betriebes		Erweiterung eines Betriebes		Rationalisierung eines Betriebes		Zwischensumme		Kapitaldiensthilfen an kl. u. mittl. Betriebe		Gesamtsumme	
	in Tsd.DM	Anteil an der räumlichen Verteilungsstruktur in vH	in Tsd.DM	Anteil an der räumlichen Verteilungsstruktur in vH	in Tsd.DM	Anteil an der räumlichen Verteilungsstruktur in vH	in Tsd.DM	Anteil an der räumlichen Verteilungsstruktur in vH	in Tsd.DM	Anteil an der räumlichen Verteilungsstruktur in vH	in Tsd.DM	Anteil an der räumlichen Verteilungsstruktur in vH	in Tsd.DM	Anteil an der räumlichen Verteilungsstruktur in vH
Biedenkopf	-	-	-	-	5501	0,6	768	0,4	6269	0,5	15456	2,1	21725	1,1
Dillenburg	600	0,7	-	-	-	-	-	-	600	-	45499	6,3	46099	2,2
Haiger	96	0,1	1650	0,8	-	-	-	-	1746	0,1	38282	5,3	40028	2,0
Erbach	451	0,5	3470	1,8	4821	0,6	475	0,3	9217	0,7	408	0,1	9625	0,5
Michelstadt	-	-	434	0,2	11920	1,4	-	-	12354	0,9	440	0,1	12794	0,6
Gießen	97	0,1	-	-	-	-	3964	2,2	4061	0,3	108548	15,0	112609	5,5
Gladenbach	-	-	10686	5,5	2885	0,3	-	-	13571	1,0	8934	1,2	22505	1,1
Grünberg	34	-	735	0,4	961	0,1	-	-	1730	0,1	5107	0,7	6837	0,3
Laubach	-	-	160	-	1478	0,2	8950	5,0	10588	0,8	3829	0,5	14417	0,7
Hungen	-	-	-	-	-	-	-	-	-	-	8001	1,1	8001	0,4
Lich	-	-	-	-	-	-	-	-	-	-	2973	0,4	2973	0,1
Wetzlar	4703	5,6	-	-	-	-	-	-	4703	0,4	35460	4,9	40163	2,0
Gewerbliche Entwicklungsschwerpunkte insgesamt	5981	7,0	17135	8,7	27566	3,2	14157	7,9	64839	4,8	272937	37,8	337776	16,5
Butzbach	4090	4,9	-	-	-	-	-	-	4090	0,3	614	0,1	4704	0,2
Biebesheim	-	-	21645	11,1	3859	0,4	-	-	25504	1,9	-	-	25504	1,2
Gernsheim	1855	2,2	-	-	-	-	-	-	1855	0,1	-	-	1855	0,1
Bürstadt	-	-	-	-	-	-	-	-	-	-	1123	0,2	1123	-
Lampertheim	3477	4,2	4300	2,2	11233	1,3	-	-	19010	1,5	1884	0,3	20894	1,0
Dieburg	-	-	2486	1,3	-	-	-	-	2486	0,2	487	0,1	2973	0,1
Groß-Umstadt	311	0,4	-	-	-	-	-	-	311	-	1655	0,2	1966	0,1
Taunusstein	1010	1,2	5318	2,7	1000	0,1	-	-	7328	0,6	607	0,1	7935	0,4
Entlastungsorte insgesamt	10743	12,9	33749	17,3	16092	1,8	-	-	60584	4,6	6370	1,0	66954	3,1
Förderstandorte insgesamt	16724	19,9	50884	26,0	43658	5,0	14157	7,9	125423	9,3	279307	38,7	404730	19,6
Hessen	83549	100,0	195821	100,0	872152	100,0	177459	100,0	1328981	100,0	722668	100,0	2051649	100,0

(1) Ohne "Sonstige Fördermaßnahmen".

Gebietsstand 1.1.1981.
Quelle: Hessische Investitionsdatei; eigene Berechnungen.

Tab. A 14: Gesamtsumme der untersuchten Projekte (1), sachliche Verteilungsstruktur 1979 bis 1982 in den gewerblichen Entwicklungsschwerpunkten und Entlastungsorten

Förderstandorte Gewerblicher Entwicklungsschwerpunkt Entlastungsort	Vorbereitung von Industriegelände in Tsd.DM	Anteil an der räuml. Verteilungsstruktur in vH	Errichtung eines Betriebes in Tsd.DM	Anteil in vH	Erweiterung eines Betriebes in Tsd.DM	Anteil in vH	Rationalisierung eines Betriebes in Tsd.DM	Anteil in vH	Zwischensumme in Tsd.DM	Anteil in vH	Aufwand(2) pro Beschäftigten im produz. Gewerbe(3) 1980 in DM	Kapitaldiensthilfen an kl. u. mittl. Betriebe in Tsd.DM	Anteil in vH	Gesamtsumme in Tsd.DM	Anteil in vH
Biedenkopf	1083	1,2	-	-	9766	o,9	-	-	1o849	o,6	4o27	32773	2,4	43622	1,4
Dillenburg	2236	2,4	2064	o,5	-	-	-	-	43oo	o,2	892	29614	2,2	33914	1,1
Haiger	-	-	350	o,1	-	-	-	-	350	-	483	19493	1,4	19843	o,6
Erbach	22o	o,2	532	o,1	7o2o	o,6	430	o,5	8202	o,5	5683	2991	o,2	11193	o,4
Michelstadt	-	-	2950	o,7	2oo78	1,8	-	-	23o28	1,3	11953	3172	o,2	262oo	o,8
Gießen	-	-	4000	o,9	-	-	-	-	4000	o,2	643	99672	7,3	1o3672	3,3
Gladenbach	65	o,1	-	-	4000	o,4	592o	7,4	9985	o,6	12756	16473	1,2	26458	o,9
Grünberg	579	o,6	621	o,1	-	-	-	-	12oo	-	17o7	8436	o,6	9636	o,3
Laubach	1344	1,5	-	-	-	-	-	-	1344	o,1	8178	6097	o,4	7441	o,2
Hungen	129	o,1	637	o,1	-	-	-	-	766	-	559	1o266	o,7	11o32	o,4
Lich	-	-	-	-	-	-	-	-	-	-	-	6299	o,5	6299	o,2
Wetzlar	-	-	-	-	-	-	-	-	-	-	-	6oo57	4,4	6oo57	1,9
Gewerbliche Entwicklungsschwerpunkte insgesamt	5656	6,1	11154	2,5	4o864	3,7	635o	7,9	64o24	3,5		295345	21,5	359367	11,5
Butzbach	-	-	-	-	-	-	-	-	-	-	1163	1967	o,1	1967	o,1
Biebesheim	1735	1,9	3193o	7,5	8992	o,8	-	-	42657	2,5	5367o	1245	o,1	43902	1,4
Gernsheim	-	-	5231	1,2	-	-	-	-	5231	o,3	5794	1654	o,1	6885	o,2
Bürstadt	2922	3,2	-	-	-	-	-	-	2922	o,2	222o	3190	o,2	6182	o,2
Lampertheim	-	-	1600	o,4	-	-	-	-	1600	o,1	54oo	13854	1,0	15454	o,5
Dieburg	-	-	940	o,2	5680	o,5	-	-	6620	o,4	6341	2006	o,3	8626	o,3
Groß-Umstadt	21o	o,2	-	-	-	-	-	-	21o	-	2o1	4090	o,3	4300	o,1
Taunusstein	-	-	1172	o,3	5285	o,5	-	-	6457	o,4	4548	4537	o,3	1o994	o,4
Entlastungsorte insgesamt	4867	5,3	4o873	9,6	19957	1,8	-	-	65697	3,9		32543	2,2	9831o	3,2
Förderstandorte insgesamt	1o523	11,4	52027	12,1	6o821	5,5	635o	7,9	129721	7,4	3417	327886	23,7	457677	14,7
Hessen	92603	1oo,o	427691	1oo,o	112393o	1oo,o	8o1o6	1oo,o	17242o3	1oo,o	3555	1370837	1oo,o	3o9504o	1oo,o

(1) Ohne "Sonstige Fördermaßnahmen".
(2) Aufwand 1975 bis 1982.
(3) Ohne Baugewerbe.

Gebietsstand 1.1.1981.
Quelle: Hessische Investitionsdatei; eigene Berechnungen.

Tab. A 15: Gesamtsumme der untersuchten Projekte (1), sachliche Verteilungsstruktur 1975 bis 1978 in den Schwerpunktorten, Mitorten und Aktionsräumen

Schwerpunktort / A- bzw. B-Schwerpunkt / C-Schwerpunkt / E-Schwerpunkt / Mitort / Aktionsraum	Vorbereitung von Industriegelände in Tsd.DM	Anteil an der räuml. Verteilungsstruktur in vH	Errichtung eines Betriebes in Tsd.DM	Anteil in vH	Erweiterung eines Betriebes in Tsd.DM	Anteil in vH	Rationalisierung eines Betriebes in Tsd.DM	Anteil in vH	Zwischensumme in Tsd.DM	Anteil in vH	Kapitaldiensthilfen an kl. u. mittl. Betriebe in Tsd.DM	Anteil in vH	Gesamtsumme in Tsd.DM	Anteil in vH
A- bzw. B-Schwerpunkte														
Alsfeld	2928	3,5	-	-	6o33	0,7	33o	0,2	9291	0,7	999	0,1	1o29o	0,5
Bad Hersfeld	1959	2,3	-	-	1217	0,1	-	-	3176	0,2	561	0,1	3737	0,2
Mitort	7oo	0,8	-	-	-	-	-	-	7oo	-	28	-	728	-
Fulda	7742	9,3	5731	2,9	2o182	2,3	9695	5,5	4335o	3,3	1668	0,2	45o18	2,2
Mitort	1573	1,9	6112	3,1	15857	1,8	-	-	23542	1,8	1	-	23543	1,1
Homberg (Efze)	1373	1,6	1519	0,8	74oo	0,8	-	-	1o292	0,8	272	-	1o564	0,5
Kassel	1o843	13,o	1o788	5,5	182651	2o,9	5234	2,9	2o9516	15,8	11397	1,6	22o913	1o,8
Mitort	-	-	-	-	4oo6	0,5	-	-	4oo6	0,3	1o67	0,2	5o73	0,2
C-Schwerpunkte														
Bebra	-	-	57	-	14o98	1,6	-	-	14155	1,1	778	0,1	14933	0,7
Büdingen	3225	3,9	-	-	4982	0,6	-	-	82o7	0,6	2o7	-	8414	0,4
Frankenberg	3697	4,4	-	-	83o4	1,0	26oo	1,5	146o1	1,1	1387	0,2	15988	0,8
Fritzlar	-	-	-	-	-	-	3567	2,0	3567	0,3	892	0,1	4469	0,2
Gelnhausen	1754	2,1	53o	0,3	1912	0,2	-	-	4196	0,3	5226	0,7	9422	0,5
Mitort	16o5	1,9	21147	1o,8	2576	0,3	-	-	25328	1,9	387	-	25715	1,3
Hessisch Lichtenau	124o	1,5	581	0,3	11655	1,3	7oo	0,4	14176	1,1	1o17	0,1	15193	0,7
Hofgeismar	1563	1,9	535	0,3	3535	0,4	1442	0,8	7o75	0,5	478	0,1	7553	0,4
Homberg (Ohm)	-	-	-	-	918	0,1	-	-	918	0,1	778	0,1	1696	0,1
Hünfeld	-	-	-	-	8588	1,0	-	-	8588	0,6	618	0,1	92o6	0,4
Korbach	-	-	38	-	18887	2,2	391o	2,2	22835	1,7	4126	0,6	26961	1,3
Lauterbach	34o	0,4	847	0,4	4139	0,5	7189	4,1	12515	0,9	1249	0,2	13764	0,7
Melsungen	13oo	1,6	-	-	4o7o5	4,7	3732	2,1	45737	3,4	12o5	0,2	46942	2,3
Schlüchtern	-	-	-	-	178	-	-	-	178	-	-	-	178	-
Mitorte	-	-	572o	2,9	7257	0,8	74o1	4,2	2o378	1,5	931	0,1	213o9	1,0
Schwalmstadt	6oo	0,7	45o	0,2	3392	0,4	36o	0,2	48o2	0,4	947	0,1	5749	0,3
Stadt Allendorf	1165	1,4	1388	0,7	113375	13,o	1o75	0,6	117oo3	8,8	3491	0,5	12o494	5,9
Wolfhagen	9o	0,1	-	-	5255	0,6	237	0,1	5582	0,4	645	0,1	6227	0,3
E-Schwerpunkte														
Eschwege	6498	7,8	4593	2,3	16635	1,9	519o	2,9	32916	2,5	1552	0,2	34468	1,7
Sontra	619	0,7	3911	2,0	661o	0,8	6o3	0,3	11743	0,9	825	0,1	12568	0,6
Witzenhausen	5o42	6,o	-	-	132o9	1,5	1291	0,7	19542	1,5	1668	0,2	212io	1,0
Schwerpunktorte insgesamt	5o814	6o,8	63947	32,5	523556	6o,o	54556	3o,7	697915	52,5	444oo	6,1	742315	35,o
Aktionsraum 1o	62376	74,7	115695	59,1	73319o	84,1	151423	85,3	1o62684	8o,o	96593	13,4	1159277	56,5
B-Schwerpunkt														
Limburg	1277	1,5	9335	4,8	23336	2,7	7o16	4,o	4o964	3,1	2796	0,4	437o6	2,1
C-Schwerpunkt														
Weilburg	293	0,3	532	0,3	8o9	0,1	3o6o	1,7	4694	0,4	1o84	0,1	5778	0,3
Mitort	61	0,1	7o25	3,6	6221	0,7	1o68	0,6	14375	1,1	1o4	-	14479	0,7
Schwerpunktorte insgesamt	1631	1,9	16892	8,7	3o366	3,5	11144	6,3	6oo33	4,6	3984	0,5	64o17	3,1
Hessischer Teil des Aktionsraumes 11	2683	3,2	27134	13,9	65541	7,5	112o9	6,3	1o6567	8,o	8521	1,2	115o88	5,6
Hessen	83549	1oo,o	195821	1oo,o	872152	1oo,o	177459	1oo,o	1328981	1oo,o	722668	1oo,o	2o51649	1oo,o

(1) Ohne "Sonstige Fördermaßnahmen".

Gebietsstand 1.1.1981.
Quelle: Hessische Investitionsdatei; eigene Berechnungen.

Tab. A 16: Gesamtsumme der untersuchten Projekte (1), sachliche Verteilungsstruktur 1979 bis 1982 in den Schwerpunktorten, Mitorten und Aktionsräumen

Schwerpunktort / A- bzw. B-Schwerpunkt / C-Schwerpunkt / E-Schwerpunkt / Mitort / Aktionsraum	Vorbereitung von Industriegelände in Tsd.DM	Anteil vH	Errichtung eines Betriebes in Tsd.DM	Anteil vH	Erweiterung eines Betriebes in Tsd.DM	Anteil vH	Rationalisierung eines Betriebes in Tsd.DM	Anteil vH	Zwischensumme in Tsd.DM	Anteil vH	Aufwand (2) pro Beschäftigten im produz. Gewerbe(3) 1980 in DM	Kapitaldiensthilfen an kl. u. mittl. Betriebe in Tsd.DM	Anteil vH	Gesamtsumme in Tsd.DM	Anteil vH
A- bzw. B-Schwerpunkte															
Alsfeld	5oo	0,5	1o767	2,5	4818	0,4	-	-	16685	0,9	6742	2149	0,2	18234	0,6
Bad Hersfeld	2309	2,5	43343	1o,1	1910 8	1,7	-	-	6476o	3,8	9951	6oo4	0,4	7o764	2,3
Mitorte	-	-	445o	1,0	5o46	0,4	-	-	9496	0,6		1182	0,1	1o678	0,3
Fulda	2o257	21,9	5894o	13,8	72943	6,5	280	0,3	15242o	8,8	13097	845o	0,6	16o87o	5,2
Mitort	-	-	37o7	0,9	25o2	0,2	-	-	62o9	0,4		255o	0,2	8759	0,3
Homberg (Efze)	1266	1,4	-	-	2o357	1,8	6153	7,7	21623	1,3	19934	2758	0,2	24381	0,8
Kassel	14374	15,5	38941	9,1	23o876	20,5	-	-	29o344	16,8	14864	39171	2,9	329515	1o,6
Mitorte	11o3	1,2	627o	1,5	3933	0,3	-	-	113o6	0,7		4174	0,3	1548o	0,5
C-Schwerpunkte															
Bebra	22oo	2,4	117o	0,3	14285	1,3	-	-	17655	1,0	1483o	7584	0,5	25239	0,8
Büdingen	-	-	2585	0,6	8348	0,7	-	-	1o933	0,6	7155	4428	0,3	15361	0,5
Frankenberg	537	0,6	1o4o	0,2	66o6	0,6	3834	4,8	12o17	0,7	125o	5819	0,4	17836	0,6
Fritzlar	-	-	371	0,1	792o	0,7	-	-	8291	0,5	1o673	2o5o	0,1	1o341	0,3
Gelnhausen	1o54	1,1	136o	0,3	4o24	0,4	-	-	6438	0,4	3664	744o	0,5	13878	0,4
Mitort	69o	0,7	581	0,1	2637	0,2	1o28	1,3	4936	0,3		1295	0,1	6231	0,2
Hessisch Lichtenau	121o	1,3	-	-	5119	0,5	3		6329	0,4	12728	2738	0,2	9o67	0,3
Hofgeismar	-	-	-	-	8951	0,8	-	-	8951	0,5	8413	59o6	0,4	14857	0,5
Homberg (Ohm)	172	0,2	31o	0,1	15975	1,4	13645	17,0	3o1o2	1,7	19o31	84o	0,1	3o942	1,0
Hünfeld	268	0,3	4177	1,0	11984	1,1	-	-	16429	1,0	9448	4o79	0,3	2o5o8	0,7
Korbach	878	0,9	-	-	2o15o	1,8	2464	3,1	23492	1,4	8251	3652	0,2	27144	0,9
Lauterbach	3947	4,3	1668	0,4	8186	0,7	-	-	13751	0,8	7957	3186	0,2	16987	0,5
Melsungen	966	1,0	-	-	21554	1,9	895	1,1	23415	1,4	17366	4667	0,3	28o82	0,9
Schlüchtern	2o8	0,2	16376	3,8	1864	0,2	-	-	18448	1,1	8679	12o8	0,1	19656	0,6
Mitorte	34oo	3,6	5977	1,4	6898	0,6	-	-	16275	0,9		3423	0,3	19698	0,6
Schwalmstadt	-	-	-	-	12604	1,1	-	-	12604	0,7	5762	6998	0,5	196o2	0,6
Stadt Allendorf	65	0,1	2547	0,6	4o12o	3,6	-	-	42732	2,5	27645	2353	0,2	45o85	1,5
Wolfhagen	-	-	26o	0,1	4825	0,4	-	-	5o85	0,3	9324	2919	0,2	8oo4	0,3
E-Schwerpunkte															
Eschwege	-	-	723	0,2	27o83	2,4	-	-	278o6	1,6	1o06o	13544	1,0	4135o	1,3
Sontra	64	0,1	4296	1,0	72o7	0,6	-	-	11567	0,7	22457	2o36	0,1	136o3	0,4
Witzenhausen	11o5	1,2	2555	0,6	14199	1,3	-	-	17859	1,0	1738o	4241	0,3	221oo	0,7
Schwerpunktorte insgesamt	56573	61,0	212414	49,7	610122	54,1	283o2	35,3	9o7358	52,8		156844	11,3	1o64252	34,2
Aktionsraum 1o	62274	67,2	25o916	58,7	923891	82,2	678o5	84,6	13o4886	75,7	11118	3o7218	22,4	1612104	52,2
B-Schwerpunkt															
Limburg	3798	4,1	63792	14,9	27o27	2,4	3651	4,6	98268	5,7	25oo6	4824	0,4	1o3o92	3,3
C-Schwerpunkt															
Weilburg	3108	3,4	6759	1,6	7877	0,7	-	-	17744	1,0	1118o	3919	0,3	21663	0,7
Mitorte	2311	2,5	771	0,2	54961	4,9	-	-	58o43	3,4		1593	0,2	59636	1,9
Schwerpunktorte insgesamt	9217	1o,o	71322	16,7	89865	8,0	3651	4,6	174655	1o,1		1o336	0,9	184391	5,9
Hessischer Teil des Aktionsraumes 11	1o132	1o,9	82127	19,2	11o649	9,8	3651	4,6	2o6559	12,0	19596	23o35	1,7	229594	7,4
Hessen	926o3	1oo,o	427691	1oo,o	11239o3	1oo,o	8o1o6	1oo,o	17243o3	1oo,o	3555	137o837	1oo,o	3o9514o	1oo,o

(1) Ohne "Sonstige Fördermaßnahmen".
(2) Aufwand 1975 bis 1982.
(3) Ohne Baugewerbe.

Gebietsstand 1.1.1981.
Quelle: Hessische Investitionsdatei; eigene Berechnungen.

Tab.A 17: Beschäftigtenstruktur 197o nach Wirtschaftsbereichen in den kreisfreien Städten, Landkreisen und Regierungsbezirken in vH

Kreisfreie Stadt Landkreis Regierungs- bezirk (Rb)	Produzieren- des Gewerbe (ohne Bauge- werbe)	Baugewerbe	Großhan- del, Han- delsver- mittlung	Einzel- handel	Verkehr und Nach- richten- übermitt- lung	Kredit- institute, Versiche- rungsge- werbe	Private Dienste	Organi- sationen ohne Er- werbscha- rakter	Gebiets- körper- schaften, Sozialver- sicherung
Darmstadt, St.	39,3	5,7	6,o	9,2	1o,3	2,5	9,6	2,6	14,9
Frankfurt a.M., St.	31,o	7,6	9,6	8,1	11,6	7,4	14,o	3,4	7,3
Offenbach a.M., St.	5o,4	6,o	5,4	1o,1	3,8	2,2	1o,6	1,4	1o,o
Wiesbaden, St.	3o,9	7,3	6,6	9,7	4,8	5,3	14,8	2,8	17,7
Bergstraße	48,8	8,4	4,4	9,6	4,2	1,5	11,6	2,2	9,2
Darmstadt-Dieburg	51,5	1o,9	5,3	8,o	4,1	1,3	9,6	1,5	7,7
Groß-Gerau	65,9	6,7	2,7	7,4	3,2	1,4	6,4	1,o	5,6
Hochtaunus	45,9	8,1	4,4	9,9	3,3	2,2	13,2	3,4	9,6
Main-Kinzig	5o,2	9,8	3,8	1o,6	4,8	1,4	1o,4	1,2	7,7
Main-Taunus	39,8	9,8	9,8	13,1	3,9	1,3	14,4	2,5	5,5
Odenwald	59,2	8,2	2,5	8,6	2,9	1,1	9,8	o,8	7,1
Offenbach	57,5	9,7	6,6	6,9	3,1	1,4	9,3	o,5	5,1
Rheingau-Taunus	44,3	9,6	4,o	7,6	5,2	1,4	13,3	2,9	11,7
Wetterau	39,4	1o,7	5,5	1o,5	4,3	2,2	13,6	1,8	12,o
Rb Darmstadt	41,2	8,1	6,8	8,9	7,2	4,1	12,2	2,4	9,1
Gießen	39,7	9,2	6,1	1o,1	6,6	2,1	9,o	2,2	15,1
Lahn-Dill	57,6	8,5	3,7	8,8	4,3	1,1	6,9	1,8	7,2
Limburg-Weilburg	36,o	12,o	6,6	1o,6	9,3	1,9	1o,o	3,4	1o,3
Marburg-Biedenkopf	43,o	1o,4	4,3	9,7	4,6	1,8	8,5	3,3	14,5
Vogelsberg	46,7	12,5	3,8	1o,7	4,2	2,o	9,1	2,o	9,o
Rb Gießen	45,8	1o,o	4,9	9,7	5,6	1,7	8,5	2,4	11,4
Kassel, St.	34,3	7,5	8,5	1o,o	1o,2	3,7	1o,1	2,8	12,9
Fulda	42,4	1o,7	5,8	1o,1	7,8	2,o	9,1	2,7	9,5
Hersfeld-Rotenburg	44,6	11,3	4,5	9,9	8,1	1,7	8,8	1,4	9,7
Kassel	54,4	9,4	3,7	8,6	3,9	1,4	8,6	2,o	7,9
Schwalm-Eder	39,4	12,5	5,4	1o,5	5,6	1,8	9,o	3,3	12,5
Waldeck-Frankenberg	43,5	1o,4	4,5	9,5	4,1	1,7	13,7	2,7	9,9
Werra-Meissner	46,8	1o,8	3,8	1o,4	4,6	1,4	8,5	1,9	11,6
Rb Kassel	42,o	9,8	5,8	9,9	7,o	2,3	9,8	2,5	1o,9
Hessen	42,o	8,7	6,3	9,2	6,9	3,4	11,2	2,5	9,8

Gebietsstand 1.1.1981.
Quelle: Datenmaterial der Hessischen Landesentwicklungs- und Treuhandgesellschaft, Wiesbaden.

Tab.A 18: Beschäftigtenstruktur 1980 nach Wirtschaftsbereichen in den kreisfreien Städten, Landkreisen und Regierungsbezirken in vH

Kreisfreie Stadt Landkreis Regierungsbezirk (Rb)	Produzierendes Gewerbe (ohne Baugewerbe)	Baugewerbe	Großhandel, Handelsvermittlung	Einzelhandel	Verkehr und Nachrichtenübermittlung	Kreditinstitute, Versicherungsgewerbe	Private Dienste	Organisationen ohne Erwerbscharakter	Gebietskörperschaften, Sozialversicherung
Darmstadt, St.	32,7	3,3	5,2	7,4	1o,1	2,8	11,3	6,7	2o,6
Frankfurt a.M., St.	25,4	5,8	7,8	7,6	14,0	9,4	13,9	4,5	11,7
Offenbach a.M., St.	4o,0	4,6	6,2	7,7	4,8	3,2	14,8	1,8	16,9
Wiesbaden, St.	24,6	5,8	6,2	9,6	5,1	7,0	15,5	4,0	22,3
Bergstraße	44,1	8,0	5,2	8,8	4,5	2,2	13,5	3,4	1o,4
Darmstadt-Dieburg	49,2	9,7	5,2	6,6	4,5	1,9	12,1	1,5	9,4
Groß-Gerau	62,8	4,5	4,3	5,3	5,1	1,7	6,3	1,5	8,6
Hochtaunus	38,6	5,8	7,4	8,4	3,3	5,3	15,4	4,4	11,4
Main-Kinzig	45,3	8,4	3,o	1o,2	6,4	1,9	1o,4	1,7	12,8
Main-Taunus	27,6	6,4	14,7	11,0	5,5	4,0	16,2	5,9	8,8
Odenwald	58,0	7,6	2,6	6,5	2,7	1,9	1o,4	1,0	9,4
Offenbach	47,4	6,9	1o,0	8,6	5,4	2,0	11,1	1,1	7,5
Rheingau-Taunus	43,3	9,2	3,1	6,0	3,3	1,9	13,5	5,8	14,0
Wetterau	35,0	1o,5	4,8	1o,2	4,1	2,5	15,3	3,2	14,4
Rb Darmstadt	35,7	6,4	6,6	8,1	8,3	5,3	13,0	3,7	12,9
Gießen	33,4	8,o	5,5	8,5	7,0	2,7	8,8	2,9	23,2
Lahn-Dill	52,9	7,1	4,1	7,6	4,8	1,8	8,2	2,2	11,2
Limburg-Weilburg	34,1	1o,6	6,7	9,4	9,0	2,2	9,7	6,0	12,3
Marburg-Biedenkopf	39,7	8,9	2,9	7,7	5,0	2,1	9,3	5,3	19,2
Vogelsberg	45,4	11,2	3,4	7,0	4,1	2,6	1o,2	2,8	13,3
Rb Gießen	41,3	8,6	4,5	8,1	5,9	2,3	9,0	3,7	16,6
Kassel, St.	28,1	5,4	6,5	9,2	1o,4	4,3	11,5	5,7	19,0
Fulda	4o,4	8,5	3,8	9,0	9,0	2,3	8,2	3,1	15,7
Hersfeld-Rotenburg	41,4	9,8	4,0	6,8	8,2	2,0	1o,1	2,0	15,7
Kassel	5o,8	8,4	4,6	6,9	4,4	2,0	8,2	4,8	9,9
Schwalm-Eder	38,9	11,0	5,4	7,6	3,9	2,8	9,7	5,6	15,2
Waldeck-Frankenberg	43,0	9,9	3,0	6,6	3,2	2,2	15,2	3,4	13,7
Werra-Meissner	42,7	1o,2	2,5	7,9	4,2	2,3	1o,6	2,8	16,8
Rb Kassel	38,8	8,4	4,6	8,0	7,0	2,8	1o,6	4,2	15,6
Hessen	37,1	7,1	5,9	8,1	7,7	4,3	12,0	3,8	14,0

Gebietsstand 1.1.1981.
Quelle: Datenmaterial der Hessischen Landesentwicklungs- und Treuhandgesellschaft, Wiesbaden.

Tab. A 19: Gesamtsumme der untersuchten Projekte, sachliche Verteilungsstruktur 1975 bis 1978 in den kreisfreien Städten, Landkreisen und Regierungsbezirken

Kreisfreie Stadt / Landkreis / Regierungsbezirk (Rb)	Vorbereitung von Industriegelände		Errichtung eines Betriebes		Erweiterung eines Betriebes		Rationalisierung eines Betriebes		Zwischensumme		Sonstige Fördermaßnahmen		Kapitaldiensthilfen an kleine und mittlere Betriebe		Gesamtsumme	
	in Tsd. DM	Anteil in vH	in Tsd. DM	Anteil in vH	in Tsd. DM	Anteil in vH	in Tsd. DM	Anteil in vH	in Tsd. DM	Anteil in vH	in Tsd. DM	Anteil in vH	in Tsd. DM	Anteil in vH	in Tsd. DM	Anteil in vH
Darmstadt, St.	-	-	-	-	-	-	-	-	-	-	-	-	3418	0,5	3418	0,2
Frankfurt a.M., St.	-	-	-	-	-	-	-	-	-	-	-	-	10769	1,5	10769	0,5
Offenbach a.M., St.	-	-	-	-	-	-	-	-	-	-	-	-	1640	0,2	1640	0,1
Wiesbaden, St.	-	-	-	-	-	-	-	-	-	-	-	-	4889	0,7	4889	0,2
Bergstraße	3477	4,2	4300	2,2	11233	1,3	-	-	19010	1,4	2500	4,6	12700	1,8	34210	1,6
Darmstadt-Dieburg	311	0,4	2486	1,3	-	-	-	-	2797	0,2	-	-	7613	1,1	10410	0,5
Groß-Gerau	1855	2,2	21645	11,1	3859	0,4	-	-	27359	2,1	43	0,1	5147	0,7	32549	1,5
Hochtaunus	-	-	-	-	-	-	-	-	-	-	-	-	3267	0,5	3267	0,2
Main-Kinzig	3359	4,0	31177	15,9	27481	3,1	7870	4,4	69887	5,3	2660	4,9	22112	3,1	94695	4,5
Main-Taunus	-	-	-	-	-	-	-	-	-	-	-	-	4177	0,6	4177	0,2
Odenwald	451	0,5	3904	2,0	17941	2,1	475	0,3	22771	1,7	-	-	2575	0,4	25346	1,2
Offenbach	-	-	-	-	-	-	-	-	-	-	-	-	9232	1,3	9232	0,4
Rheingau-Taunus	1010	1,2	5318	2,7	1000	0,1	-	-	7328	0,6	-	-	5270	0,7	12598	0,6
Wetterau	7315	8,7	8057	4,1	9356	1,1	1540	0,9	26268	2,0	-	-	6070	0,8	32338	1,5
Rb Darmstadt	17778	21,2	76887	39,3	70860	8,1	9885	5,6	175410	13,2	5203	9,5	98868	13,7	279481	13,3
Gießen	131	0,2	895	0,5	4947	0,6	12914	7,3	18887	1,4	-	-	199049	27,5	217986	10,3
Lahn-Dill	6822	8,1	2300	1,2	23805	2,7	-	-	32927	2,5	289	0,5	220679	30,5	253895	12,1
Limburg-Weilburg	2683	3,2	27134	13,9	65541	7,5	11209	6,3	106567	8,0	1908	3,5	8432	1,2	116907	5,5
Marburg-Biedenkopf	1507	1,8	12270	6,3	124021	14,2	4906	2,8	142704	10,7	2574	4,7	114928	15,9	260206	12,4
Vogelsberg	3268	3,9	1912	1,0	22960	2,6	11504	6,5	39644	3,0	254	0,5	5936	0,8	45834	2,2
Rb Gießen	14412	17,2	44511	22,7	241274	27,7	40533	22,8	340730	25,6	5025	9,2	549024	76,0	894779	42,5
Kassel, St.	10843	12,9	10788	5,5	182651	20,9	5234	2,9	209516	15,8	21840	39,9	11397	1,6	242753	11,5
Fulda	10085	12,0	14743	7,5	81205	9,3	17385	9,8	123418	9,3	4105	7,5	7333	1,0	134856	6,4
Hersfeld-Rotenburg	5747	6,9	1991	1,0	48483	5,6	33893	19,1	90114	6,8	6561	12,0	4862	0,7	101537	4,8
Kassel	2375	2,8	15824	8,1	32025	3,7	11995	6,8	62219	4,7	4128	7,5	14920	2,1	81267	3,9
Schwalm-Eder	3713	4,4	2951	1,5	102252	11,7	11937	6,7	120853	9,1	180	0,3	9629	1,3	130662	6,2
Waldeck-Frankenberg	5202	6,2	18390	9,4	49714	5,7	18769	10,6	92075	6,9	1835	3,3	17329	2,4	111239	5,3
Werra-Meissner	13394	16,0	9736	5,0	63688	7,3	27828	15,7	114646	8,6	5910	10,8	9307	1,3	129863	6,2
Rb Kassel	51359	61,3	74423	38,0	560018	64,2	127041	71,6	812841	61,2	44559	81,3	74777	10,3	932177	44,2
Hessen	83549	99,8	195821	100,0	872152	100,0	177459	100,0	1328981	100,0	54787	100,0	722668	100,0	2106436	100,0

Gebietsstand 1.1.1981 .
Quelle: Hessische Investitionsdatei; eigene Berechnungen.

Tab. A 2o: Gesamtsumme der untersuchten Projekte, sachliche Verteilungsstruktur 1979 bis 1982 in den kreisfreien Städten, Landkreisen und Regierungsbezirken

Kreisfreie Stadt / Landkreis / Regierungsbezirk (Rb)	Vorbereitung von Industriegelände		Errichtung eines Betriebes		Erweiterung eines Betriebes		Rationalisierung eines Betriebes		Zwischensumme		Sonstige Fördermaßnahmen		Kapitaldiensthilfen an kleine und mittlere Betriebe		Gesamtsumme	
	in Tsd. DM	Anteil an der räumlichen Verteilungsstruktur in vH	in Tsd. DM	Anteil ... in vH	in Tsd. DM	Anteil ... in vH	in Tsd. DM	Anteil ... in vH	in Tsd. DM	Anteil ... in vH	in Tsd. DM	Anteil ... in vH	in Tsd. DM	Anteil ... in vH	in Tsd. DM	Anteil ... in vH
Darmstadt, St.	-	-	-	-	-	-	-	-	-	-	-	-	13642	1,o	13642	o,4
Frankfurt a.M.,St.	-	-	-	-	-	-	-	-	-	-	-	-	57655	4,2	57655	1,8
Offenbach a.M.,St.	-	-	553o	1,3	-	-	-	-	553o	o,3	5883	5,7	10634	o,8	22047	o,7
Wiesbaden, St.	-	-	-	-	-	-	-	-	-	-	-	-	38685	2,8	38685	1,2
Bergstraße	3822	4,1	3000	o,7	6000	o,5	-	-	12922	o,7	9245	8,9	52335	3,8	744o2	2,3
Darmstadt-Dieburg	21o	o,2	94o	o,2	568o	o,5	-	-	683o	o,4	44o	o,4	28114	2,1	35384	1,1
Groß-Gerau	1735	1,9	37161	8,7	8992	o,8	-	-	47888	2,8	-	-	2986o	2,2	77748	2,4
Hochtaunus	-	-	1151	o,3	-	-	-	-	1151	o,1	-	-	32831	2,4	33982	1,1
Main-Kinzig	6287	6,8	48294	11,3	3607o	3,2	1028	1,3	91679	5,3	2946	2,9	56514	4,1	151139	4,7
Main-Taunus	-	-	-	-	-	-	-	-	-	-	2oo	o,7	26919	2,o	27119	o,8
Odenwald	22o	o,2	3877	o,9	27098	2,4	43o	o,5	31625	1,8	31265	3o,2	18114	1,3	81oo4	2,5
Offenbach	-	-	655	o,2	-	-	-	-	655	-	-	-	3805o	2,8	387o5	1,2
Rheingau-Taunus	-	-	1172	o,3	5285	o,5	-	-	6457	o,4	-	-	26525	1,9	32982	1,o
Wetterau	-	-	4614	1,1	38388	3,4	23oo	2,9	453o2	2,6	-	-	4oo23	2,9	85325	2,7
Rb Darmstadt	12274	13,3	1o6394	24,9	127513	11,3	3758	4,7	249939	14,5	49979	48,4	469900	34,3	769818	24,1
Gießen	31o2	3,3	5258	1,2	-	-	-	-	836o	o,5	-	-	2o1o47	14,7	2o94o7	6,5
Lahn-Dill	9153	9,9	9324	2,2	7ooo	o,6	-	-	25477	1,5	-	-	24o424	17,5	2659o1	8,3
Limburg-Weilburg	1o132	1o,9	82127	19,2	11o649	9,8	3651	4,6	2o6559	12,o	2163	2,1	222o9	1,6	23o931	7,2
Marburg-Biedenkopf	2o2o	2,2	4677	1,1	7o928	6,3	592o	7,4	83545	4,8	3555	3,4	1656oo	12,1	2527oo	7,9
Vogelsberg	4769	5,1	23266	5,4	5181o	4,6	16835	21,o	9668o	5,6	2o5o	2,o	19245	1,4	117975	3,7
Rb Gießen	29176	31,5	124652	29,1	24o387	21,4	264o6	33,o	42o621	24,4	7768	7,5	648526	47,3	1o76915	33,7
Kassel, St.	14374	15,5	38941	9,1	23o876	2o,5	6153	7,7	29o344	16,8	756o	7,3	39171	2,9	337o75	1o,5
Fulda	2148o	23,2	74834	17,5	122644	1o,9	3313	4,1	222271	12,9	-	-	36063	2,6	258334	8,1
Hersfeld-Rotenburg	526o	5,7	49577	11,6	52274	4,7	2815	3,5	1o9926	6,4	4o72	3,9	21oo8	1,5	135o86	4,2
Kassel	1223	1,3	19481	4,6	57618	5,1	214	o,3	78536	4,6	-	-	44518	3,2	123o54	3,8
Schwalm-Eder	2362	2,6	686	o,2	99733	8,9	1725	2,2	1o45o6	6,1	7oo	o,7	39o72	2,9	144278	4,5
Waldeck-Frankenberg	3362	3,6	4823	1,1	1115o1	9,9	32597	4o,7	152283	8,8	4oo5	3,9	38573	2,8	194861	6,1
Werra-Meissner	3o93	3,3	83o3	1,9	81357	7,2	3125	3,9	95878	5,6	29284	28,3	33927	2,5	159o89	5,o
Rb Kassel	51153	55,2	196645	46,o	756oo3	67,3	49942	62,3	1o53743	61,1	45621	44,1	252412	18,4	1351776	42,2
Hessen	926o3	1oo,o	427691	1oo,o	1123903	1oo,o	8o1o6	1oo,o	17243o3	1oo,o	1o3368	1oo,o	137o837	1oo,o	3198508	1oo,o

Gebietsstand 1.1.1981.
Quelle: Hessische Investitionsdatei; eigene Berechnungen.

Tab. A 21: Einwohner 198o, Beschäftigte im Produzierenden Gewerbe (ohne Baugewerbe) 197o und 198o, Beschäftigtenentwicklung zwischen 197o und
198o in den Schwerpunktorten und Aktionsräumen

Schwerpunktort Aktionsraum	Einwohner	Beschäftigte im Produzierenden Gewerbe			
					Saldo
	3o.6.198o	197o	198o	absolut	in vH
Übergeordneter Schwer-punktort					
Alsfeld	17865	3136	3764	628	2o,0
Bad Hersfeld	2819o	8733	6827	- 19o6	- 21,8
Fulda	57o79	15836	14948	- 888	- 5,6
Homberg (Efze)	14417	1532	16o1	69	4,5
Kassel	19552o	43277	33629	- 9648	- 22,3
Schwerpunktort					
Bebra	155oo	2o24	2145	121	6,0
Büdingen	17o9o	26o7	2675	68	2,6
Frankenberg	16229	2o11	22o9	198	9,9
Fritzlar	151o7	1o41	1111	7o	6,7
Gelnhausen	18376	2663	29o2	239	9,0
Hessisch Lichtenau	13667	1998	1611	- 387	- 19,4
Hofgeismar	13585	1357	19o5	53o	38,6
Homberg (Ohm)	7414	1772	163o	- 142	- 8,0
Hünfeld	14127	258o	2648	68	2,6
Korbach	22667	6o2o	5615	- 4o5	- 6,7
Lauterbach	146o3	3827	33o1	- 526	- 13,7
Melsungen	13188	2999	3982	983	32,8
Schlüchtern	13921	1649	2146	497	3o,1
Schwalmstadt	17881	2893	3o21	128	4,4
Stadt Allendorf	2o265	6933	5778	- 1155	- 16,7
Wolfhagen	1233o	1o28	1144	116	11,3
Schwerpunktort in extremer Zonenrandlage					
Eschwege	23986	7518	6o36	- 1482	- 19,7
Sontra	9152	1149	1o38	- 111	- 9,7
Witzenhausen	16942	1899	2152	253	13,3
Schwerpunktorte insgesamt	6o9lo1	123875	113818	- 12682	- 1o,2
Aktionsraum 1o insgesamt		229873	212946	- 16927	- 7,4
Übergeordneter Schwer-punktort					
Limburg	28586	5965	5568	- 397	- 6,7
Schwerpunktort					
Weilburg	12258	21oo	2oo7	- 93	- 4,4
Schwerpunktorte insgesamt	4o844	8065	7575	- 49o	- 6,1
Hessischer Teil des Aktionsraumes 11 insgesamt		17o38	15979	- 1o59	- 6,2

Quelle: Statistische Berichte, Hessisches Statistisches Landesamt,
Serien AI, AI 2, AI 4-hj 1/8o, AII 1, AIII 1-hj 1/8o, AV 1,
AV 2-hj 1/8o; Datenmaterial der Hessischen Landesentwicklungs-
und Treuhandgesellschaft; eigene Berechnungen.

Tab. A 22: Einwohner 1980, Beschäftigte im Produzierenden Gewerbe (ohne Baugewerbe) 1970 und 1980, Beschäftigtenentwicklung zwischen 1970 und
1980 in den gewerblichen Entwicklungsschwerpunkten und Entlastungsorten

| Kommunaler Förderstandort | Einwohner | Beschäftigte im Produzierenden Gewerbe | | | |
| | | | | Saldo | |
	30.6.1980	1970	1980	absolut	in vH
Gewerblicher Ent-wicklungsschwer-punkt					
Biedenkopf	14581	4490	4251	- 239	- 5,3
Dillenburg	23586	5756	5494	- 262	- 4,6
Haiger	18087	3404	4344	940	27,6
Erbach	10635	2438	3065	627	25,7
Michelstadt	13900	3539	2960	- 579	- 16,4
Gießen	76380	14083	12534	- 1549	- 11,0
Gladenbach	11130	1946	1847	- 99	- 5,1
Grünberg	11157	1691	1716	25	1,5
Laubach	9539	1991	1459	- 532	- 26,7
Hungen	11946	1331	1369	38	2,9
Lich	10998	1375	1162	- 213	- 15,5
Wetzlar	52104	23023	16273	- 6750	- 29,3
Gewerbliche Entwicklungs-schwerpunkte insgesamt	264043	65067	56474	- 8593	- 13,2
Entlastungsort					
Butzbach	21162	6215	3514	- 2701	- 43,5
Biebesheim	6040	934	1270	336	36,0
Gernsheim	8034	1225	1223	- 2	- 0,2
Bürstadt	14194	1602	1316	- 286	- 17,9
Lampertheim	31363	4136	3816	- 320	- 7,7
Dieburg	13021	1380	1436	56	4,1
Groß-Umstadt	18647	3142	2596	- 546	- 17,4
Taunusstein	25644	2087	3031	944	45,2
Entlastungsorte insgesamt	138105	20721	18202	- 2519	- 12,2

Quelle: Statistische Berichte, Hessisches Statistisches Landesamt, Serien AI 2,
AI 4-hj 1/80, AII 1 AIII 1-hj 1/80, AV 1, AV 2-hj 1/80; Datenmaterial
der Hessischen Landesentwicklungs- und Treuhandgesellschaft; eigene
Berechnungen.

Literaturverzeichnis

ALBERT, Wolfgang ab 1971: Die Entwicklung der regionalen Wirtschaftspolitik in der Bundesrepublik Deutschland.

   <u>In:</u> Handbuch der regionalen Wirtschaftsförderung. Köln. AII.

ALTENBURGER, Peter u. Gero von SCHÖNFELDT 1980: Zum Entwurf eines
"Gesetzes zur Neuorganisation der Regierungsbezirke und der Landesplanung in Hessen".

   Stadtbauwelt. H. 68. S. 355-358.

BÄSTLEIN, Angelika 1979: Staatliche und kommunale Beteiligung in der
Regionalplanung. Zur Neuorganisation des hessischen Planungssystems.

   Städte- und Gemeindebund. 34 (1979). S. 34-39.

BECKER, Peter u. Diether SCHMIDT 1982: Das Verfahren zur Gewährung von
Mitteln der Gemeinschaftsaufgabe "Verbesserung der regionalen Wirtschaftsstruktur".

   <u>In:</u> Handbuch der regionalen Wirtschaftsförderung. Köln. CI.

Benutzerhandbuch Investitionsdatei (behördeninterne Loseblattsammlung)
ab 1977. (Herausgegeben von der Hessischen Staatskanzlei).

BLUME, Helmut 1951: Das Land Hessen und seine Landschaften. Remagen.
(Forschungen zur deutschen Landeskunde. Bd. 55.)

BORRIES, Hans-Wilken von 1969: Ökonomische Grundlagen der westdeutschen
Siedlungsstruktur. Hannover. (Veröffentlichungen der Akademie für Raumforschung und Landesplanung. Abhandl. Bd. 56.)

BRÖSSE, Ulrich 1972: Ziele in der Regionalpolitik und in der Raumordnungspolitik. Berlin.

BRÖSSE, Ulrich 1975: Raumordnungspolitik. Berlin, New York. (Sammlung
Göschen.)

BRÖSSE, Ulrich 1982: Raumordnungspolitik. 2. völlig neu bearb. Aufl. Berlin,
New York.

BRÜSCHKE, Werner 1981: Mittelhessische Industrie. Beschäftigungsent-
wicklungen im Zeitraum des Mittelhessenprogramms. Wiesbaden.

BUTTLER, Friedrich, Knut GERLACH u. Peter LIEPMANN 1977: Grundlagen der
Regionalökonomie. Hamburg.

CASSEL, Dieter u. Herbert MÜLLER 1975: Kreislaufanalyse und Volkswirt-
schaftliche Gesamtrechnung. Einführung in die Ex-post-Analyse des
Sozialprodukts. Stuttgart. (Uni-Taschenbücher. 416.)

DEMAND, Klaus 1970: Interministerieller Ausschuß für Notstandsgebiets-
fragen (IMNOS).

   <u>In:</u> Handwörterbuch der Raumforschung und Raumordnung. 2. Aufl.
<u>Ha</u>nnover. Bd. 2. Sp. 1234-1239.

EBERSTEIN, Hans Hermann ab 1972: Grundlagen der Regionalpolitik und ihre wesentlichen Grundsätze.

In: Handbuch der regionalen Wirtschaftsförderung. Köln. AIII.

ECKEY, Hans-Friedrich 1978: Grundlagen der regionalen Strukturpolitik. Eine problemorientierte Einführung. Köln. (Reihe "Problemorientierte Einführungen". Bd. 7.)

EHRET, Helmut u. Wolfgang KOCH 1978: Produzierendes Gewerbe in Hessen. Analyse und Prognose bis 1985. Wiesbaden. (HLT-Branchenreport '77.)

ELLINGER, Bernd 1980: Die hessische Regionalplanung und deren zukünftige administrative Neuorganisation. Frankfurt a.M.

Empfehlungen und Stellungnahme des Beirats für Raumordnung. Koblenz 1981. (Schriftenreihe "Raumordnung" des Bundesministers für Raumordnung, Bauwesen und Städtebau. 047.)

Entwurf eines Raumordnungsgutachtens für die Region Mittelhessen. Gießen 1974. (Regionale Planungsgemeinschaft Mittelhessen.)

EVERS, Hans-Ulrich 1973: Das Recht der Raumordnung. München. ("Das Wissenschaftliche Taschenbuch". Abt. Rechts- und Staatswissenschaften.)

Finanzierungs-Fibel. Informationen über die Förderungsprogramme für Investitionsvorhaben der gewerblichen Wirtschaft, speziell im Bundesland Hessen. (Hrsg.): Hessische Landesentwicklungs- und Treuhandgesellschaft mbH (HLT). Wiesbaden o.J. (Informationsprogramm der HLT-Gesellschaften.)

FISCHER, Georges 1973: Praxisorientierte Theorie der Regionalforschung. Analyse räumlicher Entwicklungsprozesse als Grundlage einer rationalen Regionalpolitik für die Schweiz. Tübingen. (St. Galler Wirtschaftswissenschaftliche Forschungen. Bd. 29.)

FORSTHOFF, Ernst u. Willi BLÜMEL 1970: Raumordnungsrecht und Fachplanungsrecht. Frankfurt a.M.

FREY, René L. 1972: Infrastruktur. Grundlagen der Planung öffentlicher Investitionen. 2., erg. Aufl. Tübingen, Zürich. (Hand- und Lehrbücher aus dem Gebiet der Sozialwissenschaften.)

FROMMHOLD, Gerhard 1973: Richtlinien für die Regionalplanung in Hessen. Informationen. 23 (1973). S. 159-171.

FÜRST, Dietrich, Paul KLEMMER u. Klaus ZIMMERMANN 1976: Regionale Wirtschaftspolitik. Tübingen, Düsseldorf. (Wisu-Texte.)

GANSER, Karl 1980: Raumordnung in den 80er Jahren. Der Landkreis 1/1980. S. 9-16.

GEPPERT, Kurt u. Kurt HORNSCHILD unter Mitarb. von Walter SCHÖNING 1979: Vergleich von Präferenzsystem und Präferenzvolumen im Land Berlin und in den übrigen Bundesländern. Berlin. (Deutsches Institut für Wirtschaftsforschung. Beiträge zur Strukturforschung. H. 55.)

GIEHL, Wilhelm 1954: Hilfsmaßnahmen der Bundesregierung für die von der Not besonders betroffenen Gebiete.

Informationen. 4. S. 577-586.

HALSTENBERG, Friedrich 197o: Sachverständigenausschuß für Raumordnung (SARO).

In: Handwörterbuch der Raumforschung und Raumordnung. 2. Aufl. Hannover. Bd .3. Sp. 2787-2789.

HARFF, Helge u. Angelika ZAHRNT 1977: Die Vollzugskontrolle raumwirksamer Mittel in Hessen.

Informationen zur Raumentwicklung. 1977. S. 445-454.

HELLBERG, Hans u.a. 1977: Die Entwicklung der Siedlungsstruktur in Europa. Zugrundeliegende Kräfte und angewandte Strategien. Forschungsprojekt BMBau RS II6 - 7o41o2 - 92 R (1977). Gifhorn. (Schriftenreihe "Raumordnung" des Bundesministers für Raumordnung, Bauwesen und Städtebau. o15.)

Der Hessische Minister für Wirtschaft und Technik. Jahresberichte 1976-1982. Darmstadt 1977-1983.

HEUER, Hans 1975: Sozioökonomische Bestimmungsfaktoren der Stadtentwicklung. Stuttgart, Berlin, Köln, Mainz. (Schriften des Deutschen Instituts für Urbanistik. Bd. 5o.)

HÜFNER, Willi 1968: Der Große Hessenplan als langfristige Aufgaben- und Investitionsplanung einer Landesregierung.

In: Morstein-Marx, Erich (Hrsg.): Gegenwartsaufgaben der öffentlichen Verwaltung. Köln, Berlin, Bonn, München. S. 213-229.

HÜFNER, Willi 197o: Großer Hessenplan.

In: Handwörterbuch der Raumforschung und Raumordnung. 2. Aufl. Hannover. Bd. 1. Sp. 12o2-121o.

HÜFNER, Willi 1972: Ein System integrierter Entwicklungsplanung und Raumordnung.

In: Finanzpolitik und Landesentwicklung. Hannover. S. 49-6o. (Veröffentlichungen der Akademie für Raumforschung und Landesplanung. Forschungs- und Sitzungsberichte. Bd. 84.) (Raum und Finanzen. 3.)

KLEMMER, Paul u. Dieter KRÄMER 1975: Regionale Arbeitsmärkte. Ein Abgrenzungsvorschlag für die Bundesrepublik Deutschland. Bochum. (Beiträge zur Struktur- und Konjunkturforschung. Bd .1.)

KLEMMER, Paul 198o: Ermittlung von Basisdienstleistungsbereichen. Hannover. (Veröffentlichungen der Akademie für Raumforschung und Landesplanung. Beiträge. Bd .38.)

KLEMMER, Paul unter Mitarb. von Burkhardt BREMICKER 1983: Abgrenzung von Fördergebieten. Bochum. (Beiträge zur Struktur- und Konjunkturforschung. Bd .2o.)

KOHLER, Hans u. Herbert KRIDDE u.a. 1979: Zu den Auswirkungen von För-
    dermaßnahmen auf das Hessische Fördergebiet. Nürnberg. (Beiträge zur
    Arbeitsmarkt- und Berufsforschung. Bd. 34.)

KRAUSS, Martin, Hartmut SCHULZ u. Günther MORITZ 1977: Industrie in
    Mittelhessen - Eine Dokumentation - Entwicklungen, Prognosen, Stand-
    orte. Lahn-Gießen 1977. (Regionale Planungsgemeinschaft Mittelhessen.)

KRUMME, Günter 1972: Anmerkungen zur Relevanz unternehmerischer Verhal-
    tensweisen in der Industriegeographie.

    Zeitschrift für Wirtschaftsgeographie. 16 (1972). S. lo1-lo8.

Landesentwicklungsplan HESSEN '8o. Rahmenplan für die Jahre 197o-1985.
    Hrsg. vom Hessischen Ministerpräsidenten. Wiesbaden 197o. (Schriften
    zum Landesentwicklungsplan HESSEN '8o. H.1.)

Landesentwicklungsplan HESSEN '8o. Durchführungsabschnitt für die Jahre
    1971-1974. Hrsg. vom Hessischen Ministerpräsidenten. Wiesbaden 1971.
    (Schriften zum Landesentwicklungsplan HESSEN '8o. H.2.)

Landesentwicklungsplan HESSEN '8o. Durchführungsabschnitt für die Jahre
    1975-1978. Hrsg. vom Hessischen Ministerpräsidenten. Wiesbaden 1974.
    (Schriften zum Landesentwicklungsplan HESSEN '8o. H.4.)

Landesentwicklungsplan HESSEN '8o. Ergebnisbericht für die Jahre 1971-1974.
    Hrsg. vom Hessischen Ministerpräsidenten. Wiesbaden 1976. (Schriften
    zum Landesentwicklungsplan HESSEN '8o. H.5.)

Landesentwicklungsbericht für die Jahre 197o-1978. Hrsg. vom Hessischen
    Minister für Landesentwicklung, Umwelt, Landwirtschaft und Forsten.
    Wiesbaden 198o.(Schriften zum Landesentwicklungsplan HESSEN '8o. H.6.)

Landesentwicklungsplanung. (Hrsg.): Der Hessische Minister für Landesent-
    wicklung, Umwelt, Landwirtschaft und Forsten. Wiesbaden.

LAUSCHMANN, Elisabeth 1973: Grundlagen einer Theorie der Regionalpolitik.
    Hannover. (Veröffentlichungen der Akademie für Raumforschung und Lan-
    desplanung. Taschenbücher zur Raumplanung. Bd. 2.)

LOUDA, Dieter 1981: Die Neuabgrenzung der Fördergebiete - eine bestandene
    Bewährungsprobe für die Gemeinschaftsaufgabe.

    Innere Kolonisation. 3o (1981). S. 134-137.

MALZ, Friedrich 1974: Taschenwörterbuch der Umweltplanung. Begriffe aus
    Raumforschung und Raumordnung. München. (List Taschenbücher der Wissen-
    schaft. - Sozialwissenschaften -.)

MOEWES, Winfried u. Volker SEIFERT 1972: Raumordnungsbericht Mittelhessen.
    Teil: Lahn-Dill-Gebiet. Gießen 1972. (Regionale Planungsgemeinschaft
    Mittelhessen.)

MOLTER, Dierk 1975: Raumordnung und Finanzplanung. Baden-Baden.

MÜLLER, Gottfried 1970: Raumplanung.

In: Handwörterbuch der Raumforschung und Raumordnung. 2.Aufl. Hannover. Bd. 2. Sp. 2542-2553.

MÜLLER, Josef Heinz 1973: Regionale Strukturpolitik in der Bundesrepublik. Göttingen. (Schriften der Kommission für wirtschaftlichen und sozialen Wandel. Bd 3.)

NEHRING, Karl-Dietrich 1982: Mittelstandsförderung durch das ERP-Sondervermögen.

Der Landkreis 4/1982. S. 166-168.

NOÉ, Claus 1980: Zur bevorstehenden Neuabgrenzung der Fördergebiete der Gemeinschaftsaufgabe "Verbesserung der regionalen Wirtschaftsstruktur".

Raumforschung und Raumordnung. 38 (1980). S. 102-106.

OETTINGER, Hans 1975: Die Funktion von regionalisierten Richtwerten für Bevölkerung und Arbeitsplätze in Landesentwicklungsprogrammen und Regionalplänen - hier: Hessen.

Informationen zur Raumentwicklung. 1975. S. 163-166.

OETTINGER, Hans 1978: Grundsatzfragen der Landesentwicklungsplanung in Hessen. Vortrag anläßlich der Fachtagung des DVW-Landesvereins am 8.5.1978 in Bad Hersfeld. (Maschinenschriftlich vervielfältigt.)

OETTINGER, Hans 1982: Landesentwicklungsstrategien in den 80er Jahren vor dem Hintergrund veränderter Rahmenbedingungen.

Informationen zur Raumentwicklung. 1982. S. 695-697.

PAPP, Alexander von 1975: Entwicklungsachsen.

Structur. 1975. S. 37-44.

PETERS, Hans-Rudolf 1971: Regionale Wirtschaftspolitik und Ziel-System-Konformität. Hannover. (Veröffentlichungen der Akademie für Raumforschung und Landesplanung. Beiträge. Bd. 7.)

PÜHL, Manfred 1979: Die Organisation der Regionalplanung nach der Gebiets- und Verwaltungsreform. Göttingen. (Schriftenreihe des Deutschen Städte- und Gemeindebundes. H. 34.)

RAABE, Werner 1980: Die Leistungsfähigkeit integrierter Landesentwicklungs- und Regionalplanung unter sich ändernden Rahmenbedingungen. Berlin. (Arbeitshefte des Instituts für Stadt- und Regionalplanung der TU Berlin. H. 13.)

4. Rahmenplan der Gemeinschaftsaufgabe "Verbesserung der regionalen Wirtschaftsstruktur" für den Zeitraum 1975 bis 1978. Unterrichtung durch die Bundesregierung. Bonn 1975. (Deutscher Bundestag. 7. Wahlperiode. Drucksache 7/3601.)

5. Rahmenplan der Gemeinschaftsaufgabe "Verbesserung der regionalen Wirtschaftsstruktur" für den Zeitraum 1976 bis 1979. Unterrichtung durch die Bundesregierung. Bonn 1976. (Deutscher Bundestag. 7. Wahlperiode. Drucksache 7/4742.)

6. Rahmenplan der Gemeinschaftsaufgabe "Verbesserung der regionalen Wirtschaftsstruktur" für den Zeitraum 1977 bis 198o. Unterrichtung durch die Bundesregierung. Bonn 1977. (Deutscher Bundestag. 8. Wahlperiode. Drucksache 8/759.)

7. Rahmenplan der Gemeinschaftsaufgabe "Verbesserung der regionalen Wirtschaftsstruktur" für den Zeitraum 1978 bis 1981. Unterrichtung durch die Bundesregierung. Bonn 1978. (Deutscher Bundestag. 8. Wahlperiode. Drucksache 8/2o14.)

8. Rahmenplan der Gemeinschaftsaufgabe "Verbesserung der regionalen Wirtschaftsstruktur" für den Zeitraum 1979 bis 1982. Unterrichtung durch die Bundesregierung. Bonn 1979. (Deutscher Bundestag. 8. Wahlperiode. Drucksache 8/259o.)

9. Rahmenplan der Gemeinschaftsaufgabe "Verbesserung der regionalen Wirtschaftsstruktur" für den Zeitraum 198o bis 1983. Unterrichtung durch die Bundesregierung. Bonn 198o. (Deutscher Bundestag. 8. Wahlperiode. Drucksache 8/3788.)

1o. Rahmenplan der Gemeinschaftsaufgabe "Verbesserung der regionalen Wirtschaftsstruktur" für den Zeitraum 1981 bis 1984. Unterrichtung durch die Bundesregierung. Bonn 1981. (Deutscher Bundestag. 9. Wahlperiode. Drucksache 9/697.)

11. Rahmenplan der Gemeinschaftsaufgabe "Verbesserung der regionalen Wirtschaftsstruktur" für den Zeitraum 1982 bis 1985. Unterrichtung durch die Bundesregierung. Bonn 1982. (Deutscher Bundestag. 9. Wahlperiode. Drucksache 9/1642.)

12. Rahmenplan der Gemeinschaftsaufgabe "Verbesserung der regionalen Wirtschaftsstruktur" für den Zeitraum 1983 bis 1986 (1987). Unterrichtung durch die Bundesregierung. Bonn 1983. (Deutscher Bundestag. 1o. Wahlperiode. Drucksache 1o/3o3.)

Raumordnungsbericht für die Region Mittelhessen. Gießen 1973. (Regionale Planungsgemeinschaft Mittelhessen.)

Raumordnungsbericht für die Region Nordhessen. Kassel 1972. (Regionale Planungsgemeinschaft Nordhessen.)

Raumordnungsbericht für die Region Untermain 1974. Frankfurt a.M. (Regionale Planungsgemeinschaft Untermain.)

Raumordnungsbericht 1974. Wolfenbüttel 1975. (Schriftenreihe "Raumordnung" des Bundesministers für Raumordnung, Bauwesen und Städtebau. oo4.)

Raumordnungsgutachten für die Region Nordhessen. Kassel 1975. (Regionale Planungsgemeinschaft Nordhessen.)

Raumordnungsgutachten für die Region Untermain. Entwurf 1974. Frankfurt a.M. (Regionale Planungsgemeinschaft Untermain.)

Raumordnungsplan für die Region Mittelhessen. Einschließlich Landschaftsrahmenplan. Gießen 1975. (Regionale Planungsgemeinschaft Mittelhessen.)

Raumordnungsprognose 199o. Aktualisierte Prognose der Bevölkerung und der Arbeitsplatzzahl in den 38 Gebietseinheiten der Raumordnung für die Jahre 198o, 1985 und 199o. BMBau RS III - 165217/1, Redaktionsschluß: Oktober 1976. Wolfenbüttel 1977. (Schriftenreihe "Raumordnung" des Bundesministers für Raumordnung, Bauwesen und Städtebau. o12.)

REBENTISCH, Dieter 1975: Anfänge der Raumordnung und Regionalplanung im Rhein-Main-Gebiet.

Hessisches Jahrbuch für Landesgeschichte. 25. S. 3o7-339.

Regionaler Raumordnungsplan für die Region Mittelhessen. - Sachlicher Teilplan -. Lahn-Gießen 1979. (Regionale Planungsgemeinschaft Mittelhessen.)

Regionaler Raumordnungsplan für die Region Mittelhessen - Fortschreibung -. Gießen 1982. (Der Regierungspräsident in Gießen.)

Regionaler Raumordnungsplan für die Region Nordhessen. Kassel 1975. (Regionale Planungsgemeinschaft Nordhessen.)

Regionaler Raumordnungsplan für die Region Nordhessen - Sachlicher Teilplan -. Kassel 1979. (Regionale Planungsgemeinschaft Nordhessen.)

Regionaler Raumordnungsplan für die Region Nordhessen - Fortschreibungsentwurf -. Kassel 1982. (Der Regierungspräsident in Kassel.)

Regionaler Raumordnungsplan für die Region Untermain. Sachlicher Teilplan I - Räumlicher Teilplan II. Entwurf 1974. Frankfurt a.M. (Regionale Planungsgemeinschaft Untermain.)

RICHMANN, Alfred 1979: Kritik der Export-Basis-Theorie als Basis der regionalen Wirtschaftspolitik in der Bundesrepublik Deutschland.

Raumforschung und Raumordnung. 37 (1979). S. 268-273.

RITTENBRUCH, Klaus 1968: Zur Anwendbarkeit der Export-Basis-Konzepte im Rahmen von Regionalstudien. Berlin. (Schriften zu Regional- und Verkehrsproblemen in Industrie- und Entwicklungsländern. Bd. 4.)

RITTER, Ernst-Hasso 1978: Regionale Entwicklungsplanung zwischen staatlicher Steuerung und kommunaler Autonomie.

Innere Kolonisation. 27 (1978). S. 13o-134.

ROHR, Hans-Gottfried von 1976: Entlastung der Verdichtungsräume. Chancen und Kritik eines Konzeptes der Entwicklung schwach strukturierter ländlicher Räume. Göttingen. (Beiträge zur Stadt- und Regionalforschung. H. 9)

SÄTTLER, Martin u.a. 1978: Strukturelle Veränderungen in Verdichtungs-
    räumen - Arbeitsplätze - Forschungsprojekt BMBau RS II 6 - 7o41o2 -
    76.3o (1977). Hof. (Schriftenreihe "Raumordnung" des Bundesministers
    für Raumordnung, Bauwesen und Städtebau. 030.)

SCHÄFER, Ingeborg E. 1979: Umlandverband Frankfurt / M. Entscheidungs-
    prozesse bei der Entstehung einer Stadt-Umland-Verwaltung. Frankfurt
    a.M., Bern, Las Vegas. (Beiträge zur Politikwissenschaft. Bd. 17.)

SCHARPF, Fritz W., Bernd REISSERT u. Fritz SCHNABEL 1976: Politikver-
    flechtung: Theorie und Empirie des kooperativen Föderalismus in der
    Bundesrepublik. Kronberg/Ts. (Monographien Ergebnisse der Sozial-
    wissenschaften. 1.)

SCHÄTZL, Ludwig 1978: Wirtschaftsgeographie 1 - Theorie -. Opladen.
    (Uni-Taschenbücher. 782.)

SCHEU, Erwin 1966. Angewandte Geographie - Aus meinem Leben.

    In: Angewandte Geographie. Festschrift für Prof.Dr. Erwin Scheu
    zur Vollendung des 8o. Lebensjahres. Nürnberg 1966. S. 7-13.
    (Nürnberger Wirtschafts- und Sozialgeographische Arbeiten. Bd. 5.)

SCHILLING-KALETSCH, Ingrid 1976: Wachstumspole und Wachstumszentren.
    Untersuchungen zu einer Theorie sektoral und regional polarisierter
    Entwicklung. Hamburg. (Arbeitsberichte und Ergebnisse zur Wirt-
    schafts- und Sozialgeographischen Regionalforschung. 1.)

SCHLEICHER, Helmut 197o: Interministerieller Ausschuß für Raumordnung
    (IMARO).

    In: Handwörterbuch der Raumforschung und Raumordnung. 2. Aufl.
    Hannover. Bd. 2. Sp. 1233-1234.

SCHMIDT, Diether ab 1982: Verwaltungsrechtsprechung zum Bescheinigungs-
    verfahren.

    In: Handbuch der regionalen Wirtschaftsförderung. Köln. CIII.

SCHULZ zur WIESCH, Jochen 1977: Regionalplanung in Hessen. Ein Beitrag
    zur empirischen Planungsforschung. Stuttgart, Berlin, Köln, Mainz.
    (Schriften des Deutschen Instituts für Urbanistik. Bd. 6o.)

SCHULZ zur WIESCH, Jochen 1978 a: Regionalplanung ohne Wirkung? Über-
    legungen zur Situation der übergemeindlichen Planung.

    Archiv für Kommunalwissenschaften 17 (1978). S. 21-39.

SCHULZ zur WIESCH, Jochen 1978 b: Regionalplanung in Hessen: Versuch
    eines integrierten Planungssystems.

    Innere Kolonisation. 27 (1978). S. 138-141.

SCHULZ zur WIESCH, Jochen 198o: Mehr horizontale Koordination statt
    vertikaler Bindung in der Regionalplanung ?

    Informationen zur Raumentwicklung. 198o. S. 665-677.

SIMON, Gerd 1979: Regionale Unterschiede in der natürlichen Bevölkerungsbewegung.

Staat und Wirtschaft in Hessen. 34 (1979). S. 91-94.

SÖFFING, Günter 1980: Die Investitionszulagen nach dem Investitionszulagengesetz.

In: Handbuch der regionalen Wirtschaftsförderung. Köln. BII.

SPEHL, Harald u.a. 1981: Regionale Wirtschaftspolitik und regionale Entwicklungsplanung in strukturschwachen Regionen. Erfolgskontrolle und alternative Entwicklungskonzeptionen. Bonn. (Gesellschaft für Regionale Strukturentwicklung. Schriftenreihe. Bd. 4.)

STORBECK, Dietrich 1970: Regionale Wirtschaftspolitik.

In: Handwörterbuch der Raumforschung und Raumordnung. 2. Aufl. Hannover. Bd. 2. Sp. 2622-2636.

STRUFF, Richard 1975: Regionale Wirtschaftspolitik auf dem Prüfstand.

Structur. 1975. S. 105-111.

SUDEROW, Wolfgang 1976: Das Verhältnis der Fachplanungen zur Raumordnung und Landesplanung. Münster. (Beiträge zum Siedlungs- und Wohnungswesen und zur Raumplanung. Bd. 36.)

TIMMER, Reinhard u. Wilfried ERBGUTH 1980: Die Ressortierung der Raumordnung und Landesplanung. Ein ungelöstes Problem ?

Raumforschung und Raumordnung 38 (1980). S. 143-157.

UHLMANN, Jan 1979: Zentrale Orte heute - Zusammenfassung der Diskussion.

In: Zentrale Orte und ihre Folgen. Hamburg 1979. S. 19-28. (Material zur Angewandten Geographie. Bd. 2.)

UMLAUF, Josef 1958: Wesen und Organisation der Landesplanung. Essen.

UMLAUF, Josef 1967: Geschichte der deutschen Landesplanung und Raumordnung. Stuttgart, Köln, Berlin, Kiel, Mainz, München, Wiesbaden. (Informationsbriefe für Raumordnung. R. 1.2.1.)

Verwaltungsaufbau in Hessen. (Hrsg.): Hessischer Minister des Innern. Wiesbaden o.J.

WAHL, Rainer 1978: Rechtsfragen der Landesplanung und Landesentwicklung. Bd.1. Das Planungssystem der Landesplanung. Grundlagen und Grundlinien. Bd.2. Die Konzepte zur Siedlungsstruktur in den Planungssystemen der Länder. Berlin. (Schriften zum öffentlichen Recht. Bd. 341 I, 341 II.)

WETTMANN, Reinhart 1972: Aufbauprobleme staatlicher Planung. (Politische Vierteljahresschrift. 1972. Sonderh. 6. S. 70-83.

WOLF, Folkwin 1974: Effizienz und Erfolgskontrolle der regionalen Wirtschaftsförderung. Ergebnisse einer Untersuchung in Hessen. Wiesbaden. (Hessische Landesentwicklungs- und Treuhandgesellschaft.)

WOLF, Folkwin 1980: Zum Verhältnis von Landesentwicklungs-, Regional- und Kommunalplanung in Hessen. Dortmund.

In.: Lüder Bach, Christian Reetz u. Detlef Schiebold. (Hrsg.): Aktuelle Probleme der Entwicklungsplanung auf unterschiedlichen Planungsebenen.(Beiträge zur Stadt- und Regionalplanung. H. 11.)

ZIPP, Gisela 1977: Ziele und Zielfindungsprozesse in der Raumordnungspolitik. Augsburg.

Verzeichnis der benutzten Rechtsgrundlagen

Bund bzw. Bund-Länder Bereich:

Bundesbaugesetz vom 23.6.1960 (BGBl. I S. 341).

Gesetz über die Gemeinschaftsaufgabe "Verbesserung der regionalen Wirtschaftsstruktur" vom 6.10.1969 (BGBl. I S. 1861), zuletzt geändert am 23.12.1971 (BGBl. I S. 2140).

Gesetz zur Förderung des Zonenrandgebietes (Zonenrandförderungsgesetz) vom 5.8.1971 (BGBl. I S. 1237), zuletzt geändert am 20.8.1980 (BGBl. I S. 1545).

Grundgesetz für die Bundesrepublik Deutschland vom 23.5.1949 (BGBl. S. 1).

Investitionszulagengesetz vom 18.8.1969 (BGBl. I S. 1211), zuletzt geändert am 4.6.1982 (BGBl. I S. 645).

Raumordnungsgesetz vom 8.4.1965 (BGBl. I S. 306).

Verordnung über die bauliche Nutzung der Grundstücke (Baunutzungsverordnung - BauNVO -) vom 26.11.1968 (BGBl. I S. 1238).

Hessen:

Aufbaugesetz vom 25.10.1948 (GVBl. I S. 139).

Erlaß des Ministerpräsidenten "Fachplanung im hessischen Planungssystem" vom 23.1.1974, Staatsanzeiger 6 (1974).

Gesetz zur Neuorganisation der Regierungsbezirke und der Landesplanung vom 15.10.1980 (GVBl. I S. 377).

Hessisches Landesplanungsgesetz vom 4.7.1962 (GVBl. I S. 311).

Hessisches Landesplanungsgesetz vom 1.6.1970 (GVBl. I S. 360), zuletzt geändert am 15.10.1980 (GVBl. I S. 377).

Richtlinien für die Erstellung eines Raumordnungsberichtes, eines Raumordnungsgutachtens und eines regionalen Raumordnungsplanes, veröffentlicht am 30.3.1973, Staatsanzeiger 16 (1973).

Richtlinien für die Gewährung von Finanzierungshilfen des Landes Hessen an die gewerbliche Wirtschaft vom 2.7.1973, Staatsanzeiger 32 (1973) und vom 26.6.1981, Staatsanzeiger 36 (1981).

Verzeichnis der verwendeten Statistiken

Hessische Kreiszahlen. I /1981.

Hessisches Statistisches Landesamt. Beiträge zur Statistik Hessens. Nr. 45. Neue Folge. Heft 1.

Hessisches Statistisches Landesamt. Statistische Berichte. Serien AI-j/77, AI-j/79, AI-hj 1/81, AI-hj 2/81.

Hessisches Statistisches Landesamt. Statistische Berichte. Serien AII-hj 1/75, AII-hj 1/8o.

Hessisches Statistisches Landesamt. Statistische Berichte. Serien AI1, AI2, AI4-hj 1/8o, AII1, AIII1-hj 1/8o, AV1, AV2-hj 1/8o.

Hessisches Statistisches Landesamt. Statistische Berichte. Serie AVI2 - j/81: Ergebnisse der 1 % Mikrozensus-Stichprobe.

Statistisches Handbuch für das Land Hessen. Ausgabe 1978/79. Wiesbaden 1979.

Abhandlungen des geographischen Instituts der Freien Universität Berlin

Band 1: K. Schröder, Die Stauanlagen der mittleren Vereinigten Staaten. Ein Beitrag zur Wirtschafts- und Kulturgeographie der USA. 1953. 96 S. mit 4 Karten, DM 12,--

Band 2: O. Quelle, Portugiesische Manuskriptatlanten. 1953. 12 S. mit 25 Tafeln und 1 Kartenskizze. Vergriffen!

Band 3: G. Jensch, Das Ländliche Jahr in deutschen Agrarlandschaften. 1957. 115 S. mit 13 Figuren und Diagrammen, DM 19,50

Band 4: H. Valentin, Glazialmorphologische Untersuchungen in Ostengland. Ein Beitrag zum Problem der letzten Vereisung im Nordseeraum. 1957. 86 S. mit Bildern und Karten,

Band 5: Geomorphologische Abhandlungen. Otto Maull zum 70. Geburtstag gewidmet. Besorgt von E. Fels, H. Overbeck und J.H. Schultze. 1957. 72 S. mit Abbildungen und Karten, DM 16,--

Band 6: K.-A. Boesler, Die städtischen Funktionen. Ein Beitrag zur allgemeinen Stadtgeographie aufgrund empirischer Untersuchungen in Thüringen. 1960. 80 S. mit Tabellen und Karten. Vergriffen!

Seit 1963 wird die Reihe fortgesetzt unter dem Titel

ABHANDLUNGEN DES 1. GEOGRAPHISCHEN INSTITUTS DER FREIEN UNIVERSITÄT BERLIN

Band 7: J.H. Schultze, Der Ost-Sudan. Entwicklungsland zwischen Wüste und Regenwald. 1963. 173 S. mit Figuren, Karten und Abbildungen. Vergriffen!

Band 8: H. Hecklau, Die Gliederung der Kulturlandschaft im Gebiet von Schriesheim/Bergstraße. Ein Beitrag zur Methodik der Kulturlandschaftsordnung. 1964. 152 S. mit 16 Abbildungen und 1 Karte, DM 30,--

Band 9: E. Müller, Berlin-Zehlendorf. Versuch einer Kulturlandschaftsgliederung. 1968. 144 S. mit 8 Abbildungen und 3 Karten, DM 30,--

Band 10: Werner, Zur Geometrie von Verkehrsnetzen. Die Beziehung zwischen räumlicher Netzgestaltung und Wirtschaftlichkeit. 1966. 136 S. mit 44 Figuren. Englisch summary. Vergriffen!

Band 11: K.D. Wiek, Kurfürstendamm und Champs-Elysées. Geographischer Vergleich zweier Weltstraßen-Gebiete. 1967. 134 S. mit 9 Fotos, 8 Kartenbeilagen, DM 30,--

Band 12: K.-A. Boesler, Kulturlandschaftswandel durch raumwirksame Staatstätigkeit. 1969. 245 Seiten mit 10 Fotos, zahlreichen Darstellungen und 3 Beilagen, DM 60,--

Band 13: Aktuelle Probleme geographischer Forschung. Festschrift anläßlich des 65. Geburtstages von Joachim Heinrich Schultze. Herausgegeben von K.-A. Boesler und A. Kühn. 1970 549 S. mit 43 Fotos und 66 Figuren, davon 4 auf 2 Beilagen, DM 60,--

Band 14: D. Richter, Geographische Strukturwandlungen in der Weltstadt Berlin. Untersucht am Profilband Potsdamer Platz — Innsbrucker Platz. 1969. 229 S. mit 26 Bildern und 4 Karten, DM 19,--

Band 15: F. Vetter, Netztheoretische Studien zum niedersächsischen Eisenbahnnetz. Ein Beitrag zur angewandten Verkehrsgeographie. 1970. 150 S. mit 14 Tabellen und 40 Figuren, DM 19,--

Band 16: B. Aust, Stadtgeographie ausgewählter Sekundärzentren in Berlin (West). 1970. IX und 151 S. mit 32 Bildern, 13 Figuren, 20 Tabellen und 7 Karten, DM 19,--

Band 17: K.-H. Hasselmann, Untersuchungen zur Struktur der Kulturlandschaft von Busoga (Uganda). 1976. IX und 294 S. mit 32 Bildern, 83 Figuren und 76 Tabellen, DM 39,50

Band 18: J.-H. Mielke, Die kulturlandschaftliche Entwicklung des Grunewaldgebietes. 1971. 348 S. mit 32 Bildern, 18 Abbildungen und 9 Tabellen, DM 30,--

Band 19: D. Herold, Die weltweite Vergroßstädterung. Ihre Ursachen und Folgen aus der Sicht der Politischen Geographie. 1972. IV und 368 S. mit 14 Tabellen und 5 Abbildungen, DM 19,--

Band 20: Festschrift für Georg Jensch aus Anlaß seines 65. Geburtstages. 1974. XXVIII und 437 Seiten mit Abbildungen und Karten, DM 32,--

Band 21: V. Fichtner, Die anthropogen bedingte Umwandlung des Reliefs durch Trümmeraufschüttungen in Berlin (West) seit 1945. 1977. VII und 169 S., DM 22,--

Band 22: W.-D. Zach, Zum Problem synthetischer und komplexer Karten. Ein Beitrag zur Methodik der thematischen Kartographie. 1975. VI und 121 S., DM 19,--

Die Reihe wird fortgesetzt unter dem Titel:

ABHANDLUNGEN DES GEOGRAPHISCHEN INSTITUTS — ANTHROPOGEOGRAPHIE

Band 23: Ch. Becker, Die strukturelle Eignung des Landes Hessen für den Erholungsreiseverkehr. Ein Modell zur Bewertung von Räumen für die Erholung. 1976. 153 S., DM 29,50

Band 24: Arbeiten zur Angewandten Geographie und Raumplanung. Arthur Kühn gewidmet. 1976. 167 S., DM 22,--

Band 25: R. Vollmar: Regionalplanung in den USA. Das Appalachian Regional Development Program am Beispiel von Ost-Kentucky. 1976. X und 196 S., DM 18,--

Band 26: H. Jenz, Der Friedhof als stadtgeographisches Problem der Millionenstadt Berlin — dargestellt unter Berücksichtigung der Friedhofsgründungen nach dem 2. Weltkrieg. 1977. VII und 182 S., DM 18,-

Band 27: H. Tank, die Entwicklung der Wirtschaftsstruktur einer traditionellen Sozialgruppe. Das Beispiel Old Order Amish Ohio, Indiana und Pennsylvania, USA. 1970. 170 S., DM 20,--

Band 28: G. Wapler, Die zentralörtliche Funktion der Stadt Perugia. 1979. 132 S., DM 20,--

Band 29: H.-D. Schultz, Die deutschsprachige Geographie von 1800 bis 1970. Ein Beitrag zur Geschichte ihrer Methodologie. 1980. 488 S., DM 32,--

Band 30: M. Grupp, Entwicklung und sozio-ökonomische Bedeutung der holzverarbeitenden Idustrien im Südosten der Vereinigten Staaten von Amerika. 1981. XII und 188 S. mit Anhang, DM 28,--

Band 31: G. Ramakers, Géographie physique des plantes, géographie physique des animaux und géographie physique de l'homme et de la femme bei Jean-Louis Soulavie. Ein Beitrag zur Problem- und Ideengeschichte der Geographie im achtzehnten Jahrhundert. 1981. II und 205 S. mit 8 Abbildungen, DM 28,--

Band 32: H. Asche, Mobile Lebensformgruppen Südost-Arabiens im Wandel. Die Küstenprovinz Al Bātinah im erdölfördernden Sultanat Oman. 1981. XII und 344 S. mit 20 Tabellen, 36 Karten und 20 Fotos, DM 36,--

Band 33: F. Scholz/J. Janzen (Hrsg.), Nomadismus — ein Entwicklungsproblem? Beiträge zu einem Nomadismus-Symposium, veranstaltet in der Gesellschaft für Erdkunde zu Berlin. 1982. VIII und 250 S. mit 6 Bildern und 25 Karten und Diagrammen, DM 22,--

Band 34: D. Voll, Von der Wohnlaube zum Hochhaus. Eine geographische Untersuchung über die Entstehung und die Struktur des Märkischen Viertels in Berlin (West) bis 1976. 1983. XII und 237 S. mit 76 Abbildungen, DM 32,--

Band 35: Hassan A. El Mangouri, The Mechanization of agriculture as a Factor Influencing Population Mobility in the Developing Countries: Experiences in the Democratic Republic of the Sudan (Auswirkungen der Mechanisierung der Landwirtschaft auf die Bevölkerungsmobilität in Entwicklungsländern: Fallbeispiel - die Republik Sudan). 1983. VI und 288 S. mit 8 Abbildungen, 2 Karten und 49 Tabellen, DM 34,--